Risikomanagementsysteme im Steuervollzug und deren Kontrolle

Europäische Hochschulschriften Recht

European University Studies in Law

Publications Universitaires Européennes de Droit

Band/Volume **6182**

Yvonne Hohler

Risikomanagementsysteme im Steuervollzug und deren Kontrolle

Eine Untersuchung insbesondere im Hinblick auf Vollzugsdefizite durch strukturell prüfungsfreie Räume

PETER LANG

Bibliografische Information der Deutschen Nationalbibliothek
Die Deutsche Nationalbibliothek verzeichnet diese Publikation in der Deutschen Nationalbibliografie; detaillierte bibliografische Daten sind im Internet über http://dnb.d-nb.de abrufbar.

Zugl.: Frankfurt (Main), Univ., Diss., 2020

Gedruckt auf alterungsbeständigem, säurefreiem Papier.
Druck und Bindung: CPI books GmbH, Leck

D 30
ISSN 0531-7312
ISBN 978-3-631-82272-2 (Print)
E-ISBN 978-3-631-82766-6 (E-PDF)
E-ISBN 978-3-631-82767-3 (EPUB)
E-ISBN 978-3-631-82768-0 (MOBI)
DOI 10.3726/b17197

Peter Lang – Berlin · Bern · Bruxelles · New York · Oxford · Warszawa · Wien

Diese Publikation wurde begutachtet.

www.peterlang.com

Meinen Eltern

An dieser Stelle möchte ich mich bei den Personen herzlich bedanken, die mich während meiner Promotionszeit begleitet und mich in vielfältiger Art und Weise bei der Erstellung dieser Arbeit unterstützt haben.

Mein besonderer Dank gilt meinem Doktorvater, Herrn Professor Dr. Philipp Lamprecht, für seine beständige Unterstützung und sein persönliches Engagement bei der Betreuung dieser Arbeit. Durch seine konstruktiven Anmerkungen und Hinweise sowie seine jederzeitige Diskussionsbereitschaft hat er entscheidend zum Gelingen dieser Arbeit beigetragen. Ebenfalls herzlich bedanken möchte ich mich bei Herrn Professor Dr. Michael Hommel für die Übernahme des Zweitgutachtens.

Meinen ehemaligen Kolleginnen und Kollegen an der Professur für Steuerrecht und Zivilrecht danke ich für die gute Zusammenarbeit, durch die ich die Zeit am Lehrstuhl in guter Erinnerung behalten werde.

Mein größter Dank gilt an dieser Stelle meiner Familie. Meiner Schwester Katrin und meinem Schwager Christian danke ich für ihre stete Hilfsbereitschaft, ihre konstruktiven Anregungen sowie nicht zuletzt ihren motivierenden Zuspruch. Dadurch haben sie in wesentlichen Maße zum Abschluss und Gelingen der Arbeit beigetragen. Meinen Eltern danke ich von Herzen, dass sie mir diese Ausbildung ermöglicht und mich auf meinem bisherigen Lebensweg vorbehaltlos unterstützt und gefördert haben. Ihnen widme ich diese Arbeit.

Mainz, im März 2020
Yvonne Hohler

Inhaltsübersicht

Inhaltsverzeichnis

Literaturverzeichnis

Ahrendt, Christian, Alte Zöpfe neu geflochten – Das materielle Recht in der Hand von Programmierern, NJW 2017, S. 537–540.

Ahrendt, Christian, Steuervollzug und Prüfung der Steuereinnahmen, in: Brandt, Jürgen (Hrsg.), 10. und 11. Deutscher Finanzgerichtstag 2013/2014 – 10 Jahre Deutscher Finanzgerichtstag – Für ein besseres Steuerrecht – Steuergerechtigkeit und Effektivität, Stuttgart ua. 2015, S. 49–56.

Ahrens, Susanne, Der Vollzug von Steuergesetzen durch den niederländischen Belastingdienst im Vergleich zur deutschen Finanzverwaltung, Berlin 2005 (zugl. Diss. Bochum 2003).

Ahrens, Susanne/Nagel, Sybille, Selbstveranlagung, ein Instrument zur Verwaltungsvereinfachung und zur Steigerung der Effizienz der Steuerverwaltung? – Vortrags- und Diskussionsveranstaltung vom 4.12.2001 in der Bundesfinanzakademie des Bundesfinanzministeriums in Brühl anläßlich ihres 50jährigen Bestehens –, FR 2002, S. 261–269.

Alencar Araripe Carneiro, Rafael de, Fehlen der Steuerakzeptanz in Deutschland – Bürgerbeteiligung im Rahmen des Finanzrechts als Weg zu einer erhöhten Steuerakzeptanz, Berlin 2017.

American Center for Law and Justice, ACLJ Wins Significant Victory against the Obama Administration's IRS Targeting, https://aclj.org/free-speech/aclj-wins-significant-victory-against-the-obama-administrations-irs-targeting (geprüft am 04.01.2019).

American Center for Law and Justice, President Obama's IRS Scandal: Seven Years & Counting, https://aclj.org/free-speech/president-obamas-irs-scandal-seven-years-counting (geprüft am 04.01.2019).

Anzinger, Heribert M., Einführungsreferat, in: Deutsches wissenschaftliches Institut der Steuerberater (Hrsg.), Selbstveranlagung – Wegfall des Amtsermittlungsgrundsatzes?, DWS-Schriftenreihe Nr. 30, Berlin 2015, S. 35–43.

Arndt, Hans-Wolfgang, Praktikabilität und Effizienz – Zur Problematik gesetzesvereinfachenden Verwaltungsvollzuges u.d. „Effektuierung" subjektiver Rechte, Köln 1983.

Arnim, Hans Herbert von, Grundprobleme der Finanzkontrolle, DVBl. 1983, 664–675.

Arnim, Hans Herbert von, Wirtschaftlichkeit als Rechtsprinzip, Berlin 1988.

Baldauf, Sina, Gesetz zur Modernisierung des Besteuerungsverfahrens – Kritische Betrachtung des Regierungsentwurfs, DStR 2016, S. 833–838.

Ballwieser, Wolfgang, Was leistet der risikoorientierte Prüfungsansatz?, in: Matschke, Manfred Jürgen (Hrsg.), Festschrift für Professor Dr. Günter Sieben zum 65. Geburtstag – Unternehmensberatung und Wirtschaftsprüfung, Stuttgart 1998, S. 359–374.

Bauhaus, Krimhild, Auskunftsanspruch gegen FA für Konkurrentenklage, AO-StB 2007, S. 37–38.

Baum, Michael, Datenschutz im Steuerverwaltungsverfahren ab dem 25.05.2018 – Teil III: Informationspflichtigen der Finanzbehörden und Auskunftsrechte der betroffenen Personen, NWB 2017, 3281–3286.

Baum, Michael, Einsatz von Risikomanagementsystemen im „vollautomatischen" Besteuerungsverfahren, NWB 2015, S. 2850–2854.

Baum, Michael, Modernisierung des Besteuerungsverfahrens – Teil 1: Untersuchungsgrundsatz, Risikomanagement, Steuererklärungen und „vollautomatische" Bescheide, NWB 2016, 2636–2645.

Bayerisches Landesamt für Steuern, ELSTER – Blog, Zahlen & Fakten, https://blog.elster.de/wordpress/daten-und-fakten/ (geprüft am 25.09.2018).

Bayerisches Landesamt für Steuern, ELSTER – Presse, https://www.elster.de/eportal/infoseite/presse (geprüft am 25.09.2018).

Bickenbach, Christian, Die Einschätzungsprärogative des Gesetzgebers, Analyse einer Argumentationsfigur in der (Grundrechts-)Rechtsprechung des Bundesverfassungsgerichts, Tübingen 2014.

Birk, Dieter, Besteuerungsverfahren und Rechtsschutz des Steuerbürgers in Großbritannien, in: Lang, Joachim (Hrsg.), Festschrift für Klaus Tipke zum 70. Geburtstag – Die Steuerrechtsordnung in der Diskussion, Köln 1995, S. 555–568.

Birk, Dieter, Das Gebot des gleichmäßigen Steuervollzugs und dessen Sanktionierung – Zum Urteil des BVerfG vom 9. März 2004 – 2 BvL 17/02, StuW 2004, S. 277–282.

Birk, Dieter, Das Leistungsfähigkeitsprinzip als Maßstab der Steuernormen – Ein Beitrag zu den Grundfragen des Verhältnisses Steuerrecht und Verfassungsrecht, Köln 1983.

Birk, Dieter, Sachverhaltsermittlung und Kontrollbefugnisse der Verwaltung im Besteuerungsverfahren, StVj 1991, S. 310–321.

Birkenfeld, Wolfram, Beweis und Beweiswürdigung im Steuerrecht, Köln 1973.

Birkenfeld, Wolfram, Sachverhaltsermittlung und Rechtsanwendung bei der Lohnsteuer in- und ausländischer Arbeitnehmer, in: Stolterfoht, Joachim N. (Hrsg.), Grundfragen des Lohnsteuerrechts – Jahrestagung der Deutschen Steuerjuristischen Gesellschaft e.V. vom 26. 9. und 27. 9. 1985 in Bad Ems, Köln 1986, S. 245–376.

Brandt, Jürgen, Podiumsdiskussion „Steuergerechtigkeit und Steuervereinfachung", in: Brandt, Jürgen (Hrsg.), 8. und 9. Deutscher Finanzgerichtstag 2011/2012 – Europäische Perspektiven im Steuerrecht; Steuergerechtigkeit und Steuervereinfachung, Stuttgart ua. 2013, S. 291–309.

Braun Binder, Nadja, Auf dem Weg zum vollautomatisierten Besteuerungsverfahren in Deutschland, http://www.foev-speyer.de/files/de/downloads/Jusletter-IT_25.05.2016.pdf (geprüft am 04.01.2019).

Braun Binder, Nadja, Ausschließlich automationsgestützt erlassene Steuerbescheide und Bekanntgabe durch Bereitstellung zum Datenabruf, DStZ 2016, S. 526–535.

Braun Binder, Nadja, Weg frei für vollautomatisierte Verwaltungsverfahren in Deutschland, http://www.foev-speyer.de/files/de/downloads/Jusletter-IT_22.09.2016.pdf (geprüft am 04.01.2019).

Braun, Rainer, Die Konkurrentenklage im Steuerrecht – Ein Instrument zu mehr Gerechtigkeit?, DStZ 1986, S. 46–49.

Brauweiler, Hans-Christian, Risikomanagement in Kreditinstituten – Eine Darstellung für Praktiker mit Fallbeispiel zum Liquiditätsrisiko, Wiesbaden 2015.

Brink, Stefan/Wolff, Heinrich Amadeus (Hrsg.), BeckOK Datenschutzrecht Online-Ausgabe (Stand: November 2018) (zitiert: *Bearbeiter* in: BeckOK Datenschutz).

Brugger, Winfried, Konkretisierung des Rechts und Auslegung der Gesetze, AöR (119) 1994, S. 1–34.

Bruschke, Gerhard, Gesetz zur Modernisierung des Besteuerungsverfahrens – Änderungen im Verfahrensrecht, Steuk 2017, S. 355–358.

Bryde, Brun-Otto, Die Effektivität von Recht als Rechtsproblem – Vortrag gehalten vor der Juristischen Gesellschaft zu Berlin am 17. März 1993, Berlin, New York 1993.

Buchbinder, Norbert, Die Kontrolle der Finanzverwaltung durch den Bundesrechnungshof, Diss. Nürnberg 1985.

Buchwald, Angelika/Bernhardt, Frank/Welsch, Viktoria, Gemeinsames Vorhaben von Bund und Ländern zur „Modernisierung des Besteuerungsverfahrens", FR 2015, S. 1010–1014.

Buciek, Klaus, Grenzen des „maßvollen Gesetzesvollzugs", DStZ 1995, S. 513–516.

Bund deutscher Finanzrichterinnen und Finanzrichter, Stellungnahme v. 01.09.2011 – Referentenentwurf des Bundesministeriums der Finanzen für eine Zweite Verordnung zur Änderung steuerlicher Vorschriften, http://www.bdfr.de/index.php/stellungnahmen.html (geprüft am 04.01.2019).

Bund der Steuerzahler, Stellungnahme v. 10.03.2016 – Gesetzentwurf zur „Modernisierung des Besteuerungsverfahrens", https://www.steuerzahler-bayern.de/files/548/BdSt-Stellungnahme_zum_Gesetzentwurf_eines_Gesetzes_zur_Modernisierung_des_Besteuerungsverfahrens.pdf (geprüft am 04.01.2019).

Bund der Steuerzahler, Stellungnahme v. 23.09.2015 – Referentenentwurf eines Gesetzes zur „Modernisierung des Besteuerungsverfahrens", https://www.bundesfinanzministerium.de/Content/DE/Gesetzestexte/Gesetze_Gesetzesvorhaben/Abteilungen/Abteilung_IV/18_Legislaturperiode/Gesetze_Verordnungen/2016-07-22-Steuermodernisierungsgesetz/Stellungnahme-05-Bund-der-Steuerzahler.pdf;%20jsessionid=1DB7782D827C7604589E3A41C6880B22?__blob=publicationFile&v=1 (geprüft am 04.01.2019).

Bundesbeauftragter für Datenschutz und Informationsfreiheit, Aufgaben, https://www.bfdi.bund.de/DE/BfDI/Artikel_BFDI/AufgabenBFDI.html (geprüft am 04.01.2019).

Bundesbeauftragter für Datenschutz und Informationsfreiheit, Öffentliche Anhörung des Finanzausschusses des Deutschen Bundestages zum Gesetzesentwurf zur Modernisierung des Besteuerungsverfahrens (Bundestagsdrucksache 18/7457) am 13. April 2016, schriftliche Stellungnahme v. 31.03.2016, https://www.bundestag.de/blob/416894/c9b02f5176add2b6f349888ac7e45bd7/09-die-bundesbeauftragte-fuer-den-datenschutz-und-die-informationsfreiheit-data.pdf (geprüft am 03.11.2018)

Bundesministerium der Finanzen, Die vorausgefüllte Steuererklärung, https://www.bundesfinanzministerium.de/Content/DE/Monatsberichte/2014/04/Inhalte/Kapitel-3-Analysen/3-3-elster-vorausgefuellte-steuererklaerung.html (geprüft am 04.01.2019).

Bundesministerium der Finanzen, Fragen und Antworten zum Gesetz zur Modernisierung des Besteuerungsverfahrens, http://www.bundesfinanzministerium.de/Content/DE/FAQ/2015-12-09-Mod-Besteuerungsverfahren.html (geprüft am 04.01.2019).

Bundesministerium der Finanzen, Gesetz zur Neuregelung des bundesstaatlichen Finanzausgleichssystems ab dem Jahr 2020 und zur Änderung haushaltsrechtlicher Vorschriften, https://www.bundesfinanzministerium.de/Content/DE/Gesetzestexte/Gesetze_Verordnungen/2017-08-17-G-z-Neuregelung-d-bundesstaatlichen-Finanzausgleichssystems-ab-d-Jahr-2020-u-z-Aenderung-haushaltsrechtlicher-Vorschriften.html (geprüft am 29.11.2018).

Bundesministerium der Finanzen, Glossar – ELSTER, https://www.bundesfinanzministerium.de/Content/DE/Glossareintraege/E/Elster.html?view=renderHelp (geprüft am 04.01.2019).

Bundesministerium der Finanzen, Schneller, einfacher und effizienter zum Steuerbescheid, http://www.bundesfinanzministerium.de/Content/DE/Pressemitteilungen/Finanzpolitik/2015/12/2015-12-09-PM.html (geprüft am 04.01.2019).

Bundesministerium der Finanzen, Vorhaben KONSENS, http://www.bundesfinanzministerium.de/Content/DE/Monatsberichte/2011/06/Artikel/analysen-und-berichte/b02-Vorhaben-KONSENS/Vorhaben-KONSENS.html (geprüft am 04.01.2019).

Bundesrechnungshof, Aufgaben des Bundesbeauftragten (BWV), https://www.bundesrechnungshof.de/de/bundesbeauftragter-bwv/aufgaben (geprüft am 04.01.2019).

Bundesrechnungshof, Aufgaben, https://www.bundesrechnungshof.de/de/bundesrechnungshof/aufgaben (geprüft am 04.01.2019).

Bundesrechnungshof, Der Bundesrechnungshof entscheidet über die Prüfung, https://www.bundesrechnungshof.de/de/bundesrechnungshof/pruefungsverfahren/der-bundesrechnungshof-entscheidet-ueber-die-pruefung (geprüft am 04.01.2019).

Bundesrechnungshof, Der Bundesrechnungshof ist zu informieren, https://www.bundesrechnungshof.de/de/bundesrechnungshof/pruefungsverfahren/der-bundesrechnungshof-ist-zu-informieren (geprüft am 04.01.2019).

Bundesrechnungshof, Landesrechnungshöfe, https://www.bundesrechnungshof.de/de/zusammenarbeit/landesrechnungshoefe (geprüft am 04.01.2019).

Bundesrechnungshof, Prüfungsverfahren – unabhängig, sachlich und präzise, https://www.bundesrechnungshof.de/de/bundesrechnungshof/pruefungsverfahren (geprüft am 04.01.2019).

Bundesrechnungshof, Stellung des Bundesbeauftragten (BWV), https://www.bundesrechnungshof.de/de/bundesbeauftragter-bwv/stellung (geprüft am 04.01.2019).

Bundesrechnungshof, Stellung, https://www.bundesrechnungshof.de/de/bundesrechnungshof/stellung (geprüft am 04.01.2019).

Bundesrechnungshof, Stellungnahme v. 13.04.2016 – Stellungnahme des Bundesrechnungshofes zur Öffentlichen Anhörung des Finanzausschusses am 13. April 2016 zu dem Gesetzentwurf der Bundesregierung „Entwurf eines Gesetzes zur Modernisierung des Besteuerungsverfahrens“ – BT-Drs. 18/7457, https://www.bundestag.de/blob/417948/ac5bd35a803fa7eca790e9eaf8d1df6c/04-brh-data.pdf (geprüft am 04.01.2019).

Bundessteuerberaterkammer, Stellungnahme v. 02.09.2011 – Referentenentwurf des Bundesministeriums der Finanzen für eine Zweite Verordnung zur Änderung steuerlicher Verordnungen, https://www.bstbk.de/de/presse/stellungnahmen/archiv/20110902_2_stellungnahme_bstbk/index.html (geprüft am 04.01.2019).

Bundessteuerberaterkammer, Stellungnahme v. 05.04.2016 – Gesetzesentwurf zur Modernisierung des Besteuerungsverfahrens, Stellungnahme zum Regierungsentwurf, zur Stellungnahme des Bundesrates und zur Gegenäußerung der Bundesregierung (BT-Drs. 18/7457 vom 03. Februar 2016), https://www.bstbk.de/de/presse/stellungnahmen/archiv/20160405_stellungnahme_bstbk/index.html (geprüft am 04.01.2019).

Bundessteuerberaterkammer, Stellungnahme v. 23.09.2015 – Referentenentwurf eines Gesetzes zur Modernisierung des Besteuerungsverfahrens, https://www.bstbk.de/de/presse/stellungnahmen/archiv/20150923_stellungnahme_bstbk/index.html (geprüft am 04.01.2019).

Bundesverband der Lohnsteuerhilfevereine/Deutscher Steuerberaterverband/Neuer Verband der Lohnsteuerhilfevereine, gemeinsame Stellungnahme v. 04.04.2016 – Öffentliche Anhörung zum Gesetzentwurf der Bundesregierung zur Modernisierung des Besteuerungsverfahrens – Regelungspaket zur Abgabe von Steuer, https://www.bundestag.de/blob/417356/c6c74456a33126e552f386c01fcb8e85/bdl---dstv---nvl-data.pdf (geprüft am 04.01.2019).

Bundesverband der Lohnsteuerhilfevereine, Stellungnahme v. 23.09.2015 – Referentenentwurf eines Gesetzes zur Modernisierung des Besteuerungsverfahrens, https://www.bundesfinanzministerium.de/Content/DE/Gesetzestexte/Gesetze_Gesetzesvorhaben/Abteilungen/Abteilung_IV/18_Legislaturperiode/Gesetze_Verordnungen/2016-07-22-Steuermodernisierungsgesetz/Stellungnahme-09-BDL.pdf;jsessionid=1DB7782D827C7604589E3A41C6880B22?__blob=publicationFile&v=1 (geprüft am 04.01.2019).

Bundesverband der Lohnsteuerhilfevereine, Stellungnahme v. 24.03.2016 – Stellungnahme zu dem Gesetzentwurf der Bundesregierung „Entwurf eines Gesetzes zur Modernisierung des Besteuerungsverfahrens" BT-Drucksache 18/7457 anlässlich der öffentlichen Anhörung zu dem Gesetzentwurf der Bundesregierung am Mittwoch, 13. April 2016, https://www.bundestag.de/blob/416506/55f12f19443a9237afc729a59bdbf80c/05---bdl-data.pdf (geprüft am 04.01.2019).

Chaos Computer Club, Sachverständigenauskunft v. 13.04.2016 – Einsatz von Risikomanagement-Systemen im Vollzug des Steuerrechts, Sachverständigenauskunft zum Entwurf eines Gesetzes zur Modernisierung des Besteuerungsverfahrens, https://linus-neumann.de/wp-content/uploads/2016/04/Stellungnahme_Finanzausschuss_CCC.pdf (geprüft am 04.01.2019).

Commitee on Oversight and Government Reform, House Hearing, 113th Congress, The IRS's Systematic Delay and Scrutiny of Tea Party Applications, July 18, 2013, Serial No. 113–51, https://www.govinfo.gov/content/pkg/CHRG-113hhrg82435/pdf/CHRG-113hhrg82435.pdf (geprüft am 02.11.2018).

Deckers, Sebastian/Fiethen, Lars, Finanzverwaltung 2.0 – Schlaglichter, Entwicklungslinien und Trends, FR 2015, S. 913–921.

Der Präsident des Bundesrechnungshofes als Bundesbeauftragter für Wirtschaftlichkeit in der Verwaltung, Schriftenreihe des Bundesbeauftragten für Wirtschaftlichkeit in der Verwaltung, Bd. 13, Probleme beim Vollzug der Steuergesetze – Empfehlungen des Präsidenten des Bundesrechnungshofes als Bundesbeauftragter für Wirtschaftlichkeit in der Verwaltung zur Verbesserung des Vollzuges der Steuergesetze in Deutschland, Stuttgart 2006.

Der Präsident des Bundesrechnungshofes als Bundesbeauftragter für Wirtschaftlichkeit in der Verwaltung, Bericht v. 11.04.2017, Modell eines Risikomanagements für die Bundesverwaltung, Bonn 2017.

Deutsche Steuergewerkschaft, Stellungnahme v. 08.04.2016 – Öffentliche Anhörung zu dem Gesetzentwurf der Bundesregierung „Entwurf eines Gesetzes zur Modernisierung des Besteuerungsverfahrens" BT-Drucksache 18/7457, http://www.dstg.de/pdfs/steuer-politik/stellungnahmen/160408_modernisierung-BeStVerf.pdf (geprüft am 04.01.2019).

Deutsche Steuergewerkschaft, Stellungnahme v. 23.09.2015 – Referentenentwurf eines Gesetzes zur Modernisierung des Besteuerungsverfahrens, https://www.bundesfinanz-ministerium.de/Content/DE/Gesetzestexte/Gesetze_Gesetzesvorhaben/Abteilungen/Abteilung_IV/18_Legislaturperiode/

Gesetze_Verordnungen/2016-07-22-Steuermoder-nisierungsgesetz/Stellungnahme-17-STG.pdf;jsessionid=1DB7782D827C7604589E3A41C6880B22?__blob=publicationFile&v=1 (geprüft am 04.01.2019).

Deutscher Anwaltsverein, Stellungnahme (SN 04/15) v. 31.01.2015 – Stellungnahme der Ausschüsse Steuerrecht und Verwaltungsrecht (SN 04/15) zum Diskussionsentwurf des Bundesministeriums der Finanzen „Modernisierung des Besteuerungsverfahrens“ vom 30. Oktober 2014, https://anwaltverein.de/de/newsroom/sn-04-15 (geprüft am 04.01.2019).

Deutscher Finanzgerichtstag, Stellungnahme v. 08.04.2016 – Stellungnahme zur öffentlichen Anhörung durch den Finanzausschuss des Deutschen Bundestages zu dem Gesetzentwurf der Bundesregierung „Entwurf eines Gesetzes zur Modernisierung des Besteuerungsverfahrens“ (BT-Drs. 18/7457), https://www.bundestag.de/blob/418156/f6400d96e0eb5edad3f8f57435fdc3f2/01-j---brandt-data.pdf (geprüft am 04.01.2019).

Deutscher Richterbund, Stellungnahme (Nr. 4/15) des Deutschen Richterbundes zum Diskussionsentwurf des Bundesministeriums der Finanzen „Modernisierung des Besteuerungsverfahrens“,https://www.drb.de/fileadmin/DRB/pdf/Stellungnahmen/2015/DRB_150129_Stn_Nr_04_Modernisierung_Besteuerungsverfahren.pdf (geprüft am 04.01.2019).

Deutscher Richterbund/Bund Deutscher Finanzrichterinnen und Finanzrichter, Gemeinsame Stellungnahme (Nr. 20/15) des Deutschen Richterbundes und des Bundes Deutscher Finanzrichterinnen und Finanzrichter zum Referentenentwurf eines Gesetzes zur Modernisierung des Besteuerungsverfahrens vom 27.08.2015, (geprüft am 04.01.2019).

Deutscher Steuerberaterverband, Stellungnahme (S 03/16) v. 14.03.2016 – Gesetzentwurf der Bundesregierung zur Modernisierung des Besteuerungsverfahrens, https://www.dstv.de/download/2016-s03-an-diverse-mdbs-modernisierung-besteuerungsverfahren (geprüft am 04.01.2019).

Deutscher Steuerberaterverband, Stellungnahme (S 13/15) v. 24.09.2015 – Stellungnahme zum Referentenentwurf eines Gesetzes zur Modernisierung des Besteuerungsverfahrens, https://www.dstv.de/download/2015-s-13-refentwurf-modernisierung-besteuerungsverfahren (geprüft am 04.01.2019).

Deutscher Steuerberaterverband, Stellungnahme (S 14/11) v. 01.09.2011 – Stellungnahme zum Referentenentwurf des BMF zur zweiten Verordnung zur Änderung steuerlicher Verordnungen, https://www.dstv.de/download/s-14-11 (geprüft am 04.01.2019).

Dreier, Horst, Grundgesetz Kommentar, Band III, Artikel 83-146, 3. Aufl. 2018, (zit.: *Bearbeiter* in Dreier, GG).

Drüen, Klaus-Dieter, Die Zukunft des Steuerverfahrens, in: Schön, Wolfgang/Beck, Karin (Hrsg.), Zukunftsfragen des deutschen Steuerrechts, Bd. I, Berlin, Heidelberg 2009, S. 1–38.

Drüen, Klaus-Dieter, Kooperation im Besteuerungsverfahren, FR 2011, S. 101–113.

Drüen, Klaus-Dieter, Modernisierungsschritte für das Besteuerungsverfahren – Bestandsaufnahme und Perspektiven, in: Brandt, Jürgen (Hrsg.), 12. bis 14. Deutscher Finanzgerichtstag 2015/2016/2017 – Wandel und Konsolidierung im Steuerrecht; Staatsfinanzierung und Entwicklung des Steuerrechts; Steuergerechtigkeit und Steuervollzug, Stuttgart ua. 2017, S. 250–262.

Drüen, Klaus-Dieter, Risikomanagement im Besteuerungsverfahren – Kostendruck und Vollzugspflicht der Steuerverwaltung, in: Brandt, Jürgen (Hrsg.), 8. und 9. Deutscher Finanzgerichtstag 2011/2012 – Europäische Perspektiven im Steuerrecht; Steuergerechtigkeit und Steuervereinfachung, Stuttgart ua. 2013, S. 253–274.

Düsseldorfer Vereinigung für Steuerrecht, 8. Vortrags- und Diskussionsveranstaltung der Düsseldorfer Vereinigung für Steuerrecht e.V. – Risikoorientierter Steuervollzug, Düsseldorf 22.06.2010, http://www.jura.hhu.de/fileadmin/redaktion/Fakultaeten/Juristische_Fakultaet/Valta/DVSt/Veranstaltungen/20100622-Bericht.pdf (geprüft am 04.01.2019).

Eckhoff, Rolf, Rechtsanwendungsgleichheit im Steuerrecht – Die Verantwortung des Gesetzgebers für einen gleichmäßigen Vollzug des Einkommensteuerrechts, Köln 1999.

Eckhoff, Rolf, Vom konfrontativen zum kooperativen Steuerstaat, StuW 1996, S. 107–122.

Eichhorn, Peter/Merk, Joachim, Das Prinzip Wirtschaftlichkeit – Basiswissen der Betriebswirtschaftslehre, 4. Aufl., Wiesbaden 2016.

Eismayr, Rainer/Kirsch, Andreas, Globale Entwicklungen bei der Automation von Besteuerungsprozessen, DB Beilage 04/2016, S. 40–44.

Englisch, Joachim, Die negative Konkurrentenklage im Unternehmenssteuerrecht, StuW 2008, S. 43–61.

Epping, Volker/Hillgruber, Christian (Hrsg.), BeckOK Grundgesetz, Online-Ausgabe (Stand: November 2018) (zitiert: *Bearbeiter* in: BeckOK GG).

Erhardt-Rauch, Andrea, Die Konkurrentenklage im Steuerrecht, DStZ 2004, S. 641–644.

Erkis, Gülsen, Die neuen steuerlichen Datenschutzrechte im Besteuerungsverfahren, DStR 2018, 161–167.

Ernst, Christian, Algorithmische Entscheidungsfindung und personenbezogene Daten, JZ 2017, 1026–1037.

Fiege, Stefanie, Risikomanagement- und Überwachungssystem nach KonTraG – Prozess, Instrumente, Träger, Wiesbaden 2006.

Finanzministerium Rheinland-Pfalz, Weg zu mehr Effizienz bei Steuerverwaltung, https://fm.rlp.de/de/presse/detail/news/detail/News/weg-zu-mehr-effizienz-bei-steuerverwaltung/ (geprüft am 04.01.2019).

Fischer, Peter, Das Gesetz zur Modernisierung des Besteuerungsverfahrens (StModernG), jurisPR-SteuerR 32/2016, Anm. 1.

Fischer, Peter, Die Verankerung des Risikomanagements (RMS) durch das Gesetz zur Modernisierung des Besteuerungsverfahrens (StModernG), jurisPR-SteuerR 40/2016, Anm. 1.

Fischer, Sarah/Petersen, Thomas, Was Deutschland über Algorithmen weiß und denkt – Ergebnisse einer repräsentativen Bevölkerungsumfrage, https://algorithmenethik.de/wp-content/uploads/sites/10/2018/05/Was-die-Deutschen-%C3%BCber-Algorithmen-denken_ohneCover.pdf (geprüft am 04.01.2019).

FOCUS online, Obama reagiert: Chef der Steuerbehörde tritt zurück, http://www.focus.de/politik/ausland/usa/us-praesident-geht-in-offensive-obama-reagiert-chef-der-steuerbehoerde-tritt-zurueck_aid_991434.html (geprüft am 04.01.2019).

Frankfurter Allgemeine Zeitung, Obama unter Druck: Das Recht der Amerikaner, erbost zu sein, http://www.faz.net/aktuell/politik/ausland/obama-unter-druck-das-recht-der-amerikaner-erbost-zu-sein-12184705.html (geprüft am 04.01.2019).

Funke, Andreas, Gleichbehandlungsgrundsatz und Verwaltungsverfahren – Die Rechtsprechung des BVerfG zu strukturell bedingten Vollzugsdefiziten, AöR 132 (2007), 168–214.

Gaentzsch, Günter, Gesetzmäßigkeit und Wirtschaftlichkeit der Verwaltung: Beißt der verträgt sich das?, DÖV 1998, S. 952–958.

Gehm, Matthias, Das Gesetz zur Modernisierung des Besteuerungsverfahrens – Überblick über praxisrelevante Eckpunkte, StuB 2016, 580–585.

Gläser, Christian Sven/Schöllhorn, Christian, Die wesentlichen Neuerungen in der AO nach dem Gesetz zur Modernisierung des Besteuerungsverfahrens, DStR 2016, S. 1577–1583.

Gosch, Dietmar (Hrsg.), Körperschaftsteuergesetz – Kommentar, 3. Aufl. 2015 (zitiert: *Bearbeiter* in: Gosch, KStG).

Gosch, Dietmar/Hoyer, Andreas (Hrsg.), Abgabenordnung, Finanzgerichtsordnung – Mit Nebengesetzen, EuGH-Verfahrensrecht; Kommentar, begr. v. Beermann, Albert, Losebl. (Stand: Dezember 2018) (zitiert: *Bearbeiter* in: Gosch, AO/FGO).

Goutier, Klaus/Holdorf-Habetha, Britta, Zur Konkurrentenklage im Abgabenrecht, NWB 1998, S. 887–889.

Government of Canada, Individual income tax return statistics for the 2018 tax-filing season, https://www.canada.ca/en/revenue-agency/corporate/about-canada-revenue-agency-cra/individual-income-tax-return-statistics-2017-tax-filing-season.html (geprüft am 31.10.2018).

Gräber, Finanzgerichtsordnung – Mit Nebengesetzen; Kommentar, bearb. v. Herbert, Ulrich/Levedag, Christian/Ratschow, Eckart/Stapperfend, Thomas, 8. Aufl. 2015 (zitiert: *Bearbeiter* in: Gräber, FGO).

Grimm, Sebastian, Die negative Konkurrentenklage im Steuerrecht, Frankfurt am Main u.a. 2011 (zugl. Diss. Passau 2011).

Grundmann, Karina, Das Recht auf Akteneinsicht im Besteuerungsverfahren, Frankfurt am Main 2009 (zugl. Diss. Bochum 2008).

Hansen, Reginald, Die praktischen Konsequenzen des Methodenstreits – Eine Aufarbeitung der Einkommensbesteuerung, Berlin 1996 (zugl. Diss. Maastricht 1996)

Hartmann, Jürgen, Reform des Veranlagungsverfahrens durch Selbstberechnung der Steuer – dargestellt an den Versuchen zur Selbstberechnung im Lande Niedersachsen, Berlin 1967.

Haumann, Christian, Die "gewichtende Arbeitsweise" der Finanzverwaltung – Eine Untersuchung über die Aufgabenerfüllung der Finanzverwaltung bei der Festsetzung der Veranlagungssteuern, Berlin 2008 (zugl. Diss. Hagen 2008).

Haunhorst, Sabine, Risikomanagement in der Finanzverwaltung – ein Fall für die Finanzgerichte?, DStR 2010, S. 2105–2110.

Heintzen, Markus, Das gemeinsame Konzept von Bund und Ländern zur Modernisierung des Besteuerungsverfahrens, DÖV 2015, S. 780–787.

Henningfeld, Michael/Rosenke, Torsten, 360° eKommentar FGO, Online-Ausgabe (Stand: Oktober 2018) (zitiert: *Bearbeiter* in: Henningfeld/Rosenke).

Henselmann, Klaus/Haller, Stefanie, Potentielle Risikofaktoren in der E-Bilanz-Taxonomie für die Erhöhung der Betriebsprüfungswahrscheinlichkeit, DStR 2018, S. 1033–1039.

Hey, Johanna, § 3 System des Steuerrechts und Steuerverfassungsrecht, in: Tipke, Klaus/Lang, Joachim/Seer, Roman (Hrsg.), Steuerrecht, 23. Aufl., Köln 2018.

Hey, Johanna, Mitteilungspflichten oder Quellenabzug – Maßnahmen zur Sicherung von Steueransprüchen in: in: Drenseck, Walter/Seer, Roman (Hrsg.), Festschrift für Heinrich Wilhelm Kruse zum 70. Geburtstag, Köln, 2001, S. 269–293.

Hey, Johanna, Modernes Besteuerungsverfahren – Mehr als „E", DB 2014, M 5.

Hoffmann, Jürgen, Der maßvolle Gesetzesvollzug im Steuerrecht, Lohmar, Köln 1999 (zugl. Diss. Heidelberg 1999).

Hoffmann, Ralf, Neue Grundsätze für die Arbeitsweise in den Veranlagungsstellen der Finanzämter (GNOFÄ 1997), DStR 1997, S. 1189–1195.

Hoffmann-Riem, Wolfgang, Verhaltenssteuerung durch Algorithmen – Eine Herausforderung für das Recht, AöR 142 (2017), S. 1–42.

Holland, Martin, US-Justiz: Algorithmen benachteiligen systematisch Schwarze, https://www.heise.de/newsticker/meldung/US-Justiz-Algorithmen-benachteiligen-systematisch-Schwarze-3216770.html (geprüft am 04.01.2019).

Hömig/Wolff, Grundgesetz für die Bundesrepublik Deutschland, Handkommentar, hrsg. v. Wolff, Heinrich Amadeus, 12. Aufl. 2018 (zitiert: *Bearbeiter* in: Hömig/Wolff, GG).

Höreth, Ulrike/Stelzer, Brigitte, Gesetz zur Modernisierung des Besteuerungsverfahrens, DStZ 2016, S. 519–526.

Huber, Erich, Ein Konzept zum steuerlichen Risikomanagement im Erlösbereich – Teil 1: Risikoursachen, Risikoauswirkungen und das Grundkonzept, StBp 2016, S. 125–131.

Huber, Erich, Ein Konzept zum steuerlichen Risikomanagement im Erlösbereich – Teil 2: Risikogruppen. ihre Einschätzung und die Grundlagen für Maßnahmen, StBp 2016, S. 160–165.

Huber, Erich, Ein Konzept zum steuerlichen Risikomanagement im Erlösbereich – Teil 3: Das Konzept – die Theorie (Strategie), StBp 2016, S. 228–235.

Huber, Erich, Ein Konzept zum steuerlichen Risikomanagement im Erlösbereich – Teil 4: Das Konzept – die·Praxis (Taktik), StBp 2016, S. 257–262.

Huber, Erich, Ein Konzept zum steuerlichen Risikomanagement im Erlösbereich – Teil 5: Das Konzept – Ressourceneinsatz und das Nachhaltigkeitsprinzip (Umsetzung), StBp 2016, S. 352–355.

Huber, Erich/Seer, Roman, Steuerverwaltung im 21. Jahrhundert: Risikomanagement und Compliance, StuW 2007, S. 355–371.

Hübschmann, Walter/Hepp, Ernst/Spitaler, Armin/Söhn, Hartmut (Hrsg.), Abgabenordnung, Finanzgerichtsordnung – Kommentar, Losebl. (Stand: November 2018) (zitiert: *Bearbeiter* in: HHSp, AO/FGO).

Hülshoff, Markus, Stand des Projekts E-Bilanz, DB Beilage 04/2016, S. 2–7.

Huth, Michael/Romeike, Frank (Hrsg.), Risikomanagement in der Logistik, Konzepte – Instrumente – Anwendungsbeispiele, Wiesbaden 2016.

Internal Revenue Service, U.S. taxpayers efiled more than 126 million returns in 2018, https://www.efile.com/efile-tax-return-direct-deposit-statistics/ (geprüft am 31.10.2018).

Internationale Organisation der Obersten Rechnungskontrollbehörden, Die Deklaration von Lima über die Leitlinien der Finanzkontrolle, ISSAI 1, 1998, https://www.efk.admin.ch/images/stories/efk_dokumente/unabh%C3%A4ngigkeit/ISSAI_1_G.pdf (geprüft am 04.12.2018).

Isensee, Josef, Die typisierende Verwaltung – Gesetzesvollzug im Massenverfahren am Beispiel der typisierenden Betrachtungsweise des Steuerrechts, Berlin 1976.

Isensee, Josef, Gemeinwohl im Verfassungsstaat, in: Axer, Peter/Isensee, Josef/Kirchhof, Paul (Hrsg.), Handbuch des Staatsrechts der Bundesrepublik Deutschland, Bd. IV, 3. Aufl., Heidelberg 2007, S. 3–79.

Isensee, Josef, Vom Beruf unserer Zeit für Steuervereinfachung, StuW 1994, S. 3–14.

IT-Planungsrat, Ziele der Nationalen E-Government Strategie, https://www.it-planungsrat.de/DE/ITPlanungsrat/NEGS/Ziele/Ziele_node.html;jsessionid=70A08F9CDDF7CFEAE317FBF403FC7075.2_cid332 (geprüft am 04.01.2019).

Jakob, Wolfgang, Abgabenordnung – Steuerverwaltungsverfahren und finanzgerichtliches Verfahren, 5. Aufl., München 2010.

Jansen, Lothar, Das Steuerverfahren im Spannungsfeld von Europa- und Verfassungsrecht – eine Untersuchung unter besonderer Berücksichtigung des Spendenrechts, Baden-Baden 2012 (zugl. Diss. Köln 2012).

Jarass, Hans D./Pieroth, Bodo (Hrsg.), Grundgesetz für die Bundesrepublik Deutschland – Kommentar, 15. Aufl. 2018 (zitiert: *Bearbeiter* in: Jarass/Pieroth, GG).

Jung, Hans, Allgemeine Betriebswirtschaftslehre, 13. Aufl., Berlin, Boston 2016.

Karl, Roland, Rechtsanwendungsgleichheit und Verwaltungsanweisungen zur Begrenzung der Sachverhaltsermittlung, DStZ 2002, S. 598–606.

Kastl, Graziana, Algorithmen – Fluch oder Segen, Eine Analyse der Autocomplete-Funktion der Google-Suchmaschine, GRUR 2015, 136–141.

Katterbe, Burkhard, Die GNOFÄ – Eine Untersuchung der Grundsätze zur Neuorganisation der Finanzämter und zur Neuordnung des Besteuerungsverfahrens am Beispiel des Landes Nordrhein-Westfalen, Diss. Bielefeld 1981.

Keilen, Benedikt, Tagesseminar: E-Government und Steuern: Auswirkungen auf die Steuerberatung, Stbg 2015, S. 440–444.

Kirchhof, Ferdinand, Das Leistungsfähigkeitsprinzip nach dem Grundgesetz – Zustand und Zukunft, BB 2017, S. 662–667.

Kirchhof, Paul, Die steuerrechtliche Bedeutung der Digitalisierung für Unternehmen und Unternehmensberater, DStR 2018, S. 497–504.

Kirchhof, Paul, Grundlinien des Steuerverfassungsrechts in der Rechtsprechung des Bundesverfassungsgerichts, in: Herzig, Norbert (Hrsg.), Steuerberater-Jahrbuch 1994/95: zugleich Bericht über den 46. Fachkongress der Steuerberater, Köln, 18. und 19. Oktober 1994, 1995, Köln, S. 5–22.

Kirchhof, Paul, Rechtsstaatliche Anforderungen an den Rechtsschutz, in: Trzaskalik, Christoph (Hrsg.), Der Rechtsschutz in Steuersachen, Veröffentlichung der Deutschen Steuerjuristischen Gesellschaft e.V., Bd. 18, Köln 1995, S. 17–46.

Klein, Abgabenordnung – Einschließlich Steuerstrafrecht: Kommentar, bearb. v. Gersch, Eva-Maria/Jäger, Markus/Rätke, Bernd/Ratschow, Eckart/Rüsken, Reinhart/Werth, Franceska, 14. Aufl. 2018 (zitiert: *Bearbeiter* in: Klein, AO).

Kloth, Rüdiger, Risikomanagement in der Finanzverwaltung – Big Brother beobachtet dich, http://www.bdp-team.de/management-consulting/risikomanagement-der-finanzver-waltung-big-brother-beobachtet-dich (geprüft am 04.01.2019).

Kluth, Winfried/Butzer, Hermann (Hrsg.), Föderalismusreformgesetz – Einführung und Kommentierung 2007 (zitiert: *Bearbeiter* in: Kluth/Butzer, Föderalismusreformgesetz).

Knobbe-Keuk, Brigitte, Die Konkurrentenklage im Steuerrecht, BB 1982, S. 385–390.

Kobor, Hagen, Kooperative Amtsermittlung im Verwaltungsrecht – Mitwirkungspflichten und Informationshilfe im Lichte des verfassungsdirigierten Leitbildes des Untersuchungsgrundsatzes, Baden-Baden 2009.

Kohlhepp, Ralf, Konkurrentenklagen im Umsatzsteuerrecht – Hoheitlicher Bereich von Körperschaften des öffentlichen Rechts und Relevanz von Wettbewerbsbeziehungen, DStR 2011, S. 145–151.

König, Ulrich (Hrsg.), Abgabenordnung – §§ 1 bis 368; Kommentar, 3. Aufl. 2014 (zitiert: *Bearbeiter* in: König, AO).

Kowallik, Andreas, Das Risikomanagementsystem der Finanzverwaltung für Gewinneinkünfte, IWB 2014, S. 406–414.

Kowallik, Andreas/Bongaerts, Dirk, E-Bilanz: Status aus der Sicht der Unternehmen, DB Beilage 04/2016, S. 8–12.

Kramer, Jörg-Dietrich, Selbstveranlagung nach neuem britischen Steuerverfahrensrecht, Informationsabend der Bundesfinanzakademie in Zusammenarbeit mit der Deutschen Steuerjuristischen Gesellschaft, StuW 1998, S. 92–93.

Krebs, Roland, ELSTER: Aktuelle Neuerungen nach 20 Jahren, DB Beilage 04/2016, S. 13–16.

Kromer, Christoph/Pumpler, Reinhard/Henschel, Katharina, Beurteilung der Effektivität eines Tax-Compliance-Systems – Teil 1, CB 2013, S. 156–162.

Krüger-Spitta, Wolfgang/Bronk, Horst, Einführung in das Haushaltsrecht und die Haushaltspolitik, Darmstadt 1973.

Krumm, Marcel, Grundfragen des steuerlichen Datenverarbeitungsrechts, DB 2017, S. 2182–2185.

Kühn, Rolf/Wedelstädt, Alexander von (Hrsg.), Abgabenordnung und Finanzgerichtsordnung – Kommentar, 22. Aufl. 2018 (zitiert: *Bearbeiter* in: Kühn/von Wedelstädt, AO/FGO).

Kunig, Philip/Rublack, Susanne, Aushandeln statt Entscheiden? – Das Verwaltungsverfahrensrecht vor neuen Herausforderungen, Jura 1990, S. 1–11.

Lambrecht, Claus, Normative Bindung und Sachverhaltserfassung, in: Friauf, Karl Heinrich (Hrsg.), Steuerrecht und Verfassungsrecht – Veröffentlichung der Deutschen Steuerjuristischen Gesellschaft e.V., Bd. 12, Köln 1989, S. 79–122.

Landesamt für Steuern Rheinland-Pfalz, Steuerverwaltung im Wandel der Zeit – von der Behörde zum modernen Dienstleister, https://www.lfst-rlp.de/fileadmin/user_upload/Landesamt/broschuere_60_jahre.pdf (geprüft am 04.01.2019).

Landesrechnungshof Nordrhein-Westfalen, Jahresbericht 2011, http://www.lrh.nrw.de/LRHNRW_documents/Jahresbericht/LRH_NRW_Jahresbericht_2011_Band_1.pdf (geprüft am 04.01.2019).

Lanwehr, Christine, Faktische Selbstveranlagung und Fehlerkorrektur im Besteuerungsverfahren von Arbeitnehmern, München 2016 (zugl. Diss. Düsseldorf 2015).

Latzer, Michael/Hollnbuchner, Katharina/Just, Natascha/Saurwein, Florian, The economics of algorithmic selection on the Internet, in: Bauer, Johannes M./Latzer, Michael (Hrsg.), Handbook on the economics of the internet, Cheltenham, UK, Northampton (Massachusetts), USA 2016, S. 395–425.

Lewinski, Kai von/Burbat, Daniela (Hrsg.), Bundeshaushaltsordnung 2013 (zitiert: *Bearbeiter* in: Lewinski/Burbat, BHO).

Ley, Ursula, Die E-Bilanz und Vereinfachung im Besteuerungsverfahren, in: Brandt, Jürgen (Hrsg.), 8. und 9. Deutscher Finanzgerichtstag 2011/2012 – Europäische Perspektiven im Steuerrecht; Steuergerechtigkeit und Steuervereinfachung, Stuttgart ua. 2013, S. 231–252.

Lippross, Otto-Gerd/Seibel, Wolfgang (Hrsg.), Basiskommentar Steuerrecht, Losebl. (Stand: November 2018) (zitiert: *Bearbeiter* in: Lippross/Seibel, Basiskommentar Steuerrecht).

Lishaut, Ingo van, Die Konkurrentenklage im Steuerrecht – Zugleich eine Untersuchung zum subjektiven öffentlichen Recht und zum funktionalen Schutzbereich der Grundrechte, Frankfurt am Main u.a. 1993 (zugl. Diss. Köln 1992).

v. Mangoldt/Klein/Starck, Grundgesetz, Kommentar, Band III, Artikel 83–146, hrsg. v. Huber, Peter M./Voßkuhle, Andreas, 7. Aufl. 2018 (zit. *Bearbeiter* in: v. Mangoldt/Klein/Starck, GG).

Maier, Moritz, Verfassungsrechtliche Aspekte der Digitalisierung des Besteuerungsverfahrens, JZ 2017, S. 614–618.

Mann, Thomas, Der Steuerberater als Compliance-Faktor, DStR 2009, S. 506–508.

Martens, Joachim, Verwaltungsvorschriften zur Beschränkung der Sachverhaltsermittlung, Köln 1980.

Martini, Mario, Algorithmen als Herausforderung für die Rechtsordnung, JZ 2017, 1017–1025.

Martini, Mario, Transformation der Verwaltung durch Digitalisierung, DÖV 2017, 443–455.

Martini, Mario/Nink, David, Wenn Maschinen entscheiden… – Persönlichkeitsschutz in vollautomatisierten Verfahren, Kurzfassung, NVwZ 2017, S. 681–682.

Martini, Mario/Nink, David, Wenn Maschinen entscheiden… – Persönlichkeitsschutz in vollautomatisierten Verwaltungsverfahren, Langfassung, NVwZ-Extra 2017, S. 1–14.

Marx, Jürgen, Der Einsatz von Risikomanagementsystemen nach § 88 Abs. 5 AO als Kernelement der Modernisierung des Besteuerungsverfahrens, Ubg 2016, S. 358–363.

Maunz/Dürig, Grundgesetz – Loseblatt-Kommentar, hrsg. v. Herzog, Roman/Scholz, Rupert/Herdegen, Matthias/Klein, Hans H., Losebl. (Stand: August 2018) (zitiert: *Bearbeiter* in: Maunz/Dürig, GG).

Mayen, Thomas, Verwertbarkeit von geheim gehaltenen Verwaltungsvorgängen im gerichtlichen Verfahren?, NVwZ 2003, S. 537–544.

Mayer, Christian, Die Nachbesserungspflicht des Gesetzgebers, Baden-Baden 1996 (zugl. Diss. Regensburg 1995).

Meinert, Carsten, Gerichtlicher Rechtsschutz bei EDV-gestützter Veranlagung, in: Brandt, Jürgen (Hrsg.), 10. und 11. Deutscher Finanzgerichtstag 2013/2014 – 10 Jahre Deutscher Finanzgerichtstag – Für ein besseres Steuerrecht – Steuergerechtigkeit und Effektivität, Stuttgart ua. 2015, S. 265–278.

Menzenbach, Stefanie/Kersten, Jan/Thomas, Arne, Infobrief v. 07.10.2008 – Bundesbeauftragte und Beauftragte der Bundesregierung, https://www.bundestag.de/blob/494258/ceda55b2693bdf42850ad8f9bfcf9a4a/bundesbeauftragte-data.pdf (geprüft am 04.01.2019).

Merker, Christian, Modernisierung des Besteuerungsverfahrens – Wichtige Änderungen für Prüfer und Praxis, SteuerStud 2016, S. 398–408.

Meyding, Dietrich, vereinfachender Gesetzesvollzug durch die Verwaltung, in: Fischer, Peter (Hrsg.), Steuervereinfachung, Veröffentlichung der Deutschen Steuerjuristischen Gesellschaft, Bd. 21, Köln 1998, S. 219–232.

Möbius, Christian/Pallenberg, Catherine, Risikomanagement in Versicherungsunternehmen, 3. Aufl., Berlin, Heidelberg 2016.

Modlinger, Florian, Das Risikomanagement der Finanzämter, Stbg 2011, S. 515–516.

Müller-Franken, Sebastian, Grundfragen des Besteuerungsverfahrens – Anforderungen des Rechts an die Digitalisierung der Gewinnung und Verarbeitung von Informationen im Steuerrecht, StuW 2018, S. 113–122.

Müller-Franken, Sebastian, Maßvolles Verwalten – Effiziente Verwaltung im System exekutiver Handlungsmaßstäbe am Beispiel des maßvollen Gesetzesvollzugs im Steuerrecht, Tübingen 2004.

Münch, Lukas, Finanzbehördliches Risikomanagement im Rahmen der Einkommensteuerveranlagung, DStR 2013, S. 212–215.

Münch, Lukas/Sendke, Thomas, Geplante Modernisierung der verfahrensrechtlichen Korrekturvorschriften, DStZ 2015, S. 487–496.

Nagel, Peter, Problemaffinität und Problemvergessenheit – Eine Betrachtung zur Beobachtungspflicht des Gesetzgebers, DÖV 2010, S. 268–275.

Nagel, Sybille/Waza, Thomas, Risikomanagement beim Steuervollzug – ein Weg aus der Krise!, DStZ 2008, S. 321–326.

Neuer Verband der Lohnsteuerhilfevereine, Stellungnahme v. 16.03.2016 – Entwurf eines Gesetzes zur Modernisierung des Besteuerungsverfahrens Gesetzentwurf der Bundesregierung BT-Drucksache 18/7457, https://www.bundestag.de/blob/416258/d7962845977289f55ce89736d9560473/11-nvl-data.pdf (geprüft am 04.01.2019).

Niebler, Michael, Die Unabhängigkeit von Prüfungen in der Sozialversicherung, NZS 2017, 933–938.

Nöcker, Gregor, Das In-Camera-Verfahren im Finanzgerichtsprozess – Der Kompromiss zwischen Geheimhaltungsinteresse des FA und effektivem Rechtsschutz des Steuerpflichtigen, AO-StB 2009, S. 214–216.

O'Neil, Cathy, Angriff der Algorithmen – Wie sie Wahlen manipulieren, Berufschancen zerstören und unsere Gesundheit gefährden, 2. Aufl., München 2018.

O'Neill, Claire, Using digital delivery to enhance the integrity of tax systems in: OECD (Hrsg.), Tax Administration 2017: Comparative Information on OECD and other Advanced and Emerging Economies, Paris 2017, S. 163–168, https://read.oecd-ilibrary.org/taxation/tax-administration-2017_tax_admin-2017-en#page1 (geprüft am 10.12.2018).

Oberfinanzdirektion Nordrhein-Westfalen, Prüffelder für das Kalenderjahr 2018, https://www.finanzverwaltung.nrw.de/de/prueffelder-fuer-das-kalenderjahr-2018 (geprüft am 04.01.2019).

Ondracek, Dieter, Zum Gleichmaß der Besteuerung, in: Kley, Max Dietrich (Hrsg.), Festschrift für Wolfgang Ritter zum 70. Geburtstag – Steuerrecht, Steuer- und Rechtspolitik, Wirtschaftsrecht und Unternehmensverfassung, Umweltrecht, Köln 1997, S. 227–244.

Organization for Economic Cooperation and Development, Compliance Risk Management: Managing and Improving Tax Compliance – Guidance Note, 2004, https://www.oecd.org/tax/administration/33818656.pdf (geprüft am 04.01.2019).

Ortmann-Babel, Martina/Franke, Verona, Gesetz zur Modernisierung des Besteuerungsverfahrens, DB 2016, S. 1521–1525.

Papier, Hans-Jürgen, Steuerrecht im Wandel – verfassungsrechtliche Grenzen der Steuerpolitik, DStR 2003, S. 973–978.

Pelka, Jürgen, Vollzugsdefizite im Steuerrecht aus der Sicht des Steuerberaters, StuW 2005, S. 378–384.

Pelka, Jürgen, Zum maßvollen Gesetzesvollzug, DB 1996, S. 699–702.

Pezzer, Heinz-Jürgen, Gleichmäßiger Gesetzesvollzug in der Steuerrechtsordnung, StuW 2007, S. 101–111.

Pfitzer, Norbert/Füser, Karsten/Meireis, Karin/Wulfkühler, Stefan, Risikomanagement in der WP-Gesellschaft – „Nur der, der seine Risiken kennt, kann seine Chancen im vollen Umfang nutzen.", DB 2002, S. 2005–2009.

Puhl, Thomas, Besteuerungsverfahren und Verfassung (Teil I), DStR 1991, S. 1141–1145.

Rechnungshof der Freien und Hansestadt Hamburg, Jahresbericht – des Rechnungshofs der Freien und Hansestadt Hamburg 2004, http://www.hamburg.de/contentblob/259476/data/jahresbericht-2004.pdf (geprüft am 04.01.2019).

Rechnungshof Rheinland-Pfalz, Zusammenarbeit mit anderen Einrichtungen der Finanzkontrolle, https://rechnungshof.rlp.de/de/ueber-uns/aufgaben-und-arbeitsweise/zusammenarbeit-mit-anderen-einrichtungen-der-finanzkontrolle/ (geprüft am 04.01.2019).

Rheinisch-Westfälisches Institut für Wirtschaftsforschung (Hrsg.), Machbarkeitsstudie und Planspiel zur Einführung einer Selbstveranlagung bei der Körperschaftssteuer, Forschungsprojekt des Bundesministeriums für Finanzen, Endbericht, Essen 2005, http://www.rwi-essen.de/media/content/pages/publikationen/rwi-projektberichte/PB_Selbstveranlagung-bei-der-KSt.pdf (geprüft am 10.12.2018).

Richter, Andreas/Welling, Berthold, Tagungs- und Diskussionsbericht zum 46. Berliner Steuergespräch „Elektronisches Steuerverfahren", FR 2013, S. 406–412.

Richter, Andreas/Welling, Berthold, Tagungs- und Diskussionsbericht zum 56. Berliner Steuergespräch, Die Reform der Abgabenordnung" am 21.9.2015, FR 2015, S. 1014–1020.

Riedlinger, Raoul, Stand der Umsetzung des Risikomanagements in der Finanzverwaltung und steuerrechtliche Bewertung in: Deutsches wissenschaftliches Institut der Steuerberater e.V. (Hrsg.), Risikomanagement der Finanzverwaltung – Herausforderungen für den Berufsstand der Steuerberater, DWS-Schriftenreihe Nr. 19, Berlin 2009, S. 17–21.

Risse, Robert, Steuercontrolling und Reporting – Tax Compliance, Prozessmanagement, Steuerplanung und Konzernsteuerquote, 2. Aufl., Wiesbaden 2015.

Risse, Robert, Steuerliches Risikomanagement, Ubg 2012, S. 169–176.

Rittler, Thomas, Die Sachverhaltsermittlung im System der Besteuerungsgrundsätze – Stellungnahme zur neuen Verwaltungsanweisung zu § 88 AO, DB 1987, S. 2331–2333.

Rixen, Thomas/Seipp, Klaus, Mit mehr Transparenz zu einem gerechten Steuersystem – Studie der Abteilung Wirtschafts- und Sozialpolitik der Friedrich-Ebert-Stiftung, Bonn 2009.

Röper, Christoph, Die Digitalisierung des Bereichs Steuern – Chance statt Risiko?, DB Beilage 04/2016, S. 1.

Roth, Hans-Peter, Der Regierungsentwurf zur Modernisierung des Besteuerungsverfahrens, Steuk 2016, S. 78–81.

Ruhnke, Klaus, Geschäftsorientierte Abschlussprüfung – Revolution im Prüfungswesen oder Weiterentwicklung des risikoorientierten Prüfungsansatzes?, DB 2002, S. 437–443.

Sachs, Michael, Grundgesetz, Kommentar, 8. Aufl. 2018 (zit.: *Bearbeiter* in Sachs, GG).

Sarrazin, Thilo, Der Stellenwert des Wirtschaftlichkeitsprinzip in Staat und Verwaltung, in: Arnim, Hans Herbert von (Hrsg.), Wirtschaftlichkeit in Staat und Verwaltung – Vorträge und Diskussionsbeiträge der 60. Staatswissenschaftlichen Fortbildungstagung 1992 der Hochschule für Verwaltungswissenschaften Speyer, Bd. 111, Berlin 1993, S. 19–41.

Schaar, Peter, Überwachung, Algorithmen und Selbstbestimmung, in: Gapski, Harald/Oberle, Monika/Staufer, Walter (Hrsg.), Medienkompetenz – Herausforderung für Politik, politische Bildung und Medienbildung, Bonn 2017, S. 73–81.

Schäfers, Manfred, Steuererklärung: Der elektronische Finanzbeamte kommt, http://www.faz.net/aktuell/wirtschaft/menschen-wirtschaft/steuererklaerung-der-elektronische-finanzbeamte-kommt-13220066.html (geprüft am 04.01.2019).

Schierenbeck, Henner/Wöhle, Claudia B., Grundzüge der Betriebswirtschaftslehre, 19. Aufl., Berlin 2016.

Schleicher, Klaus, Die Kontrolle des Steuervollzugs durch die Rechnungshöfe, in: Widmann, Werner (Hrsg.), Steuervollzug im Rechtsstaat, Veröffentlichung der Deutschen Steuerjuristischen Gesellschaft, Bd. 31, Köln 2008, S. 59–82.

Schmarbeck, Tim, Tax Compliance – Ein ganzheitlicher Ansatz für die Modernisierung des Steuervollzugs, Monatsbericht des BMF 12.2002, Berlin 2002.

Schmidt, Ekkehard, Moderne Steuerungssysteme im Steuervollzug, in: Widmann, Werner (Hrsg.), Steuervollzug im Rechtsstaat, Veröffentlichung der Deutschen Steuerjuristischen Gesellschaft, Bd. 31, Köln 2008, S. 37–57.

Schmidt, Ekkehard/Schmitt, Michael, Risikomanagement – Zaubermittel oder Bankrotterklärung der Verwaltung?, in: Mellinghoff, Rudolf/Schön, Wolfgang/Viskorf, Hermann-Ulrich (Hrsg.), Festschrift für Wolfgang Spindler zum 65. Geburtstag – Steuerrecht im Rechtsstaat, Köln 2011, S. 529–547.

Schmidt-Aßmann, Eberhard, Das allgemeine Verwaltungsrecht als Ordnungsidee – Grundlagen und Aufgaben der Verwaltungsrechtlichen Systembildung, Dordrecht 2006.

Schmidt-Bleibtreu/Hofmann/Henneke, Kommentar zum GG, 14. hrsg. v. Hofmann, Hans/ Henneke, Hans-Günther, 14. Aufl. 2017 (zitiert: *Bearbeiter* in: Schmidt-Bleibtreu/Hofmann/Henneke, GG).

Schmola, Gerald, Grundlagen und Instrumente des Risikomanagements in: Schmola, Gerald/Rapp, Boris (Hrsg.), Compliance, Governance und Risikomanagement im Krankenhaus – Rechtliche Anforderungen Praktische Umsetzung Nachhaltige Organisation, Wiesbaden 2016.

Schoch, Friedrich (Hrsg.), Informationsfreiheitsgesetz, 2. Aufl. 2016 (zitiert: *Bearbeiter* in: Schoch, IFG).

Schuhmann, Helmut, Untersuchungsgrundsatz und Mitwirkungspflichten der Beteiligten, DStZ 1986, S. 583–588.

Schüly, Sven, Das "in Camera" – Verfahren der Verwaltungsgerichtsordnung – Unter besonderer Berücksichtigung des Spannungsfeldes zwischen effektivem Rechtsschutz und Geheimhaltung, Baden-Baden 2006 (zugl. Diss. Mannheim 2006).

Schwab, Hartmut, Einführungsreferat, in: Deutsches Wissenschaftliches Institut der Steuerberater (Hrsg.), Selbstveranlagung – Wegfall des Amtsermittlungsgrundsatzes?, DWS-Schriftenreihe Nr. 30, Berlin 2015, S. 33–34.

Schwab, Hartmut, Thesenpapier der Bundessteuerberaterkammer zur Selbstveranlagung – Thesen zur Selbstveranlagung, in: Deutsches Wissenschaftliches Institut der Steuerberater (Hrsg.), Selbstveranlagung – Wegfall des Amtsermittlungsgrundsatzes?, DWS-Schriftenreihe Nr. 30, Berlin 2015, S. 119.

Schwarz, Bernhard/Pahlke, Armin (Hrsg.), AO/FGO – Kommentar zur Abgabenordnung, Losebl. (Stand: November 2018) (zitiert: *Bearbeiter* in: Schwarz/Pahlke, AO/FGO).

Schwarz, Bernhard/Pahlke, Armin (Hrsg.), AO/FGO – Kommentar, Erstkommentierung zur Neuregelung des Datenschutzes im steuerlichen Verfahrensrecht (EU-DSGVO und Gesetz zur Änderung des BVG und andere Vorschriften), 2018 (zitiert: *Bearbeiter* in: Schwarz/Pahlke, Erstkomm. DSGVO)

Schwarz, Bernhard/Pahlke, Armin/Dißars, Ulf-Christian/Frotscher, Gerrit/Frotscher, Marion/Fu, Reiner/Horn, Hans-Joachim/Kämper, Andrea/Keß, Thomas/Kordt, Holger/Schneider, Zacharias-Alexis/Volquardsen, Christian/Webel, Karsten (Hrsg.), AO/FGO Kommentar – Erstkommentierung zum Gesetz zur Modernisierung des Besteuerungsverfahrens vom 18. Juli 2016, 2017 (zitiert: *Bearbeiter* in: Schwarz et al., Erstkomm. StModG).

Schwenker, Jörg, Das Gesetz zur Modernisierung des Besteuerungsverfahrens – ein Meilenstein auf dem Weg der weiteren Digitalisierung im Steuerrecht – Neue Herausforderungen für Finanzverwaltung, Steuerpflichtige und Unternehmen sowie Steuerberater, DB 2016, S. 375–382.

Seer, Roman, § 21 Durchführung der Besteuerung, in: Tipke, Klaus/Lang, Joachim/Seer, Roman (Hrsg.), Steuerrecht, 23. Aufl., Köln 2018.

Seer, Roman, Besteuerungsverfahren im 21. Jahrhundert, FR 2012, S. 1000–1008.

Seer, Roman, Besteuerungsverfahren: Rechtsvergleich USA – Deutschland, Schriftenreihe Recht der Internationalen Wirtschaft, Band 62, Heidelberg 2002.

Seer, Roman, Der Untersuchungsgrundsatz im heutigen Besteuerungsverfahren, SteuerStud 2010, S. 369–374.

Seer, Roman, Der Vollzug von Steuergesetzen unter den Bedingungen einer Massenverwaltung., in: Widmann, Werner (Hrsg.), Steuervollzug im Rechtsstaat, Veröffentlichung der Deutschen Steuerjuristischen Gesellschaft, Bd. 31, Köln 2008, S. 7–36.

Seer, Roman, Die Rolle des Steuerberaters in einer elektronischen Finanzverwaltung, DStR 2008, S. 1553–1560.

Seer, Roman, Einkommensteuervollzug, in: Lang, Jürgen/Eilfort, Michael (Hrsg.), Strukturreform der deutschen Ertragsteuern – Bericht über die Arbeit und Entwürfe der Kommission „Steuergesetzbuch“ der Stiftung Marktwirtschaft, Reinbek 2013, S. 181–193.

Seer, Roman, Impulsreferat „Auskunfts- und Informationsrechte des Steuerpflichtigen – Stärkung der Rechtssicherheit im Besteuerungsverfahren“, in: Deutsches Wissenschaftliches Institut der Steuerberater (Hrsg.), Auskunfts- und

Informationsrechte des Steuerpflichtigen – Stärkung der Rechtssicherheit im Besteuerungsverfahren, DWS-Schriftenreihe Nr. 37, Berlin 2017, S. 9–28.

Seer, Roman, Impulsreferat, in: Deutsches Wissenschaftliches Institut der Steuerberater (Hrsg.), Selbstveranlagung – Wegfall des Amtsermittlungsgrundsatzes?, DWS-Schriftenreihe Nr. 30, Berlin 2015, S. 7–28.

Seer, Roman, Modernisierung des Besteuerungsverfahrens – Gedanken zum Referentenentwurf zur Modernisierung des Besteuerungsverfahrens, StuW 2015, S. 315–330.

Seer, Roman, Modernisierung des Besteuerungsverfahrens aus Sicht der Steuerberater und Steuerabteilungen, in: Lüdicke, Jochen (Hrsg.), Jahrbuch des Bundesverbands der Steuerberater, Herne Westfalen 2016, S. 55–78.

Seer, Roman, Möglichkeiten und Grenzen eines „maßvollen" Gesetzesvollzugs durch die Finanzverwaltung, FR 1997, S. 553–562.

Seer, Roman, Nürnberger Steuergespräche 2015 – E-Government und Steuern, Vortrag Verfahrensrechtliche Aspekte einer Selbstveranlagung, http://www.nuernberger-steuergespraeche.de/index.php?page=tagesseminar (geprüft am 04.01.2019).

Seer, Roman, Reform der Steuerveranlagung, in: Herzig, Norbert/Günkel, Manfred/Niemann, Ursula (Hrsg.), Steuerberater-Jahrbuch 2004/2005: zugleich Bericht über den 56. Fachkongress der Steuerberater, Köln, 12. und 13. Oktober 2004, 2005, Köln, S. 53–78.

Seer, Roman, Reform des Veranlagungsverfahrens, StuW 2003, S. 40–59.

Seer, Roman, Reformentwurf der Bundesregierung zur Modernisierung des Besteuerungsverfahrens, DStZ 2016, S. 605–612.

Seer, Roman, Selbstveranlagung, Risikomanagement sowie andere Maßnahmen gegen Vollzugsdefizite im Steuerrecht, in: Brandt, Jürgen (Hrsg.), Mitverantwortung von Bürger und Staat für ein gerechtes Steuerrecht, 4. Deutscher Finanzgerichtstag 2007, Stuttgart ua. 2007, S. 99–116.

Seer, Roman, Verständigungen in Steuerverfahren, Köln 1996.

Sell, Michael, Einführungsreferat, in: Deutsches Wissenschaftliches Institut der Steuerberater (Hrsg.), Selbstveranlagung – Wegfall des Amtsermittlungsgrundsatzes?, DWS-Schriftenreihe Nr. 30, Berlin 2015, S. 29–32.

Sinewe, Patrick/Frase, Henning, Die Praxis der steuerrechtlichen Konkurrentenklage, BB 2011, S. 1567–1571.

Smith, Adam, An Inquiry into the nature and causes of the wealth of nations, London 2001.

Sodan, Helge (Hrsg.), Grundgesetz, 4. Aufl. 2018 (zitiert: *Bearbeiter* in: Sodan/Haratsch, GG).

Spilker, Bettina, Behördliche Amtsermittlung, Tübingen 2015.

Spindler, Wolfgang, Kooperation im Besteuerungsverfahren, FR 2011, S. 122–123.

Spitaler, Armin, Der maßvolle Gesetzesvollzug im Steuerrecht, in: Spitaler, Armin (Hrsg.) Steuerberater-Jahrbuch 1961/1962: zugleich Bericht über den 13. Fachkongress der Steuerberater der Bundesrepublik Deutschland, Köln, 23. bis 25. Oktober 1961, Köln, 1961, S. 461–479.

Spitzenverbände der Deutschen Wirtschaft, Stellungnahme v. 23.09.2015 – Gesetz zur Modernisierung des Besteuerungsverfahrens, Stellungnahme zum Referentenentwurf v. 26.08.2015, https://www.bundesfinanzministerium.de/Content/DE/Gesetzestexte/Gesetze_Gesetzesvorhaben/Abteilungen/Abteilung_IV/18_Legislaturperiode/Gesetze_Verordnungen/2016-07-22-Steuermodernisierungsgesetz/Stellungnahme-02-8-Spitzenverbaende-der-Deutschen-Wirtschaft.pdf;jsessionid=1DB7782D827C7604589E3A41C6880B22?__blob=publicationFile&v=1 (geprüft am 04.01.2019).

Statistisches Bundesamt, Fachserie 10, Reihe 2.5, Rechtspflege, Finanzgerichte 2016, Wiesbaden 2017.

Steinhauff, Dieter, Die Praxis der steuerrechtlichen Konkurrentenklage, AO-StB 2011, S. 270.

Stern, Klaus, Die staatsrechtliche Stellung des Bundesrechnungshofes und seine Bedeutung im System der Finanzkontrolle, in: Zavelberg, Heinz Günter, Die Kontrolle der Staatsfinanzen – Geschichte und Gegenwart – 1714–1989, Festschrift zur 275. Wiederkehr der Errichtung der Preußischen Geeral-Rechen-Kammer, Berlin 1989.

Stolterfoht, Joachim, Vereinfachender Gesetzesvollzug durch die Verwaltung – die Verständigungsvereinbarung als Methodenproblem (Korreferat), in: Fischer, Peter (Hrsg.), Steuervereinfachung, Veröffentlichung der Deutschen Steuerjuristischen Gesellschaft, Bd. 21, Köln 1998, S. 233–257.

Streck, Michael, Grundlagen in: Streck/Mack/Schwedhelm Partnerschaft mbB, Tax Compliance, Risikominimierung durch Pflichtenbefolgung und Rechteverfolgung, 2. Aufl., Köln 2016, S. 1–16.

Tartler, Erwin, § 155 Abgabenordnung, in: Kube, Hanno/Mellinghoff, Rudolf/Morgenthaler, Gerd/Palm, Ulrich/Puhl, Thomas/Seiler, Christian (Hrsg.), Leitgedanken des Rechts – Paul Kirchhof zum 70. Geburtstag, Bd. 2, Heidelberg 2013, S. 1675–1683.

Thiemann, Christian, Rechtsschutz im modernisierten Besteuerungsverfahren, StuW 2018, 304–313.

Timmermann, Manfred, Wirtschaftliches Handeln öffentlicher Verwaltungen – Grundsätzliches aus ökonomischer und verwaltungspraktischer Sicht, in: Arnim, Hans Herbert von (Hrsg.), Wirtschaftlichkeit in Staat und Verwaltung – Vorträge und Diskussionsbeiträge der 60. Staatswissenschaftlichen Fortbildungstagung 1992 der Hochschule für Verwaltungswissenschaften Speyer, Berlin 1993, S. 43–66.

Tipke, Klaus, Das Dilemma der Finanzverwaltung – Zeitnahe oder gesetzmäßig-gleichmäßige Besteuerung, StW 1994, S. 221–226.

Tipke, Klaus, Die Steuerrechtsordnung – Föderative Steuerverteilung, Rechtsanwendung und Rechtsschutz, Gestalter der Steuerrechtsordnung, Bd. III, Köln 1993.

Tipke, Klaus, Die Steuerrechtsordnung – Steuerrechtswissenschaft, Steuergesetzgebung, Steuervollzug, Steuerrechtsschutz, Steuerreformbestrebungen, Bd. III, 2. Aufl., Köln 2012.

Tipke, Klaus, Die Steuerrechtsordnung – Wissenschaftsorganisatorische, systematische und grundrechtlich-rechtsstaatliche Grundlagen, Bd. I, 2. Aufl., Köln 2000.

Tipke, Klaus, In dubio pro fisco, Steuer-Kongress-Report 1967, S. 39–61.

Tipke, Klaus, Steuerliche Ungleichbehandlung durch einkunfts- und vermögensartdifferente Bemessungsgrundlagenermittlung und Sachverhaltsverifizierung, in: Drenseck, Walter/Seer, Roman (Hrsg.), Festschrift für Heinrich Wilhelm Kruse zum 70. Geburtstag, Köln, 2001, S. 215–238

Tipke, Klaus, Über Deklarieren und Verifizieren, in: Kirchhof, Paul (Hrsg.), Festschrift für Klaus Offerhaus zum 65. Geburtstag – Steuerrechtsprechung, Steuergesetz, Steuerreform, Köln 1999, S. 819–836.

Tipke/Kruse, Abgabenordnung, Finanzgerichtsordnung – Kommentar, fortgeführt v. Brandis, Peter/Seer, Roman/Drüen, Klaus-Dieter/Loose, Matthias/Krumm, Marcel, Losebl. (Stand: Oktober 2018) (zitiert: *Bearbeiter* in: Tipke/Kruse, AO/FGO).

Treasury inspector general for tax administration, Inappropriate Criteria were used to identify tax-exempt applications for review, May 14, 2013, Reference Number: 2013–10–053, https://www.treasury.gov/tigta/auditreports/2013reports/201310053fr.pdf (geprüft am 02.11.2018);

Trips, Marco, Risikomanagement in der öffentlichen Verwaltung, Zur Möglichkeit der Einführung eines Risikomanagementsystems im öffentlichen Sektor, NVwZ 2003, S. 804–811.

Trossen, Nils, Die Auswirkungen auf den gerichtlichen Rechtsschutz, FR 2015, S. 1021–1025.

Trzaskalik, Christoph, Steuerverwaltungsvorschriften aus der Sicht des Rechtsschutzes, in: Tipke, Klaus (Hrsg.), Grenzen der Rechtsfortbildung durch Rechtsprechung und Verwaltungsvorschriften im Steuerrecht, Veröffentlichung der Steuerjuristischen Gesellschaft, Köln 1982, S. 315–338.

Verbraucherzentrale Bundesverband e.V., Verbrauchereinstellungen und Erwartungen zu algorithmenbasierten Entscheidungsprozessen, https://www.vzbv.de/sites/default/files/downloads/2017/12/06/civey_vzbv_umfrageergebnisse_algorithmen.pdf (geprüft am 04.01.2019).

Vereinte Dienstleistungsgewerkschaft, Stellungnahme v. 25.09.2015 – Referentenentwurf eines Gesetzes zur Modernisierung des Besteuerungsverfahrens, https://www.bundesfinanzministerium.de/Content/DE/Gesetzestexte/Gesetze_Gesetzesvorhaben/Abteilungen/Abteilung_IV/18_Legislaturperiode/Gesetze_Verordnungen/2016-07-22-Steuermodernisierungsgesetz/Stellungnahme-22-verdi.pdf;jsessionid=1DB7782D827C7604589E3A41C6880B22?__blob=publicationFile&v=2 (geprüft am 04.01.2019).

Wacke, Gerhard, Die Beweislast der Familienunternehmen in Steuersachen – Verdachtsvermutungen gegen Familienverträge, München, Berlin 1966.

Weber-Grellet, Heinrich, Fairneß, Aufklärung und Transparenz – Wege zu einer leistungsgerechten Besteuerung, StuW 1999, S. 311–320.

Weber-Grellet, Heinrich, Steuern im modernen Verfassungsstaat – Funktionen, Prinzipien und Strukturen des Steuerstaats und des Steuerrechts, Köln 2001.

Wedelstädt, Alexander von, Das Gesetz zur Modernisierung des Besteuerungsverfahrens, AO-StB 2016, S. 196–201.

Welling, Berthold/Ghebrewebet, Yokab, Die Grenzen der Digitalisierung für Unternehmen im Steuerrecht, DB Beilage 04/2016, S. 33–34.

Wernsmann, Rainer, Klagearten und Klagebefugnis im Konkurrentenrechtsstreit, Die Verwaltung 36 (2003), S. 67–103.

Wiedmann, Harald, Der risikoorientierte Prüfungsansatz, Die Wirtschaftsprüfung 1993, S. 13–25.

Winterhoff, Christian, Steuerverfahrensrecht und tatsächliche Belastungsgleichheit – Zur Verfassungswidrigkeit der Spekulationsgewinnbesteuerung, Baden-Baden 2004 (zugl. Diss. Göttingen 2004).

Wittmann, Rolf, Mitwirkungspflicht und Aufklärungspflicht in der AO – Reduktion der Mitwirkungspflicht durch finanzbehördliches Verhalten, StuW 1987, S. 35–50.

Wittrock, Karl, Warum muss Finanzkontrolle unabhängig sein?, DVBl. 1984, 823–826.

Zaumseil, Peter, Die Modernisierung des Besteuerungsverfahrens, NJW 2016, S. 2769–2774.

360° AO eKommentar, bearb. v. Baum, Michael/Boochs, Wolfgang/ Brandl, Harald/ Buse, Johannes W./Grammes, Dieter/Horstick, Julia/Kersten, Alexander/Kirch, Gregor, Potowski, Marta/Schneider, Grudrun/Szymczak, Manfred (Online-Ausgabe (Stand: Dezember 2018) (zitiert: *Bearbeiter* in: eKomm AO).

Die bei den zitierten Urteilen und Beschlüssen angegebenen Randnummern beziehen sich auf die entsprechenden Randnummern bei juris.
Aus Gründen der Einfachheit und besseren Lesbarkeit verwendet diese Publikation vorwiegend die männliche Sprachform. Es sind jedoch jeweils alle Geschlechter gemeint.

Abkürzungsverzeichnis

Die Abkürzungen richten sich nach Kirchner, Hildebert (Hrsg.), Abkürzungsverzeichnis der Rechtssprache, 9. Auflage 2018.
Darüber hinaus werden folgende Abkürzungen verwendet:

ACLJ	American Center for Law and Justice
BayVerfGHE	Entscheidungssammlung des bayerischen Verfassungsgerichtshofs
BDFR	Bund deutscher Finanzrichterinnen und Finanzrichter
BDL	Bundesverband der Lohnsteuerhilfevereine
BMF	Bundesministerium der Finanzen
BP	Betriebsprüfung
BR-Drs.	Drucksache des Bundesrates
BStbK	Bundessteuerberaterkammer
BT-Drs.	Drucksache des Bundestages
BVStb	Bundesverband der Steuerberater e.V.
BWV	Bundesbeauftragter für Wirtschaftlichkeit in der Verwaltung
BZSt	Bundeszentralamt für Steuern
CRS	Common Reporting Standard (OECD-Standards zum automatischen Informationsaustausch über Finanzkonten)
DAV	Deutscher Anwaltsverein
DFGT	Deutscher Finanzgerichtstag
DRB	Deutscher Richterbund
DStG	Deutsche Steuergewerkschaft
DStJG	Deutsche Steuerjuristische Gesellschaft
DStV	Deutscher Steuerberaterverband
DWS	Deutsches wissenschaftliches Institut der Steuerberater
eKomm	E-Kommentar (360° AO eKommentar, bearb. v. Baum, Michael/ Boochs, Wolfgang/ Brandl, Harald/Buse, Johannes W./ Grammes, Dieter/Horstick, Julia/Kersten, Alexander/Kirch, Gregor, Potowski, Marta/Schneider, Grudrun/Szymczak, Manfred)
ELSTER	Elektronische Steuererklärung
Erstkomm.	Erstkommentierung
EU-DSGVO	Europäische Datenschutzgrundverordnung

FATCA	Foreign Account Tax Compliance Act (FATCA-USA-Umsetzungsverordnung v. 23.07.2014, BGBl. 2014 I Nr. 35, 1222)
FISCUS	Föderales Integriertes Standardisiertes Computer-Unterstütztes Steuersystem
HHSp	Hübschmann/Hepp/Spitaler (Kommentar)
IFSt	Institut Finanzen und Steuern
INTOSAI	International Organization of Supreme Audit Institutions (Internationale Organisation der Obersten Rechnungskontrollbehörden)
IRS	Internal Revenue Service (Bundessteuerbehörde der USA)
ISSAI	International Standards for Supreme Audit Institutions (Internationale Normen für Oberste Rechnungskontrollbehörden)
IWB	Internationales Steuer- und Wirtschaftsrecht (Zeitschrift)
KONSENS	Koordinierte neue Software-Entwicklung der Steuerverwaltung
PS	Prüfungsstandard
RefE	Referentenentwurf
Rlp	Rheinland-Pfalz
RWI	Rheinisch-Westfälisches Institut für Wirtschaftsforschung
StErmVO	Steuerermittlungsverordnung (Referentenentwurf des BMF zur Zweiten Verordnung zur Änderung steuerlicher Verordnungen v. 05.08.2011; s. Anhang)
StModG	Gesetz zur Modernisierung des Besteuerungsverfahrens
StRO	Die Steuerrechtsordnung
ver.di	Vereinte Dienstleistungsgewerkschaft
VerfGH	Verfassungsgerichtshof

A. Einleitung

I. Problemstellung und Zielsetzung

"Algorithms have come to shape our daily lives and realities."[1]

Algorithmen sind allgegenwärtig. Viele unserer täglichen Aktivitäten werden von Algorithmen geprägt, die im Hintergrund und von uns meist unbemerkt agieren.[2] Sie werden in den unterschiedlichsten Bereichen eingesetzt: Versicherungen und Banken arbeiten ebenso mit Algorithmen wie Job- und Datingportale. Algorithmen wählen beispielsweise Informationen und Nachrichten aus, die bei der Nutzung von Suchmaschinen und Social Media-Plattformen angezeigt werden, und präsentieren speziell auf die individuellen Bedürfnisse zugeschnittene Werbung. Sie treffen eine Vorauswahl im Bewerbungsprozess und entscheiden darüber, ob und zu welchen Konditionen die Bank einen Kredit vergibt.[3]

Während die Funktionsweise von Algorithmen im Einzelnen sehr unterschiedlich ausgestaltet ist, haben Algorithmen – unabhängig davon in welchen Bereichen sie eingesetzt werden – eine Gemeinsamkeit: Algorithmen dienen dazu, Informationen automatisch zu selektieren und diesen Informationen dabei zugleich Relevanz zuzuordnen.[4] Damit bieten sie nicht nur die Möglichkeit, große Datenmengen zu verarbeiten, sondern ermöglichen zugleich eine automatisierte Entscheidungsfindung.[5]

---

1 *Latzer/Hollnbuchner/Just/Saurwein* in: Bauer/Latzer (Hrsg.), Handbook on the economics of the internet, 2016, 395 (395).

2 Hoffmann-Riem, AöR 142 (2017), 1 (4); *Fischer/Petersen*, Was Deutschland über Algorithmen weiß und denkt, S. 4, https://algorithmenethik.de/wp-content/uploads/sites/10/2018/05/Was-die-Deutschen-%C3%BCber-Algorithmen-denken_ohneCover.pdf (geprüft am 04.01.2019); *Latzer/Hollnbuchner/Just/Saurwein* in: Bauer/Latzer (Hrsg.), Handbook on the economics of the internet, 2016, 395 (395); zur Definition von Algorithmen, s. Hoffmann-Riem, AöR 142 (2017), 1 (2); *Ernst*, JZ 2017, 1026 (1026); *Kastl*, GRUR 2015, 136 (136).

3 *Schaar* in: Gapski/Oberle/Staufer (Hrsg.), Medienkompetenz, 2017, 73 (76); *Martini*, JZ 2017, 1017 (1017) m.w.N.; *Ernst*, JZ 2017, 1026 (1026); *Fischer/Petersen*, Was Deutschland über Algorithmen weiß und denkt, S. 4, https://algorithmenethik.de/wp-content/uploads/sites/10/2018/05/Was-die-Deutschen-%C3%BCber-Algorithmen-denken_ohneCover.pdf (geprüft am 04.01.2019); *Latzer/Hollnbuchner/Just/Saurwein* in: Bauer/Latzer (Hrsg.), Handbook on the economics of the internet, 2016, 395 (396 f.); vgl. zu den Einsatzbereichen von Algorithmen: *O'Neil*, Angriff der Algorithmen, 2. Aufl. 2018.

4 *Schaar* in: Gapski/Oberle/Staufer (Hrsg.), Medienkompetenz, 2017, 73 (76); *Latzer/Hollnbuchner/Just/Saurwein* in: Bauer/Latzer (Hrsg.), Handbook on the economics of the internet, 2016, 395 (396).

5 *Fischer/Petersen*, Was Deutschland über Algorithmen weiß und denkt, S. 4, https://algorithmenethik.de/wp-content/uploads/sites/10/2018/05/Was-die-Deutschen-%C3%BCber-Algorithmen-denken_ohneCover.pdf (geprüft am 04.01.2019); *Latzer/*

Auch vor dem Besteuerungsverfahren macht diese Entwicklung der fortschreitenden Technisierung und Digitalisierung nicht Halt.[6] Um die Digitalisierung innerhalb der Finanzverwaltung voranzutreiben, wollte der Gesetzgeber das Besteuerungsverfahren mit dem Gesetz zur Modernisierung des Besteuerungsverfahrens (StModG)[7] zeitgemäß ausgestalten. Die zunehmende Zahl der digital verfügbaren Daten und Nachweise ermöglicht und verlangt zugleich eine Anpassung der bestehenden Verfahrensabläufe an die veränderten Bedingungen. Die gesetzgeberischen Neuerungen im Rahmen des Gesetzes zur Modernisierung des Besteuerungsverfahrens sind als Fortsetzung einer Entwicklung hin zu einer elektronischen Steuerverwaltung zu sehen. Die neuen rechtlichen Rahmenbedingungen schaffen die gesetzliche Grundlage zur Etablierung eines automationsgestützten Steuervollzugs. Dabei ist eine verstärkte automatisierte Prüfung bis hin zu einem vollautomatisiert erlassenen Steuerbescheid das Ziel.[8] Kernpunkt dieser Reform des Besteuerungsverfahrens ist die Änderung von § 88 AO. Danach können die Finanzbehörden nunmehr zur Beurteilung der Notwendigkeit weiterer Ermittlungen und Prüfungen für eine gleichmäßige und gesetzmäßige Festsetzung von Steuern und Steuervergütungen sowie Anrechnung von Steuerabzugsbeträgen und Vorauszahlungen automationsgestützte Systeme (sog. Risikomanagementsysteme) einsetzen. Risikomanagementsysteme sollen systematisch Risiken und Fehler in Steuererklärungen anhand von Risikoparametern identifizieren.[9] Hinter den eingesetzten Risikoparametern stehen Algorithmen, deren Aufgabe es ist, Risiken in Steuererklärungen systematisch aufzudecken und risikobehaftete Fälle sodann zur manuellen Überprüfung auszusteuern. Die begrenzten Personalressourcen sollen so auf die prüfungsbedürftigen Fälle, die einer computergestützten Plausibilitäts-kontrolle nicht standhalten, konzentriert werden.[10] Insgesamt sollen das Besteuerungs-verfahren durch die flächendeckende elektronische Kontrolle mittels Risikomanagement-systemen beschleunigt und die Arbeitsabläufe innerhalb der Finanzverwaltung durch eine stärkere IT-Unterstützung effizient und zukunftsfähig ausgestaltet werden.[11]

Hollnbuchner/Just/Saurwein in: Bauer/Latzer (Hrsg.), Handbook on the economics of the internet, 2016, 395 (396).

6 BT-Drs. 18/7457, S. 1, 46 f.; BMF, Fragen und Antworten zum StModG, http://www.bundesfinanzministerium.de/Content/DE/FAQ/2015-12-09-Mod-Besteuerungsverfahren.html (geprüft am 04.01.2019); vgl. *Röper*, DB Beilage 04/2016, 1 (1); *Elsmayr/Kirsch*, DB Beilage 04/2016, 40 (40).

7 StModG, BGBl. I 2016 Nr. 35, 1679.

8 BT-Drs. 18/7457, S. 48, 52, 67; BMF, Fragen und Antworten zum StModG, http://www.bundesfinanzministerium.de/Content/DE/FAQ/2015-12-09-Mod-Besteuerungsverfahren.html (geprüft am 04.01.2019); *Fischer*, jurisPR-SteuerR 40/2016, Anm. 1.

9 BT-Drs. 18/7457, S. 69.

10 BT-Drs. 18/7457, S. 48.

11 BMF, Fragen und Antworten zum StModG, http://www.bundesfinanzministerium.de/Content/DE/FAQ/2015-12-09-Mod-Besteuerungsverfahren.html (geprüft am

Computerprogramme werden den Steuervollzug mehr als bisher prägen. Der flächendeckende Einsatz von Risikomanagementsystemen stellt den Steuervollzug dabei vor neue Herausforderungen. Neben der Sorge, dass die Technik zukünftig das Recht beherrscht,[12] werden Szenarien von „gläsernen Steuerpflichtigen“[13] und „goldenen Zeiten für Steuerschummler“[14] gezeichnet. Werden Steuererklärungen vollautomatisch veranlagt, besteht die Gefahr, dass bestimmte Bereiche gar nicht mehr geprüft werden und Fehler daher unentdeckt bleiben. Aufgrund des flächendeckenden Einsatzes der Risikomanagementsysteme werden sich solche Defizite nicht nur temporär, sondern strukturell auswirken.[15] Bedingt durch den automatisierten Steuervollzug unter Einsatz von Risikomanagementsystemen entsteht daher die Gefahr eines Vollzugsdefizits durch die Entstehung strukturell prüfungsfreier Räume.[16]

Im Rahmen der Steuererhebung wird die Finanzverwaltung hoheitlich im Wege der Eingriffsverwaltung tätig.[17] Die Steuererhebung ist mit einem erheblichen Eingriff in Rechtspositionen der Steuerpflichtigen verbunden. Dieser bedarf daher einer gesetzlichen Ermächtigungsgrundlage. Nach dem Grundsatz der Gesetzmäßigkeit der Besteuerung ist die Auferlegung von Steuern nur zulässig, soweit sie durch Gesetz angeordnet ist. Dem Legalitätsprinzip folgend ist die Finanzverwaltung verpflichtet, die Steuern entsprechend der geltenden gesetzlichen Regelungen

---

04.01.2019); BMF, Schneller, einfacher und effizienter zum Steuerbescheid, http://www.bundesfinanzministerium.de/Content/DE/Pressemitteilungen/Finanzpolitik/2015/12/2015-12-09-PM.html (geprüft am 04.01.2019).

12 *Drüen* in: DFGT 2015/2016/2017, 250 (257); *Baldauf*, DStR 2016, 833 (833); *Tipke*, StRO III, 2. Aufl. 2012, S. 1479; *Haunhorst*, DStR 2010, 2105 (2108); *Drüen* in: Schön/Beck (Hrsg.), Zukunftsfragen des deutschen Steuerrechts, 2009, 1 (10); *Pezzer*, StuW 2007, 101 (108); Ahrendt spricht von einer „Entkopplung des Besteuerungsvefahrens vom materiellen Steuerrecht“. Er sieht im programmierten und vollzogenen Recht (code law) eine Konkurrenz zum materiellen Recht, *Ahrendt*, NJW 2017, 537 (540); ebenso *Maier*, JZ 2017, 614 (618); *Müller-Franken*, StuW 2018, 113 (120).

13 *Schmidt/Schmitt* in: Mellinghoff/Schön/Viskorf (Hrsg.), FS Spindler, 2011, 529 (536); *Modlinger*, Stbg 2011, 515 (515); *Drüen* in: Schön/Beck (Hrsg.), Zukunftsfragen des deutschen Steuerrechts, 2009, S. 1 (10).

14 *Schäfers*, Steuererklärung: Der elektronische Finanzbeamte kommt, http://www.faz.net/aktuell/wirtschaft/menschen-wirtschaft/steuererklaerung-der-elektronische-finanzbeamte-kommt-13220066.html (geprüft am 04.01.2019).

15 Vgl. *Drüen* in: DFGT 2011/2012, 253 (260); BT-Drs. 17/8429, S. 14, Rn. 6.4.3; BT-Drs. 17/77, S. 178 f. Rn. 40.4.; für eine ausführliche Begründung und Darstellung der Problematik s. Kap. B.II.2.a) Entstehung strukturell prüfungsfreier Räume.

16 W. Spindler warnt insofern vor der „Gefahr eines von der Finanzverwaltung institutionalisierten Vollzugsdefizits“, *Spindler*, FR 2011, 122 (123).

17 Das hoheitliche Tätigwerden des Staates bringt die Zuordnung des Steuerrechts zum Öffentlichen Recht besonders deutlich hervor. Zur Stellung des Steuerrechts im Öffentlichen Recht, vgl. *Tipke*, StRO I, 2. Aufl. 2000, S. 34 ff.

zu vollziehen. Weiteres, fundamentales Besteuerungsprinzip ist neben der Gesetzmäßigkeit die Gleichmäßigkeit der Besteuerung. Das Bundesverfassungsgericht verlangt neben der Gewährleistung rechtlicher Gleichheit auch die Gewährleistung tatsächlicher Belastungsgleichheit.[18] Daraus resultieren nicht nur Anforderungen an den Gesetzgeber, sondern auch an den Vollzug der Steuergesetze durch die Finanzverwaltung. Das Bundesverfassungsgericht geht davon aus, dass Vollzugsdefizite aufgrund der Masse an Verfahren nicht gänzlich ausgeschlossen werden können. Verfassungsrechtlich verboten sind jedoch solche Defizite, die sich strukturell auswirken und bewirken, dass Besteuerungsansprüche weitgehend nicht mehr durchgesetzt werden können.[19] Wird der Vollzug der Steuergesetze künftig flächendeckend von Risikomanagementsystemen geprägt, besteht die Gefahr, dass Vollzugsdefizite gerade aufgrund des Einsatzes von Risikomanagementsystemen entstehen. Mit dem (vermehrten) Einsatz von Risikomanagementsystemen ist somit im Hinblick auf ein etwaiges Vollzugsdefizit die Frage der Gewährleistung einer gleichmäßigen und gesetzmäßigen Besteuerung neu zu bewerten.

Die vorliegende Arbeit setzt sich mit diesem Spannungsfeld zwischen neuen technischen Möglichkeiten und modernisiertem Verfahren auf der einen Seite sowie dem durch die Verfassung gesteckten Rahmen auf der anderen Seite auseinander. Die vorstehend aufgezeigten Entwicklungen hinsichtlich der zunehmenden Technisierung und Digitalisierung bilden den Ausgangspunkt der vorliegenden Untersuchung. Ziel der Arbeit ist es, zu untersuchen, inwieweit die eingesetzten Risikomanagementsysteme im Hinblick auf strukturell prüfungsfreie Räume kontrolliert werden können.

Die Probleme, die mit dem Einsatz von Risikomanagementsystemen einhergehen, wurden bisher vornehmlich in Aufsätzen und Beiträgen sowie in Stellungnahmen von Praktikern beleuchtet. In Monographien spielte der Einsatz von Risikomanagementsystemen im Steuervollzug eine untergeordnete Rolle.[20] Bis dato liegt keine vergleichbare Abhandlung vor, die sich mit dem Einsatz von Risikomanagementsystemen, insbesondere unter dem Aspekt der Kontrolle der eingesetzten Systeme im Hinblick auf strukturell prüfungsfreie Räume, systematisch und umfassend auseinandersetzt. Diese Forschungslücke möchte die vorliegende Arbeit schließen.

---

18 BVerfG, Urt. v. 27.06.1991 – 2 BvR 1493/89, BVerfGE 84, 239 = BStBl. II 1991, 654, Rn. 109.

19 BVerfG, Urt. v. 27.06.1991 – 2 BvR 1493/89, BVerfGE 84, 239 = BStBl. II 1991, 654, Rn. 111; BVerfG, Urt. v. 09.03.2004 – 2 BvL 17/02, BVerfGE 110, 94 = BStBl. II 2005, 56, Rn. 64.

20 Zum Literaturstand s.u. Kap. B.II Diskussionsstand zum Einsatz von Risikomanagementsystemen im Besteuerungsverfahren.

II. Gegenstand der Untersuchung

Der Einsatz von Risikomanagementsystemen im Besteuerungsverfahren wird insbesondere als Lösung zur Bewältigung der Massenfallverwaltung bereits seit längerem diskutiert. Auch die gesetzliche Normierung im Wege der Änderung des § 88 AO hat die Diskussion nicht beendet. Der flächendeckende Einsatz von Risikomanagementsystemen stellt das Besteuerungsverfahren vielmehr vor neue Herausforderungen. Die Dissertation knüpft an diese bisherige Diskussion an und beleuchtet ausgehend von den verfassungsrechtlichen Anforderungen insbesondere die Fragestellung, inwiefern die eingesetzten Risikomanagementsysteme hinsichtlich der Entstehung strukturell prüfungsfreier Räume kontrolliert werden. Dabei unterzieht die vorliegende Arbeit zunächst die aus der Verfassung resultierenden Anforderungen an den Steuervollzug einer sorgfältigen Analyse. Anhand dieser beurteilt sie die Verfassungsmäßigkeit des Einsatzes von Risikomanagementsystemen im Steuervollzug dem Grunde nach. Der Fokus der Arbeit wird auf die Kontrolle der Risikomanagementsysteme im Hinblick auf die Entstehung strukturell prüfungsfreier Räume gelegt. Zum Abschluss unternimmt die vorliegende Arbeit den Versuch, auf rechtspolitischer Ebene eigene Reformüberlegungen zur Verbesserung der derzeitigen Rechtslage und Praxis anzustellen und auszuarbeiten.

Durch den Einsatz von Risikomanagementsystemen im Besteuerungsverfahren treten ebenso weitreichende Probleme vor allem hinsichtlich des Persönlichkeitsschutzes auf. Gerade vor dem Hintergrund der europäischen Datenschutz-Grundverordnung,[21] die den Schutz von personenbezogenen Daten in automatisierten Verfahren zum Ziel hat, treten diese in den Vordergrund. Die Beurteilung des automatisierten Besteuerungsverfahrens unter dem Aspekt der Einbeziehung subjektiver Risikofaktoren[22] wird nicht Gegenstand der Arbeit sein. Inwieweit subjektive Risikofaktoren als Grundlage der Risikoparameter dienen, bleibt daher unberücksichtigt. Dies ist auch tatsächlich aufgrund der spärlichen Informationslage äußerst schwierig zu beurteilen.[23]

---

21 Verodnung (EU) 2016/679 des europäischen Parlaments und des Rates v. 27.04.2016 zum Schutz natürlicher Personen bei der Verarbeitung personenbezogener Daten, zum freien Datenverkehr und zur Aufhebung der Richtlinie 95/46/EG (Datenschutz-Grundverordnung), Abl. 2016 L 119, 1.

22 Zur Definition subjektiver Risikofaktoren s.u. Kap. B.II.2.b) Einbeziehung subjektiver Risikofaktoren und Kap. C.II.3.b) Subjektive Risikofaktoren.

23 Nach Niewerth werden subjektive Daten nach derzeitiger Lage von den Risikomanagementsystemen nicht erfasst und ausgewertet, *Niewerth* in: Lippross/Seibel, Basiskommentar Steuerrecht, Losebl. (Stand: August 2017), § 88 AO Rn. 12; Der Deutsche Finanzgerichtstag geht in seiner Stellungnahme zum StModG davon aus, dass die Bewertung eines Steuerfalls sowohl nach objektiven als auch nach subjektiven Maßstäben erfolgt, DFGT, Stellungnahme v. 08.04.2016, S. 8, https://www.bundestag.de/blob/418156/f6400d96e0eb5edad3f8f57435fdc3f2/01-j---brandt-data.pdf (geprüft am 04.01.2019).

III. Gang der Untersuchung

Die vorliegende Arbeit gliedert sich konzeptionell in sieben Kapitel nebst Einleitung und Zusammenfassung. Im ersten Kapitel der Untersuchung werden zunächst der Ausgangspunkt und die Hintergründe der Diskussion um den Einsatz von Risikomanagementsystemen im Besteuerungsverfahren beleuchtet. Im Anschluss wird unter Fokussierung auf zwei Hauptproblembereiche der derzeitige Diskussionsstand skizziert.

Das zweite Kapitel widmet sich der fortschreitenden Technisierung und Digitalisierung des Steuervollzugs in Deutschland. Dabei wird zunächst der Weg der Finanzverwaltung zum E-Government gezeichnet. Im Anschluss wird die Funktionsweise von Risikomanagementsystemen in der Finanzverwaltung veranschaulicht.

Die Frage, inwieweit sich die Steuervollzugspraxis durch den Einsatz von Risikomanagementsystemen verändern wird, beantwortet das folgende Kapitel.

Das vierte Kapitel befasst sich vornehmlich mit der Frage der Verfassungsmäßigkeit von Risikomanagementsystemen. Dabei erfolgt eine Beurteilung dem Grunde nach. Neben einer Darstellung der tragenden Besteuerungsprinzipien wird herausgearbeitet, welche Anforderungen an den Steuervollzug in der Massenfallverwaltung zu stellen sind. Daran schließt sich die Frage an, ob der automatisierte Steuervollzug unter Einsatz von Risikomanagementsystemen verfassungsgemäß ist, also die Gleichmäßigkeit und Gesetzmäßigkeit der Besteuerung auch in einem automatisierten Vollzug gem. den Vorgaben des § 88 Abs. 5 AO hinreichend sichergestellt werden kann.

Aufgrund der großen Breitenwirkung der eingesetzten Risikoparameter besteht die Gefahr, dass Vollzugsdefizite gerade aufgrund des Einsatzes von Risikomanagementsystemen entstehen. Dies macht eine Kontrolle der Risikomanagementsysteme unabdingbar. Das fünfte Kapitel widmet sich daher den verfassungsrechtlichen Anforderungen an die Ausgestaltung von Risikomanagementsystemen im Hinblick auf deren inhaltliche Kontrolle. Dabei steht die Frage im Mittelpunkt, inwieweit der Gesetzgeber verpflichtet war, eine institutionalisierte Kontrolle der Risikomanagementsysteme einzuführen.

Das folgende Kapitel befasst sich mit der Kontrolle von Risikomanagementsystemen im Hinblick auf strukturell prüfungsfreie Räume und bildet den Schwerpunkt der Arbeit. Dabei liegt der Fokus auf der Frage, inwieweit die gleichheitsgemäße Ausgestaltung der Risikomanagementsysteme gerichtlich sowie außergerichtlich kontrolliert werden kann. Ausgehend von dieser Fragestellung werden zunächst die vom Gesetzgeber in § 88 Abs. 5 S. 3 AO vorgesehenen Maßnahmen zur Kontrolle der Risikomanagementsysteme dargestellt. An diese Darstellung der verwaltungsinternen Kontrollmöglichkeiten schließt sich eine Untersuchung an, inwieweit eine Kontrolle durch die Rechnungshöfe des Bundes und der Länder sowie durch den Bundesbeauftragten für Wirtschaftlichkeit in der Verwaltung erfolgt. Im Anschluss widmet sich die Arbeit der Frage, inwieweit die Steuerpflichtigen selbst die Risikomanagementsysteme durch die Geltendmachung von

Einsichts- und Auskunftsrechten kontrollieren können. Mit der Frage, inwieweit die Steuerpflichtigen Rechtsschutz gegen die fehlerhafte Anwendung von Risikomanagementsystemen erlangen können, befasst sich der folgende Abschnitt. Das Kapitel schließt mit einer Beurteilung der Kontrollmöglichkeiten im Hinblick auf strukturell prüfungsfreie Räume.

Daran schließen sich im letzten Kapitel rechtspolitische Vorschläge zur Verbesserung der derzeitigen Rechtslage und Praxis im Hinblick auf Risikomanagementsysteme an.

Im Rahmen der Zusammenfassung werden die zentralen Thesen nochmals dargestellt.

B. Risikomanagementsysteme in der steuerrechtlichen Diskussion

I. Ausgangspunkt und Hintergründe der Diskussion

Die Diskussion um die Einführung eines automatisierten Besteuerungsverfahrens und speziell den Einsatz von Risikomanagementsystemen im Steuervollzug wird nicht erst seit dem Gesetz zur Modernisierung des Besteuerungsverfahrens geführt. Die Frage, wie die Finanzverwaltung den Massenfallvollzug unter Wahrung der Gesetzmäßigkeit und Gleichmäßigkeit der Steuer bewältigen kann, ließ zunehmend die Forderung laut werden, den Einsatz technischer Mittel im Besteuerungsverfahren auszubauen.

Sowohl der Bundesrechnungshof als auch der Bundesbeauftragte für Wirtschaftlichkeit in der Verwaltung stellten gravierende Probleme und Mängel im Steuervollzug fest. Der Bundesrechnungshof untersuchte in seinem Gesamtbericht 1993 die Steuerfestsetzung in den neuen Bundesländern und im Ostteil von Berlin. Dabei kam er zu dem Ergebnis, dass sowohl bei der Einkommen- und Körperschaftsteuer als auch bei der Umsatzsteuer Festsetzungen verspätet, zu niedrig oder gar nicht erfolgten, wodurch dem Bund langfristig erhebliche Steuerausfälle entstünden.[24] Nachdem der Bundesrechnungshof dieses vernichtende Urteil zur Qualität des Steuervollzugs in Deutschland gefällt hatte, kam auch der Bundesbeauftragte für Wirtschaftlichkeit in der Verwaltung im Jahr 2006 zu der Erkenntnis, dass „ein Großteil der Steuererklärungen in den Finanzämtern nicht mehr ordnungsgemäß geprüft werden" könne.[25] Dafür machte er insbesondere den Umstand verantwortlich, dass veranlagungsbegleitende und veranlagungsfremde Tätigkeiten zu viel Zeit beanspruchen. Ein erheblicher Teil der begrenzten Zeit müsse häufig darauf verwendet werden, Daten aus Steuererklärungen manuell in das Festsetzungsprogramm zu übernehmen. Darüber hinaus erschwere eine „komplizierte und ständig geänderte Steuergesetzgebung" sowie eine „Flut von Verwaltungsanweisungen und Gerichtsurteilen" die Arbeit in den Veranlagungsstellen.[26] Infolgedessen empfahl der Bundesbeauftragte für Wirtschaftlichkeit in der Verwaltung die Einführung eines „vollelektronischen Veranlagungsverfahrens auf der Basis bundesweit kompatibler Steuersoftware mit einem umfassenden Risikomanagementsystem".[27]

Die Diskussion um die Zulässigkeit von Risikomanagementsystemen im Steuervollzug knüpft an grundlegende Fragestellungen an. Eine solche Reform des Besteuerungsverfahrens bedingt die Qualifikation der Finanzverwaltung als

---

24 BT-Drs. 12/5650, S. 113 ff., Rn. 46 f.

25 BWV, Probleme beim Vollzug der Steuergesetze, 2006, S. 145.

26 BWV, Probleme beim Vollzug der Steuergesetze, 2006, S. 142 ff.

27 BWV, Probleme beim Vollzug der Steuergesetze, 2006, S. 157 ff.

Verifikationsverwaltung.[28] Ausgangspunkt ist daher die Frage, welche Anforderungen sich an die Ausgestaltung des Erhebungsverfahrens ergeben und wie der an die Finanzverwaltung gerichtete Vollzugsauftrag zu verstehen ist. Die Beantwortung der Frage, ob der Einsatz von Risikomanagementsystemen im Besteuerungsverfahren zulässig ist, läuft daher vor allem auf eine Beurteilung hinaus, welche Maßstäbe an die Steuererhebung durch die Finanzverwaltung gestellt werden und mit welchem Gewissheitsgrad der Sachverhalt am Schluss der Ermittlung feststehen muss.

1. Rechtsprechung des Bundesverfassungsgerichts

a) Entscheidung des Bundesverfassungsgerichts vom 27.06.1991

Das Bundesverfassungsgericht hat in zwei fundamentalen Entscheidungen zur rechtlichen Gestaltung des Erhebungsverfahrens Stellung genommen.[29] In seiner

28 Vgl. *Nagel/Waza*, DStZ 2008, 321 (322); *Drüen* in: Schön/Beck (Hrsg.), Zukunftsfragen des deutschen Steuerrechts, 2009, 1 (8); *Seer* in: Tipke/Lang/Seer (Hrsg.), Steuerrecht, 2018, § 21 Rn. 5; zur Verifikationsverwaltung s.u. Kap. B.I.2.b)(2) Verifikationsverwaltung.

29 Die Darstellung der Rechtsprechung des BVerfG beschränkt sich an dieser Stelle auf die Darstellung des Urteils zur Zinsbesteuerung (BVerfG, Urt. v. 27.06.1991 – 2 BvR 1493/89, BVerfGE 84, 239 = BStBl. II 1991, 654) und zur Besteuerung von Spekulationsgewinnen (BVerfG, Urt. v. 09.03.2004 – 2 BvL 17/02, BVerfGE 110, 94 = BStBl. II 2005, 56). Im sog. Zinsurteil (BVerfG, Urt. v. 27.06.1991 – 2 BvR 1493/89, BVerfGE 84, 239 = BStBl. II 1991, 654) hat das BVerfG zum ersten Mal die Verknüpfung von Erhebungsverfahren und materieller Norm betont, indem es festgestellt hat, dass ein in den Veranwortungsbereich des Gesetzgebers fallendes strukturelles Erhebungsdefizit die Verfassungswidrigkeit der materiellen Norm zur Folge haben kann. Im Spekulationsurteil (BVerfG, Urt. v. 09.03.2004 – 2 BvL 17/02, BVerfGE 110, 94 = BStBl. II 2005, 56) hat das Gericht sodann erstmalig (und bisher auch einmalig) aufgrund der defizitären Gestaltung des Erhebungsverfahrens die Verfassungswidrigkeit auch der materiellen Norm angenommen. In weiteren Entscheidungen des BVerfG wird die Rechtsprechung zum strukturellen Vollzugsdefizit bestätigt und fortgeführt. Vgl. u.a. BVerfG, Nichtannahmebeschl. v. 17.02.2010 – 1 BvR 2664/09, NVwZ-RR 2010, 457; BVerfG, Nichtannahmebeschl. v. 22.05.2009 – 2 BvR 310/07, BStBl. II 2009, 884; BVerfG, Nichtannahmebeschl. v. 07.05.2008 – 2 BvR 2392/07, BVerfGK 13, 544; BVerfG, Nichtannahmebeschl. v. 10.03.2008 – 2 BvR 2077/05, NJW 2008, 2637; BVerfG, Beschl. v. 25.02.2008 – 2 BvL 14/05, BStBl. II 2008, 651; BVerfG, Nichtannahmebeschl. v. 10.01.2008 – 2 BvR 294/06, BFH/NV 2008, 161; BVerfG, stattgebender Kammerbeschl. v. 08.11.2006 – 2 BvR 620/03, BFH/NV 2007, Beilage 4, 256; BVerfG, Nichtannahmebeschl. v. 29.08.2006 – 1 BvR 1673/06, BVerfGK 9, 118 = BFH/NV 2007, Beilage 3, 299; BVerfG, Nichtannahmebeschl. v. 19.04.2006 – 2 BvR 300/06, BVerfGK 8, 46 = BFH/NV 2006, Beilage 3, 367; BVerfG, Beschl. v. 18.04.2006 – 2 BvL 12/05, BVerfGK 8, 29; BVerfG, Beschl. v. 18.04.2006 – 2 BvL 8/05, DStR 2007, 2145.

Entscheidung vom 27.06.1991 (sog. Zinsurteil) hat das Bundesverfassungsgericht eine einheitliche Beurteilung von materieller Steuernorm und Steuererhebungsregeln insoweit festgelegt, dass die rechtliche Gestaltung des Erhebungsverfahrens die Verfassungswidrigkeit der materiellen Steuernorm nach sich ziehen kann. Ausgehend davon, dass der Gleichheitssatz für das Steuerrecht verlangt, dass die Steuerpflichtigen durch ein Steuergesetz rechtlich und tatsächlich gleich belastet werden, geht das Bundesverfassungsgericht von der Verfassungswidrigkeit der gesetzlichen Besteuerungsgrundlage aus, wenn die Gleichheit im Belastungserfolg durch die rechtliche Gestaltung des Erhebungsverfahrens prinzipiell verfehlt wird.[30]

Die Besteuerungsgleichheit setzt sich aus der Gleichheit der normativen Steuerpflicht und der Gleichheit bei deren Durchsetzung in der Steuererhebung zusammen. Um Belastungsgleichheit zu gewährleisten, ist die Finanzverwaltung verpflichtet, die Besteuerungsvorgaben in strikter Legalität umzusetzen. Infolgedessen ist erforderlich, dass das materielle Gesetz in ein normatives Umfeld eingebettet sein muss, welches die Gleichheit im Belastungserfolg gewährleistet. Der Gesetzgeber ist verpflichtet, die Besteuerungstatbestände und die ihnen entsprechenden Erhebungsregeln aufeinander abzustimmen und zugleich dafür Sorge zu tragen, dass das materielle Steuergesetz die Gewähr seiner regelmäßigen Durchsetzbarkeit so weit wie möglich in sich selbst trägt.[31]

Führen Erhebungsregeln dazu, dass der gleichmäßige Belastungserfolg prinzipiell verfehlt wird, schlägt das Defizit der Erhebungsregel auf den Besteuerungstatbestand durch. Ist dem Gesetzgeber dieses Ergebnis zuzurechnen, führt die strukturelle Gegenläufigkeit der Erhebungsregel gleichsam zur Verfassungswidrigkeit des Besteuerungstatbestands. Zur Annahme einer solchen führt jedoch nicht schon jedes Defizit, das im Steuervollzug auftritt. Erforderlich ist eine strukturelle Gegenläufigkeit von Besteuerungstatbestand und Erhebungsregel, sodass der Besteuerungsanspruch nicht mehr durchgesetzt werden kann.[32]

Die Belastungsgleichheit wird verfehlt, wenn die Steuerbelastung nahezu allein auf der Erklärungsbereitschaft des Steuerpflichtigen beruht, weil die Erhebungsregeln Kontrollen der Steuererklärungen weitgehend ausschließen.[33] Hängt die Steuerfestsetzung von einer Erklärung des Steuerschuldners ab, erhöhen sich dadurch die Anforderungen an die Steuerehrlichkeit. Deshalb ist der Gesetzgeber verpflichtet, Kontrollmöglichkeiten zu schaffen, welche die steuerliche

---

30 BVerfG, Urt. v. 27.06.1991 – 2 BvR 1493/89, BVerfGE 84, 239 = BStBl. II 1991, 654, Rn. 104.

31 BVerfG, Urt. v. 27.06.1991 – 2 BvR 1493/89, BVerfGE 84, 239 = BStBl. II 1991, 654, Rn. 109 f.

32 BVerfG, Urt. v. 27.06.1991 – 2 BvR 1493/89, BVerfGE 84, 239 = BStBl. II 1991, 654, Rn. 111.

33 BVerfG, Urt. v. 27.06.1991 – 2 BvR 1493/89, BVerfGE 84, 239 = BStBl. II 1991, 654, Rn. 113.

Belastungsgleichheit gewährleisten. Im Veranlagungsverfahren bedarf das Deklarationsprinzip, wonach die Steuerpflichtigen gesetzlich zur Abgabe ihrer Steuererklärung verpflichtet sind,[34] der Ergänzung durch das Verifikationsprinzip.[35]

Bei der Zurechenbarkeit eines solchen strukturellen Vollzugdefizits ist zu differenzieren, in welchen Vorschriften des Erhebungsverfahrens die Ursache für die Verfehlung der Gleichheit im Belastungserfolg angelegt ist. Liegt die Ursache in einer gesetzlichen Regelung des Erhebungsverfahrens, setzt die Zurechnung voraus, dass sich dem Gesetzgeber die Erkenntnis der prinzipiellen Verfehlung der Belastungsgleichheit aufdrängen musste und er sich dieser Erkenntnis daher nicht verschließen durfte. Liegt die Ursache für die Verfehlung der Gleichheit im Belastungserfolg hingegen in Verwaltungsvorschriften, setzt die Zurechnung voraus, dass der Gesetzgeber diese bei Erlass der gesetzlichen Regelung bewusst und gewollt hingenommen hat. In dieser Konstellation ist ebenfalls erforderlich, dass sich dem Gesetzgeber die Erkenntnis der prinzipiellen Verfehlung der Belastungsgleichheit aufdrängen musste und er sich dieser Erkenntnis daher nicht verschließen durfte. Bei nachträglicher Erkenntnis einer prinzipiellen Verfehlung der Belastungsgleichheit, trifft den Gesetzgeber die Pflicht, diesen Mangel zu beseitigen.[36]

b) Entscheidung des Bundesverfassungsgerichts vom 09.03.2004

Das Urteil des Bundesverfassungsgerichts vom 09.03.2004 bestätigt im Wesentlichen die Rechtsprechung des Bundesverfassungsgerichts aus dem Zinsurteil, wonach ein strukturelles Vollzugsdefizit vorliegt, wenn die Gleichheit im Belastungserfolg durch die rechtliche Gestaltung des Erhebungsverfahrens prinzipiell verfehlt wird. Eine in den Verantwortungsbereich des Gesetzgebers fallende strukturell gegenläufige Erhebungsregel begründet im Zusammenwirken mit der zu vollziehenden materiellen Steuernorm deren Verfassungswidrigkeit. Eine solche strukturelle Gegenläufigkeit von Erhebungsregel und Besteuerungstatbestand liegt vor, wenn der Besteuerungstatbestand weitgehend nicht durchgesetzt werden kann.[37]

Des Weiteren präzisiert das Bundesverfassungsgericht in dieser Entscheidung, dass nicht jede empirische Ineffizienz von Rechtsnormen ohne weiteres zur Gleichheitswidrigkeit führt. Verboten ist jedoch der Widerspruch zwischen dem normativen Befehl der materiell pflichtbegründenden Steuernorm und der

34 Die Verpflichtung zur Abgabe einer Steuererklärung (Deklarationsprinzip) kommt u. a. in § 149 Abs. 1 S. 1 AO i.V.m. § 25 Abs. 3 S. 1 EStG, § 31 Abs. 1 S. 1 KStG, § 18 Abs. 1 S. 1 UStG zum Ausdruck.

35 BVerfG, Urt. v. 27.06.1991 – 2 BvR 1493/89, BVerfGE 84, 239 = BStBl. II 1991, 654, Rn. 115.

36 BVerfG, Urt. v. 27.06.1991 – 2 BvR 1493/89, BVerfGE 84, 239 = BStBl. II 1991, 654, Rn. 111.

37 BVerfG, Urt. v. 09.03.2004 – 2 BvL 17/02, BVerfGE 110, 94 = BStBl. II 2005, 56, Rn. 63 f.

nicht auf Durchsetzung angelegten Erhebungsregel. Das normative Defizit des widersprüchlich auf Ineffektivität angelegten Rechts führt zur Gleichheitswidrigkeit und damit zur Verfassungswidrigkeit der materiellen Steuernorm.[38] Dadurch betont das Gericht deutlich den Ausnahmecharakter eines solchen strukturellen Vollzugsdefizits.[39]

Zur Vermeidung der Verfassungswidrigkeit ist der Gesetzgeber verpflichtet, das materielle Steuergesetz in ein Umfeld einzubetten, das die tatsächliche Belastungsgleichheit gewährleistet. Erreichen kann der Gesetzgeber dies durch das Instrument des Quellenabzugs oder das Veranlagungsverfahren mit der Ergänzung des Deklarationsprinzips durch das Verifikationsprinzip. Ist ein gleichheitsgerechter Vollzug nicht ohne übermäßige Mitwirkungsbeiträge der Steuerpflichtigen zu erreichen, ist der Gesetzgeber verpflichtet auf die Erhebungsart der Quellensteuer auszuweichen.[40]

Zur Beurteilung, ob ein gleichmäßiger Belastungserfolg gewährleistet wird, ist auf den Regelfall des Besteuerungsverfahrens abzustellen. Maßgeblich ist dabei, ob die Besteuerungspraxis im Rahmen der gewöhnlichen Verwaltungsabläufe im Massenfallverfahren im Großen und Ganzen auf Gleichheit im Belastungserfolg angelegt ist und wieweit insbesondere unzulängliche Erklärungen der Steuerpflichtigen mit einem angemessenen Entdeckungsrisiko verbunden sind. Bleibt eine unzulängliche Erklärung des Steuerpflichtigen ohne hinreichendes Entdeckungsrisiko oder werden bestimmte Einkünfte nur bei einer qualifizierten Erklärungsbereitschaft des Steuerpflichtigen erfasst, sind darin bereits Anhaltspunkte für einen ungleichmäßigen Belastungserfolg zu sehen.[41]

Auf den Regelfall des Besteuerungsverfahrens ist auch insoweit abzustellen, als Zweifel an der Vollständigkeit und Richtigkeit des Mitwirkungsbeitrags des Steuerpflichtigen durch hinreichende Anhaltspunkte begründet sein müssen. Diese Beschränkung der Sachverhaltsermittlung erfüllt nicht nur wichtige Schutz- und Sicherungsfunktionen zu Gunsten der Steuerpflichtigen, sondern entspricht auch einer realitätsgerechten Ausgestaltung des einkommensteuerrechtlichen Veranlagungsverfahrens. Eine sachgerechte Konzentration der Ermittlungsmaßnahmen führt dazu, dass das Veranlagungsverfahren auch als Massenfallverfahren praktikabel bleibt. Daher darf der Gesetzgeber die verfügbaren personellen und finanziellen Mittel berücksichtigen.[42]

Neben dem materiellen Recht muss auch das Verfahrensrecht so ausgestaltet sein, dass es in der regulären Besteuerungspraxis die gleichmäßige Umsetzung der

---

38 BVerfG, Urt. v. 09.03.2004 – 2 BvL 17/02, BVerfGE 110, 94 = BStBl. II 2005, 56, Rn. 64; *Eckhoff*, Rechtsanwendungsgleichheit im Steuerrecht, 1999, S. 527 ff.; *Bryde*, Die Effektivität von Recht als Rechtsproblem, 1993, S. 20 f.

39 *Hey* in: Tipke/Lang/Seer (Hrsg.), Steuerrecht, 2018, § 3 Rn. 114.

40 BVerfG, Urt. v. 09.03.2004 – 2 BvL 17/02, BVerfGE 110, 94 = BStBl. II 2005, 56, Rn. 65.

41 BVerfG, Urt. v. 09.03.2004 – 2 BvL 17/02, BVerfGE 110, 94 = BStBl. II 2005, 56, Rn. 67 f.

42 BVerfG, Urt. v. 09.03.2004 – 2 BvL 17/02, BVerfGE 110, 94 = BStBl. II 2005, 56, Rn. 69.

materiellen Steuernorm gewährleistet. Sowohl die Form der Steuererhebung als auch das behördliche Kontrollinstrumentarium, welches das Deklarationsprinzip ergänzt, müssen der materiellen Steuernorm so entsprechen, dass ein gleichheitsgerechter Vollzug im Massenfallverfahren möglich ist. Dabei darf weder ein unverhältnismäßiger Mitwirkungsbeitrag der Steuerpflichtigen noch ein übermäßiger Ermittlungsaufwand der Finanzverwaltung gefordert werden.[43]

Ein strukturelles Erhebungsdefizit kann dann gegeben sein, wenn zur Gewährleistung tatsächlicher Belastungsgleichheit an die Ermittlungstätigkeit der Finanzverwaltung über zogene Anforderungen gestellt werden. Ist die Finanzverwaltung zur Vermeidung eines strukturellen Vollzugsdefizits gezwungen, wegen einer bestimmten Norm generell verschärft zu prüfen, kann dies ein Anzeichen für ein Defizit im Vollzug darstellen. Dasselbe gilt, wenn die Besteuerung bestimmter Einkünfte im Vergleich mit anderen Einkünften Mängel in der Erhebung aufweist, wie sie bei den anderen Einkünften regelmäßig in einem solchem Ausmaß nicht vorkommen.[44]

2. Überblick über den Meinungsstand zur erforderlichen Kontrollintensität im Steuervollzug

Die Maßstäbe zur Steuererhebung durch die Finanzverwaltung wurden in der Vergangenheit in Rechtsprechung und Literatur kontrovers diskutiert. Die Diskussion drehte sich um das Verständnis des in § 88 AO enthaltenen Untersuchungsgrundsatzes, wonach die Finanzbehörde den Sachverhalt von Amts wegen ermittelt. Kernfrage im Rahmen der Diskussion war und ist, wie der an die Finanzverwaltung gerichtete Vollzugsauftrag zu verstehen ist. Eng mit dieser Frage nach der erforderlichen Kontrollintensität ist die Frage verbunden, wie das Verhältnis der Finanzverwaltung zu den Steuerpflichtigen zu beurteilen ist.

a) Verhältnis der Finanzverwaltung zu den Steuerpflichtigen

Zum Verhältnis der Finanzverwaltung zu den Steuerpflichtigen wurden in der steuerrechtlichen Literatur und Rechtsprechung zwei Konzepte vertreten. Unter Geltung der Reichsabgabenordnung ging die überwiegende Mehrheit der Literatur davon aus, dass eine rechtmäßige Besteuerung nur durch einen durch die Finanzbehörde ermittelten Sachverhalt erreicht werden kann.[45] Der Steuerpflichtige gilt dabei lediglich als „Erforschungsgehilfe" der Finanzbehörde, der mittels seiner Angaben die Festsetzung der Steuer erleichtert.[46] Dieses Bild resultiert aus

43 BVerfG, Urt. v. 09.03.2004 – 2 BvL 17/02, BVerfGE 110, 94 = BStBl. II 2005, 56, Rn. 70.

44 BVerfG, Urt. v. 09.03.2004 – 2 BvL 17/02, BVerfGE 110, 94 = BStBl. II 2005, 56, Rn. 72 f.

45 *Lanwehr*, Faktische Selbstveranlagung und Fehlerkorrektur im Besteuerungsverfahren von Arbeitnehmern, 2016, S. 41.

46 *Söhn* in: HHSp, AO/FGO, Losebl. (Stand: März 2010), § 88 AO Rn. 94; *Kobor*, Kooperative Amtsermittlung im Verwaltungsrecht, 2009, S. 128; *Müller-Franken*, Maßvolles

einem hoheitlichen Verständnis des Steuervollzugs, das mit einem klaren Über- und Unterordnungsverhältnis einhergeht. Vertreter dieser Auffassung erkennen, dass der Steuerpflichtige ein wichtiger, wenn nicht gar der entscheidende Wissensträger ist, schließen daraus aber nicht auf ein Kooperationsverhältnis oder gar eine Mitverantwortung,[47] da eine Gleichordnung dem Steuerrecht fremd sei.[48] Der Beitrag der Steuerpflichtigen zur Sachverhaltsermittlung sei vielmehr als „mitwirkungsoffenes Verhalten“ zu qualifizieren.[49]

Für die Gegenauffassung folgt aus dem Umstand der Massenfallverwaltung ein kooperatives Verhältnis zwischen Finanzverwaltung und Steuerpflichtigen.[50] In der Massenfallverwaltung sei die Finanzverwaltung nicht in der Lage, alle Fälle einseitig hoheitlich zu ermitteln, sondern vielmehr zwangsläufig auf die Mitwirkung der Steuerpflichtigen angewiesen.[51] Das Bild eines konfrontativen Staates wandele sich auf diese Weise zum Bild eines kooperativen Staates.[52] Der Steuerpflichtige

---

Verwalten, 2004, S. 316 f.; *Puhl*, DStR 1991, 1141 (1142); *Wittmann*, StuW 1987, 35 (44); *Tipke*, StKRep 1967, 39 (48); Wacke spricht von einer Unterstützung der amtlichen Ermittlungspflicht durch die Steuerpflichtigen, *Wacke*, Die Beweislast der Familienunternehmen in Steuersachen, 1966, S. 7.

47 *Söhn* in: HHSp, AO/FGO, Losebl. (Stand: März 2010), § 88 AO Rn. 94; *Kobor*, Kooperative Amtsermittlung im Verwaltungsrecht, 2009, S. 127 f.; *Müller-Franken*, Maßvolles Verwalten, 2004, S. 166 f., 236, 316 f.; *Weber-Grellet*, StuW 1999, 311 (316); *Wittmann*, StuW 1987, 35 (43 f.); für das Verwaltungsrecht: *Kunig/Rublack*, Jura 1990, 1 (5).

48 *Weber-Grellet*, StuW 1999, 311 (316); vgl. BFH, Urt. v. 11.12.1984 – VIII R 131/76, BStBl. II, 1985, 354 = BFHE 142, 549, Rn. 31; BFH, Urt. v. 13.07.1955 – II 38/55 S, BFHE 61, 137, Rn. 11 f.; *Kirchhof, P.* in: Trzaskalik (Hrsg.), Der Rechtsschutz in Steuersachen, 1995, 17 (25).

49 *Müller-Franken*, Maßvolles Verwalten, 2004, S. 236; *Kirchhof, P.* in: Trzaskalik (Hrsg.), Der Rechtsschutz in Steuersachen, 1995, 17 (26 f.).

50 Vgl. *Seer* in: DWS (Hrsg.), Selbstveranlagung, 2015, 7 (12); *Drüen*, FR 2011, 101 (104 ff.); *Drüen* in: Schön/Beck (Hrsg.), Zukunftsfragen des deutschen Steuerrechts, 2009, 1 (18 f.); *Ahrens*, Der Vollzug von Steuergesetzen durch den niederländischen Belastingdienst im Vergleich zur deutschen Finanzverwaltung, 2005, S. 334; *Seer*, StuW 2003, 40 (52); *Hoffmann*, Der maßvolle Gesetzesvollzug im Steuerrecht, 1999, S. 204 f.; *Eckhoff*, Rechtsanwendungsgleichheit im Steuerrecht, 1999, S. 277 f., 323 ff.; *Eckhoff*, StuW 1996, 107 (111); *Seer*, Verständigungen in Steuerverfahren, 1996, S. 175 ff.; Der DStV betont in seiner Stellungnahme die kooperative Zusammenarbeit von Finanzverwaltung und Steuerberatern, DStV, Stellungnahme (S 14/11) v. 01.09.2011, S. 3, https://www.dstv.de/download/s-14-11 (geprüft am 04.01.2019).

51 *Seer* in: DWS (Hrsg.), Selbstveranlagung, 2015, 7 (12); *Drüen*, FR 2011, 101 (104); *Drüen* in: Schön/Beck (Hrsg.), Zukunftsfragen des deutschen Steuerrechts, 2009, 1 (18); *Seer*, StuW 2003, 40 (42).

52 *Seer* in: Lang/Eilfort (Hrsg.), Strukturreform der deutschen Ertragsteuern, 2013, 181 (184); *Seer* in: StbJb 2004/2005, 53 (57 f.); *Seer*, StuW 2003, 40 (52); *Eckhoff*, Rechtsanwendungsgleichheit im Steuerrecht, 1999, S. 371; *Eckhoff*, StuW 1996, 107 (108).

sei nicht mehr bloß Objekt staatlichen Handelns, sondern ermögliche durch seine Mitwirkung überhaupt erst die Steuerfestsetzung.[53] Er bilde insoweit eine „Verantwortungsgemeinschaft“ mit der Finanzverwaltung.[54] Daraus wird teilweise eine „sphärenorientierte Mitverantwortung“ der Steuerpflichtigen abgeleitet.[55] Dem Steuerpflichtigen kommt danach die Verantwortung für die Ermittlung des steuerlich relevanten Sachverhalts zu. In den Verantwortungsbereich der Finanzverwaltung fallen die Berechnung der Steuerlast und die abschließende Festsetzung der Steuer. Dabei trage die Finanzverwaltung jedoch stets die Letztverantwortung für die Sachaufklärung.[56]

b) Erforderliche Kontrollintensität

Die erforderliche Kontrollintensität beurteilt sich nach den Anforderungen des an die Finanzverwaltung gerichteten Vollzugsauftrags. Entscheidende Frage ist daher, mit welcher Intensität die Sachaufklärung durch die Finanzverwaltung betrieben werden und mit welchem Gewissheitsgrad der Sachverhalt am Schluss der Ermittlung feststehen muss.

---

53 *Seer*, StuW 2003, 40 (42).

54 BFH, Urt. v. 15.02.1989 – X R 16/86, BFHE 156, 38 = BStBl. II 1989, 462, Rn. 15; FG Bremen, Urt. v. 15.03.2018 – 2 K 150/17 (1), juris Rn. 46; FG Düsseldorf, Urt. v. 28.07.2009 – 15 K 829/06 G, U, F, juris Rn. 25; FG Köln, Urt. v. 06.09.1999 – 11 K 1387/99, juris Rn. 57; FG Thüringen, Urt. v. 28.05.1998 – II 333/97, juris Rn. 15; FG München, Urt. 07.06.1994 – 2 K 2437/89, juris 22; FG München, Urt. v. 02.02.1993 – 2 K 2700/86, juris Rn. 22; Seer, Eckhoff und Hoffmann sprechen von einer „Verantwortungsgemeinschaft“, *Seer* in: Tipke/Lang/Seer (Hrsg.), Steuerrecht, 2018, § 21 Rn. 4; *Eckhoff*, Rechtsanwendungsgleichheit im Steuerrecht, 1999, S. 277; *Seer*, Verständigungen in Steuerverfahren, 1996, S. 176; *Hoffmann*, Der maßvolle Gesetzesvollzug im Steuerrecht, 1999, S. 204; nach Birk findet bei der Sachverhaltsermittlung „eine Aufgabenteilung zwischen Finanzbehörden und Steuerpflichtigen“ statt, *Birk*, StVj 1991, 310 (312).

55 *Seer* in: Tipke/Lang/Seer (Hrsg.), Steuerrecht, 2018, § 21 Rn. 4; *Seer* in: Tipke/Kruse, AO/FGO, Losebl. (Stand: Januar 2017), § 88 AO Rn. 3; *Tartler* in: Kube et al., FS Kirchhof, Bd. II, 2013, 1675 (1678); *Seer*, SteuerStud 2010, 369 (371); vgl. BFH, Urt. v. 30.11.1989 – I R 14/87, BFHE 159, 82 = BStBl. II, 1990, 993, Rn. 25; BFH, Urt. v. 15.02.1989 – X R 16/86, BFHE 156, 38 = BStBl. II, 1989, 462, Rn. 14 ff..

56 *Seer* in: Tipke/Lang/Seer (Hrsg.), Steuerrecht, 2018, § 21 Rn. 4; *Seer* in: Tipke/Kruse, AO/FGO, Losebl. (Stand: Januar 2017), § 88 AO Rn. 3; *Seer* in: Lüdicke (Hrsg.), Jahrbuch des BVStb, 2016, 55 (58); *Seer* in: DWS (Hrsg.), Selbstveranlagung, 2015, 7 (12); *Tartler* in: Kube et al., FS Kirchhof, Bd. II, 2013, 1675 (1678); *Seer*, SteuerStud 2010, 369 (371); *Seer* in: Widmann (Hrsg.), Steuervollzug im Rechtsstaat, 2008, 7 (15); *Hoffmann*, Der maßvolle Gesetzesvollzug im Steuerrecht, 1999, S. 205; *Seer*, Verständigungen in Steuerverfahren, 1996, S. 179.

(1) Totalvollzug

Der Grundsatz des Totalvollzugs, auch Vollüberprüfung oder „100%-Strategie“[57] genannt, verwirklicht das Prinzip der materiellen Wahrheit. Das Prinzip der materiellen Wahrheit verpflichtet die Finanzverwaltung, den Sachverhalt von Amts wegen vollständig zu ermitteln.[58] Daraus folgt, dass die Finanzverwaltung die Feststellung der tatbestandsmäßigen Voraussetzungen der Steuergesetze grundsätzlich mit dem Gewissheitsgrad der an Sicherheit grenzenden Wahrscheinlichkeit zu treffen hat.[59]

Die Ableitung dieses Beweismaßes entstammt den Regelungen der Reichsabgabenordnung[60], wonach die Finanzbehörde die relevanten Besteuerungsgrundlagen erforscht und von Amts wegen ermittelt, sowie dem Verständnis der Steuerverwaltung als klassische Eingriffsverwaltung, wonach die Finanzverwaltung die Steueransprüche selbstständig, einseitig und hoheitlich durch Verwaltungsakt gegenüber dem Steuerpflichtigen durchsetzt. Damit verbunden ist ein klares Über- und Unterordnungsverhältnis. Eine rechtmäßige Besteuerung kann demnach nur durch einen durch die Finanzbehörde vollständig ermittelten Sachverhalt erreicht werden.

Während dieses Konzept des Totalvollzugs unter Geltung der Reichsabgabenordnung von der überwiegenden Mehrheit der Literatur vertreten wurde,[61] wird

---

57 Begriff der „100%-Strategie“ nach Ahrens, *Ahrens*, Der Vollzug von Steuergesetzen durch den niederländischen Belastingdienst im Vergleich zur deutschen Finanzverwaltung, 2005, S. 92.

58 *Söhn* in: HHSp, AO/FGO, Losebl. (Stand: März 2010), § 88 AO Rn. 13; *Jansen*, Das Steuerverfahren im Spannungsfeld von Europa- und Verfassungsrecht, 2012, S. 30; nach Müller-Franken folgt aus dem Gebot des Vorranges des Gesetzes eine vollständige und wahrheitsgemäße Feststellung des Sachverhalts, *Müller-Franken*, Maßvolles Verwalten, 2004, S. 279; *Puhl*, DStR 1991, 1141 (1142); *Wittmann*, StuW 1987, 35 (49); *Schuhmann*, DStZ 1986, 583 (584).

59 *Spilker*, Behördliche Amtsermittlung, 2015, S. 150, wobei eine Reduzierung des Beweismaßes im Einzelfall in Betracht kommt; aus der Perspektive des Gesetzesvorbehaltes ist nach Müller-Franken die Überzeugung von der Wahrheit der Aussagen über den Sachverhalt notwendig, *Müller-Franken*, Maßvolles Verwalten, 2004, S. 279 f.; *Puhl*, DStR 1991, 1141 (1142 f.); *Lambrecht* in: Friauf (Hrsg.), Steuerrecht und Verfassungsrecht, 1989, 79 (80); *Schuhmann*, DStZ 1986, 583 (585); *Birkenfeld*, Beweis und Beweiswürdigung im Steuerrecht, 1973, S. 152 f.; für das Lohnsteuerrecht: *Birkenfeld* in: Stolterfoht (Hrsg.), Grundfragen des Lohnsteuerrechts, 1986, 245 (326 ff.).

60 § 204 Abs. 1 S. 1 RAO: Das Finanzamt hat die steuerpflichtigen Fälle zu erforschen und von Amts wegen die tatsächlichen und rechtlichen Verhältnisse zu ermitteln, die für die Steuerpflicht und Bemessung der Steuer wesentlich sind.

61 Vgl. *Lanwehr*, Faktische Selbstveranlagung und Fehlerkorrektur im Besteuerungsverfahren von Arbeitnehmern, 2016, S. 41 ff. mit einer Darstellung der einzelnen Entwicklungsstufen.

es in der modernen steuerrechtlichen Literatur als unrealistisch[62] bzw. sogar als Utopie[63] und Mythos[64] bezeichnet und heute von niemandem mehr vertreten.[65] Im Rahmen der Massenfallverwaltung bringt ein solches Verständnis des Steuervollzugs die Finanzverwaltung an ihre Grenzen. Ein Anspruch, den Sachverhalt bis ins letzte Detail zu erforschen, würde die Kapazitäten der Finanzverwaltung bei weitem übersteigen. Denn die heutigen Lebenssachverhalte, die der Besteuerung zugrunde liegen, sind viel zu komplex. Eine vollständige Aufklärung wäre nicht möglich. Angesichts der Masse der jährlich zu überprüfenden Steuerfälle würde ein von der Finanzverwaltung praktizierter Totalvollzug im Endeffekt dazu führen, dass nur noch ein Bruchteil der Fälle überhaupt geprüft werden könnte.[66] Bei einer auf einen Totalvollzug angelegten Vollzugspraxis wäre ein Vollzugsdefizit daher bereits vorprogrammiert.[67]

(2) Verifikationsverwaltung

Vor dem Hintergrund knapper Verwaltungsressourcen, die die exakte und detaillierte Ermittlung jedes einzelnen Steueranspruchs unmöglich machen,[68] sehen die

---

62 *Seer* in: Tipke/Kruse, AO/FGO, Losebl. (Stand: Januar 2017), § 88 AO Rn. 41; *Seer*, DStZ 2016, 605 (607); *Spindler*, FR 2011, 122 (123); nach Söhn ist der Totalvollzug tatsächlich unmöglich, *Söhn* in: HHSp, AO/FGO, Losebl. (Stand: März 2010), § 88 AO Rn. 175; *Haunhorst*, DStR 2010, 2105 (2107); *Seer*, SteuerStud 2010, 369 (370); *Drüen* in: Schön/Beck (Hrsg.), Zukunftsfragen des deutschen Steuerrechts, 2009, 1 (13); *Seer*, Verständigungen in Steuerverfahren, 1996, S. 175; *Isensee*, StuW 1994, 3 (9), wonach die umfassende Verwirklichung der im Gesetz angelegten Einzelfallgerechtigkeit die Kapazität der Verwaltung schlicht übersteigt; *Birk*, StVj 1991, 310 (311).

63 *Seer*, Verständigungen in Steuerverfahren, 1996, S. 228 f.

64 *Nagel/Waza*, DStZ 2008, 321 (322).

65 *Müller-Franken*, StuW 2018, 113 (114) Fn. 16, wonach „das Schreckbild eines Totalvollzugs, das die behördliche Amtsermittlung jedes Steuerfalls in seinen sämtlichen Details zum Ideal erheben will (100 % Doktrin), für das Besteuerungsverfahren in der analogen Welt, soweit ersichtlich, von niemandem vertreten wurde und wird, da es schlicht unmöglich ist".

66 *Seer* in: Lang/Eilfort (Hrsg.), Strukturreform der deutschen Ertragsteuern, 2013, 181 (181); *Seer*, SteuerStud 2010, 369 (369); *Nagel/Waza*, DStZ 2008, 321 (322); *Seer*, StuW 2003, 40 (41); *Seer*, FR 1997, 553 (556).

67 Seer spricht insofern von einem Zusammenbruch der Besteuerung, *Seer* in: Lang/Eilfort (Hrsg.), Strukturreform der deutschen Ertragsteuern, 2013, 181 (181); *Seer*, SteuerStud 2010, 369 (369); den Haushaltsnotstand prophezeien: *Nagel/Waza*, DStZ 2008, 321 (322); *Seer*, Verständigungen in Steuerverfahren, 1996, S. 228; *Tipke*, StRO III, 1993, S. 1220.

68 *Rätke* in: Klein, AO, 14. Aufl. 2018, § 85 AO Rn. 20; *Hey* in: Tipke/Lang/Seer (Hrsg.), Steuerrecht, 2018, § 3 Rn. 239; *Drüen* in: DFGT 2011/2012, 253 (264); *Söhn* in: HHSp, AO/FGO, Losebl. (Stand: März 2010), § 88 AO Rn. 175; *Stolterfoht* in: Fischer (Hrsg.), Steuervereinfachung, 1998, 233 (242 f.); *Hoffmann*, DStR 1997, 1189 (1190); *Seer*, FR 1997, 553 (553); *Rittler*, DB 1987, 2331 (2332); *Buciek*, DStZ 1995, 513 (516).

Rechtsprechung und die moderne steuerrechtliche Literatur keine Verpflichtung zur vollständigen Sachaufklärung, sondern eine Verpflichtung der Finanzverwaltung zur strukturellen Verifikation.[69] Dieses Erfordernis bedeutet dabei, dass ein effizientes Kontrollsystem eingerichtet ist, wonach jeder Steuerpflichtige einer potentiellen Kontrolle unterliegt. Die Angaben des Steuerpflichtigen müssen durch Plausibilitätsprüfungen auf ihre Richtigkeit und Vollständigkeit geprüft werden, sodass keine aufklärungs- bzw. prüfungsfreien Räume entstehen und jeder Steuerpflichtige zumindest einer potentiellen Kontrolle unterliegt.[70] Im Gegensatz zu einem Steuervollzug, der auf einen Totalvollzug ausgerichtet ist, sei die Finanzverwaltung als Verifikationsverwaltung gerade nicht zur Erforschung des Sachverhalts bis ins letzte Detail verpflichtet. Im Rahmen einer Verifikationsverwaltung werde dem Steuerpflichtigen zunächst insoweit ein Vertrauensvorschuss gewährt, als dass von der Richtigkeit und Vollständigkeit seiner eingereichten Erklärung ausgegangen wird.[71] Dieser Vertrauensvorschuss sei erst dann hinfällig, wenn sich Anhaltspunkte dafür ergeben, dass die Erklärung unrichtig und unvollständig ist.[72]

---

69 Vgl. BVerfG, Urt. v. 27.06.1991 – 2 BvR 1493/89, BVerfGE 84, 239 = BStBl. II 1991, 654, Rn. 115; BVerfG, Urt. v. 09.03.2004 – 2 BvL 17/02, BVerfGE 110, 94 = BStBl. II 2005, 56, Rn. 64; *Seer* in: Tipke/Lang/Seer (Hrsg.), Steuerrecht, 2018, § 21 Rn. 7; *Baum* in: eKomm AO, Online-Ausgabe (Stand: April 2018), § 88 Rn. 60; *Eismayr/Kirsch*, DB Beilage 04/2016, 40 (40); *Tartler* in: Kube et al., FS Kirchhof, 2013, S. 1675 (1679); *Schmidt/Schmitt* in: Mellinghoff/Schön/Viskorf (Hrsg.), FS Spindler, 2011, 529 (530); *Drüen* in: Schön/Beck (Hrsg.), Zukunftsfragen des deutschen Steuerrechts, 2009, S. 1 (9); *Seer* in: Widmann (Hrsg.), Steuervollzug im Rechtsstaat, 2008, S. 7 (16); *Huber/Seer*, StuW 2007, 355 (356); *Tipke* in: Kirchhof (Hrsg.), FS Offerhaus, 1999, 819 (821); *Seer*, Verständigungen in Steuerverfahren, 1996, S. 236 f.

70 *Drüen* in: DFGT 2011/2012, 253 (264); *Drüen*, FR 2011, 101 (106); *Jakob*, Abgabenordnung, 5. Aufl. 2010, Rn. 167; *Müller-Franken*, Maßvolles Verwalten, 2004, S. 355; *Eckhoff*, Rechtsanwendungsgleichheit im Steuerrecht, 1999, S. 465; *Birk*, StVj 1991, 310 (314); vgl. *Martens*, Verwaltungsvorschriften zur Beschränkung der Sachverhaltsermittlung, 1980, S. 145, Rn. 160, wonach eine generelle Kontrollmöglichkeit bestehen muss.

71 BFH, Urt. v. 17.04.1969 – V R 21/66, BStBl. II, 1969, 474, Rn. 7; AEAO (2017) § 88 Rn. 6; *Seer* in: Tipke/Lang/Seer (Hrsg.), Steuerrecht, 2018, § 21 Rn. 5; *Seer* in: Tipke/Kruse, AO/FGO, Losebl. (Stand: Januar 2017), § 88 AO Rn. 22; BMF, RefE zur StErmV v. 05.08.2011, S. 16; *Schmidt/Schmitt* in: Mellinghoff/Schön/Viskorf (Hrsg.), FS Spindler, 2011, 529 (533 f.); *Seer*, StuW 2003, 40 (55); *Seer* in: Widmann (Hrsg.), Steuervollzug im Rechtsstaat, 2008, 7 (16); a.A. *Tipke* in: Kirchhof (Hrsg.), FS Offerhaus, 1999, 819 (820), wonach es keine Vermutung für die grundsätzliche Richtigkeit der Steuererklärung gibt.

72 BVerfG, Urt. v. 09.03.2004 – 2 BvL 17/02, BVerfGE 110, 94 = BStBl. II 2005, 56, Rn. 69; BFH, Urt. v. 11.07.1978 – VIII R 120/75, BStBl. II, 1979, 57, Rn. 11; AEAO (2017) § 88 Rn. 6; *Schuhmann*, DStZ 1986, 583 (585).

Das Verifikationsprinzip wird damit als die notwendige Ergänzung des Deklarationsprinzips[73] erachtet.[74]

Eine Verifikation soll nicht nur dann erfolgreich sein, wenn sich eine höhere Steuerlast ergibt, sondern auch gerade dann, wenn diese zu der Feststellung führt, dass die Angaben des Steuerpflichtigen vollständig und zutreffend sind. Ziel der Verifikation sei nämlich die Erhöhung der Steuerehrlichkeit durch ein für den Steuerpflichtigen nicht kalkulierbares Entdeckungsrisiko.[75] Wird die Steuererhebung lediglich auf Angaben des Steuerpflichtigen gestützt, besteht die Gefahr, dass Steuern in ungleichmäßiger Weise erhoben werden.[76] Lässt die Finanzverwaltung daher Tatsachen und Beweismittel gänzlich außer Acht und geht offenkundigen, sich aufdrängenden Zweifelsfragen nicht nach, verletzt sie ihre Aufklärungspflicht.[77] Dabei kommt der Finanzbehörde ein Ermessensspielraum dahingehend zu, dass sie selbst darüber entscheidet, welche Tatsachen sie als entscheidungserheblich ansieht und in welchem Umfang sie diese ermittelt.

(3) Selbstveranlagung

Das andere Extrem zum Totalvollzug stellt die (weitestgehend) unkontrollierte Selbstveranlagung dar. Über die Einführung einer Selbstveranlagung wurde zur Vereinfachung des Besteuerungsverfahrens und zur Erhöhung der Effizienz und Effektivität der Steuerverwaltung in Deutschland bereits diskutiert.[78] Der Begriff

---

73 Die Verpflichtung zur Abgabe einer Steuererklärung (Deklarationsprinzip) kommt u.a. in § 149 Abs. 1 S. 1 AO i.V.m. § 25 Abs. 3 S. 1 EStG, § 31 Abs. 1 S. 1 KStG, § 18 Abs. 1 S. 1 UStG zum Ausdruck.

74 BVerfG, Urt. v. 27.06.1991 – 2 BvR 1493/89, BVerfGE 84, 239 = BStBl. II 1991, 654, Rn. 115; *Seer* in: Tipke/Lang/Seer (Hrsg.), Steuerrecht, 2018, § 21 Rn. 5 ff.; *Seer* in: Lang/Eilfort (Hrsg.), Strukturreform der deutschen Ertragsteuern, 2013, 181 (182); *Drüen* in: DFGT 2011/2012, 253 (264); *Tartler* in: Kube et al., FS Kirchhof, Bd. II, 2013, 1675 (1679); *Seer*, SteuerStud 2010, 369 (370); *Seer* in: Widmann (Hrsg.), Steuervollzug im Rechtsstaat, 2008, 7 (16 f.); *Seer*, Verständigungen in Steuerverfahren, 1996, S. 236; *Kirchhof, P.* in: StbJb 1994/95, 5 (15).

75 BMF, RefE zur StErmV v. 05.08.2011, S. 16.

76 BVerfG, Urt. v. 27.06.1991 – 2 BvR 1493/89, BVerfGE 84, 239 = BStBl. II 1991, 654, Rn. 113; BMF, RefE zur StErmV v. 05.08.2011, S. 16; *Seer*, Verständigungen in Steuerverfahren, 1996, S. 236; vgl. *Tipke* in: Kirchhof (Hrsg.), FS Offerhaus, 1999, 819 (821 f.); *Tipke*, StRO III, 1993, S. 1204 ff.

77 BFH, Urt. v. 28.01.1970 – I R 123/67, BStBl. II, 1970, 296 = BFHE 98, 171, Rn. 21; BFH, Urt. v. 16.01.1964 – V 94/61 U, BStBl. III 1964, 149, Rn. 7; AEAO (2017) § 88 Rn. 6; *Seer* in: Tipke/Kruse, AO/FGO, Losebl. (Stand: Januar 2017), § 88 AO Rn. 23; *Baum* in: eKomm AO, Online-Ausgabe (Stand: April 2018), § 88 Rn. 13; *Schmidt/Schmitt* in: Mellinghoff/Schön/Viskorf (Hrsg.), FS Spindler, 2011, 529 (533 f.).

78 Vgl. u.a. *Seer* in: DWS (Hrsg.), Selbstveranlagung, 2015, 7; *Sell* in: DWS (Hrsg.), Selbstveranlagung, 2015, 29; *Schwab* in: DWS (Hrsg.), Selbstveranlagung, 2015, 33; *Seer*, Nürnberger Steuergespräche 2015, http://www.nuernberger-steuergespraeche.de/index.php?page=tagesseminar (geprüft am 04.01.2019); RWI, Machbarkeitsstudie,

der Selbstveranlagung ist nicht unumstritten, weil er unterschiedlich verwendet und verstanden wird.[79]

Ausgehend vom anglo-amerikanischen Verständnis bedeutet Selbstveranlagung („self-assessment“), dass der Steuerpflichtige die Steuerlast selbst ermittelt und ohne weitere Aufforderung an die Finanzbehörden zahlt.[80] Um Steuerausfälle zu vermeiden, werden Strafzuschläge erhoben und Steuervergehen besonders streng geahndet.[81] Eine solche Selbstveranlagung wird bereits in vielen Ländern praktiziert.[82] Es besteht jedoch weitgehend Einigkeit, dass das anglo-amerikanische System nicht in identischer Form für den deutschen Steuervollzug übernommen werden dürfe. Dieses System beruhe auf einer anderen Tradition als das deutsche Steuerrecht.[83] Deutlich werde dies insbesondere durch die Verhängung von Zivil- und Kriminalstrafen bei Steuervergehen. Strafmaßnahmen in dieser Form seien dem deutschen Steuerrecht fremd.[84]

Selbstveranlagung wird daher hierzulande meist lediglich im Sinne einer Selbstberechnung der Steuer verstanden. Die Steuerschuld wird dabei durch den Steuerpflichtigen selbst berechnet. Eine Steuerfestsetzung mit amtlicher Wirkung durch den Steuerpflichtigen erfolgt nicht.[85] Die Selbstberechnung soll dazu führen,

---

2005, http://www.rwi-essen.de/media/content/pages/publikationen/rwi-projektberichte/PB_Selbstveranlagung-bei-der-KSt.pdf (geprüft am 04.01.2019); *Seer* in: StbJb 2004/2005, 53 (59 ff.); *Seer*, StuW 2003, 40; *Ahrens/Nagel*, FR 2002, 261; *Hartmann*, Reform des Veranlagungsverfahrens durch Selbstberechnung der Steuer, 1967; BT-Drs. IV/432; s. für eine Darstellung der Diskussion um die Einführung der Selbstveranlagung im deutschen Veranlagungsverfahren in den 50er und 60er Jahren, *Hansen*, Die praktischen Konsequenzen des Methodenstreits, 1996, S. 425 ff. m.w.N.; nach Birk könnte das Verfahren in Großbritannien als Vorbild für Deutschland dienen, *Birk* in: Lang (Hrsg.), FS Tipke, 1995, 555 (556).

79 Zur Kritik am Begriff der Selbstveranlagung vgl. BT-Drs. IV/432, S. 1; *Hartmann*, Reform des Veranlagungsverfahrens durch Selbstberechnung der Steuer, 1967, S. 17.

80 RWI, Machbarkeitsstudie, 2005, S. 64, http://www.rwi-essen.de/media/content/pages/publikationen/rwi-projektberichte/PB_Selbstveranlagung-bei-der-KSt.pdf (geprüft am 04.01.2019); *Kramer*, StuW 1998, 92 (92 f.); *Eismayr/Kirsch*, DB Beilage 04/2016, 40 (40); zur Selbstveranlagung in den USA, vgl. *Seer*, Besteuerungsverfahren: Rechtsvergleich USA – Deutschland, 2002, Rn. 15 ff., 51 ff. m.w.N.; zum Konzept der Selbstveranlagung in Groß-Britannien, vgl. *Birk* in: Lang (Hrsg.), FS Tipke, 1995, 555 (556) m.w.N.

81 RWI, Machbarkeitsstudie, S. 65, 71 ff., http://www.rwi-essen.de/media/content/pages/publikationen/rwi-projektberichte/PB_Selbstveranlagung-bei-der-KSt.pdf (geprüft am 04.01.2019); *Seer*, Besteuerungsverfahren: Rechtsvergleich USA – Deutschland, 2002, Rn. 28; *Kramer*, StuW 1998, 92 (92 f.); BT-Drs. IV/432, S. 2.

82 S. beispielhafte Aufzählung bei *Seer* in: DWS (Hrsg.), Selbstveranlagung, 2015, 7 (8), Fn. 4.

83 *Sell* in: DWS (Hrsg.), Selbstveranlagung, 2015, 29 (29); *Schwab* in: DWS (Hrsg.), Selbstveranlagung, 2015, 33 (33).

84 *Schwab* in: DWS (Hrsg.), Selbstveranlagung, 2015, 119 (119); BT-Drs. IV/432, S. 2

85 BT-Drs. IV/432, S. 1.

dass der Steuerpflichtige bereits bei Abgabe der Steuererklärung die geschuldete Steuer entrichtet. Auf diese Weise kann die Steuer schneller vereinnahmt werden. Im Gegenzug dazu sollen auch Erstattungen schneller erfolgen.[86] Eine freiwillige Selbstberechnung der Einkommen- und Körperschaftssteuer wurde bei verschiedenen Finanzämtern bereits in den 60er Jahren erprobt.[87]

Als besondere Form der Selbstveranlagung wird häufig die Steueranmeldung verstanden. Bei der Steueranmeldung ermittelt der Steuerpflichtige zunächst die relevanten Besteuerungsgrundlagen selbst und berechnet anhand dieser selbstständig die Steuerlast. Diese Daten übermittelt er an die Finanzverwaltung.[88] Die Steueranmeldung durch den Steuerpflichtigen steht dabei gem. §§ 167, 168 AO einer Steuerfestsetzung unter Vorbehalt der Nachprüfung gleich. Der Steuerpflichtige setzt die Steuer selbst fest und erzeugt auf diese Weise einen „Titel gegen sich selbst".[89] Der Vorbehalt der Nachprüfung ermöglicht es der Finanzverwaltung, die Angaben des Steuerpflichtigen einer späteren Überprüfung zu unterziehen und eine abweichende Festsetzung der Steuer vorzunehmen. Eine Steueranmeldung findet im Rahmen der Umsatz- und Verbrauchsteuern sowie im Steuerabzugsverfahren Anwendung.[90]

Teilweise wird eine Ausweitung dieser Verfahrensweise gefordert, sodass die vollständige Abkehr von der hoheitlichen Veranlagung hin zu einer „kontrollierten Selbstregulierung"[91] auch für die übrige Veranlagungspraxis vollzogen werde.[92] Dies könne durch eine „kontrollierte Selbstregulierung" im Wege eines automatisierten Verfahrens erfolgen.[93] Der Steuerpflichtige ermittelt danach die

---

86 BT-Drs. IV/432, S. 2.

87 S. dazu kleine Anfrage der Abgeordneten Meis, Dr. Dollinger, Dr. Schmidt und Genossen zur Selbstberechnung der Einkommen- und Körperschaftsteuer und Selbstveranlagung zu diesen Steuern, BT-Drs. IV/432; *Hartmann*, Reform des Veranlagungsverfahrens durch Selbstberechnung der Steuer, 1967, S. 20 f.

88 *Seer* in: DWS (Hrsg.), Selbstveranlagung, 2015, 7 (10).

89 *Seer* in: DWS (Hrsg.), Selbstveranlagung, 2015, 7 (10); *Seer*, Nürnberger Steuergespräche 2015, These Nr. 4, http://www.nuernberger-steuergespraeche.de/index.php?page=tagesseminar (geprüft am 04.01.2019).

90 Zur Übersicht über die Steuerarten, die über eine Steueranmeldung festgesetzt werden, s. *Heuermann* in: HHSp, AO/FGO, Losebl. (Stand: August 2016), § 167 AO Rn. 3; nach Seer werden bereits 2/3 aller Steuern durch Steueranmeldungen realisiert, *Seer*, DStZ 2016, 605 (607); *Seer* in: Lüdicke (Hrsg.), Jahrbuch des BVStb, 2016, S. 55 (62); Diskussionsbeitrag von Seer, *Keilen*, Stbg 2015, 440 (442).

91 Von der „kontrollierten Selbstregulierung" ist die Selbstregulierung in dem Sinne zu unterscheiden, dass Private in den Steuervollzug eingeschaltet werden, vgl. Eckhoff, Rechtsanwendungsgleichheit im Steuerrecht, 1999, S. 460.

92 *Seer* in: DWS (Hrsg.), Selbstveranlagung, 2015, 7 (10 ff.).

93 Vor allem Seer ist Verfechter eines Modells der kontrollierten elektronischen Selbstregulierung. Er sieht eine elektronische Selbstregulierung als folgerichtige Konsequenz des E-Governments, vgl. *Seer* in: Lüdicke (Hrsg.), Jahrbuch des BVStb, 2016, 55 (62 f.); *Seer* in: DWS (Hrsg.), Selbstveranlagung, 2015, 7 (10 ff.); *Seer* in: Lang/Eilfort (Hrsg.), Strukturreform der deutschen Ertragsteuern, 2013, 181 (183 f.); *Seer*, FR 2012, 1000

steuerrechtlich relevanten Tatsachen selbst und berechnet anhand derer selbstständig die Steuerlast.[94] Eine Kontrolle der von den Steuerpflichtigen ermittelten und erklärten Besteuerungsgrundlagen soll seitens der Finanzverwaltung durch eine computergestützte Plausibilitätsprüfung stattfinden. Im Anschluss soll ohne weitere manuelle Prüfung aufgrund der übermittelten Daten ein Steuerbescheid ergehen. Dieser soll unter dem Vorbehalt der Nachprüfung stehen, um eine spätere manuelle Überprüfung sowie eine abweichende Festsetzung der Steuer zu ermöglichen.[95] Vorteil dieser „kontrollierten Selbstregulierung" sei eine deutliche Verfahrensbeschleunigung.[96] Dies ermögliche einen zeitnahen Überblick über die Steuerlast bzw. das Steueraufkommen, wodurch beide Seiten sicherer disponieren können. Durch die zeitnahe Abwicklung könne der Staat schneller Steuern vereinnahmen, die Steuerpflichtigen dagegen profitierten von einer schnelleren Erstattung. Denn die zeitnahe Veranlagung führe nicht nur zur zügigen Sicherung der Staatseinnahmen, sondern werde auch insbesondere dem Gebot der Besteuerung nach der wirtschaftlichen Leistungsfähigkeit gerecht, weil sie die Leistung in dem Zeitpunkt abschöpfe, in dem sie vorhanden sei.[97] Zugleich führe sie nicht zu einer geringeren Kontrollintensität, sondern erleichtere die Vorarbeit zur Steuerfestsetzung und entlaste auf diese Weise die Finanzverwaltung spürbar. Diese müsse sich nicht mit der Berechnung der Steuer beschäftigen, sondern könne sich der Verifikation der Angaben widmen.[98]

(1002 ff.); *Seer* in: Widmann (Hrsg.), Steuervollzug im Rechtsstaat, 2008, 7 (31 ff.); *Seer*, StuW 2003, 40 (42 ff.); Eckhoff steht einer Selbstveranlagung grundsätzlich positiv gegenüber, sieht aber auch einige negative Seiten, insbesondere die Gefährdung der Privatsphäre des Bürgers durch größere Kontroll- und Strafmöglichkeiten, Diskussionsbeitrag von Eckhoff, *Ahrens/Nagel*, FR 2002, 261 (262 f.).

94 *Seer*, Nürnberger Steuergespräche 2015, S. 1, These Nr. 1, http://www.nuernberger-steuergespraeche.de/index.php?page=tagesseminar (geprüft am 04.01.2019).

95 *Seer* in: Widmann (Hrsg.), Steuervollzug im Rechtsstaat, 2008, 7 (32); *Seer* in: Lang/Eilfort (Hrsg.), Strukturreform der deutschen Ertragsteuern, 2013, 181 (183); *Seer* in: StbJb 2004/2005, 53, (59 ff.); *Seer*, StuW 2003, 40, (45 ff.).

96 *Seer* in: DWS (Hrsg.), Selbstveranlagung, 2015, 7 (27); *Seer*, Nürnberger Steuergespräche 2015, S. 3, These Nr. 10, http://www.nuernberger-steuergespraeche.de/index.php?page=tagesseminar (geprüft am 04.01.2019); *Seer* in: Lang/Eilfort (Hrsg.), Strukturreform der deutschen Ertragsteuern, 2013, 181 (183 f.); Diskussionsbeitrag von Eckhoff, *Ahrens/Nagel*, FR 2002, 261 (262).

97 *Seer* in: DWS (Hrsg.), Selbstveranlagung, 2015, 7 (22 f.); *Seer*, Nürnberger Steuergespräche 2015, S. 3, These Nr. 10, http://www.nuernberger-steuergespraeche.de/index.php?page=tagesseminar (geprüft am 04.01.2019); *Seer* in: Lang/Eilfort (Hrsg.), Strukturreform der deutschen Ertragsteuern, 2013, 181 (183 f.); vgl. Finanzministerium Rlp, Weg zu mehr Effizienz bei Steuerverwaltung, https://fm.rlp.de/de/presse/detail/news/detail/News/weg-zu-mehr-effizienz-bei-steuerverwaltung/ (geprüft am 04.01.2019).

98 *Seer* in: DWS (Hrsg.), Selbstveranlagung, 2015, 7 (22 ff.); *Seer*, Nürnberger Steuergespräche 2015, S. 3, These Nr. 10, http://www.nuernberger-steuergespraeche.de/

3. Mögliche Auswege aus dem Dilemma der Massenfallverwaltung

Das Besteuerungsverfahren stellt sich als Massenfallverfahren dar. Millionen Einkommensteuererklärungen werden jährlich eingereicht, die von einer Finanzverwaltung überprüft werden müssen, welche ihrerseits mit knappen Personalressourcen zu kämpfen hat. Der Vollzugsalltag ist daher maßgeblich bestimmt durch den „Druck der Statistik".[99] Im Rahmen der Arbeitnehmerveranlagung verblieben einem Finanzbeamten im Jahr 2006 pro Fall im Durchschnitt 20 Minuten Bearbeitungszeit.[100] Die unter beständigem Zeitdruck durchgeführten Massenfallverfahren werden dabei als maßgebliche Ursache für Defizite im Steuervollzug ausgemacht.[101] Diese Herausforderungen der Massenfallverwaltung bringen die Finanzverwaltung in einen dauerhaften Zielkonflikt zwischen einer sorgfältigen Aufklärung der Besteuerungsgrundlagen im Einzelfall und der Bewältigung aller Steuerfälle, also der Sicherstellung des Gesamtvollzugs.[102] Dieser Zielkonflikt zwischen der sorgfältigen Aufklärung im Einzelfall und der Bewältigung aller Steuerfälle soll dadurch gelöst werden, dass der Bewältigung der Verfahrensmassen Vorrang vor der sorgfältigen Aufklärung im Einzelfall gewährt wird.[103] Die Finanzverwaltung versucht zur Lösung dieses Zielkonfliktes seit langem die Ermittlungsintensität zu beschränken. Sie stützt sich dabei insbesondere auf die gleichlautenden Erlasse der obersten Finanzbehörden der Länder zur Organisation der Finanzämter und Neuordnung des Besteuerungsverfahrens (GNOFÄ).[104]

---

index.php?page=tagesseminar (geprüft am 04.01.2019); *Seer* in: Lang/Eilfort (Hrsg.), Strukturreform der deutschen Ertragsteuern, 2013, 181 (183 f.).

99 *Drüen* in: Schön/Beck (Hrsg.), Zukunftsfragen des deutschen Steuerrechts, 2009, 1 (3).

100 BWV, Probleme beim Vollzug der Steuergesetze, 2006, S. 13 f.; *Ahrendt* in: DFGT 2013/2014, 49 (51).

101 BWV, Probleme beim Vollzug der Steuergesetze, 2006, S. 13 f.; Rechnungshof der Freien und Hansestadt Hamburg, Jahresbericht 2004, S. 24, http://www.hamburg.de/contentblob/259476/data/jahresbericht-2004.pdf (geprüft am 04.01.2019); BT-Drs. 12/5650, S. 115 f., Rn. 46.5; *Hartmann*, Reform des Veranlagungsverfahrens durch Selbstberechnung der Steuer, 1967, S. 11 f.

102 *Seer* in: Tipke/Lang/Seer (Hrsg.), Steuerrecht, 2018, § 21 Rn. 6; *Nagel/Waza*, DStZ 2008, 321 (322); *Seer* in: DFGT 2007, 99 (101); *Seer*, FR 1997, 553 (553).

103 *Buciek*, DStZ 1995, 513 (513); vgl. *Arndt*, Praktikabilität und Effizienz, 1983, S. 81 ff.

104 Die Finanzministerkonferenz hat am 04.12.1975 beschlossen, die Finanzämter nach den „Grundsätzen zur Neuorganisation der Finanzämter und zur Neuordnung des Besteuerungsverfahrens" bundeseinheitlich neu zu organisieren, gleichlautende Erlasse der obersten Finanzbehörden der Länder vom 16.02.1976 „Grundsätze zur Neuorganisation der Finanzämter und zur Neuordnung des Besteuerungsverfahrens (GNOFÄ)", BStBl. I 1976, S. 89 ff., gleichlautende Erlasse der obersten Finanzbehörden der Länder vom 04.03.1981: „Grundsätze zur Neuorganisation der Finanzämter und Neuordnung des Besteuerungsverfahrens (GNOFÄ-neu)", BStBl. I 1981, S. 270 ff. und gleichlautende Erlasse der obersten Finanzbehörden der Länder vom

Danach ist bei der Bearbeitung der Steuerfälle auf das Wesentliche abzustellen und die steuerliche Bedeutung des Falles zu berücksichtigen. Eine intensive Bearbeitung soll nur vorgenommen werden, wenn dies angeordnet ist oder sich Zweifelsfragen bei den Angaben der Steuerpflichtigen ergeben. Schlüssige und nicht offensichtlich unvollständige Angaben des Steuerpflichtigen sollen nicht weiter überprüft werden.[105] Die Ermittlungsintensität macht die Finanzverwaltung auch vom zu erwartenden fiskalischen Ertrag abhängig.[106] Darüber hinaus finden zur Aufarbeitung von Rückständen bei der Veranlagung in Finanzämtern in regelmäßigen Abständen sog. „Grüne Wochen“ statt, in denen Steuererklärungen ohne ordnungsgemäße Prüfung im Schnellverfahren abgearbeitet werden.[107]

Nach Ansicht des Bundesverfassungsgerichts kann das Veranlagungsverfahren nur durch eine sachgerechte Konzentration der Ermittlungsmaßnahmen praktikabel und realitätsgerecht bleiben. Das Bundesverfassungsgericht sieht in einer solchen Beschränkung der Sachverhaltsaufklärung wichtige Schutz- und Sicherungsfunktionen zugunsten des Steuerpflichtigen.[108] Daher dürfen im Hinblick auf die Praktikabilität des Steuervollzugs die zur Verfügung stehenden personellen sowie sachlichen Mittel Berücksichtigung finden.[109]

In der Literatur werden Lösungsansätze zur Gewährleistung eines funktionierenden Steuervollzugs vor allem unter dem Stichwort des „maßvollen Gesetzesvollzuges“ diskutiert.[110] „Maßvoller Gesetzesvollzug“ ist ein offener Begriff. Was er im Einzelnen bedeutet, ist nicht eindeutig definiert und wird auch in der einschlägigen Literatur unterschiedlich verstanden.[111] Der Begriff des „maßvollen

19.11.1996 „Grundsätze zur Neuorganisation der Finanzämter und Neuordnung des Besteuerungsverfahrens (GNOFÄ 1997), BStBl. I 1996, 1391; vgl. für eine umfassende Auseinandersetzung mit der Thematik der GNOFÄ, Katterbe, Die GNOFÄ, 1981.

105 GNOFÄ, BStBl. I 1996, 1391.

106 AEAO (2017) § 88 Rn. 3; kritisch dazu u.a.: *Müller-Franken*, Maßvolles Verwalten, 2004, S. 353.

107 *Drüen* in: Schön/Beck (Hrsg.), Zukunftsfragen des deutschen Steuerrechts, 2009, 1 (3); *Schleicher* in: Widmann (Hrsg.), Steuervollzug im Rechtsstaat, 2008, 59 (70); BWV, Probleme beim Vollzug der Steuergesetze, 2006, S. 43 ff.

108 BVerfG, Urt. v. 09.03.2004 – 2 BvL 17/02, BVerfGE 110, 94 = BStBl. II 2005, 56, Rn. 69.

109 BVerfG, Urt. v. 09.03.2004 – 2 BvL 17/02, BVerfGE 110, 94 = BStBl. II 2005, 56, Rn. 69; BVerfG, Beschl. v. 10.04.1997 – 2 BvL 77/92, BStBl. II 1997, 518, Rn. 25.

110 Die folgende Darstellung erhebt keinen Anspruch auf Vollständigkeit, sondern dient dazu, überblicksartig die Facetten der Diskussion um den Begriff des „maßvollen Gesetzesvollzuges” darzustellen.

111 Vgl. *Rätke* in: Klein, AO, 14. Aufl. 2018, § 85 Rn. 20; Haumann spricht insofern von der gewichtenden Arbeitsweise, *Haumann*, Die “gewichtende Arbeitsweise“ der Finanzverwaltung, 2008, S. 49 ff.; *Karl*, DStZ 2002, 598 (598 f.); *Weber-Grellet*, StuW 1999, 311 (316); Stolterfoht bezeichnet ihn als vereinfachenden oder moderaten Vollzug, *Stolterfoht* in: Fischer (Hrsg.), Steuervereinfachung, 1998, 233 (239 f.); *Seer*, FR 1997, 553 (558 ff.); *Seer*, Verständigungen in Steuerverfahren, 1996, S. 235 f.; *Eckhoff*, StuW 1996, 107 (113); *Pelka*, DB 1996, 699 (699 ff.); *Buciek*, DStZ 1995, 513

Gesetzesvollzuges“ ist daher sowohl in der Literatur als auch in der Rechtsprechung nicht unumstritten.[112]

Spitaler prägte den Begriff des maßvollen Gesetzesvollzugs und entnahm ihn dem Billigkeitsgedanken. Dessen Inhalt erläutert er nicht näher. Vielmehr geht er davon aus, dass der maßvolle Gesetzesvollzug gemeinhin geläufig sei.[113] Buciek versteht den maßvollen Gesetzesvollzug als Absehen von abschließender Sachaufklärung und sieht ihn im Grenzbereich des rechtlich Zulässigen. Einen maßvollen Gesetzesvollzug, der sich als „Nicht-Vollzug“ darstellt, hält er jedenfalls nicht für gerechtfertigt.[114] Pelka differenziert zwischen dem maßvollen und dem ökonomischen Gesetzesvollzug. Er sieht den maßvollen Gesetzesvollzug als Abweichung von der Tatbestandsmäßigkeit der Besteuerung. Diese Durchbrechung des Legalitätsprinzips sei nur unter dem Aspekt der Verhältnismäßigkeit zulässig. Ein ökonomischer Vollzug, der darauf gerichtet ist, in kürzester Zeit ein möglichst hohes Steueraufkommen zu generieren, widerspreche der Rechtsanwendungsgleichheit und finde daher keine Rechtfertigung.[115] Nach Eckhoff ist der Steuervollzug dann als maßvoll zu bezeichnen, wenn ein angemessenes Verhältnis zwischen dem Ziel der Gesetzmäßigkeit der Besteuerung und den Belastungen, die im Besteuerungsverfahren für den Steuerzahler entstehen, hergestellt wird.[116] Für Seer bedeutet ein maßvoller Gesetzesvollzug, dass die Finanzbehörde ihre begrenzten Ressourcen so einsetzt, dass die Prinzipien der Gesetzmäßigkeit und Rechtsanwendungsgleichheit sowie die betroffenen Freiheitsgrundrechte in ein angemessenes Verhältnis gebracht werden. Davon nicht umfasst sei eine Vollzugspraxis, die sich ausschließlich am Fiskalinteresse orientiere.[117] Hoffmann sieht in einem richtig verstandenen

(513); Birk bezeichnet ihn als vereinfachten Gesetzesvollzug, *Birk*, StVj 1991, 310 (313 f.); *Spitaler* in: StbJb 1961/1962, 461 (462); zu verschiedenen Erscheinungsformen des maßvollen Gesetzesvollzugs vgl. *Hoffmann*, Der maßvolle Gesetzesvollzug im Steuerrecht, 1999, S. 10 ff.; zu Grundlagen und Grenzen eines vereinfachenden Gesetzesvollzugs vgl. *Meyding* in: Fischer (Hrsg.), Steuervereinfachung, 1998, 219 (220 ff.).

112 Kritisch v.a.: BFH, Urt. v. 18.02.1997 – VIII R 33/95, BFHE 183, 45 = BStBl. II, 1997, 499, Rn. 83; *Eckhoff*, Rechtsanwendungsgleichheit im Steuerrecht, 1999, S. 432; *Weber-Grellet*, StuW 1999, 311 (316); *Tipke*, StW 1994, 221 (222 f.); *Tipke*, StRO III, 1993, S. 1212 f.; *Rittler*, DB 1987, 2331 (2332). Die Kritik bezieht sich insbesondere auf den Gesichtspunkt, dass der Vollzug darauf ausgelegt ist, mit wenig Personal ein hohes Steueraufkommen zu generieren, s. u.a. *Söhn* in: HHSp, AO/FGO, Losebl. (Stand: August 2016), § 85 AO Rn. 46; *Karl*, DStZ 2002, 598 (598 f.); *Seer*, FR 1997, 553 (561); *Seer*, Verständigungen in Steuerverfahren, 1996, S. 235; *Pelka*, DB 1996, 699 (699); *Tipke*, StW 1994, 221 (222); *Tipke*, StRO III, 1993, S. 1220; *Rittler*, DB 1987, 2331 (2332).

113 *Spitaler* in: StbJb 1961/1962, 461 (461 ff.).

114 *Buciek*, DStZ 1995, 513 (514 ff.).

115 *Pelka*, DB 1996, 699 (699 ff.).

116 *Eckhoff*, StuW 1996, 107 (113).

117 *Seer*, FR 1997, 553 (558 ff.); *Seer*, Verständigungen in Steuerverfahren, 1996, S. 235 f.

maßvollen Gesetzesvollzug keine gesetzeswidrige vereinfachende Technik, mit der die in ihren personellen und sachlichen Kapazitäten überforderte Finanzverwaltung den Steuervollzug bewältigen will. Er versteht den maßvollen Gesetzesvollzug als „selbstverantwortliche Wahrnehmung von einfachgesetzlich eingeräumten, verwaltungseigenen Kompetenzen und Spielräumen bei der Gesetzesauslegung und Gesetzeskonkretisierung im steuerlichen Massenvollzug".[118]

II. Diskussionsstand zum Einsatz von Risikomanagementsystemen im Besteuerungsverfahren

Vor dem Hintergrund der Massenfallverwaltung und der daraus resultierenden Vollzugsschwierigkeiten wird die Diskussion um die Zulässigkeit von Risikomanagementsystemen im Besteuerungsverfahren bereits seit geraumer Zeit geführt. Seer entwarf bereits vor 15 Jahren ein Konzept zur Reform des Veranlagungsverfahrens, das den Einsatz von Risikomanagementsystemen im Steuervollzug vorsah.[119] Die Diskussion um den Entwurf der Steuerermittlungsverordnung[120], der die Einführung eines automatisierten Besteuerungsverfahrens unter Einsatz von Risikomanagementsystemen beabsichtigte, führte dazu, dass sich bedingt durch die öffentliche Diskussionsführung vermehrt Praktiker wie Steuerberater und Finanzrichter der Thematik widmeten.[121] Vorangetrieben wurde die weitere Diskussion um den Einsatz von Risikomanagementsystemen letztendlich insbesondere durch die Stellungnahmen zum Gesetz zur Modernisierung des Besteuerungsverfahrens.[122]

---

118 *Hoffmann*, Der maßvolle Gesetzesvollzug im Steuerrecht, 1999, S. 3, 273 f.

119 Vgl. *Seer*, StuW 2003, 40.

120 BMF, RefE zur StErmV v. 05.08.2011, S. 16 ff.

121 Vgl. u.a.: BStbK, Stellungnahme v. 02.09.2011, https://www.bstbk.de/de/presse/stellungnahmen/archiv/20110902_2_stellungnahme_bstbk/index.html (geprüft am 04.01.2019); BDFR, Stellungnahme v. 01.09.2011, http://www.bdfr.de/index.php/stellungnahmen.html (geprüft am 04.01.2019); DStV, Stellungnahme (S 14/11) v. 01.09.2011, https://www.dstv.de/download/s-14-11 (geprüft am 04.01.2019).

122 Vgl. u.a.: *Ahrendt*, NJW 2017, 537; *Bruschke*, Steuk 2017, 355; BRH, Stellungnahme v. 13.04.2016, https://www.bundestag.de/blob/417948/ac5bd35a803fa7eca790e9eaf8d1df6c/04-brh-data.pdf (geprüft am 04.01.2019); Chaos Computer Club, Sachverständigenauskunft v. 13.04.2016, https://linus-neumann.de/wp-content/uploads/2016/04/Stellungnahme_Finanzausschuss_CCC.pdf (geprüft am 04.01.2019); DStG, Stellungnahme v. 08.04.2016 http://www.dstg.de/pdfs/steuerpolitik/stellungnahmen/160408_modernisierung-BeStVerf.pdf (geprüft am 04.01.2019); DFGT, Stellungnahme v. 08.04.2016, https://www.bundestag.de/blob/418156/f6400d96e0eb5edad3f8f57435fdc3f2/01-j---brandt-data.pdf (geprüft am 04.01.2019); BStbK, Stellungnahme v. 05.04.2016, https://www.bstbk.de/de/presse/stellungnahmen/archiv/20160405_stellungnahme_bstbk/index.html (geprüft am 04.01.2019); BDL/DStV/NVL, gemeinsame Stellungnahme v. 04.04.2016, https://www.bundestag.de/blob/417356/c6c74456a33126e552f386c01fcb8e85/bdl---dstv---nvl-data.pdf (geprüft

am 04.01.2019); BDL, Stellungnahme v. 24.03.2016, https://www.bundestag.de/blob/416506/55f12f19443a9237afc729a59bdbf80c/05---bdl-data.pdf (geprüft am 04.01.2019); NVL, Stellungnahme v. 16.03.2016, https://www.bundestag.de/blob/416258/d7962845977289f55ce89736d9560473/11-nvl-data.pdf (geprüft am 04.01.2019); DStV, Stellungnahme (S 03/16) v. 14.03.2016, https://www.dstv.de/download/2016-s03-an-diverse-mdbs-modernisierung-besteuerungsverfahren (geprüft am 04.01.2019); BdSt, Stellungnahme v. 10.03.2016, https://www.steuerzahler-bayern.de/files/548/BdSt-Stellungnahme_zum_Gesetzentwurf_eines_Gesetzes_zur_Modernisierung_des_Besteuerungsverfahrens.pdf (geprüft am 04.01.2019); *Baldauf*, DStR 2016, 833; *Fischer*, jurisPR-SteuerR 40/2016, Anm. 1; *Fischer*, jurisPR-SteuerR 32/2016, Anm. 1; *Höreth/Stelzer*, DStZ 2016, 519; *Marx*, Ubg 2016, 358; *Ortmann-Babel/Franke*, DB 2016, 1521; *Schwenker*, DB 2016, 375; *Seer*, DStZ 2016, 605; *Wedelstädt*, AO-StB 2016, 196; *Braun Binder*, Auf dem Weg zum vollautomatisierten Besteuerungsverfahren in Deutschland, http://www.foev-speyer.de/files/de/downloads/Jusletter-IT_25.05.2016.pdf (geprüft am 04.01.2019); *Braun Binder*, DStZ 2016, 526; *Braun Binder*, Weg frei für vollautomatisierte Verwaltungsverfahren in Deutschland, http://www.foev-speyer.de/files/de/downloads/Jusletter-IT_22.09.2016.pdf (geprüft am 04.01.2019); *Zaumseil*, NJW 2016, 2769; *Merker*, SteuerStud 2016, 398; *Seer* in: Lüdicke (Hrsg.), Jahrbuch des BVStb, 2016, S. 55 ff.; *Roth*, Steuk 2016, 78; *Gläser/Schöllhorn*, DStR 2016, 1577; *Gehm*, StuB 2016, 580; *Baum*, NWB 2016, 2636; DAV, Stellungnahme (SN 04/15) v. 31.01.2015, https://anwaltverein.de/de/newsroom/sn-04-15 (geprüft am 04.01.2019); DStV, Stellungnahme (S 13/15) v. 24.09.2015, https://www.dstv.de/download/2015-s-13-refentwurf-modernisierung-besteuerungsverfahren (geprüft am 04.01.2019); *Heintzen*, DÖV 2015, 780; *Münch/Sendke*, DStZ 2015, 487; *Seer*, StuW 2015, 315; DRB/BDFR, gemeinsame Stellungnahme (Nr. 20/15), https://www.bundesfinanzministerium.de/Content/DE/Gesetzestexte/Gesetze_Gesetzesvor-haben/Abteilungen/Abteilung_IV/18_Legislaturperiode/Gesetze_Verordnungen/2016-07-22-Steuer-modernisierungsgesetz/Stellungnahme-14-Deutscher-ichterbund.pdf;jsessionid=1DB7782D827C7604589E3A41C6880B22?__blob=publicationFile&v=2 (geprüft am 04.01.2019); ver.di, Stellungnahme v. 25.09.2015, https://www.bundesfinanzministerium.de/Content/DE/Gesetzestexte/Gesetze_Gesetzesvorhaben/Abteilungen/Abteilung_IV/18_Legislaturperiode/Gesetze_Verordnungen/2016-07-22-Steuermodernisierungsgesetz/Stellungnahme-22-verdi.pdf;jsessionid=1DB7782D827C7604589E3A41C6880B22? blob=publicationFile&v=2 (geprüft am 04.01.2019); BStbK, Stellungnahme v. 23.09.2015, https://www.bstbk.de/de/presse/stellungnahmen/archiv/20150923_stellungnahme_bstbk/index.html (geprüft am 04.01.2019); BDL, Stellungnahme v. 23.09.2015, https://www.bundesfinanzministerium.de/Content/DE/Gesetzestexte/Gesetze_Gesetzesvorhaben/Abteilungen/Abteilung_IV/18_Legislaturperiode/Gesetze_Verordnungen/2016-07-22-Steuermodernisierungs-gesetz/Stellungnahme-09-BDL.pdf;jsessionid=1DB7782D827C7604589E3A41C6880B22?__blob=publicationFile&v=1 (geprüft am 04.01.2019); BdSt, Stellungnahme v. 23.09.2015, https://www.bundesfinanzministerium.de/Content/DE/Gesetzestexte/Gesetze_Gesetzesvorhaben/Abteilungen/Abteilung_IV/18_Legislaturperiode/Gesetze_Verordnungen/2016-07-22-Steuermodernisierungs-gesetz/Stellungnahme-05-Bund-der-Steuerzahler.pdf;jsessionid=1DB7782D827C7604589E3A41C6880B22?__blob=publicationFile&v=1 (geprüft am 04.01.2019); DStG, Stellungnahme v. 23.09.2015, https://www.bundesfinanzministerium.de/Content/DE/Gesetzestexte/Gesetze_Gesetzesvorhaben/

1. Konzepte zum Einsatz von Risikomanagementsystemen im Besteuerungsverfahren

Als Vorreiter dieser Überlegungen in der steuerrechtswissenschaftlichen Literatur legte Seer – beruhend auf ausländischen Vorbildern[123] – ein ausgefeiltes Konzept vor, das unter Ausbau des E-Governments innerhalb der Finanzverwaltung ein Selbstveranlagungsverfahren mit computergesteuerter Plausibilitätskontrolle (und Datenabgleich) vorsah. Steuerfälle sollten dabei computergesteuert nach ihrer Risikowahrscheinlichkeit zur Prüfung ausgewählt werden, wobei sich die Risikowahrscheinlichkeit maßgeblich am Kontrollbedürfnis ausrichtet. Darüber hinaus sollte die „Steuervita" des Steuerpflichtigen einbezogen und berücksichtigt werden. Schlussendlich war vorgesehen, dass dieses Selbstveranlagungsverfahren mit computergesteuerter Plausibilitätskontrolle mit einer Tax Compliance Strategie verbunden wird, um die Motivation der Steuerpflichtigen zur Einhaltung der Steuergesetze zu steigern und dadurch das Kontrollbedürfnis zu senken.[124]

Solche Überlegungen teilte in der steuerrechtlichen Literatur zunächst vor allem Drüen.[125] Er forderte die Implementierung eines risikoorientierten Steuervollzugs, der sich auf eine computergesteuerte Analyse nach Risikoindikatoren stützt. Die Rationalisierung von Vollzugsaufgaben durch einen computergesteuerten und risikoorientierten Steuervollzug sieht er als pragmatische Antwort der Finanzverwaltung auf die Vollzugsbedingungen in der Massenfallverwaltung. Notwendige Voraussetzung dafür sei die Steuervollzugskooperation und die Qualifikation der Finanzverwaltung als Verifikationsverwaltung.[126]

Abteilungen/Abteilung_IV/18_Legislaturperiode/Gesetze_Verordnungen/2016-07-22-Steuermodernisierungs-gesetz/Stellungnahme-17-DSTG.pdf;jsessionid=1DB7782D827C7604589E3A41C6880B22?__blob=publicationFile&v=1 (geprüft am 04.01.2019); Spitzenverbände der Deutschen Wirtschaft, Stellungnahme v. 23.09.2015, https://www.bundesfinanzministerium.de/Content/DE/Gesetzestexte/Gesetze_Gesetzesvorhaben/Abteilungen/Abteilung_IV/18_Legislaturperiode/Gesetze_Verordnungen/2016-07-22-Steuermodernisierungsgesetz/Stellungnahme-02-8-Spitzenverbaende-der-Deutschen-Wirtschaft.pdf;jsessionid=1DB7782D827C7604589E3A41C6880B22?__blob=publicationFile&v=1 (geprüft am 04.01.2019).

123 Zum Konzept der niederländischen Finanzverwaltung vgl. *Ahrens*, Der Vollzug von Steuergesetzen durch den niederländischen Belastingdienst im Vergleich zur deutschen Finanzverwaltung, 2005, S. 127 ff.

124 *Seer* in: DWS (Hrsg.), Selbstveranlagung, 2015, 7 (16 ff.); *Seer*, FR 2012, 1000 (1002 ff.); *Seer* in: Widmann (Hrsg.), Steuervollzug im Rechtsstaat, 2008, 7 (31 ff.); *Seer* in: DFGT 2007, 99 (99 ff.); *Huber/Seer*, StuW 2007, 355 (356 f.); *Seer* in: StbJb 2004/2005, 53 (53 ff.); *Seer*, StuW 2003, 40 (45 ff.).

125 *Drüen* in: DFGT 2011/2012, 253 (254 ff.); *Drüen* in: Schön/Beck (Hrsg.), Zukunftsfragen des deutschen Steuerrechts, 2009, 1 (12 ff.).

126 *Drüen* in: Schön/Beck (Hrsg.), Zukunftsfragen des deutschen Steuerrechts, 2009, 1 (12 ff.).

Frühzeitig bezogen auch Vertreter der Finanzverwaltung und der Finanzministerien Stellung zum Einsatz von Risikomanagementsystemen im Steuervollzug.[127] Dabei forderten sie eine Compliance-Strategie, mittels derer die Steuerpflichtigen zu einer Erfüllung ihrer steuerlichen Pflichten motiviert werden und infolgedessen das Kontrollbedürfnis gesenkt wird. Das Kontrollbedürfnis soll sich aufgrund einer Risikoanalyse nach Eintrittswahrscheinlichkeit und Ausfallrisiko sowie dem Vorverhalten der Steuerpflichtigen bemessen.[128] Schmidt[129] sah ebenfalls ein umfassendes Compliance-Konzept vor, das auf einem verbesserten Servicemanagement und einem effektiven Risikomanagement beruht. Das Risikomanagement sollte sich dabei am individuellen Ausfallrisiko orientieren, welches sich nach der Historie des Einzelfalls und anhand typischer Verhaltensmuster bemessen soll.[130] In ihrem Beitrag „Risikomanagement – Zaubermittel oder Bankrotterklärung der Verwaltung?" schildern Schmidt und Schmitt[131] Risikomanagement ebenfalls als Teil eines umfassenden Compliance-Konzeptes, das auf Kooperation und verbesserten Service setzt.[132]

Im Bereich der Arbeitnehmerveranlagung wird seit geraumer Zeit in allen Fällen ein maschinelles Risikomanagement zur Prüfung von Steuererklärungen verwendet.[133] Mithilfe des sog. Black-Box-Verfahrens unterscheidet ein Computerprogramm automatisch zwischen risikoreichen und risikoarmen Steuererklärungen.[134] Die Steuererklärung wird einer Plausibilitätskontrolle unterzogen. Eine Rolle spielt dabei beispielsweise, ob die Höhe der Werbungskosten zu der Höhe der erzielten Einkünfte in einem angemessenen Verhältnis steht, ob sich Widersprüche innerhalb der Erklärung finden lassen oder ob sich im Vergleich zum Vorjahr bedeutende Änderungen ergeben.[135] Die anhand dieses Verfahrens als risikoarm

---

127 S. dazu u.a.: *Nagel/Waza*, DStZ 2008, 321; *Schmidt* in: Widmann (Hrsg.), Steuervollzug im Rechtsstaat, 2008, 37; *Schmidt/Schmitt* in: Mellinghoff/Schön/Viskorf (Hrsg.), FS Spindler, 2011, 529; ein ausführliches Konzept für Risikomanagementsysteme im Erlösbereich legte auch Huber vor, vgl. *Huber*, StBp 2016, 125; *Huber*, StBp 2016, 160; *Huber*, StBp 2016, 228; *Huber*, StBp 2016, 257; *Huber*, StBp 2016,352.

128 *Nagel/Waza*, DStZ 2008, 321 (322 ff.).

129 Md, Finanzministerium Bayern.

130 *Schmidt* in: Widmann (Hrsg.), Steuervollzug im Rechtsstaat, 2008, 37 (41 ff.).

131 Md Schmidt, bayerisches Staatsministerium der Finanzen; Md Schmitt, Ministerium für Finanzen Baden-Württemberg.

132 *Schmidt/Schmitt* in: Mellinghoff/Schön/Viskorf (Hrsg.), FS Spindler, 2011, 529 (534 ff.).

133 BT-Drs. 18/3300, S. 334, Rn. 74; *Schmidt/Schmitt* in: Mellinghoff/Schön/Viskorf (Hrsg.), FS Spindler, 2011, 529 (542). Das Risikomanagementsystem wurde im Rahmen des Projektes KONSENS entwickelt und erprobt, s. dazu Kap. C. I. 2. a) – Entwicklung eines maschinellen Risikomanagements im Rahmen von KONSENS.

134 LfSt Rlp, Steuerverwaltung im Wandel der Zeit, S. 28, https://www.lfst-rlp.de/fileadmin/user_upload/Landesamt/broschuere_60_jahre.pdf (geprüft am 04.01.2019); *Schmidt* in: Widmann (Hrsg.), Steuervollzug im Rechtsstaat, 2008, 37 (47).

135 LfSt Rlp, Steuerverwaltung im Wandel der Zeit, S. 28, https://www.lfst-rlp.de/fileadmin/user_upload/Landesamt/broschuere_60_jahre.pdf (geprüft am 04.01.2019);

eingestuften Fälle werden nur stichprobenhaft überprüft und ansonsten vollautomatisiert bearbeitet. Der Steuerpflichtige wird so ohne eine personelle Überprüfung erklärungsgemäß veranlagt. Die personellen Ressourcen werden dadurch auf die identifizierten risikobehafteten Fälle konzentriert.[136]

2. Diskussionsschwerpunkte

Vor dem Hintergrund des allseits beklagten Vollzugsdefizits in der Finanzverwaltung wird die Einführung eines finanzbehördlichen Risikomanagements mit der Folge der automatisierten Veranlagung nun überwiegend als unverzichtbare, alternativlose Maßnahme zur Bewältigung der Verfahrensmassen angesehen.[137] Nagel und Waza[138] sahen schon im Jahr 2008 das Risikomanagement im Steuervollzug als „Weg aus der Krise".[139] Allerdings wird daneben teilweise eine Vereinfachung der Steuergesetzgebung gefordert, da der Einsatz von Risikomanagementsystemen

---

Münch, DStR 2013, 212 (213); *Riedlinger* in: DWS (Hrsg.), Risikomanagement in der Finanzverwaltung, 2009, S. 17 (18).

136 LfSt Rlp, Steuerverwaltung im Wandel der Zeit, S. 28, https://www.lfst-rlp.de/fileadmin/user_upload/Landesamt/broschuere_60_jahre.pdf (geprüft am 04.01.2019).

137 BStbK, Stellungnahme v. 05.04.2016, S. 6, https://www.bstbk.de/de/presse/stellungnahmen/archiv/20160405_stellungnahme_bstbk/index.html (geprüft am 04.01.2019); NVL, Stellungnahme v. 16.03.2016, S. 1, https://www.bundestag.de/blob/416258/d7962845977289f55ce89736d9560473/11-nvl-data.pdf (geprüft am 04.01.2019); DStV, Stellungnahme (S 03/16) v. 14.03.2016, S. 12, https://www.dstv.de/download/2016-s03-an-diverse-mdbs-modernisierung-besteuerungsverfahren (geprüft am 04.01.2019); BdSt, Stellungnahme v. 10.03.2016, S. 1, https://www.steuerzahler-bayern.de/files/548/BdSt-Stellungnahme_zum_Gesetzentwurf_eines_Gesetzes_zur_Modernisierung_des_Besteuerungsverfahrens.pdf (geprüft am 04.01.2019); *Braun Binder*, Auf dem Weg zum vollautomatisierten Besteuerungsverfahren in Deutschland, S. 3, Rn. 2, http://www.foev-speyer.de/files/de/downloads/Jusletter-IT_25.05.2016.pdf (geprüft am 04.01.2019); *Spilker*, Behördliche Amtsermittlung, 2015, S. 148 f.; DStV, Stellungnahme (S 13/15) v. 24.09.2015, S. 10, https://www.dstv.de/download/2015-s-13-refentwurf-modernisierung-besteuerungsverfahren (geprüft am 04.01.2019); Diskussionsbeitrag von Bähr, *Brandt* in: DFGT 2011/2012, 291 (303); *Drüen* in: DFGT 2011/2012, 253 (272); der Präsident der OFD Rheinland Ulrich Müting sieht die Automation des Besteuerungsverfahrens als unverzichtbare Hilfe für den Massenvollzug, zugleich aber auch als Vollzugsrisiko, Düsseldorfer Vereinigung für Steuerrecht, Vortrags- und Diskussionsveranstaltung der Düsseldorfer Vereinigung für Steuerrecht e.V. v. 22.06.2010, S. 1, http://www.jura.hhu.de/fileadmin/redaktion/Fakultaeten/Juristische_Fakultaet/Valta/DVSt/Veranstaltungen/20100622-Bericht.pdf (geprüft am 04.01.2019); BWV, Probleme beim Vollzug der Steuergesetze, 2006, S. 159 ff.

138 RRin Nagel und LDR Waza, Finanzverwaltung NRW.

139 *Nagel/Waza*, DStZ 2008, 321 (323).

als alleinige Maßnahme nicht geeignet sei, die Vollzugsschwierigkeiten zu beseitigen.[140]

Bedenken begegnet der Einsatz von Risikomanagementsystemen insbesondere dann, wenn er als Ersatz für den Menschen gesehen wird. Der Einsatz von Risikomanagementsystemen sei zwar als Möglichkeit zur effizienten Nutzung der vorhandenen Personalressourcen grundsätzlich geeignet, könne und dürfe den Menschen aber nicht ersetzen und dürfe keinesfalls zum Personalabbau ausgenutzt werden.[141] Während eine risikoorientierte Prüfung grundsätzlich für sachgerecht gehalten wird, wird in Zweifel gezogen, ob ein Computerprogramm tatsächlich in der Lage ist, das Risikopotential eines Falles zu erkennen.[142]

Neben der Sorge, dass die Technik zukünftig das Recht beherrscht,[143] treten in der Diskussion um den Einsatz von Risikomanagementsystemen im Besteuerungsverfahren im Wesentlichen zwei große Problembereiche zu Tage. Dazu gehören die Gefährdung der Gleichmäßigkeit der Besteuerung durch die Entstehung strukturell prüfungsfreier Räume sowie die Einbeziehung subjektiver Risikofaktoren in die Risikomanagementsysteme. Durch den Ausbau der digitalen Kommunikation und der damit verbundenen Möglichkeiten des Datenaustauschs und -abgleichs schürt das automatisierte Besteuerungsverfahren unter Einsatz von Risikomanagementsystemen Bedenken von „gläsernen Steuerpflichtigen“[144] und „Methoden der Rasterfahndung in der Finanzverwaltung“.[145] Andere fragen sich, ob nun goldene Zeiten für Steuerschummler anbrechen, weil die „Grünen Wochen“, in denen Steuererklärungen

140 Vgl. *Seer* in: Tipke/Kruse, AO/FGO, Losebl. (Stand: Januar 2017), § 85 AO Rn. 30; *Welling/Ghebrewebet*, DB Beilage 04/2016, 33 (33 f.); BStbK, Stellungnahme v. 02.09.2011, S. 2, https://www.bstbk.de/de/presse/stellungnahmen/archiv/20110902_2_stellungnahme_bstbk/index.html (geprüft am 04.01.2019); Thiemann fordert zur besseren Funktionsfähigkeit der Risikomanagementsysteme die „Schaffung eines EDV-geeigneten Steuerrechts“, *Thiemann*, StuW 2018, 304 (309).

141 *Spilker*, Behördliche Amtsermittlung, 2015, S. 147 ff.; *Drüen* in: Schön/Beck (Hrsg.), Zukunftsfragen des deutschen Steuerrechts, 2009, 1 (12 ff.); *Nagel/Waza*, DStZ 2008, 321 (323 ff.).

142 *Haunhorst*, DStR 2010, 2105 (2108 f.)

143 *Drüen* in: DFGT 2015/2016/2017, 250 (257); Ahrendt spricht von einer Entkopplung des Besteuerungsverfahrens vom materiellen Steuerrecht, *Ahrendt*, NJW 2017, 537 (539 f.); *Baldauf*, DStR 2016, 833 (833); *Tipke*, StRO III, 2. Aufl. 2012, S. 1479; *Haunhorst*, DStR 2010, 2105 (2108); *Drüen* in: Schön/Beck (Hrsg.), Zukunftsfragen des deutschen Steuerrechts, 2009, 1 (10); *Pezzer*, StuW 2007, 101 (108).

144 *Schmidt/Schmitt* in: Mellinghoff/Schön/Viskorf (Hrsg.), FS Spindler, 2011, 529 (536); *Modlinger*, Stbg 2011, 515 (515); *Drüen* in: Schön/Beck (Hrsg.), Zukunftsfragen des deutschen Steuerrechts, 2009, S. 1 (10).

145 *Modlinger*, Stbg 2011, 515 (515); *Kloth*, Risikomanagement in der Finanzverwaltung, S. 2, http://www.bdp-team.de/management-consulting/risikomanagement-der-finanzverwaltung-big-brother-beobachtet-dich (geprüft am 04.01.2019).

ohne Prüfung durchgewinkt werden, um ein Vollzugsdefizit zu vermeiden, nun zu „grünen Jahren“ werden.[146]

Kritik erfährt darüber hinaus insbesondere die Regelung, dass Wirtschaftlichkeits- und Zweckmäßigkeitserwägungen im Besteuerungsverfahren berücksichtigt werden sollen.[147] Vor Inkrafttreten des Gesetzes zur Modernisierung des Besteuerungsverfahrens wurde kontrovers diskutiert, ob der Einsatz von

146 *Schäfers*, Steuererklärung: Der elektronische Finanzbeamte kommt, http://www.faz.net/aktuell/wirtschaft/menschen-wirtschaft/steuererklaerung-der-elektronische-finanzbeamte-kommt-13220066.html (geprüft am 04.01.2019).

147 Vgl. *Thiemann*, StuW 2018, 304 (306); DFGT, Stellungnahme v. 08.04.2016, S. 5 f., https://www.bundestag.de/blob/418156/f6400d96e0eb5edad3f8f57435fdc3f2/01-j---brandt-data.pdf (geprüft am 04.01.2019); DStG, Stellungnahme v. 08.04.2016, S. 4 http://www.dstg.de/pdfs/steuerpolitik/stellungnahmen/160408_modernisierung-BeStVerf.pdf (geprüft am 04.01.2019); BDL, Stellungnahme v. 24.03.2016, S. 2, https://www.bundestag.de/blob/416506/55f12f19443a9237afc729a59bdbf80c/05---bdl-data.pdf (geprüft am 04.01.2019); NVL, Stellungnahme v. 16.03.2016, S. 5, https://www.bundestag.de/blob/416258/d7962845977289f55ce89736d9560473/11-nvl-data.pdf (geprüft am 04.01.2019); DStV, Stellungnahme (S 03/16) v. 14.03.2016, S. 11, https://www.dstv.de/download/2016-s03-an-diverse-mdbs-modernisierung-besteuerungsverfahren (geprüft am 04.01.2019); BdSt, Stellungnahme v. 10.03.2016, S. 4, https://www.steuerzahler-bayern.de/files/548/BdSt-Stellungnahme_zum_Gesetzentwurf_eines_Gesetzes_zur_Modernisierung_des_Besteuerungsverfahrens.pdf (geprüft am 04.01.2019); *Braun Binder*, DStZ 2016, 526 (530 f.); *Seer* in: Lüdicke (Hrsg.), Jahrbuch des BVStb, 2016, 55 (59); *Gehm*, StuB 2016, 580 (580 f.); *Seer*, StuW 2015, 315 (319 f.); *Münch/Sendke*, DStZ 2015, 487 (488); DStV, Stellungnahme (S 13/15) v. 24.09.2015, S. 10, https://www.dstv.de/download/2015-s-13-refentwurf-modernisierung-besteuerungsverfahren (geprüft am 04.01.2019); DRB, Stellungnahme (Nr. 4/15), S. 5, Rn. B.4.1, https://www.drb.de/fileadmin/DRB/pdf/Stellungnahmen/2015/DRB_150129_Stn_Nr_04_ModernisierungBesteuerungsverfahren.pdf (geprüft am 04.01.2019); BDL, Stellungnahme v. 23.09.2015, S. 4, https://www.bundesfinanzministerium.de/Content/DE/Gesetzestexte/Gesetze_Gesetzesvorhaben/Abteilungen/Abteilung_IV/18_Legislaturperiode/Gesetze_Verordnungen/2016-07-22-Steuermodernisierungs-gesetz/Stellungnahme-09-BDL.pdf;jsessionid=1DB7782D827C7604589E3A41C6880B22?__blob=publicationFile&v=1 (geprüft am 04.01.2019); BdSt, Stellungnahme v. 23.09.2015, S. 5, https://www.bundesfinanzministerium.de/Content/DE/Gesetzestexte/Gesetze_Gesetzesvorhaben/Abteilungen/Abteilung_IV/18_Legislaturperiode/Gesetze_Verordnungen/2016-07-22-Steuermodernisierungs-gesetz/Stellungnahme-05-Bund-der-Steuerzahler.pdf;jsessionid=1DB7782D827C7604589E3A41C6880B22?__blob=publicationFile&v=1 (geprüft am 04.01.2019); DStG, Stellungnahme v. 23.09.2015, S. 2, https://www.bundesfinanzministerium.de/Content/DE/Gesetzestexte/Gesetze_Gesetzesvorhaben/Abteilungen/Abteilung_IV/18_Legislaturperiode/Gesetze_Verordnungen/2016-07-22-Steuermodernisierungs-gesetz/Stellungnahme-17-DSTG.pdf;jsessionid=1DB7782D827C7604589E3A41C6880B22?__blob=pub-licationFile&v=1 (geprüft am 04.01.2019); a.A. *Müller-Franken*, StuW 2018, 113 (118), Müller-Franken sieht in der Regelung einen normativen Fortschritt, da die Orientierung des Handelns

Risikomanagement mit dem Untersuchungsgrundsatz (§ 88 AO a.F.) vereinbar sei.[148] Gegenstand der Diskussion bildete auch die Frage, ob für den Einsatz von Risikomanagementsystemen im Besteuerungsverfahren eine gesetzliche Grundlage erforderlich sei.[149] Mit dem Gesetz zur Modernisierung des Besteuerungsverfahrens hat der Gesetzgeber sich für die gesetzliche Normierung des Risikomanagements entschieden und dafür § 88 AO derart erweitert, dass der Einsatz von Risikomanagementsystemen im Besteuerungsverfahren ausdrücklich geregelt wird.[150] Hinsichtlich der Frage nach der Vereinbarkeit mit dem Untersuchungsgrundsatz und der Notwendigkeit einer gesetzlichen Normierung ist der Diskussion mit Inkrafttreten des Gesetzes zur Modernisierung des Besteuerungsverfahrens die Grundlage entzogen.

a) Entstehung strukturell prüfungsfreier Räume

Das automatisierte Besteuerungsverfahren unter Einsatz von Risikomanagementsystemen bietet für den Steuervollzug Chancen und Risiken zugleich. Die maschinelle Verifikation eröffnet zum ersten Mal die Möglichkeit, tatsächlich eine strukturell gleichmäßige Besteuerung zu gewährleisten. Der Einsatz von Risikomanagementsystemen im Steuervollzug wird die Bearbeitungsstandards mehr als zuvor vereinheitlichen. Der Gesetzgeber möchte von der Möglichkeit, einen

---

der Finanzverwaltung am Maßstab der Wirtschaftlichkeit bislang nur in Verwaltungsvorschriften geregelt gewesen sei.

148 Vgl. BStbK, Stellungnahme v. 05.04.2016, S. 7, https://www.bstbk.de/de/presse/stellungnamen/archiv/20160405_stellungnahme_bstbk/index.html (geprüft am 04.01.2019); BDL, Stellungnahme v. 24.03.2016, S. 5, https://www.bundestag.de/blob/416506/55f12f19443a9237afc729a59bdbf80c/05---bdl-data.pdf (geprüft am 04.01.2019); DStV, Stellungnahme (S 03/16) v. 14.03.2016, S. 11 f., https://www.dstv.de/download/2016-s03-an-diverse-mdbs-modernisierung-besteuerungsverfahren (geprüft am 04.01.2019); *Spilker*, Behördliche Amtsermittlung, 2015, S. 148; *Deckers/Fiethen*, FR 2015, 913 (914); DStV, Stellungnahme (S 13/15) v. 24.09.2015, S. 7 f., https://www.dstv.de/download/2015-s-13-refentwurf-modernisierung-besteuerungsverfahren (geprüft am 04.01.2019).

149 Für die Erforderlichkeit einer gesetzlichen Normierung sprechen sich u.a. aus: *Seer* in: Lüdicke (Hrsg.), Jahrbuch des BVStb, 2016, 55 (58 f.); *Seer*, StuW 2015, 315 (319); *Seer* in: StbJb 2004/2005, 53 (57); DAV, Stellungnahme (SN 04/15) v. 31.01.2015, S. 9, https://anwaltverein.de/de/newsroom/sn-04-15 (geprüft am 04.01.2019); gegen die Erforderlichkeit einer gesetzlichen Normierung sprechen sich u.a. aus: *Tartler* in: Kube et al., FS Kirchhof, Bd. II, 2013, 1675 (1680); *Schmidt* in: Widmann (Hrsg.), Steuervollzug im Rechtsstaat, 2008, 37 (53).

150 § 88 Abs. 5 S. 1 AO: Die Finanzbehörden können zur Beurteilung der Notwendigkeit weiterer Ermittlungen und Prüfungen für eine gleichmäßige und gesetzmäßige Festsetzung von Steuern und Steuervergütungen sowie Anrechnung von Steuerabzugsbeträgen und Vorauszahlungen automationsgestützte Systeme einsetzen (Risikomanagementsysteme).

bundeseinheitlichen Vollzug der Steuergesetze herzustellen, Gebrauch machen und hat dazu in der AO und dem FVG entsprechende Regelungen getroffen.[151] Eine einheitliche Einstellung der Risikoparameter schafft Unterschiede in der Bearbeitung ab und trägt damit entscheidend zur Gleichmäßigkeit der Besteuerung bei. Zudem können mit Hilfe der bundeseinheitlich eingestellten Risikoparameter auch föderale Ungleichheiten beseitigt werden.

Diese Chance stellt gleichzeitig auch eine erhebliche Gefahr für die Gleichmäßigkeit der Besteuerung dar. Bei der maschinellen Verifikation besteht ebenso wie bei der personellen Prüfung immer ein gewisses Risiko, dass falsche oder unzulängliche Angaben nicht aufgedeckt werden.[152] Ein Restrisiko ist nicht auszuschließen und muss hingenommen werden. Im Gegensatz zu den zeitlich begrenzten Defiziten, die durch die „Grünen Wochen" entstanden sind, besteht bei einer automatisierten Veranlagung mittels Risikomanagementsystemen und insbesondere durch die damit einhergehende Vereinheitlichung der Bearbeitungsstandards allerdings die Gefahr, dass die Defizite sich nicht nur temporär, sondern strukturell, also großflächig auswirken.[153] Werden risikobehaftete Angaben der Steuerpflichtigen aufgrund einer unzureichenden Einstellung des Risikomanagements nicht erkannt und ausgesteuert, wirkt sich dieser Fehler flächendeckend auf alle entsprechenden Steuererklärungen aus. Einer unzureichenden Einstellung der Risikoparameter kommt damit eine weitaus größere Breitenwirkung zu als einer fehlerhaften personell durchgeführten Überprüfung.[154] Darüber hinaus besteht das Risiko, dass sich solche Defizite nicht auf einen Veranlagungszeitraum beschränken, sondern sich auch auf zukünftige Veranlagungszeiträume erstrecken. Nimmt das maschinelle Risikomanagement zur Ermittlung des Risikopotentials Abgleiche mit den Vorjahren vor, führt ein nicht erkannter Fehler zu einer dauerhaften Beeinträchtigung, da die Daten zur Grundlage für die Folgejahre werden.[155] Bedingt durch den automatisierten Steuervollzug unter Einsatz von Risikomanagementsystemen ergibt sich die Gefahr eines Vollzugsdefizits durch die Entstehung strukturell prüfungsfreier Räume.[156] Die Frage, ob die Gleichmäßigkeit der Besteuerung in einem automatisierten Vollzug unter Einsatz von Risikomanagementsystemen sichergestellt wird, bildete in der bisherigen Diskussion einen Schwerpunkt.[157]

---

151 Zu den entsprechenden Regelungen s. Kap. C.II.2.d) Bundeseinheitliche Einstellung der Risikomanagementsysteme.

152 *Baum* in: eKomm AO, Online-Ausgabe (Stand: April 2018), § 88 Rn. 65.

153 Vgl. *Drüen* in: DFGT 2011/2012, 253 (260); BT-Drs. 17/8429, S. 14, Rn. 6.4.3; BT-Drs. 17/77, S. 178 f., Rn. 40.4.

154 Vgl. *Martini/Nink*, NVwZ-Extra 2017, 1 (10), *Martini*, DÖV 2017, 443 (453).

155 *Meinert* in: DFGT 2013/2014, 265 (274); *Drüen* in: DFGT 2011/2012, 253 (260); BT-Drs. 17/8429, S. 14, Rn. 6.4.3; *Haunhorst*, DStR 2010, 2105 (2110).

156 W. Spindler warnt insofern vor der „Gefahr eines von der Finanzverwaltung institutionalisierten Vollzugsdefizits", *Spindler*, FR 2011, 122 (123).

157 Vgl. *Thiemann*, StuW 2018, 304 (307 f.); BDL, Stellungnahme v. 24.03.2016, S. 2, https://www.bundestag.de/blob/416506/55f12f19443a9237afc729a59bdbf80c/05---bdl-data.

Strukturell prüfungsfreie Räume können zum einen aus einer gezielten Einstellung der Risikoparameter resultieren und sich zum anderen als unbewusste Folge bestimmter Einstellungen ergeben. Die Einstellung der Risikoparameter kann so vorgenommen werden, dass bezüglich bestimmter Einkünfte oder Einkunftsgrößen systematisch auf eine Überprüfung verzichtet wird, sodass es bedingt durch den Einsatz von Risikomanagementsystemen zu einer „Nichtkontrolle“ oder „Nichtbesteuerung“ kommt.[158] Darüber hinaus kann auch die gezielte Prüfung von bestimmten Einkünften oder Einkunftsarten durch Risikoparameter gesteuert werden. Dadurch besteht nicht nur die Gefahr der Ungleichbehandlung von Steuerpflichtigen, sondern auch das Risiko, dass dafür andere Bereiche gänzlich einer Prüfung entzogen werden.[159]

Ein systematischer Verzicht auf eine Prüfung hat zwangsläufig ein fehlendes Entdeckungsrisiko zur Folge. Auch der Verzicht auf Prüfungen im Rahmen der „Grünen Wochen“ hatte ein fehlendes Entdeckungsrisiko zur Folge. Allerdings war das durch die „Grünen Wochen“ entstehende fehlende Entdeckungsrisiko aufgrund dieses unsystematischen Verzichts für die Steuerpflichtigen nicht planbar. Infolge dessen konnte es nicht gezielt ausgenutzt werden. Im Unterschied zu dem ungeordneten Vollzugsdefizit, das die „Grünen Wochen“ nach sich gezogen haben, ist ein systematischer Verzicht auf Prüfungen im Rahmen des Steuervollzugs unter Einsatz von Risikomanagementsystemen jedoch keine Ausnahmeerscheinung mehr. Dies schafft nicht nur eine erhöhte Gefahr, dass Steuerpflichtige dieses objektiv fehlende Entdeckungsrisiko zu ihren Gunsten ausnutzen, sondern auch eine erhöhte Gefahr, dass Fehlangaben über einen längeren Zeitraum unentdeckt bleiben. Bis eine unzureichende Einstellung des Risikomanagementsystems zu Tage tritt, wird, sofern sie überhaupt aufgedeckt wird, einige Zeit vergehen. Die Finanzgerichte werden bei der Aufdeckung solcher strukturell prüfungsfreier Räume kaum Aufklärungsarbeit leisten können. Denn gewisse Fragen – auch wenn

---

pdf (geprüft am 04.01.2019); BdSt, Stellungnahme v. 10.03.2016, S. 4, https://www.steuerzahler-bayern.de/files/548/BdSt-Stellungnahme_zum_Gesetzentwurf_eines_Gesetzes_zur_Modernisierung_des_Besteuerungsverfahrens.pdf (geprüft am 04.01.2019); DRB, Stellungnahme (Nr. 4/15), S. 1, Rn. A, https://www.drb.de/fileadmin/DRB/pdf/Stellungnahmen/2015/DRB_150129_Stn_Nr_04_Modernisierung_Besteuerungsverfahren.pdf (geprüft am 04.01.2019); ver.di, Stellungnahme v. 25.09.2015, S. 1, https://www.bundesfinanzministerium.de/Content/DE/Gesetzestexte/Gesetze_Gesetzesvorhaben/Abteilungen/Abteilung_IV/18_Legislaturperiode/Gesetze_Verordnungen/2016-07-22-Steuermodernisierungsgesetz/Stellungnahme-22-verdi.pdf;jsessionid=1DB7782D827C7604589E3A41C6880B22?__blob=publicationFile&v=2 (geprüft am 04.01.2019); a.A. *Rätke* in: Klein, AO, 14. Aufl. 2018, § 88 Rn. 92, der nicht befürchtet, dass „es zu einer weitgehenden Selbstveranlagung und damit zu einem Vollzugsdefizit kommt“.

158 Diskussionsbeitrag von Mellinghoff, *Richter/Welling*, FR 2015, 1014 (1017).

159 Der Bundesrechnungshof warnte vor einem systematischen Verzicht auf Prüfungen, vgl. BT-Drs. 17/77, S. 178 f., Rn. 40.4.

sie von allgemeiner Bedeutung sind – werden die Gerichte überhaupt nicht mehr erreichen. Steuerfälle, die kein relevantes Risikopotential enthalten und vollautomatisch veranlagt werden, werden in der Regel die Finanzgerichte nicht erreichen, da der Steuerpflichtige erklärungsgemäß veranlagt worden ist.[160]

Welche Auswirkungen eine gezielte Prüfungstätigkeit der Finanzbehörden haben kann, zeigt der jüngste Skandal in der amerikanischen Finanzverwaltung (IRS). Dort weitete sich die systematische Benachteiligung konservativer Gruppen zum Politikum aus. Gemeinnützige und wohltätige Organisationen, die sich um eine Steuerbefreiung beworben hatten – insbesondere die Tea-Party-Gruppen – sind von der amerikanischen Finanzverwaltung gezielt benachteiligt worden. Die Benachteiligung bestand nicht nur darin, die Bearbeitung der Anträge absichtlich überdurchschnittlich lange hinauszuzögern. Die Gruppen wurden auch durch überflüssige Nachfragen seitens des IRS nach weiteren Informationen und Nachweisen in ihrer Arbeit spürbar beeinträchtigt. Die gezielte, schärfere Überprüfung gegenüber anderen politischen Gruppen ließ die amerikanische Finanzverwaltung als Handlanger der Politik dastehen. Sie brachte den Präsidenten der Vereinigten Staaten in Erklärungsnot und zwang den Leiter der amerikanischen Finanzverwaltung zum Rücktritt.[161]

b) Einbeziehung subjektiver Risikofaktoren

Als weiterer großer Problembereich kristallisierte sich in der bisherigen Diskussion die Einbeziehung subjektiver Risikofaktoren in das finanzbehördliche

---

160 *Thiemann*, StuW 2018, 304 (311); *Trossen*, FR 2015, 1021 (1022); *Drüen* in: DFGT 2011/2012, 253 (272 f.).

161 Vgl. Commitee on Oversight and Government Reform, House Hearing, 113th Congress, The IRS's Systematic Delay and Scrutiny of Tea Party Applications, July 18, 2013, Serial No. 113–51, https://www.govinfo.gov/content/pkg/CHRG-113hhrg82435/pdf/CHRG-113hhrg82435.pdf (geprüft am 04.01.2019); Treasury inspector general for tax administration, Inappropriate Criteria were used to identify tax-exempt applications for review, May 14, 2013, Reference Number: 2013–10–053, https://www.treasury.gov/tigta/auditreports/2013reports/201310053fr.pdf (geprüft am 04.01.2019); s. zur medialen Berichterstattung u.a.: ACLJ, ACLJ Wins Significant Victory Against the Obama Administration's IRS Targeting, https://aclj.org/free-speech/aclj-wins-significant-victory-against-the-obama-administrations-irs-targeting (geprüft am 04.01.2019); ACLJ, President Obama's IRS Scandal: Seven Years & Counting, https://aclj.org/free-speech/president-obamas-irs-scandal-seven-years-counting (geprüft am 04.01.2019); FAZ, Obama unter Druck: Das Recht der Amerikaner, erbost zu sein, http://www.faz.net/aktuell/politik/ausland/obama-unter-druck-das-recht-der-amerikaner-erbost-zu-sein-12184705.html (geprüft am 04.01.2019); FOCUS online, Obama reagiert: Chef der Steuerbehörde tritt zurück, http://www.focus.de/politik/ausland/usa/us-praesident-geht-in-offensive-obama-reagiert-chef-der-steuerbehoerde-tritt-zurueck_aid_991434.html (geprüft am 04.01.2019).

Risikomanagementsystem heraus.[162] Subjektive Risikofaktoren umfassen persönliche Umstände, wie beispielsweise das Alter und das Geschlecht, aber auch verhaltensorientierte Umstände.[163] In der Literatur wird bisher vor allem die steuerliche Integrität des einzelnen Steuerpflichtigen gestützt auf sein bisheriges Verhalten gegenüber der Finanzverwaltung als subjektiver Risikofaktor verstanden.[164]

Die Einbeziehung subjektiver Risikofaktoren ist zugleich unter mehreren Aspekten als kritisch anzusehen.[165] Die Verzahnung des Risikomanagementsystems mit subjektiven Risikoelementen ermöglicht zwar ein Prüfsystem, das Risiken auch unter diesem Gesichtspunkt und demnach noch präziser erkennt. Durch die maschinelle Bearbeitung besteht jedoch die Gefahr einer strukturellen Berücksichtigung subjektiver Risikofaktoren. Auch bisher konnten von den Sachbearbeitern subjektive, persönliche Faktoren berücksichtigt und dadurch in die Prüfung miteinbezogen werden. Nun besteht allerdings die Gefahr, dass durch gezieltes Profiling gegen den Gleichheitssatz verstoßen wird.[166] Darüber hinaus ist die Einbeziehung subjektiver Risiken gerade bei ehemaligen Straftätern vor dem Hintergrund der Unschuldsvermutung bedenklich.[167]

---

162 Vgl. *Braun Binder*, DStZ 2016, 526 (533); *Braun Binder*, Auf dem Weg zum vollautomatisierten Besteuerungsverfahren in Deutschland, S. 6 f., Rn. 11, http://www.foev-speyer.de/files/de/downloads/Jusletter-IT_25.05.2016.pdf (geprüft am 04.01.2019); *Deckers/Fiethen*, FR 2015, 913 (921); *Heintzen*, DÖV 2015, 780 (786 f.); *Buchwald/Bernhardt/Welsch*, FR 2015, 1010 (1011); DAV, Stellungnahme (SN 04/15) v. 31.01.2015, S. 10, https://anwaltverein.de/de/newsroom/sn-04-15 (geprüft am 04.01.2019); *Tipke*, StRO III, 2. Aufl. 2012, S. 1479; *Modlinger*, Stbg 2011, 515 (515).

163 Als verhaltensorientierte Umstände werden in der Literatur u. a. die pünktliche Abgabe der Steuererklärung, die Zahlungsmoral sowie der Umstand, dass häufig von der Erklärung abweichende Steuerfestsetzungen erfolgen, genannt, *Volquardsen* in: Schwarz et al., Erstkomm. StModG, 2017, § 88 AO Rn. 30; *Niewerth* in: Lippross/Seibel, Basiskommentar Steuerrecht, Losebl. (August 2017), § 88 AO Rn. 12; *Seer* in: Tipke/Kruse, AO/FGO, Losebl. (Stand: Januar 2017), § 88 AO Rn. 70; *Kowallik*, IWB 2014, 406 (410); *Münch*, DStR 2013, 212 (214 f.); *Schmidt* in: Widmann (Hrsg.), Steuervollzug im Rechtsstaat, 2008, S. 37 (43).

164 *Drüen* in: Schön/Beck (Hrsg.), Zukunftsfragen des deutschen Steuerrechts, 2009, 1 (12); *Seer*, DStR 2008, 1553 (1555); *Seer* in: Widmann (Hrsg.), Steuervollzug im Rechtsstaat, 2008, 7 (29); *Seer* in: DFGT 2007, 99 (108); *Seer*, StuW 2003, 40 (49).

165 Bei der folgenden Darstellung handelt es sich lediglich um einen Überblick, der auf einzelne Problembereiche verweist. Eine abschließende Darstellung aller kritischen Aspekte unterbleibt wegen der Eingrenzung des Themas der vorliegenden Arbeit.

166 Martini und Nink warnen vor Diskriminierungsrisiken und „ethnischem Profiling" mit hoher Breitenwirkung durch Risikomanagementsysteme, *Martini/Nink*, NVwZ 2017, 681 (682); so geschehen bereits in Amerika, wo Afroamerikaner durch Algorithmen systematisch benachteiligt wurden, vgl. zur Berichterstattung u.a. *Holland*, US-Justiz: Algorithmen benachteiligen systematisch Schwarze, https://www.heise.de/newsticker/meldung/US-Justiz-Algorithmen-benachteiligen-systematisch-Schwarze-3216770.html (geprüft am 04.01.2019).

167 *Modlinger*, Stbg 2011, 515 (516).

Die Einbeziehung subjektiver Risikofaktoren wird zudem insbesondere unter dem Aspekt des Rechts auf informationelle Selbstbestimmung als kritisch angesehen. Dieses wurde vom Bundesverfassungsgericht entwickelt und bezeichnet das Recht jedes Einzelnen, selbst über die Offenlegung und Verwendung seiner personenbezogenen Daten zu bestimmen.[168] Personenbezogene Daten sind Einzelangaben über persönliche oder sachliche Verhältnisse einer bestimmten oder bestimmbaren natürlichen Person.[169] Bezieht die Finanzverwaltung personenbezogene Daten in das Risikomanagement ein, ohne diese im Einzelnen offenzulegen, beeinträchtigt dies insoweit das Recht des einzelnen Steuerpflichtigen auf informationelle Selbstbestimmung. Daher sprechen sich einige bei Einbeziehung subjektiver Risikofaktoren in das Risikomanagement für eine Offenlegung solcher persönlicher Faktoren aus.[170]

Die Berücksichtigung subjektiver Risikofaktoren in das finanzbehördliche Risikomanagement zieht weitreichende Probleme nach sich. Eine Beurteilung des automatisierten Besteuerungsverfahrens unter dem Aspekt der Einbeziehung subjektiver Risikofaktoren ist nicht Gegenstand der Arbeit.[171]

---

168 BVerfG, Urt. v. 15.12.1983 – 1 BvR 209/83, BVerfGE 65, 1 Rn. 148; BFH, Urt. v. 18.01.2012 – II R 49/10, BFHE 235, 151 = BStBl. II 2012, 168, Rn. 34.

169 Die Definition entstammt § 3 Abs. 1 BDSG.

170 *Meinert* in: DFGT 2013/2014, 265 (275); BStbK, Stellungnahme v. 23.09.2015, S. 7, https://www.bstbk.de/de/presse/stellungnahmen/archiv/20150923_stellungnahme_bstbk/index.html (geprüft am 04.01.2019); DAV, Stellungnahme (SN 04/15) v. 31.01.2015, S. 10, https://anwaltverein.de/de/newsroom/sn-04-15 (geprüft am 04.01.2019); Mann fordert generell eine Transparenz der Risikofaktoren, vgl. *Mann*, DStR 2009, 506 (507).

171 S. zur Eingrenzung des Themas Kap. A.II Gegenstand der Untersuchung.

C. Die Auswirkungen der Technisierung und Digitalisierung auf den Steuervollzug

I. Der Weg der Steuerverwaltung zum E-Government

Neue technische Möglichkeiten bieten auch neue Chancen für den Steuervollzug. Durch den Einsatz von Technik und Computern können Vollzugsaufgaben neu organisiert, modernisiert und zugleich verbessert werden.[172] Die Entwicklung einer elektronischen Steuerverwaltung steht im Einklang mit der E-Government-Strategie des Bundes.[173] Mithilfe einer elektronischen Steuerverwaltung soll nicht nur der bürokratische Aufwand drastisch reduziert, sondern auch die Kommunikation mit den Steuerpflichtigen deutlich vereinfacht und verbessert werden.[174]

Die Digitalisierung des Besteuerungsverfahrens schreitet stetig voran. In den vergangenen Jahren wurden die digitale Außenprüfung (§ 147 Abs. 6 AO), das digitale Lohnsteuerverfahren (§ 41 a EStG) sowie das digitale Steueranmeldungsverfahren (vgl. § 18 Abs. 3 UStG für die Umsatzsteuer; § 45 a EStG für die Kapitalertragsteuer) eingeführt. Darüber hinaus geht die Finanzverwaltung zur effektiven Verifikation zunehmend von einer manuellen Kontrolle zu einer elektronischen Kontrolle über.[175] Betrachtet man die Entwicklung der Steuerverwaltung von Lochkartenstellen in den 50er Jahren bis hin zu vollautomatisiert ergehenden Steuerbescheiden, lässt sich ein langsamer, aber stetiger Wandel des Steuervollzugs nicht leugnen.[176]

---

172 *Drüen* in: Schön/Beck (Hrsg.), Zukunftsfragen des deutschen Steuerrechts, 2009, 1 (9).

173 Zu den Zielen der nationalen E-Government-Strategie vgl. IT-Planungsrat, Ziele der Nationalen E-Government-Strategie, https://www.it-planungsrat.de/DE/ITPlanungsrat/NEGS/Ziele/Ziele_node.html;jsessionid=70A08F9CDDF7CFE-AE317FBF403FC7075.2_cid332 (geprüft am 04.01.2019).

174 BT-Drs. 18/7457, S. 52; BMF, RefE zur StErmV v. 05.08.2011, S. 16.

175 Nach der Antwort des Parlamentarischen Staatssekretärs Hartmut Koschyk v. 06.09.2011 setzten im Jahr 2011 sämtliche Länder Risikomanagementsysteme ein, BT-Drs. 17/6954, S. 36; im Bereich der Arbeitnehmerveranlagung wird in allen Fällen ein maschinelles Risikomanagement eingesetzt, BT-Drs. 18/3300, S. 335, Rn. 74.

176 Vgl. dazu LfSt Rlp, Steuerverwaltung im Wandel der Zeit, https://www.lfst-rlp.de/fileadmin/user_upload/Landesamt/broschuere_60_jahre.pdf (geprüft am 04.01.2019); *Eismayr/Kirsch*, DB Beilage 04/2016, 40 (40); Eine vollständige Darstellung der Entwicklung soll an dieser Stelle nicht erfolgen, sondern lediglich ein Überblick über wichtige Etappen auf dem Weg der Steuerverwaltung zum E-Government verschafft werden.

1. Elektronische Übermittlungspflichten

Auf dem Weg zum E-Government spielen elektronische Übermittlungswege und -pflichten eine tragende Rolle. Langfristig sollen papierbasierte Verfahrensabläufe weitestgehend vermieden und durch elektronische Abläufe abgelöst werden.[177] Dabei sind vor allem das Projekt ELSTER und die Einführung der E-Bilanz zu nennen.

a) ELSTER

Die Elektronische Steuererklärung (ELSTER) ist ein gemeinsames Projekt von Bund und Ländern, das die Abgabe und Bearbeitung von Steuererklärungen mittels elektronischer Datenübermittlung vereinfachen soll, sodass der Steuerpflichtige seine Steuererklärung direkt am Computer ausfüllen und elektronisch an die Finanzverwaltung übermitteln kann. Ziel des Projektes ist die Erhöhung der Nutzerfreundlichkeit auf Seiten der Steuerpflichtigen und die Minimierung des Verwaltungsaufwands auf Seiten der Finanzverwaltung.[178] Dieser wird vor allem dadurch reduziert, dass die Sachbearbeiter nicht mehr zur Datenerfassung eingesetzt werden müssen, sondern sich unmittelbar der Prüfung zuwenden können. Damit einhergehend ist eine deutliche Beschleunigung der Bearbeitung, die letztendlich wiederum den Steuerpflichtigen zugutekommt.

Seit dem Jahr 2000 ist die elektronische Übermittlung der Einkommensteuererklärung möglich. Das Angebot wurde seitdem schrittweise unter anderem auch auf die elektronische Übermittlung der Umsatzsteuer- und Gewerbesteuererklärungen ausgeweitet. Mittlerweile besteht beispielsweise die Verpflichtung zur elektronischen Übermittlung der Lohnsteuer-Anmeldung, der Umsatzsteuer-Voranmeldung sowie der Einkommensteuererklärung, soweit der Steuerpflichtige auch Einkünfte aus Land- und Forstwirtschaft, Gewerbebetrieb oder selbstständiger Arbeit bezieht.[179] Die Anzahl der elektronisch übermittelten Erklärungen steigt stetig an.[180] Während im Jahr 2011 bundesweit lediglich 9,5 Millionen Einkommensteuererklärungen[181] elektronisch übermittelt wurden, waren es im Jahr 2017 bereits 22 Millionen Einkommensteuererklärungen.[182]

177 *Krebs*, DB Beilage 04/2016, 13 (16); BT-Drs. 16/10940, S. 1.

178 BMF, Glossar – ELSTER, https://www.bundesfinanzministerium.de/Content/DE/Glossareintraege/E/Elster.html?view=renderHelp (geprüft am 04.01.2019).

179 BMF, Glossar – ELSTER, https://www.bundesfinanzministerium.de/Content/DE/Glossareintraege/E/Elster.html?view=renderHelp (geprüft am 04.01.2019).

180 An dieser Stelle wird keine vollständige Aufzählung angestrebt.

181 LfSt Bayern, ELSTER – Presse, https://www.elster.de/eportal/infoseite/presse (geprüft am 04.01.2019); dies entsprach einer Quote von 32 %, OECD, personal income tax returns: Use of electronic filing and pre-filling, http://www.oecd.org/site/ctpfta/taxadministrationdatabase.htm (geprüft am 04.01.2019).

182 LfSt Bayern, ELSTER – Presse, https://www.elster.de/eportal/infoseite/presse (geprüft am 04.01.2019).

75 % der Einkommensteuererklärungen werden damit bereits elektronisch eingereicht. Im unternehmerischen Bereich liegt der Anteil der elektronischen Steuererklärungen sogar bei 97 %.[183] Damit hat die deutsche Steuerverwaltung das Ziel, papierbasierte Verfahrensabläufe zu vermeiden, im unternehmerischen Bereich weitgehend erreicht. Bei den übrigen Steuererklärungen stieg die Anzahl der elektronischen Übermittlungen von 7,6 Millionen im Jahr 2011 auf 12 Millionen im Jahr 2017.[184] Im Zeitraum von 2008 bis 2017 lag die Zahl der elektronisch übermittelten Umsatzsteuer-Voranmeldungen zwischen 36,3 Millionen (2014) und 44 Millionen (2016).[185]

Die Quote der elektronisch übermittelten Einkommensteuererklärungen ist nicht nur im Vergleich zum unternehmerischen Bereich, sondern auch im internationalen Vergleich gesehen steigerungsfähig. Eine Untersuchung der OECD, welche die elektronische Übermittlung von Steuererklärungen zum Gegenstand hatte, ergab, dass bereits im Jahr 2011 in 10 der untersuchten OECD-Staaten sowie in vier der untersuchten nicht der OECD zugehörigen Staaten über 90 % der Einkommensteuererklärungen elektronisch übermittelt wurden.[186] In drei Ländern betrug die Quote sogar 100 %.[187] Für die Körperschaftssteuer ergab die Untersuchung, dass 14 der OECD-Staaten und drei der nicht der OECD-zugehörigen Staaten eine Quote von über 90 % erreichten.[188] In sieben der untersuchten Länder betrug die Quote 100 %.[189] Ausgehend von einer Quote von 32 % im Jahr 2009 hat sich die Anzahl der elektronisch übermittelten Einkommensteuererklärungen in Deutschland prozentual stark gesteigert. Dennoch liegt Deutschland mit einer Quote von 75 % auch im

183 LfSt Bayern, ELSTER – Blog, Zahlen & Fakten, https://blog.elster.de/wordpress/daten-und-fakten/ (geprüft am 04.01.2019).

184 LfSt Bayern, ELSTER – Presse, https://www.elster.de/eportal/infoseite/presse (geprüft am 04.01.2019).

185 LfSt Bayern, ELSTER – Presse, https://www.elster.de/eportal/infoseite/presse (geprüft am 04.01.2019).

186 S. zur tabellarischen Übersicht Anhang II.4 OECD, personal income tax returns: Use of electronic filing and pre-filling; OECD-Staaten, in denen über 90 % der Einkommensteuererklärungen elektronisch übermittelt wurden: Australien, Chile, Dänemark, Estland, Island, Israel, Italien, Mexiko, Niederlande und Türkei; Nicht-OECD-Mitglieder, in denen über 90 % der Einkommensteuererklärungen elektronisch übermittelt wurden: Argentinien, Brasilien, Singapur und Süd-Afrika.

187 Italien, Argentinien und Brasilien.

188 S. zur tabellarischen Übersicht Anhang II.5OECD, corporate income tax returns: Use of electronic filing and pre-filling; OECD-Staaten, in denen über 90 % der Körperschaftssteuererklärungen elektronisch übermittelt wurden: Australien, Österreich, Chile, Estland, Ungarn, Irland, Italien, Korea, Mexiko, Niederlande, Portugal, Slowenien, Spanien und Türkei; Nicht-OECD-Mitglieder, in denen über 90 % der Körperschaftssteuererklärungen elektronisch übermittelt wurden: Argentinien, Brasilien und Malta.

189 Italien, Mexiko, Niederlande, Portugal, Slowenien, Argentinien und Brasilien.

Jahr 2017 im internationalen Vergleich relativ weit zurück. In Kanada wurden für das Jahr 2017 beispielsweise 86 % der Steuererklärungen elektronisch ausgefüllt.[190] In den USA waren es sogar 92 %.[191]

Zum Ausbau der elektronischen Kommunikation mit den Steuerpflichtigen trägt auch die sog. vorausgefüllte Steuererklärung bei. Dabei handelt es sich um einen Service der Finanzverwaltung, die auf diese Weise den Steuerpflichtigen die Erstellung der Steuererklärung vereinfachen will. Daten, die bereits bei der Steuerverwaltung gespeichert sind wie beispielsweise die übermittelten Lohnsteuerbescheinigungen oder die Beiträge zu Kranken- und Pflegeversicherungen, werden dem Steuerpflichtigen kostenlos über das ELSTER-Portal zur Verfügung gestellt.[192] Auf diese Weise wird zugleich die elektronische Übermittlung der Steuererklärung gefördert.

b) E-Bilanz

Im Zuge des Gesetzes zur Modernisierung und Entbürokratisierung des Steuerverfahrens (Steuerbürokratieabbaugesetz)[193] hat der Gesetzgeber die Verpflichtung zur elektronischen Übermittlung des Inhalts der Bilanz sowie der Gewinn- und Verlustrechnung nach amtlich vorgeschriebenem Datensatz eingeführt (§ 5b EStG). Dadurch wird die bisherige Abgabe in Papierform vollständig durch eine elektronische Übermittlung ersetzt. Der amtlich vorgeschriebene Datensatz im Sinne des § 5b EstG wird als Taxonomie bezeichnet.[194] Sie wird vom Bundesministerium der Finanzen veröffentlicht und ist verbindlich anzuwenden.[195] Die Taxonomie legt die verschiedenen Bilanzpositionen fest. Neben einem Modul für Stammdaten wird eine Kerntaxonomie herausgegeben, die Bilanzpositionen für alle Rechtsformen enthält. Daneben veröffentlicht das Bundesministerium der Finanzen spezielle Taxonomien für bestimmte Branchen (Spezial- oder Ergänzungstaxonomien).

---

190 Government of Canada, Individual income tax return statistics for the 2018 tax-filing season, https://www.canada.ca/en/revenue-agency/corporate/about-canada-revenue-agency-cra/individual-income-tax-return-statistics-2017-tax-filing-season.html (geprüft am 04.01.2019).

191 IRS, U.S. taxpayers efiled more than 126 million returns in 2018, https://www.efile.com/efile-tax-return-direct-deposit-statistics/ (geprüft am 04.01.2019).

192 BMF, Die vorausgefüllte Steuererkärung, https://www.bundesfinanzministerium.de/Content/DE/Monatsberichte/2014/04/Inhalte/Kapitel-3-Analysen/3-3-elster-vorausgefuellte-steuererklaerung.html (geprüft am 04.01.2019); zum Projekt der vorausgefüllten Steuererklärung s. auch *Rätke* in: Klein, AO, 14. Aufl. 2018, § 85 Rn. 24.

193 Steuerbürokratieabbaugesetz v. 20.12.2008, BGBl. I 2008, 2850.

194 BMF, Schreiben v. 28.09.2011 – IV C 6 – S 2133-b/11/10009, BStBl. I 2011, 855, Rn. 9.

195 Vgl. BMF, Schreiben v. 05.06.2012 – IV C 6 – S 2133-b/11/10016, S. 1; die Taxonomien stehen unter www.esteuer.de zum Abruf bereit.

Individuelle Erweiterungen der Taxonomien durch die Steuerpflichtigen dürfen nicht vorgenommen werden.[196] Die Verwendung der Taxonomien zur Übermittlung des Jahresabschlusses trägt nicht nur zu einer Vereinheitlichung der übermittelten Daten bei, sondern führt zu einer wesentlich größeren Detailliertheit der übermittelten Daten.

Ziel der elektronischen Übermittlung ist es, Fehlübertragungen zwischen der Papierform und den elektronisch erfassten Daten zu vermeiden. Die elektronische Erfassung aller Daten soll sodann eine automatisierte, risikoorientierte Prüfung des Jahresabschlusses ermöglichen.[197] Vor Einführung der E-Bilanz war eine Einbeziehung der Gewinneinkünfte in ein finanzbehördliches Risikomanagement aufgrund der uneinheitlichen Struktur der übermittelten Daten nicht möglich. Die Verwendung der Taxonomie mit der Folge der Vereinheitlichung der Datengrundlage sollte den Grundstein für ein finanzbehördliches Risikomanagement im Bereich der Gewinneinkünfte legen.[198]

2. Automatisiertes Besteuerungsverfahren

Über die Entwicklung der Möglichkeiten zur elektronischen Zusammenarbeit zwischen Steuerpflichtigen und Finanzverwaltung hinaus gibt es seit geraumer Zeit Bemühungen von Finanzverwaltung und Gesetzgeber, Steuererklärungen maschinell zu bearbeiten und Steuerbescheide automatisiert zu erlassen.

a) Verwaltungsabkommen KONSENS

Da nur eine bundesweit kompatible Software einen zügigen und leichten Datenaustausch der Finanzbehörden untereinander ermöglicht, kann das Ziel eines zunehmend automatisierten Besteuerungsverfahrens nur durch eine modernisierte und vereinheitliche IT der Steuerverwaltungen erreicht werden.[199] Um die Abläufe in den Steuerverwaltungen der Länder aufeinander abzustimmen, gab es bereits verschiedene Gemeinschaftsprojekte zwischen Bund und Ländern. Bereits 1989 diente das Projekt FISCUS (Föderales Integriertes Standardisiertes Computerunterstütztes Steuersystem) dem Ziel, EDV-Anwendungen bundesweit zu vereinheitlichen. Auf diese Weise sollten Mehrfachprogrammierungen vermieden und insgesamt eine höhere Effizienz der Bearbeitung erreicht werden. Das Projekt FISCUS brachte nicht die gewünschten Ergebnisse und ist deshalb im Jahr 2005 endgültig aufgegeben worden.[200] Als Nachfolgeprojekt verständigten sich die Finanzminister

---

196 BMF, Schreiben v. 28.09.2011 – IV C 6 – S 2133-b/11/10009, BStBl. I 2011, 855, Rn. 10; für Einzelheiten zur technischen Ausgestaltung s. Anlage des o.g. BMF-Schreibens zu Rn. 11.

197 *Hülshoff*, DB Beilage 04/2016, 2 (3); *Kowallik/Bongaerts*, DB Beilage 04/2016, 8 (8).

198 Kowallik IWB 2014, 406 (407 f.).; *Ley* in: DFGT 2011/2012, 231 (232).

199 BWV, Probleme beim Vollzug der Steuergesetze, 2006, S. 83.

200 BWV, Probleme beim Vollzug der Steuergesetze, 2006, S. 84.

aller Länder auf die Entwicklung und den Einsatz einer einheitlichen, bundesweit kompatiblen Software für das Besteuerungsverfahren. Grundlage für die seit 2005 bestehende Zusammenarbeit bildet das Verwaltungsabkommen KONSENS (Koordinierte neue Software-Entwicklung der Steuerverwaltung).[201] Das Verwaltungsabkommen KONSENS soll einen entscheidenden Beitrag zur Vereinfachung des Steuerverfahrens leisten. Durch eine umfassende Modernisierung des IT-Einsatzes soll nicht nur die Qualität des Steuervollzugs verbessert werden, sondern auch ein bundesweiter Datenaustausch sowie eine bundesweite Datenauswertung ermöglicht werden.[202]

Im Rahmen dieses Projektes wurden automatisierte Risikomanagementsysteme entwickelt und bereits im Steuervollzug – vor allem im Bereich der Arbeitnehmerveranlagung – eingesetzt.[203] Schritt für Schritt wurde der Einsatz von Risikomanagementsystemen ausgeweitet. Im Rahmen des Projektes KONSENS wurde auch der Einsatz von Risikomanagementsystemen für Gewinneinkünfte erprobt.[204]

---

201 § 29 KONSENS-Gesetz: (1) Mit Inkrafttreten des KONSENS-Gesetzes zum 01.01.2019 sind die in den Anwendungsbereich des Gesetzes fallenden Vereinbarungen im Abkommen zur Regelung der Zusammenarbeit im Vorhaben KONSENS, mit Ausnahme der an den erstellten Arbeitsergebnissen eingeräumten Nutzungsrechte, nicht mehr anzuwenden.
(2) Die bis zum 31.12.2018 auf der Grundlage des Abkommens zur Regelung der Zusammenarbeit im Vorhaben KONSENS getroffenen Festlegungen zur Beschaffung, arbeitsteiligen Entwicklung und Pflege sowie zum Einsatz einheitlicher IT-Verfahren und einheitlicher Software für das Besteuerungsverfahren haben Bestand, wenn die nach diesem Gesetz eingerichteten Gremien keine abweichende Entscheidung treffen.

202 BMF, Vorhaben KONSENS, http://www.bundesfinanzministerium.de/Content/DE/Monatsberichte/2011/06/Artikel/analysen-und-berichte/b02-Vorhaben-KONSENS/Vorhaben-KONSENS.html (geprüft am 04.01.2019); LfSt Rlp, Steuerverwaltung im Wandel der Zeit, S. 22, https://www.lfst-rlp.de/fileadmin/user_upload/Landesamt/broschuere_60_jahre.pdf (geprüft am 04.01.2019).

203 BMF, Vorhaben KONSENS, http://www.bundesfinanzministerium.de/Content/DE/Monatsberichte/2011/06/Artikel/analysen-und-berichte/b02-Vorhaben-KONSENS/Vorhaben-KONSENS.html (geprüft am 04.01.2019); nach der Antwort des Parlamentarischen Staatssekretärs Hartmut Koschyk v. 06.09.2011 setzten im Jahr 2011 sämtliche Länder Risikomanagementsysteme ein, BT-Drs. 17/6954, S. 36; im Bereich der Arbeitnehmerveranlagung wird in allen Fällen ein maschinelles Risikomanagement zur Prüfung von Steuererklärungen verwendet, BT-Drs. 18/3300, S. 334, Rn. 74; zum Risikomanagement im Bereich der Umsatzsteuer, vgl. *Schmidt* in: Widmann (Hrsg.), Steuervollzug im Rechtsstaat, 2008, 37 (49 f.).

204 Dabei wurden vier Risikoklassen entwickelt. Diese umfassen die Risikoklassen 1–3 sowie die Risikoklasse BP. Die Zuordnung zu den Risikoklassen 1–3 entscheidet über die Intensität der Bearbeitung. Die Zuordnung zur Risikoklasse BP erfolgt für Fälle, die auf dem Prüfungsgeschäftsplan der Betriebsprüfung stehen, vgl. LRH NRW, Jahresbericht 2011, S. 211 f., B 23.2, http://www.lrh.nrw.de/LRHNRW_documents/Jahresbericht/LRH_NRW_Jahresbericht_2011_Band_1.pdf (geprüft am 04.01.2019);

Allerdings hat erst die Einführung der E-Bilanz mit ihrer Standardisierung von Bilanz und Gewinn- und Verlustrechnung die notwendige Voraussetzung für die Einbeziehung von Gewinneinkünften in ein maschinelles Risikomanagement geschaffen.[205]

b) *Gesetz zur Modernisierung und Entbürokratisierung des Steuerverfahrens (2008)*

Im Jahr 2008 wurde das Gesetz zur Modernisierung und Entbürokratisierung des Steuerverfahrens (Steuerbürokratieabbaugesetz)[206] verabschiedet, das den Grundstein für ein weitgehend automatisiertes Besteuerungsverfahren legen sollte. Im Rahmen dessen wurde in § 88 Abs. 3 AO a.F.[207] eine Ermächtigungsgrundlage zum Einsatz automatischer Einrichtungen (sog. Risikomanagementsysteme) geschaffen, wodurch eine personelle Prüfung von Steuerfestsetzungen weitgehend durch eine elektronische Prüfung ersetzt werden sollte.[208]

Von der Ermächtigungsgrundlage des § 88 Abs. 3 AO a.F. wurde letztlich nie Gebrauch gemacht. In den Jahren 2011 und 2012 wurde allerdings über den Entwurf der Steuer-Ermittlungs-Verordnung (StErmVO)[209] ausgiebig diskutiert. Der Entwurf der Steuer-Ermittlungs-Verordnung, der den Einsatz automationsgestützter Risikomanagementsysteme vorsah, wurde dabei insbesondere von dem Bund deutscher Finanzrichterinnen und Finanzrichter, dem Deutschen Steuerberaterverband und der Bundessteuerberaterkammer stark kritisiert. Die Kritik stützte sich maßgeblich darauf, dass der Entwurf der Verordnung mit der Ermächtigungsgrundlage nicht im Einklang steht.[210] Infolgedessen wurde der Entwurf zur Steuer-Ermittlungs-Verordnung nie in die Praxis umgesetzt.

Münch, DStR 2013, 212 (214); *Riedlinger* in: DWS (Hrsg.), Risikomanagement in der Finanzverwaltung, 2009, 17 (19).

205 *Kowallik* IWB 2014, 406 (407 f.); *Ley* in: DFGT 2011/2012, 231 (232); Münch DStR 2013, 212 (214).

206 Steuerbürokratieabbaugesetz v. 20.12.2008, BGBl. I 2008, 2850.

207 § 88 Abs. 3 AO a.F.: Zur Sicherstellung einer gleichmäßigen und gesetzmäßigen Festsetzung und Erhebung der Steuern kann das Bundesministerium der Finanzen durch Rechtsverordnung mit Zustimmung des Bundesrates Anforderungen an Art und Umfang der Ermittlungen bei Einsatz automatischer Einrichtungen bestimmen. Einer Zustimmung des Bundesrates bedarf es nicht, soweit die Kraftfahrzeugsteuer, die Luftverkehrsteuer, die Versicherungsteuer oder Verbrauchsteuern, mit Ausnahme der Biersteuer, betroffen sind.

208 BT-Drs. 16/10940, S. 9 f.

209 BMF, RefE zur StErmV v. 05.08.2011.

210 Vgl. BDFR, Stellungnahme v. 01.09.2011, S. 1 ff., http://www.bdfr.de/index.php/stellungnahmen.html (geprüft am 04.01.2019); BStbK, Stellungnahme v. 02.09.2011, S. 2, https://www.bstbk.de/de/presse/stellungnahmen/archiv/20110902_2_stellungnahme_bstbk/index.html (geprüft am 04.01.2019).

c) *Gesetz zur Modernisierung des Besteuerungsverfahrens (2016)*

Als weitere Entwicklungsstufe auf dem Weg zum automatisierten Besteuerungsverfahren ist das Gesetz zur Modernisierung des Besteuerungsverfahrens (StModG)[211] zu sehen. Nach einem Diskussionsentwurf vom Oktober 2014, in welchem das Bundesministerium für Finanzen Motivation und Handlungsfelder für die Modernisierung des Besteuerungsverfahrens erläuterte und konkrete Vorschläge zur Optimierung der Einkommensteuerveranlagung unterbreitete,[212] legte das Bundesministerium der Finanzen im August 2015 einen Referentenentwurf[213] vor und gab den Berufsverbänden sowie den Spitzenverbänden der Wirtschaft Gelegenheit zur Stellungnahme.[214] Nachdem der Regierungsentwurf[215] im

211 StModG v. 18.07.2016, BGBl. I 2016 Nr. 35, 1679.

212 BMF, Diskussionsentwurf v. 30.10.2014, nicht veröffentlicht;

213 BMF, RefE StModG v. 26.08.2015, nicht veröffentlicht.

214 S. u.a. DRB/BDFR, gemeinsame Stellungnahme (Nr. 20/15), https://www.bundesfinanz-ministerium.de/Content/DE/Gesetzestexte/Gesetze_Gesetzesvorhaben/Abteilungen/Abteilung_IV/18_Legislaturperiode/Gesetze_Verordnungen/201607-22-Steuermodernisierungsgesetz/Stellungnahme-14-Deutscher-Richterbund.pdf;jsessionid=1DB7782D827C7604589E3A41C6880B22?__blob=publicationFile&v=2 (geprüft am 04.01.2019); BDL, Stellungnahme v. 23.09.2015, https://www.bundesfinanzministerium.de/Content/DE/Gesetzestexte/Gesetze_Gesetzesvorhaben/Abteilungen/Abteilung_IV/18_Legislaturperiode/Gesetze_Verordnungen/2016-07-22-Steuermodernisierungs-gesetz/Stellungnahme-09-BDL.pdf;jsessionid=1DB7782D827C7604589E3A41C6880B22?__blob=publicationFile&v=1 (geprüft am 04.01.2019); BdSt, Stellungnahme v. 23.09.2015, https://www.bundesfinanzministerium.de/Content/DE/Gesetzestexte/Gesetze_Gesetzesvorhaben/Abteilungen/Abteilung_IV/18_Legislaturperiode/Gesetze_Verordnungen/2016-07-22-Steuermodernisierungs-gesetz/Stellungnahme-05-Bund-der-Steuerzahler.pdf;jsessionid=1DB7782D827C7604589E3A41C6880B22?__blob=publicationFile&v=1 (geprüft am 04.01.2019); DStG, Stellungnahme v. 23.09.2015, https://www.bundesfinanzministerium.de/Content/DE/Gesetzestexte/Gesetze_Gesetzesvorhaben/Abteilungen/Abteilung_IV/18_Legislaturperiode/Gesetze_Verordnungen/2016-07-22-Steuermodernisierungsgesetz/Stellungnahme-17-DSTG.pdf;jsessionid=1DB7782D827C7604589E3A41C6880B22?__blob=publicationFile&v=1 (geprüft am 04.01.2019); Spitzenverbände der Deutschen Wirtschaft, Stellungnahme v. 23.09.2015, https://www.bundesfinanzministerium.de/Content/DE/Gesetzestexte/Gesetze_Gesetzesvorhaben/Abteilungen/Abteilung_IV/18_Legislaturperiode/Gesetze_Verordnungen/2016-07-22-Steuermodernisierungs-gesetz/Stellungnahme-02-8-Spitzenverbaende-der-Deutschen-wirtschaft.pdf;jsessionid=1DB7782D827C7604589E3A41C6880B22?__blob=publicationFile&v=1 (geprüft am 04.01.2019); ver.di, Stellungnahme v. 25.09.2015, https://www.bundesfinanzministerium.de/Content/DE/Gesetzestexte/Gesetze_Gesetzesvorhaben/Abteilungen/Abteilung_IV/18_Legislaturperiode/Gesetze_Verordnungen/2016-07-22-Steuermodernisierungsgesetz/Stellungnahme-22-verdi.pdf;jsessionid=1DB7782D827C7604589E3A41C6880B22?__blob=publicationFile&v=2 (geprüft am 04.01.2019).

215 Regierungsentwurf v. 09.12.2015, nicht veröffentlicht.

Dezember 2015 vom Bundeskabinett beschlossen wurde, wurde der Gesetzesentwurf dem Bundesrat zugeleitet. Dieser gab im Januar 2016 seine Stellungnahme ab.[216] Am 03.02.2016 wurde der Gesetzesentwurf dem Bundestag zur Beratung übermittelt.[217] Nachdem der Bundestag in erster Lesung über den Gesetzesentwurf beraten und ihn in die Ausschüsse verwiesen hatte,[218] fand am 13.04.2016 eine öffentliche Anhörung vor dem Finanzausschuss statt.[219] Im Rahmen der öffentlichen Anhörung nahmen Berufsverbände sowie Spitzenverbände der Wirtschaft als Sachverständige Stellung zum Gesetzesvorhaben.[220] Nachdem der Deutsche Bundestag in 2. und 3. Lesung über den Gesetzesentwurf beraten hatte, hat er den

216 BR-Drs. 631/15; BR-Drs. 631/1/15; BR-Drs. 631/15 Beschluss.

217 BT-Drs. 18/7457.

218 BT-Plenarprotokoll 18/159, S. 15714A – 15721B, http://dipbt.bundestag.de/dip21/btp/18/18159.pdf#P.15714 (geprüft am: 04.01.2019).

219 Deutscher Bundestag, Wortprotokoll der 75. Sitzung v. 13.04.2016, Protokoll-Nr. 18/75, https://www.bundestag.de/blob/420432/ab47e114b4a42afa9d5850b599522ebb/protokoll-data.pdf (geprüft am 04.01.2019); Beschlussempfehlung des Finanzausschuss des Deutschen Bundestags, BT-Drs. 18/8434; s. zum Bericht über die Anhörung https://www.bundestag.de/dokumente/textarchiv/2016/kw15-pa-finanzen/416372 (geprüft am 04.01.2019).

220 S. u.a. Chaos Computer Club, Sachverständigenauskunft v. 13.04.2016, https://linus-neumann.de/wp-content/uploads/2016/04/Stellungnahme_Finanzausschuss_CCC.pdf (geprüft am 04.01.2019); DStG, Stellungnahme v. 08.04.2016, http://www.dstg.de/pdfs/steuerpolitik/stellungnahmen/160408_modernisierung-BeStVerf.pdf (geprüft am 04.01.2019); DFGT, Stellungnahme v. 08.04.2016, https://www.bundestag.de/blob/418156/f6400d96e0eb5edad3f8f57435fdc3f2/01-j---brandt-data.pdf (geprüft am 04.01.2019); BStbK, Stellungnahme v. 05.04.2016, https://www.bstbk.de/de/presse/stellungnahmen/archiv/20160405_stellungnahme_bstbk/index.html (geprüft am 04.01.2019); BDL/DStV/NVL, gemeinsame Stellungnahme v. 04.04.2016, https://www.bundestag.de/blob/417356/c6c74456a33126e552f386c01fcb8e85/bdl---dstv---nvl-data.pdf (geprüft am 04.01.2019); BDL, Stellungnahme v. 24.03.2016, https://www.bundestag.de/blob/416506/55f12f19443a9237afc729a59bdbf80c/05---bdl-data.pdf (geprüft am 04.01.2019); NVL, Stellungnahme v. 16.03.2016, https://www.bundestag.de/blob/416258/d7962845977289f55ce89736d9560473/11-nvl-data.pdf (geprüft am 04.01.2019); DStV, Stellungnahme (S 03/16) v. 14.03.2016, https://www.dstv.de/download/2016-s03-an-diverse-mdbs-modernisierung-besteuerungsverfahren (geprüft am 04.01.2019); BdSt, Stellungnahme v. 10.03.2016, https://www.steuerzahler-bayern.de/files/548/BdSt-Stellungnahme_zum_Gesetzentwurf_eines_Gesetzes_zur_Modernisierung_des_Besteuerungsverfahrens.pdf (geprüft am 04.01.2019); BRH, Stellungnahme v. 13.04.2016, https://www.bundestag.de/blob/417948/ac5bd35a803fa7eca790e9eaf8d1df6c/04-brh-data.pdf (geprüft am 04.01.2019); BfdI, Stellungnahme v. 31.03.2016, https://www.bundestag.de/blob/416894/c9b02f5176add2b6f349888ac7e45bd7/09-die-bundesbeauftragte-fuer-den-datenschutz-und-die-informationsfreiheit-data.pdf (geprüft am 04.01.2019).

Entwurf in der Fassung des Ausschusses am 12.05.2016 angenommen.[221] Der Bundesrat hat dem Gesetz zugestimmt.[222] Das Gesetz zur Modernisierung des Besteuerungsverfahrens wurde im Juli 2016 im Bundesgesetzblatt veröffentlicht und ist zum 01.01.2017 in Kraft getreten.[223]

Das Gesetz zur Modernisierung des Besteuerungsverfahrens schafft die rechtlichen Rahmenbedingungen und die gesetzliche Grundlage zur Etablierung eines automationsgestützten Steuervollzugs. Dabei ist eine verstärkte automatisierte Prüfung bis hin zu einem vollautomatisiert erlassenen Steuerbescheid das Ziel.[224] Kernpunkt dieser Reform des Besteuerungsverfahrens ist die Änderung des § 88 AO. Gem. § 88 Abs. 2 AO bestimmt die Finanzbehörde Art und Umfang der Ermittlungen nach den Umständen des Einzelfalls sowie nach den Grundsätzen der Gleichmäßigkeit, Gesetzmäßigkeit und Verhältnismäßigkeit; an das Vorbringen und an die Beweisanträge der Beteiligten ist sie nicht gebunden. Bei der Entscheidung über Art und Umfang der Ermittlungen können allgemeine Erfahrungen der Finanzbehörden sowie Wirtschaftlichkeit und Zweckmäßigkeit berücksichtigt werden.

Zur Gewährleistung eines zeitnahen und gleichmäßigen Vollzugs der Steuergesetze können die obersten Finanzbehörden gem. § 88 Abs. 3 AO für bestimmte oder bestimmbare Fallgruppen Weisungen über Art und Umfang der Ermittlungen und der Verarbeitung von erhobenen oder erhaltenen Daten erteilen, soweit gesetzlich nicht etwas anderes bestimmt ist. Bei diesen Weisungen können allgemeine Erfahrungen der Finanzbehörden sowie Wirtschaftlichkeit und Zweckmäßigkeit berücksichtigt werden. Die Weisungen dürfen nicht veröffentlicht werden, soweit dies die Gleichmäßigkeit und Gesetzmäßigkeit der Besteuerung gefährden könnte. Auf dem Gebiet der von den Landesfinanzbehörden im Auftrag des Bundes verwalteten Steuern legen die obersten Finanzbehörden der Länder die Weisungen nach Satz 1 zur Gewährleistung eines bundeseinheitlichen Vollzugs der Steuergesetze im Einvernehmen mit dem Bundesministerium der Finanzen fest.

Zur Beurteilung der Notwendigkeit weiterer Ermittlungen und Prüfungen für eine gleichmäßige und gesetzmäßige Festsetzung von Steuern und Steuervergütungen sowie Anrechnung von Steuerabzugsbeträgen und Vorauszahlungen können die Finanzbehörden nunmehr gem. § 88 Abs. 5 AO automationsgestützte Systeme (sog. Risikomanagementsysteme) einsetzen. Dabei soll auch der Grundsatz der

---

221 BT-Plenarprotokoll 18/170 – S. 16773 C – 16783 D, http://dip21.bundestag.de/dip21/btp/18/18170.pdf (geprüft am: 04.01.2019).

222 BR-Drs. 255/16; BR-Drs. 255/16 Beschluss.

223 StModG v. 18.07.2016, BGBl. I 2016 Nr. 35, 1679.

224 BT-Drs. 18/7457, S. 48, 52, 67; BMF, Fragen und Antworten zum StModG, http://www.bundesfinanzministerium.de/Content/DE/FAQ/2015-12-09-Mod-Besteuerungsverfahren.html (geprüft am 04.01.2019); *Fischer*, jurisPR-SteuerR 40/2016, Anm. 1.

Wirtschaftlichkeit der Verwaltung berücksichtigt werden. Das Risikomanagementsystem muss mindestens folgende Anforderungen erfüllen:

1. die Gewährleistung, dass durch Zufallsauswahl eine hinreichende Anzahl von Fällen zur umfassenden Prüfung durch Amtsträger ausgewählt wird,
2. die Prüfung der als prüfungsbedürftig ausgesteuerten Sachverhalte durch Amtsträger,
3. die Gewährleistung, dass Amtsträger Fälle für eine umfassende Prüfung auswählen können,
4. die regelmäßige Überprüfung der Risikomanagementsysteme auf ihre Zielerfüllung.

Gem. § 88 Abs. 5 S. 4 AO dürfen Einzelheiten der Risikomanagementsysteme nicht veröffentlicht werden, soweit dies die Gleichmäßigkeit und Gesetzmäßigkeit der Besteuerung gefährden könnte. Auf dem Gebiet der von den Landesfinanzbehörden im Auftrag des Bundes verwalteten Steuern legen die obersten Finanzbehörden der Länder die Einzelheiten der Risikomanagementsysteme zur Gewährleistung eines bundeseinheitlichen Vollzugs der Steuergesetze im Einvernehmen mit dem Bundesministerium der Finanzen fest. Mit dem Gesetz zur Modernisierung des Besteuerungsverfahrens sollen Risikomanagementsysteme in allen Verfahrensabschnitten des Besteuerungsverfahrens genutzt werden. Insgesamt soll das Besteuerungsverfahren durch die flächendeckende elektronische Kontrolle mittels Risikomanagementsystemen beschleunigt werden. Zudem sollen die Arbeitsabläufe innerhalb der Finanzverwaltung durch eine stärkere IT-Unterstützung effizient und zukunftsfähig ausgestaltet werden.[225] Auf diese Weise sollen Vollzugsdefizite, die aufgrund der Verfahrensmassen entstehen, gänzlich vermieden bzw. zumindest reduziert werden.[226]

d) Gesetz zur Änderung des Grundgesetzes (2017)

Mit dem Gesetz zur Änderung des Grundgesetzes[227] wurde Art. 108 Abs. 4 GG um Satz 3 ergänzt. Danach kann das Bundesgesetz nach Satz 1 im Bereich der Informationstechnik für ein Zusammenwirken von Bund und Ländern bestimmen, dass bei Zustimmung einer im Gesetz genannten Mehrheit Regelungen für den Vollzug von Steuergesetzen für alle Länder verbindlich werden. Die Neuregelung soll gerade im Bereich der Informationstechnik, insbesondere bei der Entwicklung und beim

225 BMF, Fragen und Antworten zum StModG, http://www.bundesfinanzministerium.de/Content/DE/FAQ/2015-12-09-Mod-Besteuerungsverfahren.html (geprüft am 04.01.2019); BMF, Schneller, einfacher und effizienter zum Steuerbescheid, http://www.bundesfinanzministerium.de/Content/DE/Pressemitteilungen/Finanzpolitik/2015/12/2015-12-09-PM.html (geprüft am 04.01.2019).

226 BT-Drs. 18/7457, S. 46.

227 Gesetz zur Änderung des Grundgesetzes, BGBl. 2017 I Nr. 47, 2347.

Einsatz von automatischen Einrichtungen in der Steuerverwaltung, ein flexibleres Zusammenwirken von Bund und Ländern ermöglichen.[228]

Bisher war es dem Bund aufgrund von Art. 108 Abs. 4 S. 1 GG bereits möglich durch Bundesgesetz Mehrheitsentscheidungen zu treffen. Die Ergänzung um Satz 3 weitet die Ermächtigung des Bundes weiter aus und macht Mehrheitsentscheidungen in weiterem Umfang möglich. Sofern der Vollzug der Steuergesetze dadurch erheblich verbessert oder erleichtert wird, kann der Bund danach bereits mit einer kleinen Anzahl an Ländern eine verbindliche Entscheidung zugunsten und zulasten aller Länder treffen.[229] Einzelne Länder können daher durch eine solche Mehrheitsentscheidung überstimmt werden.[230] Die Position des Bundes innerhalb der Steuerverwaltung wird dadurch gestärkt.[231]

Zudem wurde im Rahmen des Gesetzes zur Änderung des Grundgesetzes Art. 108 Abs. 4 a GG neu eingefügt. Danach können durch Bundesgesetz, das der Zustimmung des Bundesrates bedarf, bei der Verwaltung von Steuern, die unter Abs. 2 fallen, ein Zusammenwirken von Landesfinanzbehörden und eine länderübergreifende Übertragung von Zuständigkeiten auf Landesfinanzbehörden eines oder mehrerer Länder im Einvernehmen mit den betroffenen Ländern vorgesehen werden, wenn und soweit dadurch der Vollzug der Steuergesetze erheblich verbessert oder erleichtert wird. Die Kostentragung kann durch Bundesgesetz geregelt werden.

Art. 108 Abs. 4 a GG schafft eine ausdrücklich verfassungsrechtliche Grundlage zur Regelung des Zusammenwirkens von Landesfinanzbehörden und zur Übertragung von Zuständigkeiten zwischen Landesfinanzbehörden verschiedener Länder.[232] Diese Regelung ist im Hinblick auf die Modernisierung des

---

228 BT-Drs. 18/11131, S. 13, 19; *Kube* in: BeckOK GG, Online-Ausgabe (Stand: August 2018), Art. 108 Rn. 4; *Kemmler* in: Schmidt-Bleibtreu/Hofmann/Henneke, GG, 14. Aufl. 2018, Art. 108 Rn. 23a; *Kienemund* in: Hömig/Wolff, GG, 12. Aufl. 2018, Art. 108 Rn. 11; *Siekmann* in: Sachs, GG, 8. Aufl. 2018, Art. 108 Rn. 50 ff..

229 BT-Drs. 18/11131, S. 13, 18 f.; *Kube* in: BeckOK GG, Online-Ausgabe (Stand: August 2018), Art. 108 Rn. 4; *Schenke* in: Sodan, GG, 4. Aufl. 2018, Art. 108 Rn. 13; *Pieroth* in: Jarass/Pieroth, GG, 15. Aufl. 2018, Art. 108 Rn. 10; *Heun/Thiele* in: Dreier, GG, Bd. III, 3. Aufl. 2018, Art. 108 Rn. 26; *Kienemund* in: Hömig/Wolff, GG, 12. Aufl. 2018, Art. 108 Rn. 11.

230 *Kemmler* in: Schmidt-Bleibtreu/Hofmann/Henneke, GG, 14. Aufl. 2017, Art. 108 Rn. 23a.

231 *Kemmler* in: Schmidt-Bleibtreu/Hofmann/Henneke, GG, 14. Aufl. 2017, Art. 108 Rn. 3, 23a; kritisch zur Dominanz des Bundes innerhalb der Steuerverwaltung, *Kemmler* in: Schmidt-Bleibtreu/Hofmann/Henneke, GG, 14. Aufl. 2017, Art. 108 Rn. 23; *Kirchhof, F.* in: v. Mangoldt/Klein/Starck, GG, Bd. III, 7. Aufl. 2018, Art. 108 Rn. 67.

232 BT-Drs. 18/11131, S. 13, 19; *Kube* in: BeckOK GG, Online-Ausgabe (Stand: Ausgabe 2018), Art. 108 Rn. 9; *Schenke* in: Sodan, GG, 4. Aufl. 2018, Art. 108 Rn. 14; *Kienemund* in: Hömig/Wolff, GG, 12. Aufl. 2018, Art. 108 Rn. 11; *Siekmann* in: Sachs, GG, 8. Aufl. 2018, Art. 108 Rn. 55.

Besteuerungsverfahrens erforderlich. Durch eine verstärkte, länderübergreifende Zusammenarbeit soll eine effiziente Aufgabenwahrnehmung und Ressourcennutzung ermöglicht werden.[233]

e) *Gesetz zur Neuregelung des bundesstaatlichen Finanzausgleichssystems ab dem Jahr 2020*

Im Zusammenhang mit dem Gesetz zur Änderung des Grundgesetzes steht das Gesetz zur Neuregelung des bundesstaatlichen Finanzausgleichssystems ab dem Jahr 2020.[234] Es enthält die einfachgesetzlichen Regelungen, die infolge der Grundgesetzänderung notwendig geworden sind.[235] In Bezug auf die Steuerverwaltung ist insbesondere die Änderung des Finanzverwaltungsgesetzes hervorzuheben. Gem. § 20 Abs. 2 FVG wirken die obersten Finanzbehörden des Bundes und der Länder zur Verbesserung oder Erleichterung des gleichmäßigen Vollzugs der Steuergesetze zusammen. Art, Umfang und Organisation des Einsatzes der automatischen Einrichtung für die Festsetzung und Erhebung der Steuern bedürfen des Einvernehmens des Bundesministeriums für Finanzen. Wird kein Einvernehmen erzielt steht dem Bund insoweit gem. § 20 Abs. 2 S. 3 FVG ein Weisungsrecht[236] zu, wenn nicht mindestens elf Länder widersprechen.[237]

Ergänzend zur Änderung des Finanzverwaltungsgesetzes wurde das Gesetz über die Koordinierung der Entwicklung und des Einsatzes neuer Software der Steuerverwaltung (KONSENS-Gesetz)[238] beschlossen. Das KONSENS-Gesetz bestimmt, auf welche Art und Weise das Zusammenwirken zwischen Bund und Ländern beim einheitlichen Einsatz von IT-Verfahren und Software sowie ihrer einheitlichen Entwicklung erfolgt.[239] Es löst das Verwaltungsabkommen KONSENS

---

233 BT-Drs. 18/11131, S. 13; kritisch dazu *Kemmler* in: Schmidt-Bleibtreu/Hofmann/Henneke, GG, 14. Aufl. 2018, Art. 108 Rn. 27a.

234 Gesetz zur Neuregelung des bundesstaatlichen Finanzausgleichssystems ab dem Jahr 2020 und zur Änderung haushalterischer Vorschriften v. 14.08.2017, BGBl. 2017 I Nr. 57, 3122.

235 BMF, Gesetz zur Neuregelung des bundesstaatlichen Finanzausgleichssystems ab dem Jahr 2020 und zur Änderung haushaltsrechtlicher Vorschriften, https://www.bundesfinanzministerium.de/Content/DE/Gesetzestexte/Gesetze_Verordnungen/2017-08-17-G-z-Neuregelung-d-bundesstaatlichen-Finanzausgleichssystems-ab-d-Jahr-2020-u-z-Aenderung-haushaltsrechtlicher-Vorschriften.html (geprüft am: 04.01.2019).

236 In BT-Drs. 18/12589, S. 132 wird von einem „IT-fachlichen Weisungsrecht des Bundes" gesprochen.

237 S. dazu Kap. C.II.2.d) Bundeseinheitliche Einstellung der Risikomanagementsysteme

238 KONSENS-Gesetz v. 14.08.2017, BGBl. 2017 I Nr. 57, S. 3122, 3129.

239 § 1 KONSENS-Gesetz: (1) Zur erheblichen Verbesserung oder Erleichterung des gleichmäßigen Vollzugs der von den Ländern im Auftrag des Bundes verwalteten Steuern wirken Bund und Länder beim einheitlichen Einsatz von IT-Verfahren und

insoweit ab, als dort Regelungen zur Bundesauftragsverwaltung getroffen werden.[240]

II. Der Einsatz von Risikomanagementsystemen in der Finanzverwaltung

1. Strategie und Ziele

§ 88 Abs. 5 AO sieht vor, dass die Finanzbehörden zur Beurteilung der Notwendigkeit weiterer Ermittlungen und Prüfungen für eine gleichmäßige und gesetzmäßige Festsetzung von Steuern und Steuervergütungen sowie Anrechnung von Steuerabzugsbeträgen und Vorauszahlungen automationsgestützte Systeme einsetzen können (Risikomanagementsysteme). Die Gesetzesmaterialien beschreiben Risikomanagement als die „systematische Erfassung und Bewertung von Risikopotentialen sowie die Steuerung von Reaktionen in Abhängigkeit von den festgestellten Risikopotentialen".[241] Der Einsatz eines solchen Risikomanagementsystems soll über eine bloße automationsgestützte Plausibilitätsprüfung, wie sie derzeit bei der Festsetzung der Kraftfahrzeugsteuer eingesetzt wird, hinausgehen.[242] Aufgabe der Risikomanagementsysteme soll es sein, systematisch Risiken und Fehler in Steuererklärungen anhand von Risikoparametern zu identifizieren.[243]

Der Einsatz von Risikomanagementsystemen zielt auf die ausschließlich automationsgestützte Fallbearbeitung und einen vollautomatisiert erlassenen Steuerbescheid ab.[244] Mithilfe eines Risikomanagementsystems soll die personelle Fallbearbeitung durch eine risikoorientierte Steuerung der Bearbeitung optimiert werden. Risikoorientiert bedeutet, dass der Fokus der Bearbeitung auf die tatsächlich prüfungsbedürftigen Fälle gerichtet wird.[245] Durch eine auf Risikopotentiale konzentrierte Prüfung soll eine Balance zwischen wirtschaftlichem Verwaltungshandeln einerseits und der Verwirklichung einer gesetzmäßigen und gleichmäßigen Besteuerung andererseits hergestellt sowie die Effektivität des

---

Software sowie ihrer einheitlichen Entwicklung zusammen. Der Gegenstand sowie die Art und Weise des Zusammenwirkens werden durch dieses Gesetz geregelt.

(2) Das Zusammenwirken nach Absatz 1 umfasst die Planung, Beschaffung und Entwicklung sowie den Einsatz, die Pflege und die Wartung der einheitlichen IT-Verfahren und der einheitlichen Software.

240 BT-Drs. 18/12589, S. 132.

241 BT-Drs. 18/7457, S. 69.

242 BT-Drs. 18/7457, S. 70.

243 Vgl. BT-Drs. 18/7457, S. 69.

244 BT-Drs. 18/7457, S. 52; *Buchwald/Bernhardt/Welsch*, FR 2015, 1010 (1011 f.); DStV, Stellungnahme (S 13/15) v. 24.09.2015, S. 9, https://www.dstv.de/download/2015-s-13-refentwurf-modernisierung-besteuerungsverfahren (geprüft am 04.01.2019).

245 BT-Drs. 18/7457, S. 69.

Besteuerungsverfahrens gesteigert und das Gesamtniveau der Besteuerung verbessert werden.[246] Auf diese Art und Weise wird nach Vorstellung des Gesetzgebers mit knappen Personalressourcen bestmöglich Steuergerechtigkeit realisiert werden.[247] Eine Standardisierung der Arbeitsabläufe und eine umfassende IT-Unterstützung sollen darüber hinaus zu einer nachhaltigen Verbesserung der Bearbeitungsqualität beitragen. Zudem sollen Risikomanagementsysteme eine präventive Wirkung entfalten, indem sie Steuerverkürzungen verhindern. Offenkundig ist, dass kein noch so sorgfältig konzipiertes Risikomanagement in der Lage ist, jedes abstrakte Risiko zu verhindern. Erklärtes Ziel ist vielmehr die gezielte Aufdeckung von Betrugsfällen bzw. die Erhöhung der Aufklärungschancen.[248]

Nach Ansicht des Gesetzgebers ist der Einsatz von Risikomanagementsystemen nicht allein auf die Veranlagung zur Einkommensteuer begrenzt, sondern soll flächendeckend im Besteuerungsverfahren erfolgen. Neben der Veranlagung zur Einkommensteuer können Risikomanagementsysteme bei der Außenprüfung zur Auswahl der zu prüfenden Steuerpflichtigen sowie bei der Auswertung von Kontrollmaterial eingesetzt werden.[249]

2. Funktionsweise

Bei den im Steuervollzug eingesetzten Risikomanagementsystemen handelt es sich lediglich um ein Instrument, das eine Risikobewertung vornimmt. Das Risikomanagement trifft selbst keine bzw. zumindest keine von der Steuererklärung des Steuerpflichtigen abweichende Entscheidung in der Sache. Es besitzt demnach selbst keinen Eingriffscharakter.

---

246 BT-Drs. 18/7457, S. 70; BT-Drs. 17/77, S. 177, Rn. 40.2; *Nagel/Waza*, DStZ 2008, 321 (324).

247 BT-Drs. 18/7457, S. 70.

248 BT-Drs. 18/7457, S. 69.

249 BT-Drs. 18/7457, S. 70; *Roser* in: Gosch, AO/FGO, Losebl. (Stand: Juni 2018), § 88 AO Rn. 60; *Baum* in: eKomm AO, Online-Ausgabe (Stand: April 2018), § 88 Rn. 63; *Rätke* in: Klein, AO, 14. Aufl. 2018, § 88 Rn. 95; *Volquardsen* in: Schwarz et al., Erstkomm. StModG, 2017, § 88 AO Rn. 25; *Niewerth* in: Lippross/Seibel, Basiskommentar Steuerrecht, Losebl. (August 2017), § 88 AO Rn. 12; *Marx*, Ubg 2016, 358 (361); *Trossen*, FR 2015, 1021 (1022); Bei der Auswertung von Kontrollmaterial kann ein Risikomanagement insbesondere aufgrund der Zunahme des zu prüfenden Datenmaterials angesichts internationaler Abkommen wie beispielsweise dem FATCA-Abkommen (FATCA-USA-Umsetzungsverordnung v. 23.07.2014, BGBl. 2014 I Nr. 35, 1222), sowie Regelungen zum automatischen Informationsaustausch in Steuersachen auf europäischer Ebene (RL 2014/107/EU v. 09.12.2014, Abl. 2014 L 359, 1; Gesetz zum automatischen Austausch von Informationen über Finanzkonten in Steuersachen und zur Änderung weiterer Gesetze v. 21.12.2015, BGBl. 2015 I Nr. 55, 2531) und nach OECD-Standards (Common Reporting Standard; Gesetz zu der Mehrseitigen Vereinbarung v. 27.01.2016 zwischen den zuständigen Behörden über den Austausch länderbezogener Berichte, BGBl. 2016 II Nr. 29, 1178) wertvolle Hilfe leisten.

Die Risikobewertung differenziert nach risikoarmen und risikorelevanten Sachverhalten. Technisch kann eine solche Differenzierung grundsätzlich über zwei Arten von Modellen umgesetzt werden. Zum einen ist eine „In-or-Out-Prüfung" möglich, die Sachverhalte dahingehend prüft, ob sie zuvor festgelegte Datenparameter unter- bzw. überschreiten. Zum anderen ist ein selbstlernendes Modell denkbar, das alle zur Verfügung stehenden Daten nutzt und eigenständig im Hinblick auf ihre Zusammenhänge und Wechselwirkungen bewertet.[250] Diese hohe Komplexität des selbstlernenden Modells führt dazu, dass die Risikoparameter sehr gut geschützt sind, da die Entscheidungsfindung in ihrer Gesamtheit von Menschen nicht mehr nachvollzogen werden kann.[251] Das System schützt sich quasi selbst vor Offenlegung und Umgehung der Risikoparameter.[252] Zugleich bedeutet dies aber auch, dass die Entscheidungsfindung im Ergebnis nicht kontrolliert werden kann.[253]

Die Gesetzesmaterialien umschreiben lediglich vage, wie das Risikomanagement im Kern funktionieren soll.[254] Die vorhandenen Informationen sprechen dafür, dass die Risikoprüfung anhand der weniger komplexen „In-or-Out-Prüfung" umgesetzt wird.[255]

a) Bestimmung des Risikos anhand von Risikoparametern

Die Risikomanagementsysteme werden auf computergestützten Risikoparametern basieren. Anhand dieser zuvor festgelegten Risikoparameter, die das Erfahrungswissen der Finanzverwaltung widerspiegeln, soll die Überprüfung der Steuerfälle erfolgen.[256] Im Rahmen einer abstrakten Risikoprüfung werden alle eingehenden Erklärungen anhand von Risikoparametern analysiert und so auf steuerliche

250 Chaos Computer Club, Sachverständigenauskunft v. 13.04.2016, S. 6, https://linus-neumann.de/wp-content/uploads/2016/04/Stellungnahme_Finanzausschuss_CCC.pdf (geprüft am 04.01.2019); *Maier*, JZ 2017, 614(615).

251 Chaos Computer Club, Sachverständigenauskunft v. 13.04.2016, S. 6, https://linus-neumann.de/wp-content/uploads/2016/04/Stellungnahme_Finanzausschuss_CCC.pdf (geprüft am 04.01.2019); *Maier*, JZ 2017, 614(615).

252 *Müller-Franken*, StuW 2018, 113(119).

253 Vgl. Chaos Computer Club, Sachverständigenauskunft v. 13.04.2016, S. 6 f., https://linus-neumann.de/wp-content/uploads/2016/04/Stellungnahme_Finanzausschuss_CCC.pdf (geprüft am 04.01.2019); *Maier*, JZ 2017, 614 (617); *Müller-Franken*, StuW 2018, 113(120).

254 Die intransparente Gestaltung des automatisierten Besteuerungsverfahrens ist ein großer Kritikpunkt, vgl. dazu u.a. *Marx*, Ubg 2016, 358 (358); BStbK, Stellungnahme v. 05.04.2016, S. 8, https://www.bstbk.de/de/presse/stellungnahmen/archiv/20160405_stellungnahme_bstbk/index.html (geprüft am 04.01.2019); DAV, Stellungnahme (SN 04/15) v. 31.01.2015, S. 9 f., https://anwaltverein.de/de/newsroom/sn-04-15 (geprüft am 04.01.2019).

255 Vgl. mit ausführlicher Erläuterung, *Maier*, JZ 2017, 614 (615 f.).

256 BT-Drs. 18/7457, S. 48.

Risiken, Fehlangaben wie Rechen- oder Schreibfehler oder sonstige unplausible Angaben geprüft.[257] Die Risikoparameter nehmen sodann eine Klassifizierung der Steuerfälle vor, wobei risikoarme und risikorelevante Fälle unterschieden werden. Die Klassifizierung entscheidet über die weitere Bearbeitung der Fälle.[258]

Die Einstufung, ob ein risikoarmer oder ein risikorelevanter Fall vorliegt, stellt somit die Kernfrage des Prozesses dar. Eine großzügige Einstellung der Risikoparameter führt zu einer enormen Entlastung des Personals der Finanzbehörde, birgt aber auch das Risiko rechtswidriger Steuerfestsetzungen.[259] Die Einstellung der Risikoparameter ist daher essentiell bei der Einrichtung und Nutzung eines Risikomanagementsystems.

Aufgrund ihrer technischen Ausgestaltung können die Risikoparameter lediglich Informationen verarbeiten, die als Kennzahlen in der Steuererklärung enthalten sind. Kann keine bzw. keine eindeutige Auswertung per Kennzahl erfolgen, scheitert eine maschinelle Auswertung.[260] Schwierigkeiten bei der Auswertung ergeben sich insbesondere, wenn die steuerlichen Auswirkungen mehrerer Sachverhalte aggregiert in einem Betrag angegeben werden, wie dies regelmäßig – beispielsweise bei der Angabe der weiteren Werbungskosten – der Fall ist.[261] Um eine umfassende Schlüssigkeitsprüfung mittels Risikoparametern zu erreichen, müssten diese so ausgestaltet sein, dass sie Informationen miteinander verknüpfen und daraus Rückschlüsse ziehen.[262] Relevant wird dies insbesondere bei Sachverhalten, für die eine Kontrollmitteilung ergeht. Gleicht das Risikomanagement die Angaben in der Steuerklärung nicht mit den Daten der Kontrollmitteilung ab, kann keine fundierte Aussage zur Vollständigkeit und Richtigkeit der Angaben getroffen werden.

---

257 Vgl. BT-Drs. 18/3300, S. 335, Rn. 74.1; *Kowallik*, IWB 2014, 406 (409); *Münch*, DStR 2013, 212 (213); *Drüen* in: DFGT 2011/2012, 253 (256); *Schmidt/Schmitt* in: Mellinghoff/Schön/Viskorf (Hrsg.), FS Spindler, 2011, S. 529 (541 f.); *Drüen* in: Schön/Beck (Hrsg.), Zukunftsfragen des deutschen Steuerrechts, 2009, 1 (12); *Schmidt* in: Widmann (Hrsg.), Steuervollzug im Rechtsstaat, 2008, 37 (47 ff.); *Seer* in: StbJb 2004/2005, 53 (65); *Seer*, StuW 2003, 40 (46).

258 Vgl. *Marx*, Ubg 2016, 358 (361); BT-Drs. 18/3300, S. 335, Rn. 74.1; *Münch*, DStR 2013, 212 (213 f.); *Schmidt* in: Widmann (Hrsg.), Steuervollzug im Rechtsstaat, 2008, 37 (48 f.).

259 Vgl. DFGT, Stellungnahme v. 08.04.2016, S. 9, https://www.bundestag.de/blob/418156/f6400d96e0eb5edad3f8f57435fdc3f2/01-j---brandt-data.pdf (geprüft am 04.01.2019).

260 Vgl. *Thiemann*, StuW 2018, 304 (306); BT-Drs. 17/77, S. 177, Rn. 40.1.2; *Nagel/Waza*, DStZ 2008, 321 (324).

261 BT-Drs. 17/77, S. 177, Rn. 40.1.2; *Haunhorst*, DStR 2010, 2105 (2108).

262 Der Bundesrechnungshof bemängelte dies bspw. bei der Frage, ob Mehraufwendungen für Einsatzwechseltätigkeit oder Fahrtätigkeit steuerlich zu berücksichtigen waren. Das Risikomanagement glich die Angaben nicht mit dem ausgeübten Beruf der Steuerpflichtigen ab, BT-Drs. 17/77, S. 177, Rn. 40.1.2.

b) *Steuerfälle ohne relevantes Risiko*

Ergibt die vorgenommene Risikoprüfung, dass die Steuererklärung kein relevantes Risiko enthält, wird der Steuerfall vollautomatisiert bearbeitet. Dies bedeutet, dass die Angaben des Steuerpflichtigen ohne weitere Prüfung vom zuständigen Finanzamt übernommen werden und die Steuer den Angaben des Steuerpflichtigen entsprechend festgesetzt wird. Der Steuerbescheid wird automatisiert erstellt, sodass in den risikoarmen Fällen eine vollautomatisierte Steuerfestsetzung erfolgt.[263]

Eine personelle Prüfung der risikoarmen Steuerfälle findet lediglich für diejenigen Erklärungen statt, die mittels zufallsgesteuerter Stichproben ausgesteuert werden.[264]

c) *Steuerfälle mit relevantem Risiko*

Ergibt die Risikoprüfung, dass der Steuerfall unter Risikogesichtspunkten als relevant einzustufen ist, wird der Steuerfall ausgesteuert und einer manuellen Einzelfallprüfung durch einen Finanzbeamten unterzogen (§ 88 Abs. 5 S. 3 Nr. 2 AO). Das Gesetz sieht vor, dass ein Steuerfall bei der Veranlagung zur Einkommensteuer dann einer personellen Bearbeitung unterzogen wird, wenn dazu ein Anlass besteht. Gem. § 155 Abs. 4 S. 3 AO liegt ein Anlass zur Bearbeitung durch einen Amtsträger vor, soweit der Steuerpflichtige in einem dafür vorgesehenen Abschnitt oder Datenfeld der Steuererklärung Angaben im Sinne des § 150 Abs. 7 AO gemacht hat. Danach ist es dem Steuerpflichtigen zu ermöglichen, Angaben, die nach seiner Auffassung Anlass für eine Bearbeitung durch Amtsträger sind, in einem dafür vorgesehenen Abschnitt oder Datenfeld der Steuererklärung zu machen, wenn Steuererklärungen, die nach amtlich vorgeschriebenem Vordruck abgegeben oder nach amtlich vorgeschriebenem Datensatz durch Datenfernübertragung übermittelt werden, nach § 155 Abs. 4 S. 1 AO zu einer ausschließlich automationsgestützten Steuerfestsetzung führen können. In einem solchen Freitextfeld kann der Steuerpflichtige beispielsweise vermerken, dass er in seiner Erklärung von der Verwaltungsauffassung abweicht oder dass er einen Antrag auf eine Ermessens- oder Billigkeitsentscheidung stellt, der sich auf die Steuerfestsetzung auswirkt.[265] Da bei einer Eintragung in einem solchen Freitextfeld zwingend eine personelle Bearbeitung des Steuerfalls vorgenommen werden muss, hat der einzelne Steuerpflichtige über Eintragungen in einem solchen Freitextfeld die Möglichkeit, die Aussteuerung seines Steuerfalls zu bewirken und auf diese Weise eine personelle Prüfung herbeizuführen.[266] Die Verpflichtung zur Aussteuerung eines Falles bewirkt damit

---

263 Vgl. BT-Drs. 18/3300, S. 335, Rn. 74.1; *Schmidt* in: Widmann (Hrsg.), Steuervollzug im Rechtsstaat, 2008, 37 (48).

264 § 88 Abs. 5 S. 3 Nr 1 AO; zu Sinn und Zweck der Zufallsauswahl s. Kap. G.I.1 Gewährleistung einer Zufallsauswahl.

265 *Frotscher* in: Schwarz et al., Erstkomm. StModG, 2017, § 155 AO Rn. 12.

266 *Frotscher* in: Schwarz et al., Erstkomm. StModG, 2017, § 155 AO Rn. 12 f., Frotscher sieht den Begriff „Anlass zur Aussteuerung" als Ermessensbegriff und geht bei

nicht nur, dass eine automatisierte Prüfung vermieden wird, sondern räumt dem Steuerpflichtigen zugleich rechtliches Gehör ein.[267]

Besteht ein Anlass zur Überprüfung, gibt das Programm dazu einen maschinellen Hinweis auf den prüfungsbedürftigen Sachverhalt aus. Anhand dessen nimmt der zuständige Sachbearbeiter eine Überprüfung vor.[268] Der Umfang der Überprüfung richtet sich dabei nach den konkreten Umständen des Einzelfalls.[269] Der maschinelle Hinweis auf potentielle Risikobereiche der Steuererklärung soll den Bearbeiter dabei unterstützen, die in der Erklärung enthaltenen Risiken schneller zu identifizieren und so eine fokussierte Bearbeitung der Risikobereiche ermöglichen.[270]

d) Bundeseinheitliche Einstellung der Risikomanagementsysteme

Der Gesetzgeber hat zur Herstellung eines bundeseinheitlichen Vollzugs der Steuergesetze entsprechende Regelungen getroffen. In § 20 Abs. 1 FVG wird grundsätzlich die Zuständigkeit der obersten Finanzbehörden der Länder für die Bestimmung von Art, Umfang und Organisation des Einsatzes der automatischen Einrichtungen für die Festsetzung und Erhebung von Steuern, die von den Landesfinanzbehörden verwaltet werden, festgelegt. Ergänzend dazu bestimmt die Vorschrift, dass zur Gewährleistung gleicher Programmergebnisse und eines ausgewogenen Leistungsstandes Einvernehmen mit dem Bundesministerium der Finanzen herbeizuführen ist. Dadurch soll unabhängig davon, wem das Steueraufkommen zusteht, ein einheitlicher Vollzug der Steuergesetze gewährleistet werden.

Eine spezielle Regelung zur Festlegung der Einzelheiten der Risikomanagementsysteme hält § 88 Abs. 5 S. 5 AO für den Vollzug der Steuern im Rahmen der Bundesauftragsverwaltung bereit. Danach legen die obersten Finanzbehörden der Länder auf dem Gebiet der von den Landesfinanzbehörden im Auftrag des Bundes verwalteten Steuern die Einzelheiten der Risikomanagementsysteme im Einvernehmen mit dem Bundesministerium der Finanzen fest. Einvernehmen bedeutet die völlige Willensübereinstimmung. Bei Meinungsverschiedenheiten läuft dies letztlich auf einen Zustimmungsvorbehalt des Bundesministeriums für Finanzen hinaus.[271] Ergänzend und bekräftigend dazu stellt § 20 Abs. 2 FVG fest, dass die obersten Finanzbehörden des Bundes und der Länder zur Verbesserung oder Erleichterung des gleichmäßigen Vollzugs der Steuergesetze zusammenwirken, wenn Steuern von den Landesfinanzbehörden im Auftrag des Bundes verwaltet

---

Eintragungen in ein Freitextfeld von einer Ermessensreduktion auf Null aus; *Seer* in: Tipke/Kruse, AO/FGO, Losebl. (Stand: April 2017), § 155 AO Rn. 56.

267 *Frotscher* in: Schwarz et al., Erstkomm. StModG, 2017, § 155 AO Rn. 12; *Seer* in: Tipke/Kruse, AO/FGO, Losebl. (Stand: April 2017), § 155 AO Rn. 56.

268 *Münch*, DStR 2013, 212 (213); *Nagel/Waza*, DStZ 2008, 321 (324).

269 BT-Drs. 18/7457, S. 70.

270 Vgl. *Nagel/Waza*, DStZ 2008, 321 (324).

271 *Seer* in: Tipke/Kruse, AO/FGO, Losebl. (Stand: Januar 2017), § 88 AO Rn. 54.

werden. Art, Umfang und Organisation des Einsatzes der automatischen Einrichtung für die Festsetzung und Erhebung der Steuern bedürfen des Einvernehmens des Bundesministeriums der Finanzen. Wird kein Einvernehmen erzielt, kann das Bundesministerium der Finanzen gem. § 20 Abs. 2 S. 4 FVG Vorgaben zu Art, Umfang und Organisation des Einsatzes der automatischen Einrichtung für die Festsetzung und Erhebung von Steuern erlassen, wenn nicht mindestens elf Länder widersprechen. Erlässt das Bundesministerium der Finanzen entsprechende Vorgaben, sind die Länder verpflichtet, die für die Umsetzung erforderlichen Voraussetzungen zu schaffen.

Für die Verwaltung von Steuern, die ausschließlich dem Bund oder dem Land zustehen, hält weder das FVG noch die AO eine entsprechende Regelung zur einheitlichen Festlegung der Einzelheiten der Risikomanagementsysteme bereit. Eine solche ist auch nicht notwendig, um eine einheitliche Einstellung der Risikoparameter herbeizuführen. Bei Steuern, deren Aufkommen alleine dem Bund zusteht, legt das Bundesministerium der Finanzen die Einzelheiten der Risikomanagementsysteme selbstständig und ohne Abstimmung mit den Ländern durch Verwaltungsanweisungen fest. Die Weisungsbefugnis des Bundesministeriums für Finanzen gegenüber den nachgeordneten Bundesbehörden ergibt sich aus Art. 108 Abs. 1 GG i.V.m. § 3 Abs. 1 FVG. Gem. § 88 Abs. 3 S. 1 AO können die obersten Finanzbehörden zur Gewährleistung eines zeitnahen und gleichmäßigen Vollzugs der Steuergesetze für bestimmte oder bestimmbare Fallgruppen Weisungen über Art und Umfang der Ermittlungen und der Verarbeitung von erhobenen oder erhaltenen Daten erteilen, soweit gesetzlich nicht etwas anderes bestimmt ist. Der Regelung kommt insoweit lediglich deklaratorischer Charakter zu, da sich die Weisungsbefugnis bereits aus der Verfassung ergibt.[272]

Für Steuern, deren Aufkommen allein den Ländern zusteht, gilt grundsätzlich Entsprechendes. Die obersten Finanzbehörden der Länder können die Einzelheiten der Risikomanagementsysteme selbstständig und ohne Abstimmung mit dem Bundesministerium der Finanzen oder anderen Ländern durch Verwaltungsanweisungen festlegen. Die Weisungsbefugnis der obersten Finanzbehörden der Länder ergibt sich aus Art. 108 Abs. 2 GG i.V.m. § 3 Abs. 2 FVG. § 88 Abs. 3 S. 1 AO wirkt insoweit ebenfalls lediglich deklaratorisch.[273]

Einer Kooperation bei der Erstellung der Risikoparameter im Sinne einer Zusammenarbeit von Bund und Ländern bzw. einer länderübergreifenden Zusammenarbeit kommt eine entscheidende Bedeutung zu. Sie bewirkt vor allem eine gezielte Aufgabenverteilung. Dies führt im Ergebnis nicht nur zu einem effizienten Ressourceneinsatz, sondern auch zu einer effizienten Wahrnehmung von Aufgaben. Spezialisiertes Personal, das sowohl die technische als auch die rechtliche Komponente beherrscht, kann zentralisiert an einer Stelle die Einstellungen der Risikoparameter vornehmen.

---

272 *Seer* in: Tipke/Kruse, AO/FGO, Losebl. (Stand: Januar 2017), § 88 AO Rn. 53.
273 *Seer* in: Tipke/Kruse, AO/FGO, Losebl. (Stand: Januar 2017), § 88 AO Rn. 53.

3. Risikodefinition

Um die Risikoparameter für die Prüfung einzustellen, ist zunächst festzulegen, was als Risiko definiert wird. Die Abgabenordnung lässt dies offen. § 88 Abs. 5 S. 4 AO sieht vor, dass die Einzelheiten der Risikomanagementsysteme nicht veröffentlicht werden dürfen, soweit dies die Gleichmäßigkeit und Gesetzmäßigkeit der Besteuerung gefährden könnte.[274] Dadurch soll in erster Linie vermieden werden, dass die Steuerpflichtigen ihr Erklärungsverhalten am Risikomanagement ausrichten, um hieraus Vorteile zu erlangen. Das Risikomanagementsystem soll für die Steuerpflichtigen nicht vorhersehbar sein.[275] Eine Definition des Risikobegriffs ist jedoch unerlässlich, um ein Risikomanagementsystem zu etablieren, das möglichst alle bestehenden Risiken zuverlässig erfasst. Denn nur definierte Risiken können vom System identifiziert und als risikorelevant ausgesteuert werden.

Letztendlich soll das Risikomanagement im Besteuerungsverfahren dazu dienen, die prüfungsbedürftigen Fälle aus der Masse der eingereichten Steuererklärungen herauszufiltern. Dafür muss der Risikobegriff am Kontrollbedürfnis ausgerichtet sein.[276] Risiko ist jedes normabweichende Verhalten der Steuerpflichtigen, das sich in einer rechtswidrigen Steuerfestsetzung manifestiert.[277] Dabei können objektive und subjektive Risiken unterschieden werden.[278]

---

274 Zur Reichweite des Geheimhaltungsvorbehaltes s. Kap. G.IV.2.b) Rechtfertigung und Reichweite.

275 *Thiemann*, StuW 2018, 304 (305); *Baum* in: eKomm AO, Online-Ausgabe (Stand: April 2018), § 88 Rn. 67; BT-Drs. 18/7457, S. 70; *Niewerth* in: Lippross/Seibel, Basiskommentar Steuerrecht, Losebl. (August 2017), § 88 AO Rn. 16; *Buchwald/Bernhardt/Welsch*, FR 2015, 1010 (1012); *Trossen*, FR 2015, 1021 (1023); *Baum*, NWB 2015, 2850 (2852); Maier bezweifelt, „ob eine In-or-Out-Prüfung genügend Flexibilität aufweist, um die vollautomatisierte Risikoprüfung unberechenbar zu machen“, *Maier*, JZ 2017, 614 (617).

276 *Seer* in: Tipke/Lang/Seer (Hrsg.), Steuerrecht, 2018, § 21 Rn. 7; *Seer* in: Tipke/Kruse, AO/FGO, Losebl. (Stand: Januar 2017), § 88 AO Rn. 67; *Tipke*, StRO III, 2. Aufl. 2012, S. 1479; *Schmidt/Schmitt* in: Mellinghoff/Schön/Viskorf (Hrsg.), FS Spindler, 2011, 529 (535); *Haunhorst*, DStR 2010, 2105 (2109); *Seer* in: Widmann (Hrsg.), Steuervollzug im Rechtsstaat, 2008, 7 (19); *Nagel/Waza*, DStZ 2008, 321 (323).

277 *Thiemann*, StuW 2018, 304 (305 f.); *Seer* in: Tipke/Lang/Seer (Hrsg.), Steuerrecht, 2018, § 21 Rn. 7; *Baum*, NWB 2015, 2850 (2850); *Tipke*, StRO III, 2. Aufl. 2012, S. 1479; DStV, Stellungnahme (S 14/11) v. 01.09.2011, S. 1, https://www.dstv.de/download/s-14-11 (geprüft am 04.01.2019); *Drüen* in: Schön/Beck (Hrsg.), Zukunftsfragen des deutschen Steuerrechts, 2009, 1 (13); *Seer*, DStR 2008, 1553 (1554); *Huber/Seer*, StuW 2007, 355 (356); Risse spricht insoweit von einem „institutionellen Risiko“, *Risse*, Ubg 2012, 169 (171); ebenso *Marx*, Ubg 2016, 358 (362).

278 Vgl. *Schmidt/Schmitt* in: Mellinghoff/Schön/Viskorf (Hrsg.), FS Spindler, 2011, 529 (535); *Nagel/Waza*, DStZ 2008, 321 (326); *Seer* in: Widmann (Hrsg.), Steuervollzug im Rechtsstaat, 2008, 7 (29); *Schmidt* in: Widmann (Hrsg.), Steuervollzug im Rechtsstaat, 2008, 37 (43 ff.); *Seer*, DStR 2008, 1553 (1555); *Huber/Seer*, StuW 2007, 355 (360); *Seer* in: DFGT 2007, 99 (108).

a) Objektive Risikofaktoren

Als objektives Risiko wird die Wahrscheinlichkeit bezeichnet, dass ein steuerlich relevanter Umstand nicht oder nicht vollständig in der Erklärung enthalten ist.[279] Ein solches Risiko besteht insbesondere dann, wenn ein steuerlich relevanter Sachverhalt zum ersten Mal auftritt oder wegfällt. Auch Sachverhalte, mit denen ein großer Gestaltungsspielraum verbunden ist, werden als besonders risikoträchtig angesehen. Werden bestimmte, zuvor festgelegte Wertgrenzen bei quantitativen Größen wie dem Umsatz oder dem Gewinn überschritten, kann dies ein Indiz für eine höhere Fehleranfälligkeit der Erklärung sein. Dasselbe gilt für Abweichungen, die sich in einem Vergleich zur Erklärung des Vorjahres ergeben, sowie für Abweichungen, die sich beim Abgleich mit von Dritten übermittelten Daten herausstellen.[280] Im Bereich der Überschusseinkünfte können insbesondere die von den Arbeitgebern übermittelten Lohnsteuerbescheinigungen zum Abgleich genutzt werden. Darüber hinaus sind im Grunde alle Informationen, die über einen verkennzifferten Inhalt hinausgehen, von der Finanzverwaltung als Risiko zu werten, weil die Daten dann nicht mehr maschinell verarbeitet werden können.[281]

Dem Steuerfall immanente Risiken können sich zudem aus Sachverhalten mit einer vergleichsweise hohen Missbrauchs- und Fehleranfälligkeit ergeben. Zu denken ist dabei vor allem an Auslandssachverhalte, Geschäftsbeziehungen zu nahestehenden Personen und hohe Erhaltungsaufwendungen bei Einkünften aus Vermietung und Verpachtung.[282] Im unternehmerischen Bereich könnten bisherige Prüfungsschwerpunkte der Betriebsprüfungen als Anhaltspunkte für risikorelevante Sachverhalte dienen.[283]

---

279 *Seer* in: Widmann (Hrsg.), Steuervollzug im Rechtsstaat, 2008, 7 (29); *Seer*, DStR 2008, 1553 (1555); *Seer* in: DFGT 2007, 99 (108); *Seer*, StuW 2003, 40 (49).

280 *Deckers/Fiethen*, FR 2015, 913 (914); *Kowallik*, IWB 2014, 406 (410); *Münch*, DStR 2013, 212 (213); *Haunhorst*, DStR 2010, 2105 (2108); BT-Drs. 17/77, S. 177, Rn. 40.1.2; *Riedlinger* in DWS (Hrsg.), Risikomanagement in der Finanzverwaltung, 2009, 17 (18).

281 Vgl. BT-Drs. 18/7457, S. 49, wonach ein Anlass zur Überprüfung durch einen Amtsträger besteht, „wenn der Steuerpflichtige in einem so genannten qualifizierten Freitextfeld der Steuererklärung (vgl. § 150 Abs. 7 AO) weitergehende Angaben macht und Zweifelsfragen oder Prüfbitten äußert oder er zur Vermeidung des Vorwurfs einer Steuerverkürzung darauf hinweist, dass er seiner Steuererklärung bewusst eine Rechtsauffassung zugrunde gelegt hat, die von der ihm bekannten Rechtsauffassung der Finanzverwaltung abweicht"; BT-Drs. 17/8429, S. 3, Rn. 0.5; Haunhorst, DStR 2010, 2105 (2108); BT-Drs. 17/77, S. 177, Rn. 40.1.2.

282 *Henselmann/Haller*, DStR 2018, 1033 (1035 ff.); *Schmidt/Schmitt* in: Mellinghoff/Schön/Viskorf (Hrsg.), FS Spindler, 2011, 529 (542 f.).

283 Vgl. *Henselmann/Haller*, DStR 2018, 1033.

b) Subjektive Risikofaktoren

Über das in den objektiven Risikokriterien abgebildete fiskalische Ausfallrisiko hinaus enthält jeder Fall auch ein individuelles Risiko. Dieses bemisst sich nach dem konkreten Steuerwiderstand und damit anhand persönlicher Risikokriterien.[284] Persönliche Umstände, wie das Alter oder das Geschlecht, aber auch verhaltensorientierte Umstände könnten subjektive Risikofaktoren darstellen. In der Literatur wird insbesondere die steuerliche Integrität des einzelnen Steuerpflichtigen gestützt auf sein bisheriges Verhalten gegenüber der Finanzverwaltung als subjektiver Risikofaktor verstanden.[285] Bei der Berücksichtigung des bisherigen Verhaltens des Steuerpflichtigen gegenüber der Finanzverwaltung könnten solche Faktoren, wie die pünktliche Abgabe der Steuerklärung, die Zahlungsmoral des Steuerpflichtigen oder die notorische Einlegung von Einsprüchen gegen Steuerbescheide, in die subjektiven Risikofaktoren einfließen. Dasselbe gilt für den Umstand, dass häufig von der Erklärung abweichende Steuerfestsetzungen erfolgen.[286]

Während die Berücksichtigung objektiver Risiken als zwingend für das System anzusehen ist, ist aufgrund der spärlichen Informationslage unsicher, ob die Risikorelevanz eines Steuerfalls auch anhand subjektiver Kriterien bestimmt wird.[287]

---

284 *Schmidt* in: Widmann (Hrsg.), Steuervollzug im Rechtsstaat, 2008, 37 (43).

285 *Drüen* in: Schön/Beck (Hrsg.), Zukunftsfragen des deutschen Steuerrechts, 2009, 1 (12); *Seer*, DStR 2008, 1553 (1555); *Seer* in: Widmann (Hrsg.), Steuervollzug im Rechtsstaat, 2008, 7 (29); *Seer* in: Widmann (Hrsg.), Steuervollzug im Rechtsstaat, 2008, S. 7 (29); *Seer* in: DFGT 2007, 99 (108); *Huber/Seer*, StuW 2007, 355 (360); *Seer*, StuW 2003, 40 (49); Seer schlägt vor, subjektive Risikofaktoren anhand einer „Steuervita" zusammenzustellen, s.. zur Idee der Steuervita *Seer*, StuW 2003, 40 (49 ff.).

286 *Volquardsen* in: Schwarz et al., Erstkomm. StModG, 2017, § 88 AO Rn. 30; *Niewerth* in: Lippross/Seibel, Basiskommentar Steuerrecht, Losebl. (August 2017), § 88 AO Rn. 12; *Seer* in: Tipke/Kruse, AO/FGO, Losebl. (Stand: Januar 2017), § 88 AO Rn. 70; *Kowallik*, IWB 2014, 406 (410); *Münch*, DStR 2013, 212 (214 f.); *Schmidt* in: Widmann (Hrsg.), Steuervollzug im Rechtsstaat, 2008, S. 37 (43); nach Sell sind Befürchtungen, dass das regelmäßige Einlegen von Einsprüchen zu einer schnelleren oder intensiveren Prüfung führt, grundlos, *Sell* in: DWS (Hrsg.), Selbstveranlagung, 2015, 29 (30).

287 Thiemann fordert insoweit eine klarstellende Regelung des Gesetzgebers, *Thiemann*, StuW 2018, 304 (306, 309); Nach Niewerth werden subjektive Daten nach derzeitiger Lage von den Risikomanagementsystemen nicht erfasst und ausgewertet, *Niewerth* in: Lippross/Seibel, Basiskommentar Steuerrecht, Losebl. (Stand: August 2017), § 88 AO Rn. 12; Der Deutsche Finanzgerichtstag geht in seiner Stellungnahme zum StModG davon aus, dass die Bewertung eines Steuerfalls sowohl nach objektiven als auch nach subjektiven Maßstäben erfolgt, DFGT, Stellungnahme v. 08.04.2016, S. 8, https://www.bundestag.de/blob/418156/f6400d96e0eb5edad3f8f57435fdc3f2/01-j---brandt-data.pdf (geprüft am 04.01.2019); Im Rahmen des bisherigen Einsatzes von Risikomanagementsystemen auf Grundlage des Verwaltungsabkommens KONSENS wurden bereits subjektive Risikofaktoren bzw. Compliance Faktoren berücksichtigt, vgl. Münch DStR 2013, 212 (214 f.); *Schmidt/Schmitt* in: Mellinghoff/Schön/Viskorf

Die in der Gesetzesbegründung enthaltenen Beispiele für einen Anlass zur Aussteuerung des Steuerfalls wie weitergehende Angaben, Zweifelsfragen oder Prüfbitten stellen ausschließlich objektive Kriterien dar. Die Einbeziehung subjektiver Risikofaktoren in das finanzbehördliche Risikomanagement wird nicht Gegenstand der Arbeit sein. Eine solche Beurteilung ist nicht nur rein tatsächlich aufgrund der spärlichen Informationslage äußerst schwierig zu treffen, sondern wäre auch im Rahmen der Dissertation nicht zu leisten.[288]

(Hrsg.), FS Spindler, 2011, 529 (542 f.); *Riedlinger* in DWS (Hrsg.), Risikomanagement in der Finanzverwaltung, 2009, 17 (20); der Berücksichtigung subjektiver Risikofaktoren stehen u.a. kritisch gegenüber: *Braun Binder*, DStZ 2016, 526 (533); *Modlinger*, Stbg 2011, 515 (515).

288 S. Kap. A.II Gegenstand der Untersuchung.

D. Wandel des Steuervollzugs durch den Einsatz von Risikomanagementsystemen

Ausgehend von einem hoheitlichen Verständnis des Steuervollzugs erscheint der Einsatz von Risikomanagementsystemen im Besteuerungsverfahren mit der Folge vollautomatisiert erlassener Steuerbescheide wie ein Paradigmenwechsel.[289] Vor diesem Hintergrund stellt sich die Frage, inwieweit sich die Steuervollzugspraxis durch den Einsatz von Risikomanagementsystemen in tatsächlicher Hinsicht verändern wird.

I. Automatisierte Quasi-Selbstveranlagung mit risikoorientierter Bearbeitung

Die verstärkte Einbindung von Technik durch den Einsatz von Risikomanagementsystemen mit der Folge eines automatisierten Steuervollzugs wird die Steuererhebung grundlegend beeinflussen. Zuvor kam den im Steuervollzug eingesetzten Computerprogrammen lediglich eine unterstützende Funktion bei der Fallbearbeitung durch die Finanzbeamten zu. Seitdem Risikomanagementsysteme im Steuervollzug eingesetzt werden,[290] übernimmt ein Computerprogramm in vielen Fällen die ursprünglichen Aufgaben eines Finanzbeamten. Einfach gelagerte Fälle werden bis hin zum Erlass des Steuerbescheids vollautomatisch bearbeitet. Nicht mehr der Finanzbeamte entscheidet, welchen Sachverhalt er genauer prüft, sondern eine automationsgestützte Risikobewertung selektiert die eingehenden Steuererklärungen danach, ob eine Einzelfallprüfung notwendig erscheint.[291] Das im Gesetz zur Modernisierung des Besteuerungsverfahrens vorgesehene Risikomanagement stellt dabei kein reines Risikomanagement dar, sondern kombiniert

289 Vgl. *Thiemann*, StuW 2018, 304 (306); *Seer* in: Lüdicke (Hrsg.), Jahrbuch des BVStb, 2016, 55 (62); *Braun Binder*, Auf dem Weg zum vollautomatisierten Besteuerungsverfahren in Deutschland, S. 10, Rn. 20, http://www.foev-speyer.de/files/de/downloads/Jusletter-IT_25.05.2016.pdf (geprüft am 04.01.2019); DAV, Stellungnahme (SN 04/15) v. 31.01.2015, S. 9, https://anwaltverein.de/de/newsroom/sn-04-15 (geprüft am 04.01.2019); *Seer* in: Lang/Eilfort (Hrsg.), Strukturreform der deutschen Ertragsteuern, 2013, 181 (187).

290 Dies ist nicht erst seit Inkrafttreten des StModG der Fall. Bereits zuvor wurden vor allem im Bereich der Arbeitnehmerveranlagung Risikomanagementsysteme im Steuervollzug eingesetzt, s. dazu Kap. C.I.2 Automatisiertes Besteuerungsverfahren.

291 DAV, Stellungnahme (SN 04/15) v. 31.01.2015, S. 9, https://anwaltverein.de/de/newsroom/sn-04-15 (geprüft am 04.01.2019).

Risikomanagement mit einer risikoorientierten Bearbeitungsweise. Der von Drüen geprägte Begriff des „risikoorientierten Gesetzesvollzugs“[292] beschreibt zutreffend die veränderten Bedingungen des Steuervollzugs.

Risikomanagement bzw. Risikomanagementsysteme sind keine originäre Entwicklung innerhalb der Finanzverwaltung, sondern schon seit langem fester Bestandteil unternehmerischen Handelns.[293] Risikomanagement wird dort als fortwährender Prozess verstanden, der sich im Wesentlichen aus vier Phasen – der Risikoidentifizierung, der Risikoanalyse, der Risikobewertung und der Risikobewältigung – zusammensetzt.[294] Zur Etablierung eines Risikomanagements ist zunächst die Festlegung einer übergeordneten unternehmensspezifischen Risikostrategie bzw. Risikopolitik erforderlich, an welcher das Risikomanagement auszurichten ist.[295] Die Risikopolitik, die sich an den betrieblichen Zielen des Unternehmens orientiert, konkretisiert, wie prinzipiell mit Risiken und Chancen im Unternehmen umgegangen wird.[296]

Wie beim herkömmlichen Risikomanagement besteht auch das Risikomanagement in der Finanzverwaltung aus einem sich ständig wiederholenden Kreislauf. Der Gesetzgeber hat vorab die Risikostrategie festgelegt, an der das Risikomanagement ausgerichtet wird. Ziel ist es, das Gesamtniveau der Besteuerung zu verbessern und Betrugsfälle gezielt aufzudecken.[297] Der Prozess des Risikomanagements beginnt im Rahmen des Steuervollzugs ebenfalls mit der Risikoidentifikation. Die Phase der Risikoidentifikation umfasst dabei die Festlegung relevanter Risiken und die Einstellung der Risikoparameter. Dieser Phase kommt eine zentrale Rolle im Prozess zu. Die Einstellung der Risikoparameter erfolgt im

---

292 *Drüen* in: DFGT 2011/2012, 253 (254); *Drüen* in: Schön/Beck (Hrsg.), Zukunftsfragen des deutschen Steuerrechts, 2009, 1 (12).

293 Risikomanagementsysteme werden mittlerweile bereits in den unterschiedlichsten Bereichen eingesetzt, bspw. im Bankwesen, im Versicherungswesen, bei Finanzdienstleistern und im Bereich des Gesundheitswesens, s. u.a. § 91 Abs. 2 AktG, § 25a Abs. 1 Nr. 3 KWG, § 33 Abs. 1 Nr. 5 WpHG, § 27 Abs. 1 PfandBG, § 26 Abs. 1 VAG, § 63b Nr. 4 AMG, Art. 46 Zollkodex.

294 *Schmola* in: Schmola/Rapp (Hrsg.), Compliance, Governance und Risikomanagement im Krankenhaus, 2016, 289 (306); *Möbius/Pallenberg*, Risikomanagement in Versicherungsunternehmen, 3. Aufl. 2016, S. 41; *Huth/Romeike*, Risikomanagement in der Logistik, 2016, S. 63 ff.; *Marx*, Ubg 2016, 358 (359); *Fiege*, Risikomanagement- und Überwachungssystem nach KonTraG, 2006, S. 95 f.; *Pfitzer/Füser/Meireis/Wulfkühler*, DB 2002, 2005 (2006).

295 *Schmola* in: Schmola/Rapp (Hrsg.), Compliance, Governance und Risikomanagement im Krankenhaus, 2016, 289 (305); *Brauweiler*, Risikomanagement in Kreditinstituten, 2015, S. 5.

296 *Schmola* in: Schmola/Rapp, Compliance (Hrsg.), Governance und Risikomanagement im Krankenhaus, 2016, 289 (305); *Fiege*, Risikomanagement- und Überwachungssystem nach KonTraG, 2006, S. 97.

297 BT-Drs. 18/7457, S. 69 f.; für nähere Ausführungen, s.o. Kap. C.II.1 Strategie und Ziele.

Vorfeld der Veranlagung. Die Etablierung des Risikomanagements hat damit Einfluss weniger auf die Steuerveranlagung als vielmehr auf die davor zu leistenden Arbeitsschritte. Die Risikoparameter ermöglichen eine Vorfilterung der Masse an Steuererklärungen, sodass nur die problematischen, sprich risikorelevanten Fälle, einer Einzelfallprüfung zugänglich gemacht werden. Die Einstellung der Risikoparameter schlägt sich damit unmittelbar auf die Arbeitsbelastung der Finanzverwaltung nieder.

Im Rahmen der Risikobewältigung kommen zwei Maßnahmen zum Tragen. Die Fälle, welche die Risikoschwelle überschreiten, werden zur personellen Prüfung ausgesteuert. Alle anderen, nicht identifizierten Risiken oder Risiken, die sich unterhalb der Risikoschwelle bewegen, werden als nicht relevant akzeptiert. Das im Steuervollzug eingesetzte Risikomanagementsystem trifft folglich keine bzw. keine von der Steuererklärung des Steuerpflichtigen abweichende Entscheidung in der Sache. Es besitzt demnach keinen Eingriffscharakter, sondern bewertet lediglich das Risiko eines Steuerfalls. Je nach Risikobewertung steuert es den Fall gegebenfalls aus.

Insgesamt ist mit dem Einsatz von Risikomanagementsystemen im Steuervollzug zugleich eine risikoorientierte Prüfung verbunden. Aufgrund der Vorfilterung der Fälle anhand von Risikokriterien beschränkt sich die personelle Prüfung – abgesehen von den Fällen, die über die Zufallsauswahl ausgesteuert werden – nur noch auf die risikorelevanten Fälle. Die Finanzverwaltung legt über die Einstellung der Risikoparameter fest, welche Risiken als relevant eingestuft werden. Alles, was unter diese festgelegte Risikoschwelle fällt, wird als unwesentlich behandelt, da es sich nicht als risikorelevant darstellt. Diese auf prüfungsbedürftige Fälle fokussierte Prüfung führt zwangsläufig dazu, dass andere Fälle weniger intensiv bzw. gar nicht personell geprüft werden. Aus dem weitgehenden Verzicht auf personelle Kontrollen bei einem Großteil der Fälle resultiert unweigerlich eine Quasi-Selbstveranlagung. Alle Fälle, die vollautomatisch veranlagt werden, basieren ausschließlich auf den Angaben der Steuerpflichtigen. Selbst Fälle, die zu einer personellen Bearbeitung ausgesteuert werden, werden nur noch hinsichtlich der identifizierten Risiken geprüft. Bezüglich der anderen Angaben findet ebenfalls eine Quasi-Selbstveranlagung statt. Die Quasi-Selbstveranlagung bewirkt für automatisierte Steuerbescheide, dass der Regelungs- und Bekanntgabewille der Finanzverwaltung durch die Einstellungen des Risikomanagements antizipiert wird.[298] Damit unterscheidet sich eine im automatisierten Verfahren vorgenommene Veranlagung von einer Selbstveranlagung nach anglo-amerikanischem Verständnis[299] insoweit, dass die Berechnung der Steuer nicht in die Sphäre des Steuerpflichtigen verlagert wird. Auf Basis der Deklaration der Steuerpflichtigen wird die Berechnung der

298 *Seer* in: Tipke/Lang/Seer (Hrsg.), Steuerrecht, 2018, § 21 Rn. 282.

299 Zur unterschiedlichen Verwendung des Begriffs der Selbstveranlagung s. Kap. B.I.2.b)(3) Selbstveranlagung.

Steuerlast in der Sphäre der Finanzverwaltung vorgenommen und anschließend die Steuer gegenüber den Steuerpflichtigen festgesetzt.[300]

II. Tatsächliche Auswirkungen auf den Steuervollzug

Das Gesetz zur Modernisierung des Besteuerungsverfahrens führt zu keiner bedeutenden Änderung der Veranlagungspraxis. Die Änderungen des Gesetzes zur Modernisierung des Besteuerungsverfahrens bewirken keinen radikalen Umbruch von der Einzelfallprüfung zur risikoorientierten automationsgestützten Prüfung.[301] Der heraufbeschworene Paradigmenwechsel bleibt aus.[302] Durch die Festschreibung der automatisierten, auf prüfungsbedürftige Fälle fokussierten Veranlagung in der Abgabenordnung wird letzten Endes eine gesetzliche Grundlage für eine innerhalb der Finanzverwaltung längst etablierte Arbeitsweise geschaffen.

Ausgehend von einem hoheitlichen Verständnis des Steuervollzugs stellt eine Quasi-Selbstveranlagung mit risikoorientierter Bearbeitung zwar einen deutlichen Widerspruch dar. Jedoch hat sich nicht nur das Verständnis der Steuerverwaltung, sondern auch die Veranlagungspraxis im Laufe der Zeit grundlegend gewandelt. Auch wenn sich die technischen Gegebenheiten ändern, ist darin im Ergebnis keine bedeutende Veränderung zur derzeitigen Veranlagungspraxis zu sehen. In Zeiten der Massenfallverwaltung gehört das romantische Bild eines Finanzbeamten, der die Steuern nach umfassender personeller Prüfung hoheitlich festsetzt und den Steuerpflichtigen nur als Ermittlungsgehilfen heranzieht, der Vergangenheit an.[303] Der bedingt durch die Massenfallverwaltung entstehende Zielkonflikt zwischen einer sorgfältigen Aufklärung im Einzelfall und der Bewältigung des Gesamtvollzugs kann nur durch eine Beschränkung der Kontrollintensität auf eine

300 Nach Anzinger hat dies letztendlich lediglich Folgen für den Zeitpunkt der Steuerfestsetzung, *Anzinger* in: DWS (Hrsg.), Selbstveranlagung, 2015, 35 (41 f.).

301 A.A. *Braun Binder*, Auf dem Weg zum vollautomatisierten Besteuerungsverfahren in Deutschland, S. 5, Rn. 8, S. 10, Rn. 20, http://www.foev-speyer.de/files/de/downloads/Jusletter-IT_25.05.2016.pdf (geprüft am 04.01.2019); DAV, Stellungnahme (SN 04/15) v. 31.01.2015, S. 9, https://anwaltverein.de/de/newsroom/sn-04-15 (geprüft am 04.01.2019).

302 A.A. *Thiemann*, StuW 2018, 304 (307); *Braun Binder*, Auf dem Weg zum vollautomatisierten Besteuerungsverfahren in Deutschland, S. 10, Rn. 20, http://www.foev-speyer.de/files/de/downloads/Jusletter-IT_25.05.2016.pdf (geprüft am 04.01.2019); DAV, Stellungnahme (SN 04/15) v. 31.01.2015, S. 9, https://anwaltverein.de/de/newsroom/sn-04-15 (geprüft am 04.01.2019).

303 Vgl. *Müller-Franken*, StuW 2018, 113 (114) Fn. 16, wonach „das Schreckbild eines Totalvollzugs, das die behördliche Amtsermittlung jedes Steuerfalls in seinen sämtlichen Details zum Ideal erheben will (100 % Doktrin), für das Besteuerungsverfahren in der analogen Welt, soweit ersichtlich, von niemanden vertreten wurde und wird, da es schlicht unmöglich ist".

Verifikation gelöst werden.[304] Alle bedeutenden Steuerarten sind gemeinhin auf eine Deklaration angelegt.[305] Dies ist auch zwingend erforderlich. Denn ohne eine Deklaration seitens der Steuerpflichtigen wäre es in der Massenfallverwaltung unmöglich, die Besteuerungsgrundlagen zu ermitteln und die Steuer festzusetzen. Aufgrund des Deklarationsprinzips ist die Verantwortung der Finanzverwaltung für die Rechtmäßigkeit eines Steuerbescheides auf eine bloße systematische Verifikation zurückgenommen.

Die Veranlagungspraxis hat sich dementsprechend längst gewandelt. Eine Quasi-Selbstveranlagung verknüpft mit einer risikoorientierten Bearbeitung stellt daher kein neues Phänomen innerhalb des Steuervollzugs dar. Zunehmend haben bereits Elemente der Selbstveranlagung Einzug in den Steuervollzug gefunden. Im Rahmen der Umsatz- und Verbrauchssteuern sowie im Steuerabzugsverfahren findet über die Steueranmeldung, die durch den Steuerpflichtigen erfolgt und mit der der Steuerpflichtige die Steuer quasi gegen sich selbst festsetzt, auch bereits eine Art Selbstveranlagung statt. Mittlerweile wird sogar ein beträchtlicher Teil des gesamten Steueraufkommens im Wege einer solchen Selbstveranlagung über die Steueranmeldung erhoben.[306] Über die Steueranmeldung hinaus hat auch im Rahmen der Einkommensteuer eine Entwicklung zu einer Quasi-Selbstveranlagung eingesetzt.[307] Aufgrund der Personalknappheit und der Verfahrensmassen konnten die Steuererklärungen nur noch in einem geringen Umfang einer intensiven personellen Prüfung unterzogen werden. Die Prüfung erschöpfte sich daher weitestgehend in Plausibilitätskontrollen.[308] Damit ist die Veranlagungspraxis letztendlich ohnehin darauf ausgerichtet, dass der Steuerpflichtige den steuerlich relevanten Sachverhalt ermittelt und aufgrund dessen seine Steuerlast berechnet wird.

Eine risikoorientierte Fallbearbeitung ist der Finanzverwaltung ebenfalls nicht fremd. Denn hinter der Idee der risikoorientierten Fallauswahl und -bearbeitung

---

304 Zu den verfassungsrechtlichen Anforderungen an den Steuervollzug s. Kap. E.I Verfassungsrechtliche Anforderungen.

305 Die Verpflichtung zur Abgabe einer Steuererklärung (Deklarationsprinzip) kommt u.a. in § 149 Abs. 1 S. 1 AO i.V.m. § 25 Abs. 3 S. 1 EStG, § 31 Abs. 1 S. 1 KStG, § 18 Abs. 1 S. 1 UStG zum Ausdruck.

306 Zur Übersicht über die Steuerarten, die über eine Steueranmeldung festgesetzt werden, s. *Heuermann* in: HHSp, AO/FGO, Losebl. (Stand: August 2016), § 167 AO Rn. 3; nach Seer werden bereits 2/3 aller Steuern durch Steueranmeldungen realisiert, *Seer*, DStZ 2016, 605 (607); *Seer* in: Lüdicke (Hrsg.), Jahrbuch des BVStb, 2016, S. 55 (62); Diskussionsbeitrag von Seer, *Keilen*, Stbg 2015, 440 (442).

307 *Seer* in: DWS (Hrsg.), Selbstveranlagung, 2015, 7 (11 f.); *Seer*, FR 2012, 1000 (1003); *Drüen* in: Schön/Beck (Hrsg.), Zukunftsfragen des deutschen Steuerrechts, 2009, 1 (8); *Seer*, StuW 2003, 40 (42).

308 Vgl. *Eismayr/Kirsch*, DB Beilage 04/2016, 40 (40); *Seer* in: DWS (Hrsg.), Selbstveranlagung, 2015, 7 (12); *Seer*, FR 2012, 1000 (1003); *Drüen* in: Schön/Beck (Hrsg.), Zukunftsfragen des deutschen Steuerrechts, 2009, 1 (8); *Seer*, StuW 2003, 40 (42 f.); *Hansen*, Die praktischen Konsequenzen des Methodenstreits, 1996, S. 422 f.

steht nichts anderes als eine gewichtende Arbeitsweise. Mittels der GNOFÄ wurde innerhalb der Finanzverwaltung bereits eine gewichtende Arbeitsweise etabliert, die der Fokussierung der Bearbeitung auf das Wesentliche diente.[309] Auf diese Weise versucht die Finanzverwaltung seit langem mit den ihr zur Verfügung stehenden knappen Mitteln effizient zu arbeiten und das Bestmögliche im Rahmen des Gesamtvollzugs zu erreichen.[310] Diese gewichtende Arbeitsweise bedingte bereits das gezielte Setzen von Prüfungsschwerpunkten, um die begrenzten Personalressourcen der Finanzverwaltung auf die prüfungsbedürftigen Fälle zu fokussieren. Im Unterschied zur bisherigen Praxis wird das Risikopotential eines Falles nicht durch eine personelle Sachentscheidung, sondern flächendeckend im Besteuerungsverfahren durch eine maschinelle Risikoprüfung bestimmt.[311] Der Einsatz von Risikomanagementsystemen stellt damit letztlich nichts anderes als die technische Umsetzung der bisher praktizierten gewichtenden Arbeitsweise innerhalb der Finanzverwaltung dar.

---

309 Vgl. GNOFÄ, BStBl. I 1996, 1391; Die Finanzministerkonferenz hat am 04.12.1975 beschlossen, die Finanzämter nach den „Grundsätzen zur Neuorganisation der Finanzämter und zur Neuordnung des Besteuerungsverfahrens" bundeseinheitlich neu zu organisieren, gleichlautende Erlasse der obersten Finanzbehörden der Länder vom 16.02.1976 „Grundsätze zur Neuorganisation der Finanzämter und zur Neuordnung des Besteuerungsverfahrens (GNOFÄ)", BStBl. I 1976, S. 89 ff., gleichlautende Erlasse der obersten Finanzbehörden der Länder vom 04.03.1981: „Grundsätze zur Neuorganisation der Finanzämter und Neuordnung des Besteuerungsverfahrens (GNOFÄ-neu)", BStBl. I 1981, S. 270 ff. und gleichlautende Erlasse der obersten Finanzbehörden der Länder vom 19.11.1996 „Grundsätze zur Neuorganisation der Finanzämter und Neuordnung des Besteuerungsverfahrens (GNOFÄ 1997)", BStBl. I 1996, 1391.

310 Vgl. *Nagel/Waza*, DStZ 2008, 321 (321); *Müller-Franken*, Maßvolles Verwalten, 2004, S. 5; *Seer*, Verständigungen in Steuerverfahren, 1996, S. 229.

311 Vgl. *Baum*, NWB 2015, 2850 (2850 f.), wonach das „personelle Risikomanagement" zukünftig vom „automationsgestützten Risikomanagement" abgelöst wird.

E. Verfassungsmäßigkeit von Risikomanagementsystemen – Beurteilung dem Grunde nach

Die tragenden Prinzipien des Besteuerungsverfahrens sind die Verwirklichung der Gesetzmäßigkeit und Gleichmäßigkeit der Besteuerung. Die Schwierigkeit des heutigen Steuervollzugs besteht darin, diese Prinzipien der Gesetzmäßigkeit und Gleichmäßigkeit der Besteuerung mit den tatsächlichen Gegebenheiten der Massenfallverwaltung in Einklang zu bringen.

Unter Berücksichtigung der fortschreitenden Technisierung und Digitalisierung aller Lebensbereiche und den tatsächlichen Gegebenheiten der Massenfallverwaltung hat der Gesetzgeber das Besteuerungsverfahren modernisiert. Zur Bewältigung der Verfahrensmassen setzt das automatisierte Besteuerungsverfahren mittels Risikomanagementsystemen nicht nur auf eine maschinelle Verifikation, sondern insgesamt auf eine risikoorientierte Prüfung. Das automatisierte Besteuerungsverfahren unter Einsatz von Risikomanagementsystemen stellt einen Versuch dar, die Verfahrensmassen effizient zu bearbeiten. Dabei stellt sich die Frage, ob der Einsatz von Risikomanagementsystemen in der Steuererhebung den verfassungsrechtlichen Vorgaben an das Besteuerungsverfahren genügt und insbesondere auch den Anforderungen an den Vollzugsauftrag der Finanzverwaltung gerecht wird.

I. Verfassungsrechtliche Anforderungen

1. Gesetzmäßigkeit der Besteuerung

Der Grundsatz der Gesetzmäßigkeit der Besteuerung ergibt sich insbesondere aus dem Rechtsstaatsprinzip (Art. 20 Abs. 3 GG) und der allgemeinen Handlungsfreiheit (Art. 2 Abs. 1 GG).[312] Gesetzmäßigkeit der Besteuerung bedeutet zum einen, dass Steuern den Bürgern nur auferlegt werden dürfen, wenn sie gesetzlich angeordnet werden (Vorbehalt des Gesetzes).[313] Zum anderen müssen sowohl der Tatbestand

312 *Hey* in: Tipke/Lang/Seer (Hrsg.), Steuerrecht, 2018, § 3 Rn. 232; *Seer* in: Tipke/Kruse, AO/FGO, Losebl. (Stand: Januar 2017), § 85 AO Rn. 6; *Niewerth* in: Lippross/Seibel, Basiskommentar Steuerrecht, Losebl. (Stand: Juni 2016), § 85 AO Rn. 1; *Wünsch* in: König, AO, 3. Aufl. 2014, § 85 Rn. 1; *Tipke*, StRO I, 2. Aufl. 2000, S. 126.

313 BVerfG, Beschl. v. 28.02.1973 – 2 BvL 19/70, BVerfGE 34, 348, Rn. 74; BVerfG, Urt. v. 24.01.1962 – 1 BvR 232/60, BVerfGE 13, 318, Rn. 29; *Hey* in: Tipke/Lang/Seer (Hrsg.), Steuerrecht, 2018, § 3 Rn. 230; *Schmidt/Schmitt* in: Mellinghoff/Schön/Viskorf (Hrsg.), FS Spindler, 2011, 529 (531); *Müller-Franken*, Maßvolles Verwalten, 2004,

als auch die Rechtsfolge im Gesetz festgeschrieben sein, um dem Grundsatz der Gesetzmäßigkeit der Besteuerung zu genügen (Tatbestandsmäßigkeit der Besteuerung). Daneben gilt, dass Rechtsakte, die unterhalb des Gesetzes stehen, mit jenem Gesetz vereinbar sein müssen (Vorrang des Gesetzes).[314]

Der Grundsatz der Gesetzmäßigkeit der Besteuerung wirkt sich nicht nur auf die Gesetzgebung, sondern insbesondere auch auf das Handeln der Finanzverwaltung aus. Aus dem Grundsatz der Gesetzmäßigkeit folgt ein Anwendungsgebot für die Finanzverwaltung. Sie ist nach dem Legalitätsprinzip verpflichtet, die Steuern nach Maßgabe der Gesetze festzusetzen und beizutreiben.[315] Das Legalitätsprinzip stellt die verfahrensrechtliche Seite des Grundsatzes der Gesetzmäßigkeit dar.[316] Dem Legalitätsprinzip folgend müssen alle Maßnahmen innerhalb der Steuerverwaltung rechtmäßig sein.[317] Bezüglich der Höhe der Steuerfestsetzung und der Steuererhebung steht der Finanzverwaltung keinerlei Ermessen zu.[318]

2. Gleichmäßigkeit der Besteuerung

Die verfassungsrechtlichen Anforderungen hinsichtlich der Gleichmäßigkeit der Besteuerung werden aus Art. 3 Abs. 1 GG abgeleitet. Gem. Art. 3 Abs. 1 GG sind alle Menschen vor dem Gesetz gleich. Art. 3 Abs. 1 GG gebietet insofern wesentlich Gleiches gleich und wesentlich Ungleiches ungleich zu behandeln.[319]

S. 46; *Tipke*, StRO I, 2. Aufl. 2000, S. 120; *Isensee*, Die typisierende Verwaltung, 1976, S. 125.

314 *Hey* in: Tipke/Lang/Seer (Hrsg.), Steuerrecht, 2018, § 3 Rn. 230; *Jansen*, Das Steuerverfahren im Spannungsfeld von Europa- und Verfassungsrecht, 2012, S. 220; *Tipke*, StRO I, 2. Aufl. 2000, S. 120; *Isensee*, Die typisierende Verwaltung, 1976, S. 125 ff.

315 BVerfG, Urt. v. 27.06.1991 – 2 BvR 1493/89, BVerfGE 84, 239 = BStBl. II 1991, 654, Rn. 109; *Hey* in: Tipke/Lang/Seer (Hrsg.), Steuerrecht, 2018, § 3 Rn. 238; *Seer* in: Tipke/Kruse, AO/FGO, Losebl. (Stand: Januar 2017), § 85 AO Rn. 8; *Söhn* in: HHSp, AO/FGO, Losebl. (Stand: August 2016), § 85 AO Rn. 32; *Wagner* in: Kühn/von Wedelstädt, AO/FGO, 22. Aufl. 2018, § 85 AO Rn. 2; *Schmidt/Schmitt* in: Mellinghoff/Schön/Viskorf (Hrsg.), FS Spindler, 2011, 529 (531); *Seer* in: Widmann (Hrsg.), Steuervollzug im Rechtsstaat, 2008, 7 (10); *Seer*, Verständigungen in Steuerverfahren, 1996, S. 175; *Rittler*, DB 1987, 2331 (2332).

316 *Söhn* in: HHSp, AO/FGO, Losebl. (Stand: August 2016), § 85 AO Rn. 32 m.w.N.; *Jansen*, Das Steuerverfahren im Spannungsfeld von Europa- und Verfassungsrecht, 2012, S. 221.

317 *Wünsch* in: König, AO, 3. Aufl. 2014, § 85 Rn. 2; *Schmidt/Schmitt* in: Mellinghoff/Schön/Viskorf (Hrsg.), FS Spindler, 2011, 529 (531).

318 *Wünsch* in: König, AO, 3. Aufl. 2014, § 85 Rn. 11.

319 St.Rspr. des BVerfG, vgl. u.a. BVerfG, Nichtannahmebeschl. v. 11.01.2016 – 1 BvR 1687/14, NZS 2016, 224 (224), Rn. 9; BVerfG, Beschl. 07.05.2013 – 2 BvR 909/06, BVerfGE 133, 377, Rn. 73; BVerfG, Beschl. v. 12.10.2010 – 1 BvL 12/07, BVerfGE 127, 224, Rn. 50; BVerfG, Beschl. v. 21.07.2010 – 1 BvR 611/07, BVerfGE 126, 400, Rn. 78; BVerfG, Beschl. v. 04.02.2009 – 1 BvL 8/05, BVerfGE 123, 1, Rn. 55; BVerfG, Beschl. v. 25.02.2008 – 2 BvL 14/05, BStBl. II 2008, 651, Rn. 22; BVerfG, Beschl. v. 18.07.2005 – 2

Die Anforderungen des Gleichheitssatzes sind bereichsspezifisch zu konkretisieren und anzuwenden.[320] Der Eingriff in die Vermögens- und Rechtssphäre der Steuerpflichtigen wird nur durch eine gleichmäßige Belastung gerechtfertigt.[321] Für das Steuerrecht verlangt der Gleichheitssatz, dass die Steuerpflichtigen durch ein Steuergesetz rechtlich und tatsächlich gleich belastet werden.[322]

BvF 2/01, BVerfGE 113, 167, Rn. 126; BVerfG, Beschl. v. 07.11.2006 – 1 BvL 10/02, BVerfGE 117, 1, Rn. 93; BVerfG, Beschl. v. 08.06.2004 – 2 BvL 5/00, BVerfGE 110, 412, Rn. 62; BVerfG, Urt. v. 28.04.1999 – 1 BvL 22/95, BVerfGE 100, 59, Rn. 129; BVerfG, Beschl. v. 15.07.1998 – 1 BvR 1554/89, BVerfGE 98, 365, Rn. 63; BVerfG, Beschl. v. 31.01.1996 – 2 BvL 39/93, BVerfGE 93, 386, Rn. 36; BVerfG, Beschl. v. 24.03.1976 – 2 BvR 804/75, BVerfGE 42, 64, Rn. 23; BVerfG, Beschl. v. 14.04.1959 – 1 BvL 23/57, 1 BvL 34/57, BVerfGE 9, 237, Rn. 26; BVerfG, Urt. v. 16.03.1955 – 2 BvK 1/54, BVerfGE 4, 144, Rn. 37; BVerfG, Urt. v. 17.12.1953 – 1 BvR 147/52, BVerfGE 3, 58, Rn. 222; BVerfG, Urt. v. 23.10.1951 – 2 BvG 1/51, BVerfGE 1, 14, Rn. 139.

320 Vgl. BVerfG, Nichtannahmebeschl. v. 26.10.2004 – 2 BvR 246/98, BFH/NV 2005, Beilage 3, 259, Rn. 5; BVerfG, Beschl. v. 05.02.2002 – 2 BvR 305/93, BVerfGE 105, 17, Rn. 88; BVerfG, Beschl. v. 22.06.1995 – 2 BvL 37/91, BVerfGE 93, 121, Rn. 41; BVerfG, Urt. v. 27.06.1991 – 2 BvR 1493/89, BVerfGE 84, 239 = BStBl. II 1991, 654, Rn. 105; BVerfG, Beschl. v. 08.06.1988 – 2 BvL 9/85, BVerfGE 78, 249, Rn. 75; BVerfG, Beschl. 30.09.1987 – 2 BvR 933/82, BVerfGE 76, 256, Rn. 138; BVerfG, Beschl. v. 08.04.1987 – 2 BvR 909/82, BVerfGE 75, 108, Rn. 126.

321 BVerfG, Urt. v. 27.06.1991 – 2 BvR 1493/89, BVerfGE 84, 239 = BStBl. II 1991, 654, Rn 105; BVerfG, Beschl. v. 22.06.1995 – 2 BvL 37/91, BVerfGE 93, 121, Rn. 41.

322 BVerfG, Nichtannahmebeschl. v. 17.02.2010 – 1 BvR 2664/09, NVwZ-RR 2010, 457 (457), Rn. 46; BVerfG, Nichtannahmebeschl. v. 07.05.2008 – 2 BvR 2392/07, BVerfGK 13, 544, Rn. 16; BVerfG, Nichtannahmebeschl. v. 10.03.2008 – 2 BvR 2077/05, NJW 2008, 2637 (2637), Rn. 14; BVerfG, Beschl. v. 25.02.2008 – 2 BvL 14/05, BStBl. II 2008, 651, Rn. 29; BVerfG, Nichtannahmebeschl. v. 10.01.2008 – 2 BvR 294/06, BFH/NV 2008, 161, Rn. 18; BVerfG, Nichtannahmebeschl. v. 29.08.2006 – 1 BvR 1673/06, BVerfGK 9, 118 = BFH/NV 2007, Beilage 3, 299, Rn. 10; BVerfG, Urt. v. 09.03.2004 – 2 BvL 17/02, BVerfGE 110, 94 = BStBl. II 2005, 56, Rn. 63; BVerfG, Beschl. v. 10.04.1997 – 2 BvL 77/92, BStBl. II 1997, 518, Rn. 25; BVerfG, Beschl. v. 22.06.1995 – 2 BvL 37/91, BVerfGE 93, 121, Rn. 40; BVerfG, Urt. v. 27.06.1991 – 2 BvR 1493/89, BVerfGE 84, 239 = BStBl. II 1991, 654, Rn. 104; BFH, Beschl. v. 16.06.2011 – XI B 120/10, BFH/NV 2011, 1740, Rn. 7; BFH, Beschl. v. 01.07.2010 – V B 62/09, BFH/NV 2010, 2136, Rn. 6; BFH, Beschl. v. 14.02.2006 – VIII B 107/04, BFHE 212, 285 = BStBl. II 2006, 523, Rn. 19; BFH, Urt. v. 29.11.2005 – IX R 49/04, BFHE 211, 330 = BStBl. 2006, 178, Rn. 19; BFH, Urt. v. 19.10.2005 – I R 76/04, BFHE 211, 90 = BStBl. II 2006, 274, Rn. 35; BFH, Urt. v. 07.09.2005 – VIII R 90/04, BFHE 211, 183 = BStBl. II 2006, 61, Rn. 11; BFH, Vorlagebeschluss v. 16.07.2002 – IX R 62/99, BFHE 199, 451 = BStBl. 2003, 74, Rn. 50; BFH, Vorlagebeschl. v. 22.05.2002 – II R 61/99, BFHE 198, 342 = BStBl. II 2002, 598, Rn. 124; BFH, Beschl. v. 29.03.2001 – III B 80/00, BFH/NV 2001, 1294, Rn. 25; BFH, Beschl. v. 29.03.2001 – III B 79/00, BFH/NV 2001, 1244, Rn. 25; BFH, Beschl. v. 16.12.1993 – V B 124/93, BFH/NV 1995, 652, Rn. 18; BFH Urt. v. 18.02.1997 – VIII R 33/95, BFHE 183, 45 = BStBl. II 1997, 499, Rn. 25.

Belastungsgleichheit setzt sich sowohl aus der Gleichheit der normativen Steuerpflicht als auch aus der Gleichheit bei deren Durchsetzung in der Steuererhebung zusammen.[323] Das Steuerrecht ist dabei gekennzeichnet von einer wechselseitigen Beziehung zwischen der Steuernorm und deren Vollzug.[324] Neben den materiellen Gesetzen muss auch das Verfahrensrecht so ausgestaltet sein, dass eine gleichmäßige Belastung gewährleistet wird. Wenn die Steuergesetze die Steuerlast gleichmäßig allen Steuerpflichtigen auferlegen und die Steuergesetze zudem auch gleichmäßig angewandt werden, ist die Gleichmäßigkeit der Besteuerung gewährleistet.[325]

Gleichmäßigkeit der Besteuerung wird folglich verwirklicht durch Rechtsetzungs- und Rechtsanwendungsgleichheit. Dabei kommt es zu einem Zusammenspiel von Gesetzgeber und Finanzverwaltung. Der Gesetzgeber legt durch seine Gesetzgebung den Maßstab für die Belastungsgleichheit fest und verpflichtet damit die Finanzverwaltung, diese Gesetze in strikter Legalität zu vollziehen und so ihrerseits Belastungsgleichheit zu gewährleisten.[326] Eine gesetzeswidrige Verwaltungspraxis beeinträchtigt sowohl die Gesetzmäßigkeit der Besteuerung als auch die Rechtsanwendungsgleichheit.[327]

a) Rechtssetzungsgleichheit

Das Gebot der Rechtssetzungsgleichheit ist an den Gesetzgeber gerichtet und dabei von elementarer Bedeutung Rechtssetzungsgleichheit bedeutet, dass das geschriebene Gesetz dem Gleichheitssatz entsprechen muss.[328] Das Gebot der Rechtssetzungsgleichheit bezieht sich sowohl auf die materiellen Steuernormen als auch auf das Erhebungsverfahren. Der Gesetzgeber ist daher dazu verpflichtet, die Besteuerungstatbestände und die Regeln zu deren Erhebung aufeinander abzustimmen. Die steuerlichen Gesetze sollen bestenfalls so ausgestaltet sein, dass das Gesetz allein schon Gewähr für seine gleichmäßige Durchsetzbarkeit bietet.[329]

---

323 BVerfG, Urt. v. 27.06.1991 – 2 BvR 1493/89, BVerfGE 84, 239 = BStBl. II 1991, 654, Rn. 109; BVerfG, Beschl. v. 10.04.1997 – 2 BvL 77/92, BStBl. II 1997, 1997, 518, Rn. 23; *Tipke* in: Kirchhof (Hrsg.), FS Offerhaus, 1999, 819 (820); *Birk*, StuW 2004, 277 (277).

324 *Seer* in: Tipke/Kruse, AO/FGO, Losebl. (Stand: Januar 2017), § 85 AO Rn. 15; *Huber/Seer*, StuW 2007, 355 (356); *Seer* in: Lang/Eilfort (Hrsg.), Strukturreform der deutschen Ertragsteuern, 2013, 181 (182).

325 *Eckhoff*, StuW 1996, 107 (109).

326 BVerfG, Urt. v. 27.06.1991 – 2 BvR 1493/89, BVerfGE 84, 239 = BStBl. II 1991, 654, Rn. 109.

327 BVerfG, Urt. v. 27.06.1991 – 2 BvR 1493/89, BVerfGE 84, 239 = BStBl. II 1991, 654, Rn. 109; *Hey* in: Tipke/Lang/Seer (Hrsg.), Steuerrecht, 2018, § 3 Rn. 112.

328 Vgl. *Seer* in: Tipke/Kruse, AO/FGO, Losebl. (Stand: Januar 2017), § 85 AO Rn. 10.

329 BVerfG, Urt. v. 27.06.1991 – 2 BvR 1493/89, BVerfGE 84, 239 = BStBl. II 1991, 654, Rn. 109 f.; BVerfG, Urt. v. 09.03.2004 – 2 BvL 17/02, BVerfGE 110, 94 = BStBl. II 2005, 56, Rn. 64.

In Bezug auf die Rechtssetzungsgleichheit lässt Art. 3 Abs. 1 GG nur Differenzierungen zu, die durch sachliche Gründe gerechtfertigt werden können.[330] Dieser weite Spielraum des Gesetzgebers bezüglich der materiellen Steuergesetze wird maßgeblich durch zwei Prinzipien – die Besteuerung nach der Leistungsfähigkeit und das Gebot der Folgerichtigkeit – begrenzt.[331]

(1) Leistungsfähigkeit

Die tatsächliche und rechtliche Belastungsgleichheit soll nach dem Maß der Leistungsfähigkeit hergestellt werden.[332] Besteuerung nach der Leistungsfähigkeit bedeutet, dass jeder nach seinen finanziellen Möglichkeiten zur Zahlung von Steuern herangezogen wird.[333] Was Leistungsfähigkeit im Einzelnen bedeutet und

---

330 BVerfG, Beschl. v. 24.03.2015 – 1 BvR 2880/11, BStBl. II 2015, 622, Rn. 40; BFH, Urt. v. 20.06.1989 – VIII R 82/86, BStBl. II 1989, 836, Rn. 25.

331 BVerfG, Beschl. v. 24.03.2015 – 1 BvR 2880/11, BStBl. II 2015, 622, Rn. 40; BVerfG, Urt. v. 17.12.2014 – 1 BvL 21/12, BStBl. II 2015, 50, Rn. 36; BVerfG, Beschl. v. 12.10.2010 – 1 BvL 12/07, BVerfGE 127, 224, Rn. 51; BVerfG, Beschl. v. 21.07.2010 – 1 BvR 611/07, BVerfGE 126, 400, Rn. 80; BVerfG, Nichtannahmebeschl. v. 22.05.2009 – 2 BvR 310/07, BStBl. II 2009, 884, Rn. 34; BVerfG, Beschl. v. 07.11.2006 – 1 BvL 10/02, BVerfGE 117, 1, Rn. 94; BVerfG, Beschl. v. 21.06.2006 – 2 BvL 2/99, BVerfGE 116, 164, Rn. 70; BVerfG, Nichtannahmebeschl. v. 26.10.2004 – 2 BvR 246/98, BFH/NV 2005, Beilage 3, 259, Rn. 5; BVerfG, Urt. v. 06.03.2002 – 2 BvL 17/99, BVerfGE 105, 73 = BStBl. II 2002, 618, Rn. 197.

332 BVerfG, Urt. v. 10.04.2018 – 1 BvR 1236/11, BStBl. II 2018, 303, Rn. 108; BVerfG, Urt. v. 05.11.2014 – 1 BvF 3/11, BVerfGE 137, 350, Rn. 43; BVerfG, Beschl. v. 15.01.2014 – 1 BvR 1656/09, BVerfGE 135, 126, Rn. 56; BVerfG, Beschl. v. 14.07.2006 – 2 BvR 375/00, BFH/NV 2007, 235, Rn. 6; BVerfG, Beschl. v. 26.01.1994 – 1 BvL 12/86, BVerfGE 89, 346, Rn. 24; BVerfG, Beschl. v. 29.05.1990 – 1 BvL 20/84, BVerfGE 82, 60 = BStBl. II 1990, 653, Rn. 103; BVerfG, Beschl. v. 22.02.1984 – 1 BvL 10/80, BVerfGE 66, 214 = BStBl. II 1984, 357, Rn. 24; BVerfG, Urt. v. 03.11.1982 – 1 BvR 620/78, BVerfGE 61, 319 = BStBl. II 1982, 717, Rn. 75; BVerfG, Beschl. v. 19.12.1978 – 1 BvR 335/76, BVerfGE 50, 57 = BStBl. II 1979, 308, Rn. 65; BVerfG, Beschl. v. 23.11.1976 – 1 BvR 150/75, BVerfGE 43, 108 = BStBl. II 1977, 135, Rn. 27; BVerfG, Urt. v. 24.01.1962 – 1 BvL 32/57, BVerfGE 13, 290, Rn. 26 f.; BVerfG, Beschl. v. 14.04.1959 – 1 BvL 23/57, 1 BvL 34/57, BVerfGE 9, 237, Rn. 24; BVerfG, Beschl. v. 24.06.1958 – 2 BvF 1/57, BVerfGE 8, 51, Rn. 8; BVerfG, Beschl. v. 17.01.1957 – 1 BvL 4/54, BVerfGE 6, 55 = BStBl. I 1957, 193, Rn. 38; BFH, Beschl. v. 25.09.2017 – IX S 17/17, BFH/NV 2017, 1603, Rn. 33; BFH, Urt. v. 17.02.1976 – VIII R 34/75, BFHE 118, 221 = BStBl. I II, 387, Rn. 8; BFH, Urt. v. 06.07.1973 – VI R 253/69, BFHE 110, 119 = BStBl. 1973, 754, Rn. 26.

333 BVerfG, Beschl. v. 15.01.2014 – 1 BvR 1656/09, BVerfGE 135, 126, Rn. 58; BVerfG, Urt. v. 03.11.1982 – 1 BvR 620/78, BVerfGE 61, 319 = BStBl. II 1982, 717, Rn. 75; BVerfG, Beschl. v. 22.02.1984 – 1 BvL 10/80, BVerfGE 66, 214 = BStBl. II 1984, 357, Rn. 24; *Papier*, DStR 2003, 973 (975); *Birk*, Das Leistungsfähigkeitsprinzip als Maßstab der Steuernormen, 1983, S. 1 f.; BT-Drs. 7/1470, S. 211 f.; vgl. *Kirchhof, F.*, BB 2017, 662(664).

wann diese erschöpft ist, ist abstrakt schwer zu bestimmen.[334] Soll jeder nach seiner persönlichen Leistungsfähigkeit besteuert werden, ergibt sich daraus, dass bestimmte persönliche oder sachliche Verhältnisse des Steuerpflichtigen, die seine Leistungsfähigkeit mindern, zu berücksichtigen sind.[335]

Bei der Besteuerung nach der Leistungsfähigkeit wird zwischen horizontaler und vertikaler Steuergerechtigkeit unterschieden. Steuerpflichtige müssen bei gleicher Leistungsfähigkeit gleich hoch besteuert werden. Darüber hinaus muss die Steuerbelastung höherer Einkommen im Vergleich mit der Belastung niedrigerer Einkommen gerecht verteilt sein.[336]

(2) Folgerichtigkeit

Während dem Gesetzgeber bei der Auswahl des Steuergegenstands und der Bestimmung des Steuersatzes ein weitreichender Entscheidungsspielraum zukommt, verpflichtet das Gebot der Folgerichtigkeit ihn dazu, eine einmal getroffene Belastungsentscheidung auch folgerichtig im Sinne einer Gleichheit im Belastungserfolg

---

334 BVerfG, Beschl. v. 23.11.1976 – 1 BvR 150/75, BVerfGE 43, 108 = BStBl. II 1977, 135, Rn. 28; BFH, Urt. v. 06.07.1973 – VI R 253/69, BFHE 110, 119 = BStBl. 1973, 754, Rn. 26.

335 BVerfG, Beschl. v. 23.11.1976 – 1 BvR 150/75, BVerfGE 43, 108 = BStBl. II 1977, 135, Rn. 28; BFH, Urt. v. 06.07.1973 – VI R 253/69, BFHE 110, 119 = BStBl. 1973, 754, Rn. 26 f.; *Gersch* in: Klein, AO, 14. Aufl. 2018, § 3 Rn. 18.

336 BVerfG, Nichtannahmebeschl. v. 22.05.2009 – 2 BvR 310/07, BStBl. II 2009, 884, Rn. 34; BVerfG, 09.12.2008 – 2 BvL 1/07, BVerfGE 122, 210, Rn. 57; BVerfG, Vorlagebeschl. v. 10.01.2008 – VI R 17/07, BFHE 219, 358 = BStBl. II 2008, 234, Rn. 82; BVerfG, Beschl. v. 14.07.2006 – 2 BvR 375/00, BFH/NV 2007, 235, Rn. 6; BVerfG, Beschl. v. 08.06.2004 – 2 BvL 5/00, BVerfGE 110, 412, Rn. 66; BVerfG, Beschl. v. 04.12.2002 – 2 BvR 400/98, BVerfGE 107, 27, Rn. 52; BVerfG, Urt. v. 06.03.2002 – 2 BvL 17/99, BVerfGE 105, 73 = BStBl. II 2002, 618, Rn. 198; BVerfG, Beschl. v. 05.02.2002 – 2 BvR 305/93, BVerfGE 105, 17, Rn. 88; BVerfG, Beschl. v. 29.05.1990 – 1 BvL 20/84, BVerfGE 82, 60 = BStBl. II 1990, 653, Rn. 112; BFH, Urt. v. 29.08.2017 – VIII R 23/15, BFHE 259, 336, Rn. 15; BFH, Urt. v. 24.11.2016 – IV R 46/13, BFHE 256, 91 = BStBl. II 2017, 268, Rn. 29; BFH, Urt. v. 28.07.2015 – VIII R 2/09, BFHE 251, 162 = BStBl. II 2016, 447, Rn. 42; BFH, Urt. v. 24.10.2012 – IX R 36/11, BFHE 239, 334 = BStBl. II 2013, 164, Rn. 11; BFH, Urt. v. 08.07.2010 – VI R 10/08, BFHE 230, 352 = BStBl. II 2011, 32, Rn. 12; BFH, Beschl. v. 21.09.2009 – GrS 1/06, BFHE 227, 1 = BStBl. II 2010, 672, Rn. 109; BFH, Urt. v. 26.11.2008 – X R 53/06, BFHE 223, 435 = BStBl. II 2009, 376, Rn. 30; BFH, Urt. v. 23.04.2008 – X R 32/06, BFHE 221, 102 = BStBl. II 2009, 7, Rn. 27; BFH, Urt. v. 20.07.2006 – III R 8/04, BFHE 214, 347 = BStBl. II 2006, 883, Rn. 33; *Kischel* in: BeckOK GG, Online-Ausgabe (Stand: August 2018), Art. 3 Rn. 147; zur Problematik der Bestimmung der vertikalen Leistungsfähigkeit vgl. *Kirchhof, F.*, BB 2017, 662 (666 f.); *Weber-Grellet*, Steuern im modernen Verfassungsstaat, 2001, S. 167 f.

umzusetzen.[337] Dabei bezieht sich die Folgerichtigkeit nicht nur auf die inhaltliche Ausgestaltung, sondern auch auf den Vollzug der Steuergesetze.[338]

b) Rechtsanwendungsgleichheit

Das Gebot der Rechtsanwendungsgleichheit ist an die Finanzverwaltung und die Finanzgerichte gerichtet. Rechtsanwendungsgleichheit bedeutet, dass alle Fälle, die den Tatbestand einer Rechtsnorm verwirklichen, nach dieser Rechtsnorm behandelt werden müssen.[339] Die Finanzverwaltung ist demnach verpflichtet, die Steuergesetze auf alle Steuerpflichtigen gleichermaßen anzuwenden und gleichmäßig durchzusetzen.[340] Aus einer gesetzeswidrigen Verwaltungspraxis, nach der gleichartige Vorgänge nicht besteuert werden, resultiert allerdings kein Anspruch auf eine gleichmäßige Behandlung im Sinne einer Nichtbesteuerung. Denn Art. 3 Abs. 1 GG gewährt keine Gleichheit im Unrecht.[341]

---

337 BVerfG, Beschl. v. 01.04.2014 – 2 BvL 2/09, BVerfGE 136, 127, Rn. 51; BVerfG, Beschl. v. 12.10.2010 – 1 BvL 12/07, BVerfGE 127, 224, Rn. 51; BVerfG, Beschl. v. 21.07.2010 – 1 BvR 611/07, BVerfGE 126, 400, Rn. 80; BVerfG, Nichtannahmebeschl. v. 22.05.2009 – 2 BvR 310/07, BStBl. II 2009, 884, Rn. 34; BVerfG, 09.12.2008 – 2 BvL 1/07, BVerfGE 122, 210, Rn. 57; BVerfG, Beschl. v. 04.12.2002 – 2 BvR 400/98, BVerfGE 107, 27, Rn. 51; BVerfG, Urt. v. 06.03.2002 – 2 BvL 17/99, BVerfGE 105, 73 = BStBl. II 2002, 618, Rn. 198; BVerfG, Kammerbeschl. v. 10.11.1999 – 2 BvR 1820/92, BVerfGE 101, 151 = BStBl. II 2002, 158, Rn. 10; BVerfG, Beschl. v. 29.10.1999 – 2 BvR 1264/90, BVerfGE 101, 132, Rn. 20; BVerfG, Beschl. v. 11.11.1998 – 2 BvL 10/95, BVerfGE 99, 280, Rn. 46; BVerfG, Beschl. v. 30.09.1998 – 2 BvR 1818/91, BVerfGE 99, 88, Rn. 23; BVerfG, Beschl. v. 22.06.1995 – 2 BvL 37/91, BVerfGE 93, 121, Rn. 46; BVerfG, Urt. v. 27.06.1991 – 2 BvR 1493/89, BVerfGE 84, 239 = BStBl. II 1991, 654, Rn. 108; BFH, Urt. v. 14.06.2018 – III R 35/15, BFHE 261, 558 = BStBl. II 2018, 662, Rn. 20; BFH, Urt. 08.12.2016 – IV R 55/10, BFHE 256, 519 = BStBl. II 2017, 722, Rn. 25; BFH, Vorlagebeschl. v. 17.07.2014 – VI R 38/12, juris Rn. 64; BFH, Beschl. v. 13.03.2012 – I B 111/11, BFHE 236, 501 = BStBl. II 2012, 611, Rn. 30; BFH, Urt. v. 06.10.2009 – I R 39/09, BFH/NV 2010, 470, Rn. 10; BFH, Beschl. v. 04.12.2006 – GrS 1/05, BFHE 216, 168 = BStBl. II 2007, 508, Rn. 96; BFH, Urt. 01.06.2004 – IX R 35/01, BFHE 206, 273 = BStBl. 2005, 26, Rn. 17; BFH, Vorlagebeschluss v. 16.07.2002 – IX R 62/99, BFHE 199, 451 = BStBl. 2003, 74, Rn. 50; BFH, Beschl. 29.10.1997 – X R 183/96, BFHE 184, 355 = BStBl. II 1998, 332, Rn. 56.

338 *Drüen* in: Schön/Beck (Hrsg.), Zukunftsfragen des deutschen Steuerrechts, 2009, 1 (7).

339 *Jansen*, Das Steuerverfahren im Spannungsfeld von Europa- und Verfassungsrecht, 2012, S. 221; *Seer*, Verständigungen in Steuerverfahren, 1996, S. 225.

340 BFH, Urt. v. 20.06.1989 – VIII R 82/86, BStBl. II 1989, 836, Rn. 29; *Seer* in: Tipke/Kruse, AO/FGO, Losebl. (Stand: Januar 2017), § 85 AO Rn. 8; *Söhn* in: HHSp, AO/FGO, Losebl. (Stand: August 2016), § 85 AO Rn. 11; *Schmidt/Schmitt* in: Mellinghoff/Schön/Viskorf (Hrsg.), FS Spindler, 2011, 529 (531); *Birk*, StVj 1991, 310 (312).

341 BVerfG, Nichtannahmebeschl. v. 09.10.2000 – 1 BvR 1627/95, juris Rn. 52; BVerfG, Kammerbeschluss v. 28.06.1993 – 1 BvR 390/89, NVwZ 1994, 475 (476), Rn. 13; BVerfG, Beschl. v. 17.01.1969 – 1 BvL 25/77, BVerfGE 50, 142, Rn. 59; BVerfG, Beschl.

3. Verfassungsrechtliche Maßstäbe an die Steuererhebung in der Massenfallverwaltung

Die Verfassung enthält zwar keine expliziten Vorgaben bezüglich des Vollzugsauftrags der Finanzverwaltung und der Reichweite ihrer Ermittlungspflichten. Sie gibt jedoch mit den verfassungsrechtlichen Prinzipien der Gesetzmäßigkeit, Gleichmäßigkeit sowie der Verhältnismäßigkeit und dem Gebot der Wirtschaftlichkeit einen äußeren Rahmen, der bei der Steuererhebung zu beachten und einzuhalten ist.[342]

a) Herstellung von Gleichheit im Belastungserfolg im Großen und Ganzen

Im Zinsurteil hatte das Bundesverfassungsgericht noch betont, dass die Finanzverwaltung zur Gewährleistung von Belastungsgleichheit verpflichtet ist, die Besteuerungsvorgaben in strikter Legalität umzusetzen.[343] Dem lag die Überlegung zugrunde, dass die Gesetze zwangsläufig gleich angewandt werden, wenn alle Steuerpflichtigen nach dem Gesetz tatsächlich besteuert werden (Egalität durch Legalität).[344] Der Grundsatz, dass durch gesetzmäßiges Verwaltungshandeln Rechtsanwendungsgleichheit erreicht wird, gilt jedoch nicht uneingeschränkt. Zwar sind

---

v. 12.02.1969 – 1 BvR 687/62, BVerfGE 25, 216 = BStBl. II, 1969, 364, Rn. 48; BFH, Urt. v. 17.05.2017 – V R 52/13, BFHE 258, 124 = BStBl. II 2018, 218, Rn. 37; BFH, Urt. v. 24.01.2013 – V R 34/11, BFHE 239, 552 = BStBl. II 2013, 460, Rn. 35; BFH, Beschl. v. 01.07.2010 – V B 62/09, BFH/NV 2010, 2136, Rn. 7; BFH, Beschl. v. 15.01.2008 – VIII B 61/07, juris Rn. 7; BFH, Beschl. v. 13.02.2007 – II B 32/06, BFH/NV 2007, 966, Rn. 5; BFH, Beschl. v. 18.07.2002 – V B 112/01, BFHE 199, 77 = BStBl. II 2003, 675, Rn. 21; BFH, Urt. v. 29.08.2000 – VII R 42/00, BFHE 192, 372 = BStBl. II 2001, 118, Rn. 17; BFH, Urt. 14.06.1991 – VI R 185/87, BFHE 165, 208 = BStBl. II 1991, 926, Rn. 34; BFH, Urt. v. 30.10.1990 – VII R 110/88, BFHE 163, 496, Rn. 8; BFH, Urt. v. 20.06.1989 – VIII R 82/86, BStBl. II 1989, 836, Rn. 29; BFH, Urt. v. 04.06.1987 – V R 9/79, BFHE 150, 192 = BStBl. II, 1987, 653, Rn. 20; BFH, Urt. v. 15.01.1986 – II R 141/83, BFHE 145, 453 = BStBl. II, 1986, 418, Rn. 28; BFH, Urt. v. 24.10.1985 – IV R 75/84, BFHE 145, 302 = BStBl. II, 1986, 233, Rn. 20; BFH, Urt. v. 05.12.1963 – IV 375/60 U, BFHE 78, 379, Rn. 10; BFH, Urt. v. 20.07.1956 – III 195/54 U, BFHE 63, 155, Rn. 5; *Rätke* in: Klein, AO, 14. Aufl. 2018, § 85 AO Rn. 10; *Söhn* in: HHSp, AO/FGO, Losebl. (Stand: August 2016), § 85 AO Rn. 35.

342 Seer spricht insoweit hinsichtlich der Gesetzmäßigkeit, Gleichmäßigkeit und Verhältnismäßigkeit von einem verfassungsrechtlichen Abwägungsdreieck: *Seer* in: Tipke/Kruse, AO/FGO, Losebl. (Stand: Januar 2017), § 88 AO Rn. 11; *Seer* in: Lüdicke (Hrsg.), Jahrbuch des BVStb, 2016, 55 (58).

343 BVerfG, Urt. v. 27.06.1991 – 2 BvR 1493/89, BVerfGE 84, 239 = BStBl. II 1991, 654, Rn. 109.

344 *Söhn* in: HHSp, AO/FGO, Losebl. (Stand: August 2016), § 85 AO Rn. 32; *Seer*, Verständigungen in Steuerverfahren, 1996, S. 225, 230; *Isensee*, Die typisierende Verwaltung, 1976, S. 133.

die Prinzipien der Gleichmäßigkeit und Gesetzmäßigkeit der Besteuerung nicht getrennt voneinander, sondern immer im Zusammenspiel zu betrachten. Jedoch verwirklicht sich Egalität nur dann durch Legalität, wenn der Finanzverwaltung kein Entscheidungsspielraum eingeräumt wird. Besteht ein solcher, erlangt die Rechtsanwendungsgleichheit eigenständige Bedeutung.[345]

Eigenständige Bedeutung kommt der Rechtsanwendungsgleichheit auch in der Massenfallverwaltung zu. Ein Steuervollzug, der nur noch im Großen und Ganzen auf Herstellung von Belastungsgleichheit angelegt ist, setzt die Besteuerungsvorgaben nicht mehr in strikter Legalität um. Die Ausrichtung des Steuervollzugs auf strikte Legalität ist in der Massenfallverwaltung nicht imstande, Belastungsgleichheit zu verwirklichen.[346] Der Vollzugsauftrag der Finanzverwaltung ist damit auf Herstellung von Gleichheit im Belastungserfolg im Großen und Ganzen gerichtet. Der Gleichheit im Belastungserfolg wird in der Massenfallverwaltung gegenüber der Einhaltung der strikten Legalität der Vorrang eingeräumt. Nach der neueren Rechtsprechung des Bundesverfassungsgerichts ist Ziel einer Besteuerungspraxis, die in der Massenfallverwaltung im Rahmen der gewöhnlichen Verwaltungsabläufe im Großen und Ganzen auf Gleichheit im Belastungserfolg angelegt ist, dass die Besteuerungsansprüche weitgehend durchgesetzt werden und für unzulängliche Angaben der Steuerpflichtigen ein hinreichendes Entdeckungsrisiko besteht. Bleibt eine unzulängliche Erklärung des Steuerpflichtigen ohne hinreichendes Entdeckungsrisiko, ist darin bereits ein Anhaltspunkt für einen ungleichmäßigen Belastungserfolg zu sehen.[347]

Die Gleichheit im Belastungserfolg kann nicht nur verfehlt werden, wenn ein materieller Steuertatbestand gleichheitswidrig normiert ist, sondern auch wenn das Erhebungsverfahren gleichheitswidrig ausgestaltet ist. Das Bundesverfassungsgericht hat im Zinsurteil insoweit eine einheitliche Beurteilung von materiellen Steuernormen und Steuererhebungsregeln festgelegt, dass die rechtliche Gestaltung des Erhebungsverfahrens die Verfassungswidrigkeit der materiellen Steuernorm nach sich ziehen kann. Das materielle Steuergesetz ist danach zunächst in ein normatives Umfeld einzubetten, welches die Gleichheit der Belastung auch hinsichtlich des tatsächlichen Erfolges prinzipiell gewährleistet.[348] Die materiellen Steuernormen müssen die Gewähr für ihre regelmäßige Durchsetzbarkeit so weit wie möglich in sich tragen.[349] Ihnen kommt damit eine Gewährleistungsfunktion für die Gleichheit im Belastungserfolg zu.

---

345 *Eckhoff*, Rechtsanwendungsgleichheit im Steuerrecht, 1999, S. 482.

346 Vgl. *Eckhoff*, Rechtsanwendungsgleichheit im Steuerrecht, 1999, S. 525 f.

347 BVerfG, Urt. v. 09.03.2004 – 2 BvL 17/02, BVerfGE 110, 94 = BStBl. II 2005, 56, Rn. 63, 68.

348 BVerfG, Urt. v. 27.06.1991 – 2 BvR 1493/89, BVerfGE 84, 239 = BStBl. II 1991, 654, Rn. 109; BVerfG, Nichtannahmebeschl. v. 29.08.2006 – 1 BvR 1673/06, BVerfGK 9, 118 = BFH/NV 2007, Beilage 3, 299, Rn. 12.

349 BVerfG, Urt. v. 27.06.1991 – 2 BvR 1493/89, BVerfGE 84, 239 = BStBl. II 1991, 654, Rn. 110.

Neben dem materiellen Recht muss auch das Verfahrensrecht so ausgestaltet sein, dass Belastungsgleichheit gewährleistet wird.[350] Dazu sind die materiellen Steuergesetze und ihre Erhebungsregeln aufeinander abzustimmen. Führen Erhebungsregeln dazu, dass der gleichmäßige Belastungserfolg prinzipiell verfehlt wird, weil sie sich strukturell gegenläufig auswirken, schlägt das Defizit der Erhebungsregel auf den Besteuerungstatbestand durch.[351] Konkretisierend dazu stellte das Bundesverfassungsgericht mit Urteil vom 09.03.2004 fest, dass nicht jede empirische Ineffizienz von Rechtsnormen ohne weiteres zur Gleichheitswidrigkeit führt. Verboten ist jedoch der Widerspruch zwischen dem normativen Befehl der materiell pflichtbegründenden Steuernorm und der nicht auf Durchsetzung angelegten Erhebungsregel.[352] Das normative Defizit des widersprüchlich auf Ineffektivität angelegten Rechts führt zur Gleichheitswidrigkeit[353] und damit zur Verfassungswidrigkeit der materiellen Steuernorm. Schließen Erhebungsregeln Kontrollen aus, indem sie die Steuerbelastung fast ausschließlich auf die Erklärungsbereitschaft der Steuerpflichtigen stützen, wird dadurch ein gleichmäßiger Belastungserfolg nicht mehr gewährleistet.[354]

---

350 BVerfG, Urt. v. 27.06.1991 – 2 BvR 1493/89, BVerfGE 84, 239 = BStBl. II 1991, 654, Rn. 109; BVerfG, Urt. v. 09.03.2004 – 2 BvL 17/02, BVerfGE 110, 94 = BStBl. II 2005, 56, Rn. 70; Nichtannahmebeschl. v. 29.08.2006 – 1 BvR 1673/06, BVerfGK 9, 118 = BFH/NV 2007, Beilage 3, 299, Rn. 11.

351 BVerfG, Urt. v. 27.06.1991 – 2 BvR 1493/89, BVerfGE 84, 239 = BStBl. II 1991, 654, Rn. 104.

352 BVerfG, Nichtannahmebeschl. v. 07.05.2008 – 2 BvR 2392/07, BVerfGK 13, 544, Rn. 16; BVerfG, BVerfG, Nichtannahmebeschl. v. 10.03.2008 – 2 BvR 2077/05, NJW 2008, 2637 (2637), Rn. 14; BVerfG, Nichtannahmebeschl. v. 10.01.2008 – 2 BvR 294/06, BFH/NV 2008, 161, Rn. 18; BVerfG, Urt. v. 09.03.2004 – 2 BvL 17/02, BVerfGE 110, 94 = BStBl. II 2005, 56, Rn. 64; BFH, Beschl. v. 14.02.2006 – VIII B 107/04, BFHE 212, 285 = BStBl. II 2006, 523, Rn. 19; BFH, Urt. v. 29.11.2005 – IX R 49/04, BFHE 211, 330 = BStBl. 2006, 178, Rn. 19.

353 BVerfG, Nichtannahmebeschl. v. 07.05.2008 – 2 BvR 2392/07, BVerfGK 13, 544, Rn. 16; BVerfG, Nichtannahmebeschl. v. 10.03.2008 – 2 BvR 2077/05, NJW 2008, 2637 (2637), Rn. 14; BVerfG, Nichtannahmebeschl. v. 10.01.2008 – 2 BvR 294/06, BFH/NV 2008, 161, Rn. 18; BVerfG, Urt. v. 09.03.2004 – 2 BvL 17/02, BVerfGE 110, 94 = BStBl. II 2005, 56, Rn. 64; BFH, Urt. v. 20.10.2010 – I R 177/08, BFHE 232, 15, Rn. 21; BFH, Beschl. v. 14.02.2006 – VIII B 107/04, BFHE 212, 285 = BStBl. II 2006, 523, Rn. 19; BFH, Urt. v. 29.11.2005 – IX R 49/04, BFHE 211, 330 = BStBl. 2006, 178, Rn. 19; *Eckhoff*, Rechtsanwendungsgleichheit im Steuerrecht, 1999, S. 527 ff.; *Bryde*, Die Effektivität von Recht als Rechtsproblem, 1993, S. 20 f.

354 BVerfG, Urt. v. 27.06.1991 – 2 BvR 1493/89, BVerfGE 84, 239 = BStBl. II 1991, 654, Rn. 113.

b) Gebot der Wirtschaftlichkeit

Das Wirtschaftlichkeitsgebot ist als solches ein eigenständiges Verfassungsprinzip,[355] welches in der Verpflichtung staatlichen Handelns zur Wahrung und Förderung des Gemeinwohls verankert ist. Alle staatlichen Handlungen finden ihre Rechtfertigung im Gemeinwohl.[356] Denn über öffentliche Ressourcen verfügt der Staat nur als „Treuhänderin der Allgemeinheit".[357] Diese Ausprägung des Wirtschaftlichkeitsgebotes ist explizit im Grundgesetz angelegt. Art. 114 Abs. 2 GG verpflichtet zur Wirtschaftlichkeit und Sparsamkeit in der Haushalts- und Wirtschaftsführung. Wirtschaftlichkeit wird dadurch zum Kontroll- und Handlungsmaßstab.[358] Gem. Art. 108 Abs. 4 S. 1 GG kann durch Bundesgesetz, das der Zustimmung des Bundesrates bedarf, bei der Verwaltung von Steuern ein Zusammenwirken von Bundes- und Landesfinanzbehörden und für andere Steuern die Verwaltung durch Bundesfinanzbehörden vorgesehen werden, wenn und soweit dadurch der Vollzug der Steuergesetze erheblich verbessert oder erleichtert wird. Dadurch wird das Gebot einer effizienten Steuerverwaltung betont.[359]

(1) Begriff der Wirtschaftlichkeit

Allgemein bezeichnet Wirtschaftlichkeit das Verhältnis zwischen Zweck und Mittel.[360] Ökonomisch ist zwischen dem Minimal- und dem Maximalprinzip zu

---

355 BFH, Urt. v. 22.10.2014 – X R 18/14, BStBl. II 2015, 371, Rn. 45; VerfGH NRW, Urt. v. 02.09.2003 – 6/02, OVGE 49, 278, Rn. 47; VerfGH Rlp, Urt. v. 20.11.1996 – VGH N 3/96, NVwZ 1998, 145 (149); *Müller-Franken*, StuW 2018, 113 (117 f.); *Seer* in: Tipke/Lang/Seer (Hrsg.), Steuerrecht, 2018, § 21 Rn. 3; *Wagner* in: Kühn/von Wedelstädt, AO/FGO, 22. Aufl. 2018, § 88 AO Rn. 2; *Seer* in: Tipke/Kruse, AO/FGO, Losebl. (Stand: Januar 2017), § 88 AO Rn. 13; *Seer*, SteuerStud 2010, 369 (373); *Seer* in: Widmann (Hrsg.), Steuervollzug im Rechtsstaat, 2008, 7 (17); v. *Arnim*, Wirtschaftlichkeit als Rechtsprinzip, 1988, S. 71; a.A. *Volquardsen* in: Schwarz et al., Erstkomm. StModG, 2017, § 88 AO Rn. 4.

356 VerfGH Rlp, Urt. v. 20.11.1996 – VGH N 3/96, NVwZ-RR 1998, 145 (149); *Isensee* in: Axer et al. (Hrsg.), Handbuch des Staatsrechts der Bundesrepublik Deutschland, Bd. IV, 2007, 3 (12); *Schmidt-Aßmann*, Das allgemeine Verwaltungsrecht als Ordnungsidee, 2006, S. 287; *Müller-Franken*, Maßvolles Verwalten, 2004, S. 75; *Brugger*, AöR (119) 1994, 1 (2).

357 *Seer* in: Tipke/Kruse, AO/FGO, Losebl. (Stand: Januar 2017), § 88 AO Rn. 13; *Seer* in: Lüdicke (Hrsg.), Jahrbuch des BVStb, 2016, 55 (59); *Seer* in: Widmann (Hrsg.), Steuervollzug im Rechtsstaat, 2008, 7 (18).

358 *Müller-Franken*, Maßvolles Verwalten, 2004, S. 76.

359 Vgl. BFH, Urt. v. 22.10.2014 – X R 18/14, BStBl. II 2015, 371, Rn. 45; *Seer/Drüen* in: Kluth/Butzer, Föderalismusreformgesetz, 2007, Art. 108 GG Rn. 31.

360 BGH, Beschl. v. 26.11.2015 – 3 StR 17/15, BGHSt 61, 48, Rn. 82; *Eichhorn/Merk*, Das Prinzip Wirtschaftlichkeit, 4. Aufl. 2016, S. 177; *Schierenbeck/Wöhle*, Grundzüge der Betriebswirtschaftslehre, 19. Aufl. 2016, S. 6; *Schmidt-Aßmann*, Das allgemeine Verwaltungsrecht als Ordnungsidee, 2006, S. 316 f.

differenzieren. Beim Minimalprinzip wird versucht, ein bestimmtes Ziel mit möglichst geringen Mitteln zu erreichen. Das Maximalprinzip dagegen versucht mit einem festen Budget einen größtmöglichen Nutzen zu erreichen.[361] In Bezug auf öffentliche Aufgaben ist Wirtschaftlichkeit anders zu verstehen als das ökonomische Prinzip in der Betriebswirtschaftslehre.[362] Bezogen auf staatliche Maßnahmen ist Wirtschaftlichkeit nicht gleichzusetzen mit Gewinnmaximierung, sondern entfaltet seine Bedeutung in einer effektiven und effizienten Erfüllung öffentlicher Aufgaben.[363] Insofern bedeutet das Wirtschaftlichkeitsgebot, dass zwischen dem zu erreichenden Ziel und den eingesetzten Mitteln das günstigste Verhältnis, also eine bestmögliche Kosten-Nutzen-Relation, hergestellt werden soll,[364] sodass die öffentlichen Ressourcen bestmöglich genutzt werden.

Unter dem Aspekt der Kosten erfordert wirtschaftliches Verwaltungshandeln insbesondere einen schonenden Umgang mit öffentlichen, steuerfinanzierten Ressourcen.[365] Zu einem schonenden Umgang mit öffentlichen Ressourcen tragen

---

361 BGH, Beschl. v. 26.11.2015 – 3 StR 17/15, BGHSt 61, 48, Rn. 82; VerfGH Rlp, Urt. v. 20.11.1996 – VGH N 3/96, NVwZ-RR 1998, 145 (149); *Jung*, Allgemeine Betriebswirtschaftslehre, 13. Aufl. 2016, S. 6 f.; *Schierenbeck/Wöhle*, Grundzüge der Betriebswirtschaftslehre, 19. Aufl. 2016, S. 5; *Eichhorn/Merk*, Das Prinzip Wirtschaftlichkeit, 4. Aufl. 2016, S. 179 f.; *Lewinski/Burbat* in: Lewinski/Burbat, BHO, 2013, § 7 Rn. 5; *Kube* in: Maunz/Dürig, GG, Losebl. (Stand: Oktober 2008), Art. 114 Rn. 102; *Schmidt-Aßmann*, Das allgemeine Verwaltungsrecht als Ordnungsidee, 2006, S. 317; *Timmermann* in: v. Arnim (Hrsg.), Wirtschaftlichkeit in Staat und Verwaltung, 1993, 43 (51); v. *Arnim*, Wirtschaftlichkeit als Rechtsprinzip, 1988, S. 2 f.; *v. Arnim*, DVBl. 1983, 664 (664).

362 *Gaentzsch*, DÖV 1998, 952 (954); vgl. *Roser* in: Gosch, AO/FGO, Losebl. (Stand: Juni 2018), § 88 AO Rn. 61; *Timmermann* in: Arnim (Hrsg.), Wirtschaftlichkeit in Staat und Verwaltung, 1993, 43 (51 ff.).

363 *Seer* in: Tipke/Lang/Seer (Hrsg.), Steuerrecht, 2018, § 21 Rn. 3; *Seer* in: Tipke/Kruse, AO/FGO, Losebl. (Stand: Januar 2017), § 88 AO Rn. 14; *Seer* in: Lüdicke (Hrsg.), Jahrbuch des BVStb, 2016, 55 (58); *Seer* in: Widmann (Hrsg.), Steuervollzug im Rechtsstaat, 2008, 7 (18 f.); *Müller-Franken*, Maßvolles Verwalten, 2004, S. 101 f.; *Gaentzsch*, DÖV 1998, 952 (954); vgl. *Sarrazin* in: v. Arnim (Hrsg.), Wirtschaftlichkeit in Staat und Verwaltung, 1993, 19 (21).

364 BGH, Beschl. v. 26.11.2015 – 3 StR 17/15, BGHSt 61, 48, Rn. 82; VerfGH NRW, Urt. v. 02.09.2003 – 6/02, OVGE 49, 278, Rn. 48; *Roser* in: Gosch, AO/FGO, Losebl. (Stand: Juni 2018), § 88 AO Rn. 61; *Lewinski/Burbat* in: Lewinski/Burbat, BHO, 2013, § 7 Rn. 3; *Kube* in: Maunz/Dürig, GG, Losebl. (Stand: Oktober 2008), Art. 114 Rn. 104; *Seer* in: Widmann (Hrsg.), Steuervollzug im Rechtsstaat, 2008, 7 (18); Müller-Franken behandelt die Fragestellung unter dem Gesichtspunkt der (formellen) Effizienz: *Müller-Franken*, Maßvolles Verwalten, 2004, S. 101 f.; v. Arnim, DVBl. 1983, 664 (664).

365 Vgl. *Drüen* in: DFGT 2011/2012, 253 (262 f.); *Seer* in: Widmann (Hrsg.), Steuervollzug im Rechtsstaat, 2008, 7 (18); *Seer/Drüen* in: Kluth/Butzer, Föderalismusreformgesetz, 2007, Art. 108 GG Rn. 31; *Schmidt-Aßmann*, Das allgemeine Verwaltungsrecht als Ordnungsidee, 2006, S. 319.

hinsichtlich des Steuervollzugs vor allem möglichst geringe Erhebungskosten bei. Bei den Erhebungskosten handelt es sich um Kosten, die notwendigerweise anfallen, um die Steuereinnahmen einzutreiben, ohne dabei jedoch selbst einen Mehrwert zu generieren. Mit höheren Erhebungskosten sind nicht zwangsläufig Mehreinnahmen verbunden. Um einen schonenden Umgang mit öffentlichen Ressourcen sicherzustellen, sind die Erhebungskosten so gering zu halten, dass die Steuereinnahmen nicht durch die Erhebungskosten aufgezehrt werden.[366]

Das Wirtschaftlichkeitsgebot ist als Verfassungsprinzip zugleich Handlungsmaxime für die Verwaltung[367] und begrenzt als solche die Ermittlungspflichten der Finanzverwaltung. Daraus folgt, dass die Finanzverwaltung von Verfassung wegen zu einer effizienten Arbeitsweise verpflichtet ist und daher bei der Ausgestaltung des Steuervollzugs auch wirtschaftliche Aspekte berücksichtigen muss.

Über die Bedeutung wirtschaftlicher Aspekte im Besteuerungsverfahren wird seit Langem diskutiert. Bereits Adam Smith betonte die Wirtschaftlichkeit als einen von vier elementaren Besteuerungsgrundsätzen.[368] Das Bundesverfassungsgericht nahm erstmals in seinem Urteil vom 20.06.1973 zur Rolle von wirtschaftlichen Erwägungen im Besteuerungsverfahren grundlegend Stellung.[369] Danach können im Rahmen der Sachverhaltsermittlung durch die Finanzbehörden Erwägungen mitspielen, die im Ergebnis Zweckmäßigkeitserwägungen gleichzustellen sind. Dabei kann auch auf das Verhältnis zwischen dem voraussichtlichen Arbeitsaufwand und dem steuerlichen Erfolg abgestellt werden. Auch die Erwägung, in welchem Maße sie durch ein zu erwartendes finanzgerichtliches Verfahren belastet werden, kann berücksichtigt werden.[370]

(2) Verhältnis von Wirtschaftlichkeit zu Gesetzmäßigkeit und Gleichmäßigkeit

Das Gebot der Wirtschaftlichkeit steht den Prinzipien der Gesetzmäßigkeit und Gleichmäßigkeit der Besteuerung nicht gleichwertig gegenüber.[371] Es entfaltet seine Relevanz vielmehr als Abwägungsgegenstand und Rechtfertigungsgrund.

---

366 Vgl. BVerfG, Beschl. v. 31.05.1988 – 1 BvR 520/83, BVerfGE 78, 214, Rn. 42; *Smith*, An Inquiry into the nature and causes of the wealth of nations, 2001, S. 1105.

367 *Gaentzsch*, DÖV 1998, 952 (952); v. *Arnim*, Wirtschaftlichkeit als Rechtsprinzip, 1988, S. 71.

368 *Smith*, An Inquiry into the nature and causes of the wealth of nations, 2001, S. 1105.

369 BVerfG, Beschl. v. 20.06.1973 – 1 BvL 9/71, 1 BvL 10/71, BStBl. II 1973, 720.

370 BVerfG, Beschl. v. 20.06.1973 – 1 BvL 9/71, 1 BvL 10/71, BStBl. II 1973, 720, Rn. 32; AEAO (2017) § 88 Rn. 3.

371 *Drüen* in: DFGT 2015/2016/2017, 250 (255); *Seer* in: Tipke/Kruse, AO/FGO, Losebl. (Stand: Januar 2017), § 88 AO Rn. 15; *Maier*, JZ 2017, 614 (616); *Seer* in: Lüdicke (Hrsg.), Jahrbuch des BVStb, 2016, 55 (61); *Müller-Franken*, Maßvolles Verwalten, 2004, S. 102; *Gaentzsch*, DÖV 1998, 952 (953); vgl. *Ahrendt* in: DFGT 2013/2014, 49 (56).

Dem Gebot der Wirtschaftlichkeit kommt damit nur eine dienende Funktion zu.[372] Um einen optimalen Einsatz der begrenzten Ressourcen zu verwirklichen, ist es im Wege der praktischen Konkordanz mit den Prinzipien der Gesetzmäßigkeit und Gleichmäßigkeit der Besteuerung in Einklang zu bringen. Effiziente bzw. wirtschaftliche Verwaltung darf dabei keinesfalls bedeuten, dass versucht wird, mit begrenzten Personalressourcen ein möglichst hohes Steueraufkommen beizutreiben.[373] Vielmehr ist unter wirtschaftlichen Gesichtspunkten eine Balance zwischen den Anforderungen der Gesetzmäßigkeit und Gleichmäßigkeit herzustellen. Ziel ist dabei die Herstellung von Belastungsgleichheit im Großen und Ganzen.

c) Grundsatz der Verhältnismäßigkeit

Ermittlungsmaßnahmen der Finanzbehörden sind stets mit Eingriffen in Freiheitsgrundrechte der Steuerpflichtigen verbunden. Diesem Eingriff in die Freiheitsgrundrechte sind durch den Grundsatz der Verhältnismäßigkeit Grenzen gesetzt.[374] Der Grundsatz der Verhältnismäßigkeit findet neben den Grundsätzen der Gleichmäßigkeit und Gesetzmäßigkeit gleichwertig Beachtung[375] und begrenzt den Vollzugsauftrag der Finanzverwaltung.

Der Grundsatz der Verhältnismäßigkeit wird aus den Grundrechten und dem Rechtsstaatsprinzip abgeleitet.[376] Er ist geprägt vom Über- und Untermaßverbot.

---

372 *Volquardsen* in: Schwarz et al., Erstkomm. StModG, 2017, § 88 AO Rn. 4; *Seer* in: Tipke/Kruse, AO/FGO, Losebl. (Stand: Januar 2017), § 88 AO Rn. 15; *Seer* in: Lüdicke (Hrsg.), Jahrbuch des BVStb, 2016, 55 (61); Drüen sieht den Grundsatz der Wirtschaftlichkeit als sekundären Handlungsmaßstab der Adminstrative, Diskussionsbeitrag von Drüen, *Richter/Welling*, FR 2015, 1014 (1015); *Seer* in: Widmann (Hrsg.), Steuervollzug im Rechtsstaat, 2008, 7 (18); *Isensee*, Die typisierende Verwaltung, 1976, S. 163.

373 *Seer* in: Tipke/Kruse, AO/FGO, Losebl. (Stand: Januar 2017), § 88 AO Rn. 14; *Seer* in: Widmann (Hrsg.), Steuervollzug im Rechtsstaat, 2008, 7 (19); *Müller-Franken*, Maßvolles Verwalten, 2004, S. 37, 355; *Karl*, DStZ 2002, 598 (604); *Ondracek* in: Kley (Hrsg.), FS Ritter, 1997, 227 (230 ff.); *Tipke*, StRO III, 1993, S. 1220; zur Unvereinbarkeit eines Vollzugs, der der Regel „in dubio pro fisco" folgt, vgl. *Isensee*, Die typisierende Verwaltung, 1976, 121 f.; *Rittler*, DB 1987, 2331 (2332).

374 *Seer* in: Tipke/Kruse, AO/FGO, Losebl. (Stand: Januar 2017), § 88 AO Rn. 26; *Seer*, FR 1997, 553 (557 f.); *Seer*, Verständigungen in Steuerverfahren, 1996, S. 288 ff., 296 f.

375 *Baum* in: eKomm AO, Online-Ausgabe (Stand: April 2018), § 88 Rn. 19; s. auch die Neufassung des § 88 Abs. 2 S. 1 AO, wo die Grundsätze der Gleichmäßigkeit, Gesetzmäßigkeit und Verhältnismäßigkeit genannt sind.

376 BVerfG, Beschl. v. 12.01.2016 – 1 BvL 6/13, BVerfGE 141, 82, Rn. 53; BVerfG, stattgebender Kammerbeschl. v. 02.07.2008 – 2 BvR 1073/06, juris Rn. 16; BVerfG, stattgebender Kammerbeschl. v. 21.05.2004 – 2 BvR 715/04, NJW 2004, 3697 (3698), Rn. 24; BVerfG, stattgebender Kammerbeschl. v. 14.12.2000 – 2 BvR 1741/99, BVerfGE 103, 21, Rn. 72; BVErfG, Kammerbeschl. v. 02.08.1996 – 2 BvR 1511/96, NJW 1996, 3071 (3072), Rn. 16; BVerfG, Urt. v. 15.12.1983 – 1 BvR 209/83, BVerfGE 65, 1, Rn. 151; BVerfG, Beschl. v. 15.01.1970 – 1 BvR 13/68, BVerfGE 27, 344, Rn. 23; BVerfG, Beschl.

Staatliche Eingriffe in die Rechtssphäre des Bürgers sind nur dann gerechtfertigt, wenn der Eingriff zur Erreichung des angestrebten Zwecks geeignet und erforderlich ist und nicht außer Verhältnis zur Bedeutung der Sache steht.[377] Geeignet ist eine Maßnahme, wenn mit ihr der angestrebte Zweck erreicht oder gefördert werden kann.[378] Steht kein milderes Mittel zur Verfügung, das den Zweck genauso gut erreichen oder fördern kann, ist die Maßnahme auch erforderlich.[379] Angemessen bzw. verhältnismäßig im engeren Sinn ist eine Maßnahme, wenn sie zu dem angestrebten Zweck nicht außer Verhältnis steht.[380]

Als Gebot aus dem Grundsatz der Verhältnismäßigkeit wird an die Ermittlungen der Finanzbehörden also der Anspruch gestellt, dass diese zu dem angestrebten Erfolg nicht außer Verhältnis stehen und Eingriffe in die Rechtssphäre des Beteiligten möglichst gering gehalten werden.[381] Bei mehreren Möglichkeiten zur Ermittlung des Sachverhalts soll die Finanzbehörde diejenige Möglichkeit wählen, die eine möglichst geringe Belastung für den beteiligten Steuerpflichtigen darstellt. Die Ermittlung von Tatsachen, die für den konkreten Sachverhalt nicht relevant sind, ist mit dem Übermaßverbot nicht vereinbar.[382] Während das Übermaßverbot die Ermittlungspraxis dahingehend beschränkt, dass diese möglichst wenig belastend ist, verbietet das Untermaßverbot, dass die Finanzbehörden sich einer sehr zurückhaltenden Ermittlungspraxis bedienen.[383] Eine unverhältnismäßige

---

v. 14.11.1969 – 1 BvR 253/68, BVerfGE 27, 211, Rn. 16; BVerfG, Beschl. v. 15.12.1965 – 1 BvR 513/65, BVerfGE 19, 342, Rn. 17; *Grzeszick* in: Maunz/Dürig, GG, Losebl. (Stand: November 2006), Art. 20 VII Rn. 108.

377 BVerfG, Beschl. v. 12.01.2016 – 1 BvL 6/13, BVerfGE 141, 82, Rn. 53; BVerfG, Beschl. v. 20.06.1984 – 1 BvR 1494/78, BVerfGE 67, 157, Rn. 49; BVerfG, Beschl. v. 16.03.1971 – 1 BvR 52/66, BVerfGE 30, 292, Rn. 64; BVerfG, Beschl. v. 15.01.1970 – 1 BvR 13/68, BVerfGE 27, 344, Rn. 23; BVerfG, Urt. v. 15.12.1983 – 1 BvR 209/83, BVerfGE 65, 1, Rn. 175.

378 *Hey* in: Tipke/Lang/Seer (Hrsg.), Steuerrecht, 2018, § 3 Rn. 181; *Grzeszick* in: Maunz/Dürig, GG, Losebl. (Stand: November 2006), Art. 20 VII. Rn. 112.

379 BVerfG, Beschl. v. 12.01.2016 – 1 BvL 6/13, BVerfGE 141, 82, Rn. 53; BVerfG, Beschl. v. 16.03.1971 – 1 BvR 52/66, BVerfGE 30, 292, Rn. 64; *Hey* in: Tipke/Lang/Seer (Hrsg.), Steuerrecht, 2018, § 3 Rn. 181; *Grzeszick* in: Maunz/Dürig, GG, Losebl. (Stand: November 2006), Art. 20 VII. Rn. 113.

380 BVerfG, Beschl. v. 12.01.2016 – 1 BvL 6/13, BVerfGE 141, 82, Rn. 53 m.w.N.; *Hey* in: Tipke/Lang/Seer (Hrsg.), Steuerrecht, 2018, § 3 Rn. 181; *Grzeszick* in: Maunz/Dürig, GG, Losebl. (Stand: November 2006), Art. 20 VII. Rn. 117.

381 *Volquardsen* in: Schwarz et al., Erstkomm. StModG, 2017, § 88 AO Rn. 10; *Rätke* in: Klein, AO, 14. Aufl. 2018, § 88 Rn. 21; *Baum* in: eKomm AO, Online-Ausgabe (Stand: April 2018), § 88 Rn. 20 f.; *Seer*, SteuerStud 2010, 369 (371); *Isensee*, Die typisierende Verwaltung, 1976, S. 104; AEAO (2017) § 88 Rn. 2.

382 *Hey* in: Tipke/Lang/Seer (Hrsg.), Steuerrecht, 2018, § 3 Rn. 181.

383 *Seer* in: Lüdicke (Hrsg.), Jahrbuch des BVStb, 2016, 55 (58); *Drüen* in: DFGT 2011/2012, 253 (265); *Seer*, FR 1997, 553 (558); *Seer*, Verständigungen in Steuerverfahren, 1996, S. 298 f.

staatliche Zurückhaltung liegt vor, wenn die Finanzverwaltung für die Besteuerung erheblichen Tatsachen nicht nachgeht, obwohl sie sich ihr ohne weiteres hätten aufdrängen müssen.[384] Das Untermaßverbot ist ebenfalls verletzt, wenn strukturelle Vollzugshindernisse bestehen.[385]

Der Grundsatz der Verhältnismäßigkeit findet nicht nur Berücksichtigung bezüglich des Ermittlungsaufwands, sondern auch bezüglich des Mitwirkungsbeitrags der Steuerpflichtigen.[386] Aus dem Grundsatz der Verhältnismäßigkeit folgt, dass der Mitwirkungsbeitrag der Steuerpflichtigen nicht übermäßig sein darf. Ist ein gleichheitsgerechter Vollzug nur mittels übermäßiger Mitwirkung der Steuerpflichtigen möglich, muss der Gesetzgeber dem entgegenwirken und auf die Erhebungsart der Quellensteuer ausweichen.[387]

d) Daraus abgeleitete konkrete Anforderungen an den Steuervollzug in der Massenfallverwaltung

Aus dem äußeren Rahmen dieser verfassungsrechtlichen Vorgaben gilt es konkrete Anforderungen an den Vollzug durch die Finanzverwaltung festzulegen. Dazu ist es erforderlich, das aus den verfassungsrechtlichen Anforderungen resultierende rechtliche Sollen mit den tatsächlichen Gegebenheiten der Massenfallverwaltung und der daran gemessen begrenzten Personalressourcen in Einklang zu bringen.

Bereits im Zinsurteil hat das Bundesverfassungsgericht erkannt, dass die Einhaltung einer strikten Legalität im Massenfallverfahren nicht möglich ist. Deshalb sollen Vollzugsmängel bei der Steuererhebung, wie sie immer wieder vorkommen und sich tatsächlich ereignen, keine relevante Belastungsungleichheit darstellen. Schädlich soll nur eine Belastungsungleichheit sein, die sich strukturell auswirkt, sodass Besteuerungsansprüche weitgehend nicht durchgesetzt werden können.[388] Das Bundesverfassungsgericht hat diese Abweichung vom Legalitätsprinzip in der Massenfallverwaltung als gegeben hingenommen, ohne sie näher zu rechtfertigen.

Diese Abweichung vom Legalitätsprinzip zugunsten der Herstellung von Belastungsgleichheit im Großen und Ganzen erfährt ihre Rechtfertigung über wirtschaftliche Aspekte. Wenn die Verwirklichung der Gesetzmäßigkeit aufgrund der

384 Vgl. BFH, Urt. v. 28.06.2006 – XI R 58/05, BFHE 214, 319 = BStBl. II, 2006, 835, Rn. 16; BFH, Urt. v. 12.07.2001 – VII R 68/00, BFHE 196, 317 = BStBl. II, 2002, 44, Rn. 8; BFH, Urt. v. 16.01.1964 – V 94/61 U, BStBl. III 1964, 149, Rn. 7; *Seer* in: Tipke/Kruse, AO/FGO, Losebl. (Stand: Januar 2017), § 88 AO Rn. 23; AEAO (2017), § 88 Rn. 6.

385 *Seer* in: Lüdicke (Hrsg.), Jahrbuch des BVStb, 2016, 55 (58).

386 *Schmidt/Schmitt* in: Mellinghoff/Schön/Viskorf (Hrsg.), FS Spindler, 2011, 529 (531 f.).

387 BVerfG, Urt. v. 09.03.2004 – 2 BvL 17/02, BVerfGE 110, 94 = BStBl. II 2005, 56, Rn. 65, 70.

388 BVerfG, Urt. v. 27.06.1991 – 2 BvR 1493/89, BVerfGE 84, 239 = BStBl. II 1991, 654, Rn. 110.

tatsächlichen Gegebenheiten der Massenfallverwaltung und der daran gemessen knappen Personalressourcen nur zu Lasten der Gleichmäßigkeit erzielt werden kann, ist unter wirtschaftlichen Aspekten ein Ausgleich vorzunehmen, sodass größtmögliche Gleichmäßigkeit und Gesetzmäßigkeit verwirklicht werden. Der Gleichheitssatz gebietet gerade nicht einen Vollzug zugunsten der Gesetzmäßigkeit, sondern verlangt, dass ein Vollzug praktiziert wird, der differenziert und gewichtet, sodass am Ende Belastungsgleichheit im Großen und Ganzen hergestellt wird.

Ausgehend von der verfassungsrechtlichen Verpflichtung des Staates und des Gesetzgebers, tatsächliche Belastungsgleichheit im Großen und Ganzen herzustellen, kann es weder einen Totalvollzug noch eine vollständig oder weitestgehend unkontrollierte Besteuerung geben. Die Herstellung von tatsächlicher Belastungsgleichheit im Großen und Ganzen kann von der Finanzverwaltung nur im Wege einer Verifikation erreicht werden, bei der sie versucht, die gesetzlichen Anforderungen bestmöglich im Kontrollweg zu verwirklichen. Dabei müssen unvermeidbare Verwirklichungsdefizite zugunsten der Herstellung tatsächlicher Belastungsgleichheit im Großen und Ganzen hingenommen werden.

(1) Kein Totalvollzug

Aus der Verfassung folgt somit zum einen, dass ein Vollzug, der auf Gesetzmäßigkeit im Einzelfall gerichtet ist (sog. Totalvollzug), in der Massenfallverwaltung den verfassungsrechtlichen Vorgaben nicht genügt.[389]

Das Konzept des Totalvollzugs verfolgt die Umsetzung der Besteuerungsvorgaben in strikter Legalität, was zu einem immensen Ermittlungsaufwand für die Finanzverwaltung führt. Dadurch werden nicht nur enorm hohe Erhebungskosten erzeugt, sondern das Prinzip der Gesetzmäßigkeit auch über das Prinzip der Gleichmäßigkeit gestellt. Das Ziel, Rechtsanwendungsgleichheit im Einzelfall herzustellen, läuft ins Leere, wenn aufgrund der hohen Voraussetzungen, die eine zeitintensive Prüfung bedingt, ein Großteil der Fälle gar nicht erst bearbeitet werden kann. Kann aufgrund eines Vollzugs, der die Gesetzmäßigkeit im Einzelfall im Massenfallverfahren verwirklicht, nur noch ein (kleiner) Teil der Fälle überhaupt geprüft werden, bedeutet dies, dass der übrige Teil gar nicht geprüft wird. Auf diese Weise wird die Gleichmäßigkeit der Besteuerung auf eklatante Weise verletzt. Der Steuervollzug darf nicht so ausgestaltet sein, dass ein Prinzip zu Gunsten des anderen geopfert wird. Vielmehr ist eine Balance zwischen den knappen Verwaltungsressourcen, der Wahrung der Gesetzmäßigkeit der Besteuerung und der Sicherstellung der Rechtsanwendungsgleichheit herzustellen.[390] Die

---

389 So u.a. auch *Seer* in: Lüdicke (Hrsg.), Jahrbuch des BVStb, 2016, 55 (56 f.), wonach „ein solches Ideal angesichts des unverhältnismäßigen Freiheitseingriffs und seiner Unwirtschaftlichkeit verfassungswidrig" wäre.

390 Vgl. *Seer*, Verständigungen in Steuerverfahren, 1996, S. 234.

Ermittlungsintensität ist daher in solchem Maße zurückzunehmen, dass tatsächliche Belastungsgleichheit im Großen und Ganzen hergestellt wird.

Eine Ermittlungspraxis nach dem Prinzip des Totalvollzugs ist auch nicht mit dem Gebot der Wirtschaftlichkeit vereinbar. Das Gebot der Wirtschaftlichkeit gebietet gerade eine Ermittlungspraxis, welche ein angemessenes Verhältnis zwischen Kosten und Nutzen herstellt. Eine Ermittlungspraxis, die die Herstellung von Rechtsanwendungsgleichheit im Einzelfall zum Ziel hat, stellt jedoch kein angemessenes Verhältnis zwischen Kosten und Nutzen her. Sie würde enorm hohe Erhebungskosten nach sich ziehen und daher die aus dem Wirtschaftsprinzip abgeleitete Anforderung, schonend mit öffentlichen Ressourcen umzugehen, vernachlässigen.

Darüber hinaus darf Ausgangspunkt der Beurteilung nicht ein unrealistisches Idealbild sein, sondern das, was im Rahmen des Möglichen umgesetzt werden kann. Gerade im betrieblichen Bereich wird intern und durch Wirtschaftsprüfer nur risikoorientiert geprüft.[391] Allein diese Tatsache, dass auch außerhalb der Finanzverwaltung stets lediglich eine risikoorientierte Prüfung stattfindet, verdeutlicht zusätzlich die tatsächliche Unmöglichkeit, eine (personelle) Vollüberprüfung durchzuführen.

(2) Keine Selbstveranlagung

Zum anderen ist auch eine vollständig oder weitestgehend unkontrollierte Selbstveranlagung, welche die Angaben der Steuerpflichtigen ungeprüft übernimmt, mit den verfassungsrechtlichen Anforderungen nicht vereinbar.

Aufgrund der sehr niedrigen Erhebungskosten gestaltet sich ein solches Selbstveranlagungsverfahren unter wirtschaftlichen Gesichtspunkten als besonders effizient. Es ist jedoch nicht geeignet, den verfassungsrechtlichen Anforderungen an das Besteuerungsverfahren zu genügen. Ein Veranlagungsverfahren, das die Steuerfestsetzung allein auf die Erklärungsbereitschaft der Steuerpflichtigen stützt, ohne dass eine Überprüfung seitens der Finanzverwaltung erfolgt, kann die gesetzmäßige und gleichmäßige Festsetzung der Steuer nicht gewährleisten. Denn ohne Überprüfung seitens der Finanzverwaltung kann eine gleichmäßige Anwendung der gesetzlichen Vorschriften auf alle Steuerpflichtigen nicht sichergestellt werden.[392] Während der Totalvollzug das Gebot der Wirtschaftlichkeit gänzlich missachtet, stellt ein Selbstveranlagungsverfahren das Gebot der Wirtschaftlichkeit über

391 Insbesondere das Gesetz zur Kontrolle und Transparenz im Unternehmensbereich (KonTraG) erfordert, die Abschlussprüfung verstärkt risikoorientiert durchzuführen, BGBl. I 1998, 786; vgl. zum risikoorientierten Prüfungsansatz der Wirtschaftsprüfer u.a. IDW PS 250 n.F., Rn. 5–18; *Ruhnke*, DB 2002, 437; *Ballwieser* in: Matschke (Hrsg.), FS Sieben, 1998, 359; *Wiedmann*, Die Wirtschaftsprüfung 1993, 13.

392 Vgl. BVerfG, Urt. v. 27.06.1991 – 2 BvR 1493/89, BVerfGE 84, 239 = BStBl. II 1991, 654, Rn. 113; BMF, RefE zur StErmV v. 05.08.2011, S. 16; *Seer*, Verständigungen in Steuerverfahren, 1996, S. 236; *Weber-Grellet*, Steuern im modernen Verfassungsstaat, 2001, S. 227, wonach Selbstregulierung ohne Kontrolle zur Deregulierung und letzen

die Leitprinzipien der Besteuerung. Wirtschaftliche Belange dürfen im Steuervollzug keinesfalls dazu führen, dass die Besteuerungsgrundsätze der Gesetzmäßigkeit und Gleichmäßigkeit missachtet werden. Denn dem Gebot der Wirtschaftlichkeit kommt in Bezug auf die Verwirklichung der Gesetzmäßigkeit und Gleichmäßigkeit nur eine dienende Funktion zu.[393] Wirtschaftliche Aspekte rechtfertigen lediglich eine Reduktion der verfassungsrechtlichen Verpflichtung auf die Herstellung von tatsächlicher Belastungsgleichheit im Großen und Ganzen.

(3) Verpflichtung zur Verifikation

Das Ziel der Herstellung tatsächlicher Belastungsgleichheit im Großen und Ganzen ist am besten durch einen Vollzug zu erreichen, der auf Deklaration und Verifikation setzt. So wird nicht nur der Ermittlungsbeitrag zwischen Finanzverwaltung und Steuerpflichtigen in einem angemessenen Verhältnis aufgeteilt, sondern zugleich dem Gebot, die Erhebungskosten möglichst gering zu halten, Rechnung getragen. Die verfügbaren personellen und finanziellen Mittel werden auf diese Weise dahingehend berücksichtigt, dass die Ermittlungstätigkeit sachgerecht konzentriert wird. Dadurch wird der Steuervollzug insgesamt effizient, praktikabel und realitätsgerecht ausgestaltet.

Aufgrund der Tatsache, dass die Steuern gemeinhin auf Deklaration angelegt sind, werden hohe Anforderungen an die Steuerehrlichkeit der Steuerpflichtigen gestellt. Durch die starke Einbindung des Steuerpflichtigen darf das Besteuerungsverfahren jedoch nicht zu einem kontrollfreien Raum werden. Ob faktische Belastungsgleichheit hergestellt wird, kann nur festgestellt werden, wenn alle Steuerpflichtigen einer Kontrolle unterworfen sind.[394] Um den Anforderungen des Gleichheitssatzes zu genügen, darf es strukturell bedingt keine aufklärungs- bzw. kontrollfreien Räume geben.[395] Weder dürfen die Steuerpflichtigen darauf vertrauen können, dass ihre eingereichte Erklärung ohne jegliche Prüfung als wahr angesehen wird, noch darf die Finanzverwaltung blind auf die Steuerehrlichkeit der Steuerpflichtigen vertrauen. Vor diesem Hintergrund müssen für das Erhebungsverfahren Kontrollmechanismen bestehen, die eine strukturelle Verifikation gewährleisten, sodass die Steuerfestsetzung nicht ausschließlich auf

---

Endes zum Steuerungsverzicht wird; *Tipke* in: Kirchhof (Hrsg.), FS Offerhaus, 1999, 819 (821).

393 Für nähere Ausführungen s. Kap. E.I.3.b)(2) Verhältnis von Wirtschaftlichkeit zu Gesetzmäßigkeit und Gleichmäßigkeit.

394 BVerfG, Urt. v. 27.06.1991 – 2 BvR 1493/89, BVerfGE 84, 239 = BStBl. II 1991, 654, Rn. 113.

395 *Drüen* in: DFGT 2011/2012, 253 (264); *Jakob*, Abgabenordnung, 5. Aufl. 2010, Rn. 167; *Müller-Franken*, Maßvolles Verwalten, 2004, S. 355; *Birk*, StVj 1991, 310 (314); vgl. *Martens*, Verwaltungsvorschriften zur Beschränkung der Sachverhaltsermittlung, 1980, S. 145, Rn. 160, wonach eine generelle Kontrollmöglichkeit bestehen muss.

die Erklärungsbereitschaft der Steuerpflichtigen gestützt wird[396] und jeder Steuerpflichtige zumindest einer potentiellen Kontrolle unterliegt.[397] Das behördliche Kontrollinstrumentarium muss dabei so ausgestaltet sein, dass ein gleichheitsgerechter Steuervollzug auch in der Massenfallverwaltung – ohne übermäßige Mitwirkungsbeiträge der Steuerpflichtigen und ohne übermäßigen Ermittlungsaufwand der Finanzverwaltung – möglich ist.

Aus diesem Grund ist die Sachverhaltsermittlung insoweit zu beschränken, dass grundsätzlich von der Richtigkeit und Vollständigkeit der Erklärung der Steuerpflichten ausgegangen wird und diesbezügliche Zweifel durch hinreichende Anhaltspunkte begründet sein müssen. Dieser Vertrauensvorschuss wird aus dem Übermaßverbot abgeleitet. Würden die Steuerpflichtigen selbst keine Angaben machen, wären Ermittlungen in der Privatsphäre der Steuerpflichtigen erforderlich, um die notwendigen Besteuerungsgrundlagen festzustellen. Damit wäre stets ein übermäßiger Eingriff in die Freiheitsrechte verbunden, der sich vor dem Verhältnismäßigkeitsgrundsatz nicht rechtfertigen lässt.

e) Zwischenergebnis

Verfassungsrechtlich gefordert ist ein effizienter Vollzug, der auch für die Massenfallverwaltung praktikabel ist. Unter Berücksichtigung wirtschaftlicher Aspekte und unter Beachtung des Verhältnismäßigkeitsgrundsatzes ist zwischen den Prinzipien der Gesetzmäßigkeit und Gleichmäßigkeit der Besteuerung ein Ausgleich vorzunehmen, sodass tatsächliche Belastungsgleichheit in der Massenfallverwaltung im Großen und Ganzen hergestellt wird. Diesen Anforderungen wird nur ein Steuervollzug gerecht, der auf Deklaration und Verifikation setzt. Zur Verifikation muss die Finanzverwaltung ein Kontrollsystem bereithalten, das hinreichende Überprüfungsmöglichkeiten bietet und ein angemessenes Entdeckungsrisiko für Fehlangaben der Steuerpflichtigen gewährleistet.

II. Vereinbarkeit des Einsatzes von Risikomanagementsystemen mit den verfassungsrechtlichen Vorgaben

Ausgehend davon, dass die Verifikation die verfassungsrechtlich geforderte Aufgabe der Finanzverwaltung ist, hat der Gesetzgeber vor allem durch die Einbindung und Nutzung technischer Möglichkeiten verfahrensrechtlich eine Erleichterung für die Massenfallverwaltung geschaffen. Zur Bewältigung der Verfahrensmassen setzt das automatisierte Besteuerungsverfahren mittels Risikomanagementsystemen

---

396 BVerfG, Urt. v. 27.06.1991 – 2 BvR 1493/89, BVerfGE 84, 239 = BStBl. II 1991, 654, Rn. 115.

397 *Drüen* in: DFGT 2011/2012, 253 (264); *Jakob*, Abgabenordnung, 5. Aufl. 2010, Rn. 167; *Müller-Franken*, Maßvolles Verwalten, 2004, S. 355; *Birk*, StVj 1991, 310 (314).

nicht nur auf eine maschinelle Verifikation, sondern insgesamt auf eine risikoorientierte Bearbeitung. Daran schließt sich die grundsätzliche Frage an, ob der Einsatz von Risikomanagementsystemen im Besteuerungsverfahren dem Grunde nach verfassungsgemäß ist.

1. Veränderung der Anforderungen an den Steuervollzug durch Modifizierung der Abgabenordnung

Mit dem Gesetz zur Modernisierung des Besteuerungsverfahrens hat der Gesetzgeber sich für die gesetzliche Normierung des Risikomanagements entschieden und dafür § 88 AO derart erweitert, dass der Einsatz von Risikomanagementsystemen im Besteuerungsverfahren ausdrücklich erwähnt wird.[398] Dies wirft zunächst die Frage auf, ob sich aufgrund dieser Änderung der Abgabenordnung eine andere Beurteilung bezüglich der Anforderungen an den Steuervollzug ergibt, die der Bewertung zugrunde zu legen ist.

Die bisherige Argumentation zur Reichweite der Ermittlungspflichten und zur Intensität, mit der die Sachaufklärung erfolgen soll, drehte sich im Kern um die Frage, welche Anforderungen sich diesbezüglich aus dem Amtsermittlungsgrundsatz ergeben. Dabei wurden im Wesentlichen zwei Konzepte vertreten.[399] Während die einen – vornehmlich unter Geltung der Reichsabgabenordnung – aus der gesetzlichen Vorgabe, den Sachverhalt von Amts wegen zu ermitteln, ein hoheitliches Verständnis und damit eine Verpflichtung der Finanzverwaltung zum Totalvollzug sahen,[400] wurde überwiegend ein rein hoheitliches Verständnis des Amtsermittlungsgrundsatzes abgelehnt und daraus die Verpflichtung der Finanzverwaltung zur Verifikation gefolgert.[401] Die Argumentation stützte sich dabei

---

398 S. § 88 Abs. 5 S. 1 AO: Die Finanzbehörden können zur Beurteilung der Notwendigkeit weiterer Ermittlungen und Prüfungen für eine gleichmäßige und gesetzmäßige Festsetzung von Steuern und Steuervergütungen sowie Anrechnung von Steuerabzugsbeträgen und Vorauszahlungen automationsgestützte Systeme einsetzen (Risikomanagementsysteme).

399 S. dazu Kap. B.I.2.b) Erforderliche Kontrollintensität; eine Selbstveranlagung im Sinne einer vollständig oder weitestgehend unkontrollierten Selbstveranlagung wird wegen der Unvereinbarkeit mit den verfassungsrechtlichen Anforderungen nicht vertreten.

400 Als Vertreter des Totalvollzugs vgl. u.a.: *Puhl*, DStR 1991, 1141 (1142 f.); *Lambrecht* in: Friauf (Hrsg.), Steuerrecht und Verfassungsrecht, 1989, 79 (80); *Schuhmann*, DStZ 1986, 583 (585); *Birkenfeld*, Beweis und Beweiswürdigung im Steuerrecht, 1973, S. 152 f.; s. dazu Kap. B.I.2.b)(1) Totalvollzug m.w.N.

401 Als Vertreter der Verifikationsverwaltung vgl. u.a.: BVerfG, Urt. v. 09.03.2004 – 2 BvL 17/02, BVerfGE 110, 94 = BStBl. II 2005, 56, Rn. 64; Urt. v. 27.06.1991 – 2 BvR 1493/89, BVerfGE 84, 239 = BStBl. II 1991, 654, Rn. 115; *Baldauf*, DStR 2016, 833 (836); *Baum* in: eKomm AO, Online-Ausgabe (Stand: April 2018), § 88 Rn. 7; *Tartler* in: Kube et al., FS Kirchhof, Bd. II, 2013, 1675 (1679); *Schmidt/Schmitt* in: Mellinghoff/Schön/Viskorf (Hrsg.), FS Spindler, 2011, 529 (530); *Drüen* in: Schön/Beck (Hrsg.), Zukunftsfragen

maßgeblich auf den Gehalt und die Interpretation des einfachgesetzlich geregelten Untersuchungsgrundsatzes und beschränkte sich weitestgehend darauf, die Anforderungen in Abkehr von einem hoheitlich geprägten Ansatz zu formulieren.[402]

Insbesondere die Diskussion um die Rechtmäßigkeit des Einsatzes von Risikomanagementsystemen im Steuervollzug verdeutlicht, dass der Beurteilung primär der Gehalt des Untersuchungsgrundsatzes zugrunde gelegt wird.[403] Frotscher sieht den Untersuchungsgrundsatz durch die gesetzliche Änderung nicht „beseitigt, sondern die für die Gesetzmäßigkeit und Gleichmäßigkeit der Besteuerung notwendige Überprüfung der Steuerfälle von der Einzelfallprüfung auf spezial- und generalpräventive Überprüfungstechniken unter Einsatz der elektronischen Datenverarbeitung verschoben“.[404] Müller-Franken sieht in der Neuregelung keine generelle und endgültige Abkehr vom Untersuchungsgrundsatz, sondern „geht vielmehr von dessen latenter und jederzeit aktivierbarer Fortgeltung aus“. Seiner Auffassung nach sei der Untersuchungsgrundsatz „lediglich in einen Standby Modus versetzt“.[405]

Die Argumentation auf Grundlage des Gehalts des Untersuchungsgrundsatzes verkennt, dass das Gesetz zur Modernisierung des Besteuerungsverfahrens zu einer inhaltlichen Veränderung desselben geführt hat. Bei einer Beurteilung der Anforderungen an den Steuervollzug und der Reichweite der Ermittlungspflichten sind primär die verfassungsrechtlichen Anforderungen zugrunde zu legen und ist erst in einem weiteren Schritt zu fragen, inwiefern die einfach gesetzliche Regelung diese Anforderungen konkretisiert.

Durch die Erweiterung des Untersuchungsgrundsatzes treten die verfassungsrechtlichen Vorgaben an den Steuervollzug noch klarer hervor. Der Gesetzgeber verdeutlicht die verfassungsrechtliche Verpflichtung zur Verifikation nicht mehr nur dadurch, dass die Steuern überwiegend auf Deklaration angelegt sind, sondern hat durch die Einführung des automatisierten Besteuerungsverfahrens mittels Risikomanagementsystemen die Verpflichtung der Finanzverwaltung zur Verifikation nunmehr in der Abgabenordnung explizit gesetzlich festgeschrieben. Der Einsatz von Risikomanagementsystemen im Steuervollzug fällt zwangsläufig mit der Qualifikation der Finanzverwaltung als Verifikationsverwaltung zusammen. Die maschinelle Vorfilterung der Fälle nach ihrer Risikorelevanz führt zwangsweise

des deutschen Steuerrechts, 2009, S. 1 (9); *Seer* in: Widmann (Hrsg.), Steuervollzug im Rechtsstaat, 2008, 7 (16); *Huber/Seer*, StuW 2007, 355 (356); s. dazu Kap. B.I.2.b) (2) Verifikationsverwaltung m.w.N.

402 Vgl. *Baldauf*, DStR 2016, 833 (836); *Baum* in: eKomm AO, Online-Ausgabe (Stand: April 2018), § 88 Rn. 7.

403 Vgl. BDL, Stellungnahme v. 24.03.2016, S. 5, https://www.bundestag.de/blob/416506/55f12f19443a9237afc729a59bdbf80c/05---bdl-data.pdf (geprüft am 04.01.2019); Deckers/Fiethen, FR 2015, 913 (914); Spilker, Behördliche Amtsermittlung, 2015, S. 148.

404 *Frotscher* in: Schwarz et al., Erstkomm. StModG, 2017, § 155 AO Rn. 4.

405 *Müller-Franken*, StuW 2018, 113 (118).

zu einer risikoorientierten Bearbeitung. Gleichzeitig vermeidet sie eine weitergehende Prüfung von Angaben und Erklärungen, die nicht als risikorelevant eingestuft werden. Eine solche risikoorientierte Bearbeitung führt automatisch dazu, dass nicht alle Fälle mit der gleichen Intensität geprüft werden. Damit hat der Gesetzgeber einem Steuervollzug, der dem Konzept des Totalvollzugs folgt, eine deutliche Absage erteilt. Abgesehen davon, dass der Anspruch, jeden Steuersachverhalt bis ins Detail durch die Finanzverwaltung zu ermitteln, deren Kapazitäten auch bei weitem übersteigen würde, ist die Finanzbehörde zur Erforschung des Sachverhalts bis ins letzte Detail in einem Totalvollzug weder verfassungsrechtlich noch nach der Abgabenordnung verpflichtet. Eine solche Auffassung ist mit dem geänderten Wortlaut des Untersuchungsgrundsatzes schlussendlich nicht mehr vereinbar. Der Gesetzgeber hat erkannt, dass die Finanzbehörden die Masse der Steuerveranlagungen mit den zur Verfügung stehenden personellen Ressourcen in angemessener Zeit nicht mehr bewältigen können. Daher hat er das Verifikationsprinzip nunmehr explizit in der Abgabenordnung verankert und derart ausgestaltet, dass eine Verifikation in den überwiegenden Fällen maschinell erfolgt. Nur die prüfungsbedürftigen Fälle werden einer personellen Prüfung zugeführt werden. Zugleich hat der Gesetzgeber damit einem auf unkontrollierte Selbstveranlagung ausgelegten Steuervollzug eine Absage erteilt. Mit den verfassungsrechtlichen Vorgaben und dem geänderten Untersuchungsgrundsatz ist nur eine systematisch kontrollierte Besteuerung der Steuerpflichtigen vereinbar.

2. Vereinbarkeit mit verfassungsrechtlichen Anforderungen an den Steuervollzug

a) *Verfassungsrechtliche Notwendigkeit des Einsatzes von Risikomanagementsystemen im Steuervollzug*

Die Erkenntnis, dass die Finanzbehörden die Verfahrensmassen nicht mehr im Einklang mit den Besteuerungsgrundsätzen bearbeiten können, hat eine Veränderung des Steuervollzugs notwendig gemacht. Nachdem sowohl der Bundesrechnungshof als auch der Bundesbeauftragte für Wirtschaftlichkeit in der Verwaltung gravierende Probleme im Steuervollzug aufgezeigt und Abhilfe angemahnt hatten,[406] konnte sich der Gesetzgeber dem offensichtlichen Handlungsbedarf nicht mehr entziehen. Ausgehend von den verfassungsrechtlichen Vorgaben und insbesondere unter Berücksichtigung des Gebotes eines schonenden Umgangs mit öffentlichen Ressourcen war der Gesetzgeber verpflichtet, ein Erhebungsverfahren zu schaffen, das eine strukturelle Verifikation gewährleistet und im Massenfallverfahren effizient und praktikabel ist.

406 BT-Drs. 12/5650, S. 113 ff., Rn. 46 f.; BWV, Probleme beim Vollzug der Steuergesetze, 2006, S. 34 ff.

In Anbetracht der Verfahrensmassen werden Konzepte zur Automation des Besteuerungsverfahrens mittels Risikomanagementsystemen schon seit Längerem ausgearbeitet und diskutiert.[407] Bereits im Jahre 2006 empfahl der Bundesbeauftragte für Wirtschaftlichkeit in der Verwaltung aufgrund der gravierenden Schwierigkeiten bei der Steuerfestsetzung die Einführung eines vollelektronischen Veranlagungsverfahrens auf der Basis bundesweit kompatibler Steuersoftware mit einem umfassenden Risikomanagementsystem.[408] Vor diesem Hintergrund war die Einführung eines weitgehend automatisierten Besteuerungsverfahrens verknüpft mit einer risikoorientierten Arbeitsweise eine alternativlose Notwendigkeit. Das verfassungsrechtliche Gebot, ein angemessenes Verhältnis zwischen Kosten und Nutzen herzustellen, berechtigte den Gesetzgeber nicht nur, sondern verpflichtete ihn zu einem gewissen Grad der Automation des Besteuerungsverfahrens. Dabei war er angehalten, den gegenwärtigen Stand der technischen Möglichkeiten zu berücksichtigen und der aktuellen technischen Entwicklung zu folgen. Der verstärkte Einsatz technischer Hilfsmittel und die Automation von Prozessen entsprechen auch in anderen Bereichen dem heutigen Standard zur Abarbeitung von Verfahrensmassen. Arbeitsschritte, die automatisiert ablaufen, beschleunigen nicht nur den Verfahrensablauf, sondern tragen entscheidend zur Abwicklung von Massenverfahren bei. Der Einsatz von Risikomanagementsystemen stellt in seiner Verknüpfung von Automation und risikoorientierter Bearbeitung insofern eine zeitgemäße Entwicklung dar, die dem aktuellen technischen Standard entspricht und den verfassungsrechtlichen Vorgaben an die Ausgestaltung des Steuervollzugs gerecht wird.

b) Schaffung eines Kontrollinstrumentariums zur Verwirklichung des Verifikationsgebotes unter Wahrung des Verhältnismäßigkeitsgrundsatzes

Der Einsatz von Risikomanagementsystemen im Steuervollzug setzt die verfassungsrechtlichen Anforderungen an den Steuervollzug hinreichend um. Mit seinen gesetzlichen Vorgaben hat der Gesetzgeber ein Kontrollinstrumentarium geschaffen, welches das Verifikationsgebot verwirklicht und dabei zugleich den Verhältnismäßigkeitsgrundsatz wahrt.

Aus der Anforderung, dass eine Prüfung der als prüfungsbedürftig ausgesteuerten Sachverhalte durch Amtsträger vorgenommen werden muss (§ 88 Abs. 5 S. 3 Nr. 2 AO), folgt, dass alle eingehenden Steuererklärungen eine maschinelle Risikoprüfung durchlaufen müssen. Auf diese Weise wird eine flächendeckende Kontrolle gewährleistet und dem Erfordernis einer strukturellen Verifikation hinreichend Rechnung getragen. Insbesondere mit der Zufallsauswahl (§ 88 Abs. 5 S. 3

---

407 Vgl. u.a. *Seer*, StuW 2003, 40; s. Kap. B.II Diskussionsstand zum Einsatz von Risikomanagementsystemen im Besteuerungsverfahren m.w.N.

408 BWV, Probleme beim Vollzug der Steuergesetze, 2006, S. 16.

Nr. 1 AO),[409] aber auch mit der individuellen Prüfungsmöglichkeit für Amtsträger (§ 88 Abs. 5 S. 3 Nr. 3 AO)[410] und der regelmäßigen Überprüfung der Risikomanagementsysteme (§ 88 Abs. 5 S. 3 Nr. 4 AO)[411] hat der Gesetzgeber ein Entdeckungsrisiko für unrichtige Angaben geschaffen. Die Zufallsauswahl sorgt ebenso wie die individuelle Prüfungsmöglichkeit für Amtsträger dafür, dass für den Steuerpflichtigen nicht vorhersehbar ist, wann eine Aussteuerung erfolgt.[412] Auf diese Weise wird das System für den Steuerpflichtigen nicht ausrechenbar. Somit wird gewährleistet, dass jeder Steuerpflichtige zumindest einer potentiellen Kontrolle unterliegt.

In Anbetracht der Massenfallverwaltung ermöglicht die vorgesehene risikoorientierte Bearbeitung eine Konzentration auf die prüfungsbedürftigen Fälle und trägt auf diese Weise im Einklang mit den Besteuerungsgrundsätzen zur Bewältigung der Verfahrensmassen bei. Eine risikoorientierte Bearbeitung führt zwangsläufig dazu, dass nicht alle Fälle mit der gleichen Intensität geprüft werden. In der Regel beschränkt sich die Kontrolle auf eine Überprüfung der Vollständigkeit und Glaubwürdigkeit der eingereichten Steuererklärung. Eine intensivere Prüfung wird nur vorgenommen, wenn die eingereichte Steuererklärung dazu Anlass bietet. Erkennt das Risikomanagementsystem Angaben, die unschlüssig oder falsch sind, bestehen aufgrund dessen greifbare Anhaltspunkte, die Zweifel an der Richtigkeit und Vollständigkeit der Angaben des Steuerpflichtigen begründen. In diesem Fall gebietet das Untermaßverbot, dass der Finanzbeamte diesen Zweifeln nachgeht. Ansonsten würde der Vertrauensvorschuss, der dem Steuerpflichtigen entgegengebracht wird, überspannt und es bestünde die Gefahr, dass unzulängliche Erklärungen zur Besteuerungsgrundlage würden.

Zugleich trägt eine Konzentration auf die prüfungsbedürftigen Fälle dem Übermaßverbot Rechnung. Obwohl die Finanzverwaltung entscheidend auf die Mitwirkung der Steuerpflichtigen angewiesen ist, führen diese Regelungen nicht zu einer Ausweitung des Mitwirkungsbeitrags der Steuerpflichtigen.[413] Die Konzentration

---

409 Zur Zufallsauswahl s. u. Kap. G.I.1 Gewährleistung einer Zufallsauswahl.

410 Zur individuellen Prüfungsmöglichkeit für Amtsträger s. u. Kap. G.I.2 Möglichkeit einer individuellen Aussteuerung.

411 Zur regelmäßigen Überprüfung s. u. Kap. G.I.3 Gewährleistung einer regelmäßigen Überprüfung und Überarbeitung.

412 *Müller-Franken*, StuW 2018, 113 (120), nach Müller-Franken „hängt über dem Steuerpflichtigen das Damokles-Schwert des Jederzeitigen-zufälligen-Entdecktwerdens, was ihn zur Steuerehrlichkeit zwingt"; *Seer* in: Lüdicke (Hrsg.), Jahrbuch des BVStb, 2016, 55 (64 f.); *Münch*, DStR 2013, 212 (212 f.); *Schmidt/Schmitt* in: Mellinghoff/Schön/Viskorf (Hrsg.), FS Spindler, 2011, 529 (539); BT-Drs. 17/77, S. 177, Rn. 40.1.2; *Schmidt* in: Widmann (Hrsg.), Steuervollzug im Rechtsstaat, 2008, 37 (48); *Nagel/Waza*, DStZ 2008, 321 (323).

413 Nach Frotscher ist mit dem automatisierten Verfahren „keine unangemessene Erhöhung der Mitwirkungspflichten des Steuerpflichtigen verbunden", *Frotscher* in: Schwarz et al., Erstkomm. StModG, 2017, § 155 AO Rn. 5.

der Prüfungstätigkeit auf die prüfungsbedürftigen Fälle bewirkt vielmehr eine bedarfsorientierte Ermittlungstätigkeit des Finanzamts. Nur diejenigen Fälle, die das System als risikorelevant einstuft, werden ausgesteuert und einer personellen Prüfung zugeführt. Diese am Kontrollbedürfnis ausgerichtete risikoorientierte Prüfung bedingt, dass Nachforschungen nur bei den Sachverhalten angestellt werden, bei denen dies auf Basis der Risikoprüfung als notwendig erachtet wird.

3. Zwischenergebnis

Unter Berücksichtigung der fortschreitenden Technisierung und Digitalisierung aller Lebensbereiche und der tatsächlichen Gegebenheiten der Massenfallverwaltung hat der Gesetzgeber das Besteuerungsverfahren im Einklang mit den verfassungsrechtlichen Vorgaben modernisiert und zeitgemäß ausgestaltet. Dieser automatisierte Steuervollzug erweist sich insbesondere mit Blick auf die zur Verfügung stehenden Personalressourcen der Finanzverwaltung als notwendige Maßnahme im Rahmen der Massenfallverwaltung. Der Einsatz von Risikomanagementsystemen mit der Folge einer risikoorientierten Ausgestaltung des Steuervollzugs, der im Wesentlichen auf eine maschinelle Risikoprüfung und eine Quasi-Selbstveranlagung setzt, steht der Gleichheit des Belastungserfolgs nicht generell entgegen. Er ist nicht nur grundsätzlich mit den verfassungsrechtlichen Vorgaben vereinbar, sondern vielmehr sogar verfassungsrechtlich gefordert, um die Gleichheit des Belastungserfolgs in der Massenfallverwaltung zu gewährleisten. Den Überlegungen zur verfahrensrechtlichen Ausgestaltung musste der Gesetzgeber den Umstand, dass eine ausschließlich personelle Bearbeitung im Steuervollzug an ihre Grenzen stößt und der Steuervollzug nur noch mittels technischer Unterstützung zu bewältigen ist, als Tatsachen zugrunde legen.

Der Einsatz von Risikomanagementsystemen im Besteuerungsverfahren schafft eine Möglichkeit zur strukturellen Verifikation. Zugleich entsteht ein System, das eine potentielle Kontrolle aller Steuerpflichtigen ermöglicht und auf diese Weise prüfungsfreie Räume vermeidet. Dem Ganzen liegt ein Gesetzesvollzug zugrunde, der unter wirtschaftlichen Aspekten einen Ausgleich zwischen den Besteuerungsprinzipien schafft und eine Fokussierung der begrenzten Ressourcen auf die tatsächlich prüfungsbedürftigen Fälle vornimmt. Unter Einbindung der technischen Möglichkeiten setzt der Gesetzgeber im Besteuerungsverfahren auf eine gewichtende Arbeitsweise. Im Unterschied zu der bereits praktizierten gewichtenden Arbeitsweise wird die Gewichtung nunmehr durch eine maschinelle Risikoprüfung vorgenommen. Die gezielte Festlegung von Prüfungsschwerpunkten und die Fokussierung der Prüfungstätigkeit auf risikorelevante Sachverhalte ist nichts anderes als die technische Umsetzung und die effiziente Ausgestaltung der bislang aufgrund der GNOFÄ vorgenommenen gewichtenden Arbeitsweise. Mithilfe der Einstellung der Risikoparameter kann die Finanzverwaltung die Prüfungsschwerpunkte und Risikoschwellen festlegen. Dadurch nimmt sie selbst eine Gewichtung vor und entscheidet, welche Sachverhalte als risikorelevant und prüfungsbedürftig angesehen werden. In Kombination mit der automatisierten Veranlagung risikoarmer Steuersachverhalte wird der so praktizierte maßvolle Gesetzesvollzug besonders effizient ausgestaltet. Auf diese Weise werden die personellen Ressourcen der Finanzverwaltung tatsächlich nur auf die Sachverhalte konzentriert, die einer personellen Bearbeitung bedürfen.

Mit den Regelungen in § 88 Abs. 5 S. 3 AO hat der Gesetzgeber lediglich Rahmenvoraussetzungen als notwendige Mindestvorgaben für den Einsatz von Risikomanagementsystemen geschaffen. Diese gesetzlichen Voraussetzungen entsprechen den verfassungsrechtlichen Vorgaben. Die Grundsätze der Gleichmäßigkeit und Gesetzmäßigkeit der Besteuerung werden prinzipiell auch in einem automatisierten Steuervollzug unter Einsatz von Risikomanagementsystemen gewahrt. Ob die Gleichheit im Belastungserfolg tatsächlich gewährleistet wird, hängt entscheidend von den konkreten Einstellungen der Risikoparameter ab. Diese sind essentiell für die Funktionsfähigkeit des Systems. Zur Ausgestaltung der Risikomanagementsysteme im Einzelnen, insbesondere zur Einstellung der Risikoparameter, trifft der Gesetzgeber keine Regelung. Dies obliegt der Finanzverwaltung. Relevant für die konkrete Beurteilung sind daher die konkrete Umsetzung und die tatsächliche Ausgestaltung der Risikomanagementsysteme und ihrer Risikoparameter durch die Finanzverwaltung. Aufgrund der gesetzlich vorgesehenen Geheimhaltung der Einzelheiten der Risikomanagementsysteme wird die konkrete Ausgestaltung für den einzelnen Steuerpflichtigen jedoch nur schwerlich nachvollziehbar sein.[414]

---

414 Zu den Kontrollmöglichkeiten für Steuerpflichtige s. Kap. G.IV Kontrolle durch Einsichts- und Auskunftsrechte sowie G.V Rechtsschutz von Steuerpflichtigen gegen die fehlerhafte Anwendung von Risikomanagementsystemen.

F. Verfassungsrechtliche Anforderungen an die Ausgestaltung von Risikomanagementsystemen im Hinblick auf deren inhaltliche Kontrolle

Ausgehend von der grundsätzlichen Verfassungsmäßigkeit des Einsatzes von Risikomanagementsystemen im Steuervollzug stellt sich die Frage, welche Anforderungen sich aus der Verfassung[415] im Hinblick auf die inhaltliche Ausgestaltung und Kontrolle der Risikomanagementsysteme ergeben. Dabei tritt die Frage in den Fokus, ob der Gesetzgeber verpflichtet ist, eine institutionalisierte Kontrolle der Risikomanagementsysteme einzuführen.

I. Verfassungsrechtliche Anforderungen an die inhaltliche Ausgestaltung der Risikomanagementsysteme

Der mit der Besteuerung einhergehende Eingriff in die Vermögens- und Rechtssphäre der Steuerpflichtigen wird nur durch eine gleichmäßige Belastung gerechtfertigt.[416] In seiner Ausprägung für das Steuerrecht verlangt Art. 3 Abs. 1 GG, dass die Steuerpflichtigen durch ein Steuergesetz rechtlich und tatsächlich gleich belastet werden.[417] Das Bundesverfassungsgericht hat den Gewährleistungsgehalt

---

415 Auf europäischer Ebene ergeben sich aus der EU-Datenschutz-Grundverordnung, die sich mit dem Schutz natürlicher Personen bei der Verarbeitung personenbezogener Daten beschäftigt, spezielle Anforderungen für automatisierte Entscheidungen, Verordnung (EU) 2016/679 v. 27.04.2016, Abl. 2016 L 119, 1. Personenbezogene Daten im Sinne der Verordnung sind alle Informationen, die sich auf eine identifizierte oder identifizierbare natürliche Person beziehen (Art. 4 Nr. 1 EU-DSGVO). Die EU-DSGVO ist zum 25.05.2016 in Kraft getreten und findet ab dem 25.05.2018 unmittelbar Anwendung. Aufgrund der Beschränkung des Themas werden die sich aus der EU-DSGVO ergebenden Anforderungen hier nicht dargestellt; s. zum Persönlichkeitsschutz in vollautomatisierten Verfahren *Martini/Nink*, NVwZ 2017, 681; Krumm hält es für zweifelhaft, ob Art. 22 EU-DSGVO hinsichtlich eines Risikomanagements in der Finanzverwaltung überhaupt anwendbar ist, *Krumm*, DB 2017, 2182 (2191).

416 BVerfG, Urt. v. 27.06.1991 – 2 BvR 1493/89, BVerfGE 84, 239 = BStBl. II 1991, 654, Rn 105; BVerfG, Beschl. v. 22.06.1995 – 2 BvL 37/91, BVerfGE 93, 121, Rn. 41.

417 BVerfG, Nichtannahmebeschl. v. 17.02.2010 – 1 BvR 2664/09, NVwZ-RR 2010, 457 (457), Rn. 46; BVerfG, Nichtannahmebeschl. v. 07.05.2008 – 2 BvR 2392/07, BVerfGK 13, 544, Rn. 16; BVerfG, Nichtannahmebeschl. v. 10.03.2008 – 2 BvR 2077/05, NJW 2008, 2637 (2637), Rn. 14; BVerfG, Beschl. v. 25.02.2008 – 2 BvL 14/05, BStBl. II 2008, 651, Rn. 29; BVerfG, Nichtannahmebeschl. v. 10.01.2008 – 2 BvR 294/06, BFH/NV 2008, 161, Rn. 18; BVerfG, Nichtannahmebeschl. v. 29.08.2006 – 1 BvR 1673/06,

des allgemeinen Gleichheitssatzes für das Steuerrecht im sog. Zinsurteil um die tatsächliche Belastungsgleichheit erweitert. Gefordert ist nicht mehr nur eine rechtliche Gleichheit, sondern auch eine tatsächliche Gleichheit im Belastungserfolg. Tatsächliche Belastungsgleichheit ist dann gegeben, wenn die Steuern den Steuerpflichtigen auch im Ergebnis gleichmäßig auferlegt werden.[418] Als Konsequenz folgt daraus, dass der Gesetzgeber bei der Schaffung neuer Gesetze nicht nur die rechtliche Belastungsgleichheit, sondern auch die tatsächliche Belastungsgleichheit zum Ziel haben muss. Belastungsgleichheit kann durch den Gesetzgeber nur gewährleistet werden, wenn er die Finanzverwaltung in die Lage versetzt, den Steueranspruch auch tatsächlich durchzusetzen. Um im Erhebungsverfahren Belastungsgleichheit gerade hinsichtlich des tatsächlichen Erfolgs zu gewährleisten, ist der Gesetzgeber verpflichtet, die Finanzverwaltung mit geeigneten Mitteln auszustatten, die eine Durchsetzung der Steueransprüche ermöglichen.[419]

In der Massenfallverwaltung kommt der Gewährleistung der tatsächlichen Belastungsgleichheit eine entscheidende – wenn nicht sogar die entscheidende – Funktion zu. Die Massenfallverwaltung gebietet es, dass der Steuervollzug im Großen und Ganzen auf Gleichheit im Belastungserfolg angelegt ist. Dies erfordert, dass Besteuerungsansprüche weitgehend durchgesetzt werden und für unzulängliche Angaben der Steuerpflichtigen ein hinreichendes Entdeckungsrisiko besteht.[420] Ein hinreichendes Entdeckungsrisiko besteht nur dann, wenn alle Steuerpflichtigen zumindest einer potentiellen Kontrolle unterworfen sind.[421] Dazu darf es strukturell bedingt keine aufklärungs- bzw. kontrollfreien Räume geben.[422]

BVerfGK 9, 118 = BFH/NV 2007, Beilage 3, 299, Rn. 10; BVerfG, Urt. v. 09.03.2004 – 2 BvL 17/02, BVerfGE 110, 94 = BStBl. II 2005, 56, Rn. 63; BVerfG, Beschl. v. 10.04.1997 – 2 BvL 77/92, BStBl. II 1997, 518, Rn. 25; BVerfG, Beschl. v. 22.06.1995 – 2 BvL 37/91, BVerfGE 93, 121, Rn. 40; BVerfG, Urt. v. 27.06.1991 – 2 BvR 1493/89, BVerfGE 84, 239 = BStBl. II 1991, 654, Rn. 104; BFH, Beschl. v. 01.07.2010 – V B 62/09, BFH/NV 2010, 2136, Rn. 7; BFH, Vorlagebeschl. v. 22.05.2002 – II R 61/99, BFHE 198, 342 = BStBl. II 2002, 598, Rn. 124; BFH, Beschl. v. 29.03.2001 – III B 80/00, BFH/NV 2001, 1294, Rn. 25; BFH, Beschl. v. 29.03.2001 – III B 79/00, BFH/NV 2001, 1244, Rn. 25; BFH, Beschl. v. 16.12.1993 – V B 124/93, BFH/NV 1995, 652, Rn. 18.

418 *Eckhoff*, Rechtsanwendungsgleichheit im Steuerrecht, 1999, S. 523; *Winterhoff*, Steuerverfahrensrecht und tatsächliche Belastungsgleichheit, 2004, S. 142 f.

419 *Winterhoff*, Steuerverfahrensrecht und tatsächliche Belastungsgleichheit, 2004, S. 145.

420 Vgl. BVerfG, Urt. v. 09.03.2004 – 2 BvL 17/02, BVerfGE 110, 94 = BStBl. II 2005, 56, Rn. 68.

421 *Drüen* in: DFGT 2011/2012, 253 (264); *Jakob*, Abgabenordnung, 5. Aufl. 2010, Rn. 167; *Müller-Franken*, Maßvolles Verwalten, 2004, S. 355; *Birk*, StVj 1991, 310 (314).

422 *Drüen* in: DFGT 2011/2012, 253 (264); *Jakob*, Abgabenordnung, 5. Aufl. 2010, Rn. 167; *Müller-Franken*, Maßvolles Verwalten, 2004, S. 355; *Birk*, StVj 1991, 310 (314); vgl. *Martens*, Verwaltungsvorschriften zur Beschränkung der Sachverhaltsermittlung, 1980, S. 145, Rn. 160, wonach eine generelle Kontrollmöglichkeit bestehen muss.

1. Vermeidung strukturell prüfungsfreier Räume

Im Hinblick auf die Ausgestaltung der Risikomanagementsysteme ergibt sich aus der Verfassung, speziell aus den bereichsspezifischen Gewährleistungen des allgemeinen Gleichheitssatzes, zunächst, dass das Risikomanagementsystem so ausgestaltet sein muss, dass keine strukturell prüfungsfreien Räume entstehen.

Die Einstellung der Risikoparameter hat unmittelbare Auswirkungen dahingehend, ob rechtliche sowie tatsächliche Gleichheit im Belastungserfolg gewährleistet wird. Damit die Belastungsgleichheit durch die Einstellung einzelner Risikoparameter nicht prinzipiell verfehlt wird, müssen die Risikoparameter so eingestellt werden und derart zusammenwirken, dass sie im Großen und Ganzen auf Gleichheit im Belastungserfolg angelegt sind. Dies erfordert zugleich, dass ein hinreichendes Entdeckungsrisiko geschaffen werden muss, sodass prüfungsfreie Räume vermieden werden.

Ein gleichmäßiger Belastungserfolg kann nach der Rechtsprechung des Bundesverfassungsgerichts nur gewährleistet werden, wenn die Steuerbelastung nicht ausschließlich auf die Erklärungsbereitschaft der Steuerpflichtigen gestützt wird.[423] Aus dem Deklarationsprinzip folgen erhöhte Anforderungen an die Steuerehrlichkeit der Steuerpflichtigen. Daher muss der Gesetzgeber hinreichende, die steuerliche Belastungsgleichheit gewährleistende Kontrollmöglichkeiten schaffen.[424] Daraus folgt, dass dort, wo die maschinelle Verifikation an ihre Grenzen stößt, zwingend eine personelle Bearbeitung vorzunehmen ist. Alle Informationen, die über einen verkennzifferten Inhalt hinausgehen, können nicht mehr maschinell verarbeitet werden. Insofern ist auch eine maschinelle Entscheidung nicht geeignet, den erhöhten Anforderungen an die Steuerehrlichkeit der Steuerpflichtigen gerecht zu werden. Ein Risikomanagementsystem genügt daher nur dann den Anforderungen an eine hinreichende Kontrollmöglichkeit, wenn es maschinell nicht auswertbare Daten als risikorelevant erkennt und den entsprechenden Steuerfall sodann zu einer personellen Überprüfung aussteuert. Erforderlich ist daher eine Verzahnung des Risikomanagementsystems mit der Bearbeitung durch einen Finanzbeamten.

2. Gewährleistung eines effizienten Risikomanagements

Daneben folgt aus den verfassungsrechtlichen Vorgaben eine möglichst effiziente Ausgestaltung des Risikomanagements. Die weitgehende Durchsetzung von Besteuerungsansprüchen kann nur gewährleistet werden, wenn stets ein hinreichendes Entdeckungsrisiko für unzulängliche Angaben der Steuerpflichtigen besteht. Ein solches kann wiederum nur gewährleistet werden, wenn die

---

423 Vgl. BVerfG, Urt. v. 27.06.1991 – 2 BvR 1493/89, BVerfGE 84, 239 = BStBl. II 1991, 654, Rn. 113.

424 BVerfG, Urt. v. 27.06.1991 – 2 BvR 1493/89, BVerfGE 84, 239 = BStBl. II 1991, 654, Rn. 115.

Risikoparameter für die Steuerpflichtigen nicht vohersehbar sind. Sind die Risikoparameter für die Steuerpflichtigen vorhersehbar, können sie ihre Steuererklärung zukünftig so gestalten, dass sie die Schwellen zur Aussteuerung nicht mehr überschreiten und sich auf diese Weise einer Kontrolle entziehen.

Um das Risikomanagement vor einer solchen Aushöhlung zu schützen, müssen die Risikoparameter stets überarbeitet und verbessert werden. Dies erfordert eine beständige Überprüfung der Risikoparameter auf ihre Funktionsfähigkeit und Zweckmäßigkeit sowie gegebenenfalls eine Anpassung derselben.[425]

II. Verpflichtung des Gesetzgebers zur Einführung einer institutionalisierten Kontrolle von Risikomanagementsystemen

Als Konsequenz folgt aus der Erweiterung des Gewährleistungsgehalts des allgemeinen Gleichheitssatzes um die tatsächliche Belastungsgleichheit, dass keine strikte Trennung von materieller Steuergesetzgebung und dem Vollzug der Steuergesetze besteht. Tatsächliche Belastungsgleichheit kann im Einklang mit der Rechtsprechung des Bundesverfassungsgerichts nur erreicht werden, wenn neben der normativen Gleichheit auch die Gleichheit bei der Durchsetzung in der Steuererhebung gewährleistet ist. Diese unmittelbar aus dem Gleichheitssatz resultierende Verantwortung des Gesetzgebers zur Gewährleistung der tatsächlichen Belastungsgleichheit impliziert damit zugleich eine Verantwortung des Gesetzgebers für den Vollzug der Steuergesetze. Zwar fällt die Steuererhebung in die Sphäre der Exekutive, also der Finanzverwaltung, der Gesetzgeber als Organ der Legislative trägt jedoch insoweit die Verantwortung für die Steuererhebung als im Ergebnis eine tatsächliche Belastungsgleichheit gewährleistet werden muss.

Vor diesem Hintergrund stellt sich die Frage, ob diese Verantwortung für den Steuervollzug auch eine Verpflichtung beinhaltet, eine institutionalisierte Kontrolle hinsichtlich des Steuervollzugs unter Einsatz von Risikomanagementsystemen einzuführen.

1. Einschätzungsprärogative des Gesetzgebers im Hinblick auf Effizienz und Kontrolle

Der Erlass neuer Gesetze ist stets mit einer Ungewissheit über seine Auswirkungen verbunden. Dies soll den Gesetzgeber jedoch nicht davon abhalten, ein neues

---

425 Vgl. zum steuerlichen Risikomanagement *Drüen* in: DFGT 2011/2012, 253 (271); *Schmidt/Schmitt* in: Mellinghoff/Schön/Viskorf (Hrsg.), FS Spindler, 2011, 529 (545); *Seer*, DStR 2008, 1553 (1556); vgl. generell zum Risikomanagement IDW PS 340, Rn. 15 f.; *Schmola* in: Schmola/Rapp (Hrsg.), Compliance, Governance und Risikomanagement im Krankenhaus, 2016, 289 (310); *Fiege*, Risikomanagement- und Überwachungssystem nach KonTraG, 2006, S. 204 ff.; *Trips*, NVwZ 2003, 804 (807).

Gesetz zu erlassen.[426] Hinsichtlich der Geeignetheit gesetzlicher Regelungen folgt aus dem Prinzip der Gewaltenteilung insoweit eine Einschätzungsprärogative des Gesetzgebers.[427] Im Montanurteil[428] hat das Bundesverfassungsgericht erstmalig zur Einschätzungsprärogative des Gesetzgebers Stellung bezogen. Um die möglichen Auswirkungen einer Regelung abzuschätzen und einen Verstoß gegen das Verfassungsrecht zu vermeiden, ist es danach erforderlich, dass der Gesetzgeber sich mittels der ihm zugänglichen Erkenntnisquellen eine Informationsbasis schafft.[429] Auf Grundlage dessen trifft der Gesetzgeber eine Prognoseentscheidung. Diese Prognose überprüft das Gericht im Hinblick auf seine Vertretbarkeit.[430] Hat der Gesetzgeber sich an dem derzeitigen Stand der Erfahrungen und Einsichten orientiert und eine sachgerechte und vertretbare Beurteilung vorgenommen, ist diese vom Bundesverfassungsgericht hinzunehmen und von einer weitergehenden Überprüfung ausgeschlossen.[431] Verfassungsrechtlich angreifbar ist demnach lediglich eine Wertung, die sich nicht an dem derzeitigen Stand der Erfahrungen und Einsichten orientiert und der gesetzlichen Beurteilung zugrunde gelegt wurde. Im Folgenden hat das Bundesverfassungsgericht in seiner Rechtsprechung stets eine Einschätzungsprärogative des Gesetzgebers im Sinne eines Prognose- bzw. Wertungsspielraums bestätigt und die gesetzliche Regelung lediglich im Hinblick auf ihre Vertretbarkeit geprüft.[432]

---

426 BVerfG, Urt. v. 01.03.1979 – 1 BvR 532/77, BVerfGE 50, 290, Rn. 110; vgl. BVerfG, Urt. v. 08.04.1997 – 1 BvR 48/94, BVerfGE 95, 267, Rn. 180; BVerfG, Urt. v. 28.05.1993 – 2 BvF 2/90, BVerfGE 88, 203, Rn. 202.

427 Zur Einschätzungsprärogative des Gesetzgebers vgl. u.a.: BVerfG, Urt. v. 11.07.2017 – 1 BvR 1571/15, BVerfGE 146, 71, Rn. 149; BVerfG, Urt. v. 17.12.2014 – 1 BvL 21/12, BVerfGE 138, 255, Rn. 111; BVerfG, Urt. v. 14.02.2012 – 2 BvL 4/10, BVerfGE 130, 263, Rn. 160; BVerfG, Urt. v. 26.10.2004 – 1 BvR 911/00, BVerfGE 111, 333, Rn. 140; BVerfG, Urt. v. 03.03.2004 – 1 BvR 2378/98, BVerfGE 109, 279, Rn. 210; BVerfG, Kammerbeschl. v. 26.06.1997 – 1 BvR 1190/93, juris Rn. 4; BVerfG, Urt. v. 08.04.1997 – 1 BvR 48/94, BVerfGE 95, 267, Rn. 180; BVerfG, Beschl. v. 09.03.1994 – 2 BvL 43/92, BVerfGE 90, 145, Rn. 151; BVerfG, Urt. v. 14.05.1996 – 2 BvR 1507/93, BVerfGE 94, 115, Rn. 89; BVerfG, Urt. v. 01.03.1979 – 1 BvR 532/77, BVerfGE 50, 290, Rn. 110; für eine umfassende Analyse s. *Bickenbach*, Die Einschätzungsprärogative des Gesetzgebers, 2014.

428 BVerfG, Urt. v. 01.03.1979 – 1 BvR 532/77, BVerfGE 50, 290, Rn 110.

429 BVerfG, Urt. v. 01.03.1979 – 1 BvR 532/77, BVerfGE 50, 290, Rn. 113; BVerfG, Urt. v. 15.12.1983 – 1 BvR 209/83, BVerfGE 65, 1, Rn. 179.

430 BVerfG, Urt. v. 01.03.1979 – 1 BvR 532/77, BVerfGE 50, 290, Rn. 113; BVerfG, Urt. v. 14.05.1996 – 2 BvR 1507/93, BVerfGE 94, 115, Rn. 91.

431 BVerfG, Urt. v. 01.03.1979 – 1 BvR 532/77, BVerfGE 50, 290, Rn. 113.

432 Vgl. BVerfG, Urt. v. 26.10.2004 – 1 BvR 911/00, BVerfGE 111, 333, Rn. 140; BVerfG, Urt. v. 08.04.1997 – 1 BvR 48/94, BVerfGE 95, 267, Rn. 180; BVerfG, Urt. v. 14.05.1996 – 2 BvR 1507/93, BVerfGE 94, 115, Rn. 89 ff.; BVerfG, Beschl. v. 09.03.1994 – 2 BvL 43/92, BVerfGE 90, 145, Rn. 205; BVerfG, Urt. v. 28.05.1993 – 2 BvF 2/90, BVerfGE 88, 203, Rn. 187 f.

Ein solcher Prognose- bzw. Wertungsspielraum kommt dem Gesetzgeber auch hinsichtlich des Einsatzes von Risikomanagementsystemen im Hinblick auf ihre Effizienz und Kontrolle zu. Bei Erlass des Gesetzes zur Modernisierung des Besteuerungsverfahrens, das zum flächendeckenden Einsatz von Risikomanagementsystemen im Steuervollzug führen soll, waren die konkreten Auswirkungen auf den Steuervollzug nicht absehbar. Aufgrund dieser Ungewissheit war der Gesetzgeber verpflichtet, alle ihm zugänglichen Erkenntnisquellen auszuschöpfen und aufgrund dessen eine sachgerechte und vertretbare Beurteilung vorzunehmen. In Kenntnis der Gefahren für die Gleichmäßigkeit der Besteuerung hat der Gesetzgeber nicht gänzlich auf eine Kontrolle des Steuervollzugs unter Einsatz von Risikomanagementsystemen verzichtet, sondern verschiedene Kontrollmaßnahmen vorgesehen.[433] Dabei hat er sich am derzeitigen Stand der Erfahrungen in Bezug auf Risikomanagementsysteme orientiert. Die verwaltungsinternen Kontrollmöglichkeiten der Zufallsauswahl und der regelmäßigen Überprüfung entsprechen dem, was auch in anderen Bereichen zur Kontrolle von Risikomanagementsystemen üblich ist.[434] Eine weitergehende Kontrolle in Form der Einrichtung einer institutionellen Kontrolle hat der Gesetzgeber nicht für notwendig erachtet. Insofern steht dem Gesetzgeber hinsichtlich der Geeignetheit der gesetzlichen Maßnahmen im Rahmen seiner Einschätzungsprärogative ein eigener Wertungs- und Prognosespielraum zu. Diese Entscheidung des Gesetzgebers ist daher im Rahmen seiner Einschätzungsprärogative zu respektieren. Sie ist insoweit der Überprüfung durch das Bundesverfassungsgericht entzogen und verfassungsrechtlich zunächst nicht zu beanstanden.

2. Fortlaufende Beobachtungs- und Nachbesserungspflicht des Gesetzgebers

Folge des großen Gestaltungsspielraums des Gesetzgebers im Rahmen seiner Einschätzungsprärogative ist eine fortlaufende Beobachtungspflicht sowie gegebenenfalls auch eine Pflicht zur Nachbesserung der getroffenen Regelung. Stellt sich die Prognose, aufgrund derer der Gesetzgeber seine Entscheidung getroffen hat, hinsichtlich der Auswirkungen des Gesetzes als fehlerhaft heraus oder tritt eine abweichende Entwicklung ein, kann der Gesetzgeber sich nicht länger auf seine prognostischen Annahmen stützen. Bei Erkennen einer abweichenden Entwicklung hat er gegebenenfalls korrigierend einzugreifen und eine Nachbesserung der Regelung vorzunehmen.[435] Diese Verpflichtung impliziert zugleich eine Pflicht des

---

433 S. zu den Kontrollmaßnahmen Kap. G Die Kontrolle von Risikomanagementsystemen im Hinblick auf strukturell prüfungsfreie Räume.

434 Vgl. IDW PS 340, Rn. 15 f., 31; *Schmola* in: Schmola/Rapp, Compliance, Governance und Risikomanagement im Krankenhaus, 2016, S. 310; *Fiege*, Risikomanagement- und Überwachungssystem nach KonTraG, 2006, S. 253; *Trips*, NVwZ 2003, 804 (807).

435 BVerfG, Urt. v. 19.09.2018 – 2 BvF 1/15, juris Rn. 176; BVerfG, Urt. v. 14.02.2012 – 2 BvL 4/10, BVerfGE 130, 263, Rn. 165; BVerfG, Nichtannahmebeschl. v. 29.07.2009 – 1

Gesetzgebers, die Auswirkungen eines Gesetzes, das auf prognostischen Annahmen beruht, zu beobachten.[436] Stellt der Gesetzgeber also fest, dass er eine Fehlprognose getroffen hat oder eine nicht abzusehende abweichende Entwicklung eingetreten ist, ist er verfassungsrechtlich dazu verpflichtet, seine ursprüngliche Entscheidung zu überprüfen.[437] Eine zunächst verfassungskonform ausgestaltete Regelung kann aufgrund veränderter Umstände verfassungswidrig werden, sofern der Gesetzgeber diesem Zustand nicht durch eine Nachbesserung der ursprünglich getroffenen Regelung entgegenwirkt.[438]

Eine Beobachtungs- und Nachbesserungspflicht des Gesetzgebers besteht auch hinsichtlich des Steuervollzugs unter Einsatz von Risikomanagementsystemen. Die Auswirkungen des Einsatzes von Risikomanagementsystemen auf den

---

BvR 1606/08, BVerfGK 16, 68, Rn. 11; BVerfG, Urt. v. 10.06.2009 – 1 BvR 706/08, BVerfGE 123, 186, Rn. 170; BVerfG, Urt. v. 18.07.2005 – 2 BvF 2/01, BVerfGE 113, 167, Rn. 175; BVerfG, Urt. v. 26.10.2004 – 1 BvR 911/00, BVerfGE 111, 333, Rn. 158; BVerfG, Urt. v. 29.01.2003 – 1 BvL 20/99, BVerfGE 107, 150, Rn. 77; BVerfG, Kammerbeschl. v. 26.06.1997 – 1 BvR 1190/93, juris Rn. 4; BVerfG, Urt. v. 08.04.1997 – 1 BvR 48/94, BVerfGE 95, 267 Rn. 181; BVerfG, Beschl. v. 08.02.1994 – 1 BvR 1237/85, BVerfGE 89, 365, Rn. 43; BVerfG, Urt. v. 28.05.1993 – 2 BvF 2/90, BVerfGE 88, 203, Rn. 307; BVerfG, Urt. v. 14.07.1986 – 2 BvE 2/84, BVerfGE 73, 40 = BStBl. II 1986, 684, Rn. 163; BVerfG, Urt. v. 15.12.1983 – 1 BvR 209/83, BVerfGE 65, 1 Rn. 179; BVerfG, Urt. v. 26.05.1981 – 1 BvL 56/78, BVerfGE 57, 139, Rn. 84; BVerfG, Beschl. v. 14.01.1981 – 1 BvR 612/72, BVerfGE 56, 54, Rn. 62; BVerfG, Urt. v. 01.03.1979 – 1 BvR 532/77, BVerfGE 50, 290, Rn. 117; BVerfG, Beschl. v. 08.08.1978 – 2 BvL 8/77, BVerfGE 49, 89, Rn. 93; BVerfG, Urt. v. 18.12.1968 – 1 BvL 5/64, BVerfGE 25, 1, Rn. 28.

436 BVerfG, Urt. v. 19.09.2018 – 2 BvF 1/15, juris Rn. 176; BVerfG, Urt. v. 14.02.2012 – 2 BvL 4/10, BVerfGE 130, 263, Rn. 165; Urt. v. 29.01.2003 – 1 BvL 20/99, BVerfGE 107, 150, Rn. 77; BVerfG, Beschl. v. 26.10.2004 – 1 BvR 911/00, BVerfGE 111, 333, Rn. 140; BVerfG, Kammerbeschl. v. 26.06.1997 – 1 BvR 1190/93, juris Rn. 4; BVerfG, Urt. v. 08.04.1997 – 1 BvR 48/94, BVerfGE 95, 267, Rn. 181; BVerfG, Urt. v. 28.05.1993 – 2 BvF 2/90, BVerfGE 88, 203, Rn. 202; Urt. v. 14.07.1986 – 2 BvE 2/84, BVerfGE 73, 40 = BStBl. II 1986, 684, Rn. 163; zur Beobachtungspflicht des Gesetzgebers s. *Nagel*, DÖV 2010, 268.

437 BVerfG, Urt. v. 15.12.1983 – 1 BvR 209/83, BVerfGE 65, 1, Rn. 179; BVerfG, Urt. v. 01.03.1979 – 1 BvR 532/77, BVerfGE 50, 290, Rn. 117; BVerfG, Beschl. v. 08.08.1978 – 2 BvL 8/77, BVerfGE 49, 89, Rn. 93; BVerfG, Urt. v. 18.12.1968 – 1 BvL 5/64, BVerfGE 25, 1, Rn. 28.

438 BVerfG, Beschl. v. 22.11.2016 – 1 BvL 6/14, BVerfGE 143, 216, Rn. 71; BVerfG, Beschl. v. 06.11.2012 – 2 BvL 51/06, BVerfGE 132, 334, Rn. 68; Urt. v. 15.12.1983 – 1 BvR 209/83, BVerfGE 65, 1, Rn. 179; BVerfG, Beschl. v. 14.01.1981 – 1 BvR 612/72, BVerfGE 56, 54, Rn. 48; vgl. BayVerfGH, Entscheidung v. 15.04.1987 – Vf. 1-VII-85, BayVerfGHE 40, 45, Rn. 32, wonach sich die Verpflichtung des Gesetzgebers zur Beseitigung einer verfassungswidrigen Differenzierung „unter dem Gesichtspunkt eines Einstehens für vorangegangenes Tun" ergibt; *Nagel*, DÖV 2010, 268 (269); grundlegend zur Nachbesserungspflicht des Gesetzgebers s. *Mayer*, Die Nachbesserungspflicht des Gesetzgebers, 1995.

Steuervollzug waren bei Erlass der Regelungen ungewiss. Der Gesetzgeber konnte kein hinreichend sicheres Urteil dahingehend fällen, ob durch den Einsatz von Risikomanagementsystemen im Steuervollzug den Besteuerungsgrundsätzen hinreichend Rechnung getragen wird. Diesbezüglich war es ihm lediglich möglich, eine Prognose zu treffen. Aus diesem Grund ist er verpflichtet, die Auswirkungen des Einsatzes von Risikomanagementsystemen auf den Steuervollzug zu beobachten. Erkennt der Gesetzgeber eine gleichheitswidrige Entwicklung, ist er verpflichtet, korrigierend einzugreifen und die Entstehung eines verfassungswidrigen Zustands zu vermeiden.

Eine solche Beobachtungs- und Nachbesserungspflicht des Gesetzgebers bezüglich des Steuervollzugs ist von Rechtsprechung und Literatur anerkannt. Das Bundesverfassungsgericht hatte im Zinsurteil festgestellt, dass den Gesetzgeber die verfassungsrechtliche Pflicht trifft, einen strukturellen Erhebungsmangel binnen angemessener Frist zu beseitigen, wenn er sich dem Gesetzgeber erst nachträglich aufdrängt.[439] In Fortführung seiner Rechtsprechung zum strukturellen Vollzugsdefizit hat das Bundesverfassungsgericht stets die Pflicht des Gesetzgebers betont, den Steuervollzug im Hinblick auf strukturelle Vollzugsdefizite zu überwachen und bei Erkennen eines Defizits zeitnah, innerhalb einer angemessenen Frist einzugreifen. Dabei gesteht das Bundesverfassungsgericht dem Gesetzgeber eine Beobachtungsphase zu, innerhalb derer der Gesetzgeber die in Fachkreisen geführte öffentliche Diskussion berücksichtigen sowie Ergebnisse von Gutachten anerkannter Institutionen oder verwaltungsinterner Untersuchungen abwarten darf, um sie in seine Beurteilung einzubeziehen.[440] Diese Zubilligung einer Beobachtungsphase bedeutet zugleich auch eine Pflicht zur Beobachtung neuer steuerrechtlicher Regelungen hinsichtlich ihrer Auswirkungen auf den Steuervollzug.

Auch in der Literatur findet eine verfassungsrechtliche Pflicht des Gesetzgebers zur Beobachtung und Nachbesserung des Steuervollzugs bezüglich des Steuervollzugs Zuspruch. Anknüpfend an das Zinsurteil des Bundesverfassungsgerichts stellte Bryde fest, dass der Gesetzgeber sich nicht auf eine einmal getroffene Regelung zurückziehen kann, sondern ihn eine Pflicht trifft, zu beobachten, ob seine Regelungen noch ihren Zweck erfüllen und den Anforderungen gerecht werden. Stelle er diesbezüglich Defizite fest, resultiere daraus eine Nachbesserungspflicht.[441]

---

439 BVerfG, Urt. v. 27.06.1991 – 2 BvR 1493/89, BVerfGE 84, 239 = BStBl. II 1991, 654, Rn. 111.

440 BVerfG, Nichtannahmebeschl. v. 10.03.2008 – 2 BvR 2077/05, NJW 2008, 2637 (2637 f.), Rn. 15; BVerfG, Beschl. v. 25.02.2008 – 2 BvL 14/05, BStBl. II 2008, 651, Rn. 30; BVerfG, Nichtannahmebeschl. v. 10.01.2008 – 2 BvR 294/06, BFH/NV 2008, 161, Rn. 19; BVerfG, stattgebender Kammerbeschl. v. 08.11.2006 – 2 BvR 620/03, BFH/NV 2007, Beilage 4, 256, Rn. 16; Nichtannahmebeschl. v. 19.04.2006 – 2 BvR 300/06, BVerfGK 8, 46 = BFH/NV 2006, Beilage 3, 367, Rn. 3; BVerfG, Beschl. v. 18.04.2006 – 2 BvL 12/05, BVerfGK 8, 29, Rn. 15; BVerfG, Beschl. v. 18.04.2006 – 2 BvL 8/05, BFH/NV 2006, 364, Rn. 22.

441 *Bryde*, Die Effektivität von Recht als Rechtsproblem, 1993, S. 20.

Winterhoff schließt sich dieser Auffassung ebenfalls an und betont, dass der Gesetzgeber seiner Verpflichtung zur Gewährleistung von tatsächlicher Belastungsgleichheit nicht nur im Rahmen der Gesetzgebung nachkommen müsse, sondern ihn auch danach eine Pflicht treffe, das Zusammenwirken von materiellen Steuernormen und ihrer Durchsetzung zu überwachen.[442]

Unmittelbar aus der bereichsspezifischen Konkretisierung des allgemeinen Gleichheitssatzes, aus der eine Verantwortung des Gesetzgebers für den Steuervollzug resultiert, folgt damit zugleich eine Beobachtungs- und Nachbesserungspflicht hinsichtlich des Steuervollzugs. Denn der Gesetzgeber kann seiner Verpflichtung, für tatsächliche Belastungsgleichheit zu sorgen, nur gerecht werden, wenn er den Steuervollzug beobachtet und bei gegenläufigen Entwicklungen korrigierend eingreift. Dem steht auch nicht entgegen, dass die Ursache für die Verfehlung tatsächlicher Belastungsgleichheit durch den Einsatz von Risikomanagementsystemen zunächst nicht in der Sphäre des Gesetzgebers liegt. Der Gesetzgeber hat mit den gesetzlichen Regelungen zum Einsatz von Risikomanagementsystemen im Besteuerungsverfahren lediglich die notwendigen Rahmenbedingungen für den Einsatz im Steuervollzug geschaffen. Regelungen zur konkreten Ausgestaltung hat er dabei nicht selbst getroffen, sondern die Entscheidungskompetenz zur Festlegung der einzelnen Risikoparameter in die Sphäre der Finanzverwaltung verlagert. Wird die tatsächliche Belastungsgleichheit durch den Einsatz von Risikomanagementsystemen verfehlt, liegt die Ursache dafür in den konkreten Einstellungen der Risikoparameter. Dieser Umstand befreit den Gesetzgeber jedoch nicht von seiner Pflicht, den Steuervollzug im Hinblick auf die Gewährleistung tatsächlicher Belastungsgleichheit zu beobachten. Die Verpflichtung zur Gewährleistung tatsächlicher Belastungsgleichheit stellt eine originäre Pflicht der Legislative dar. Dieser kann sich der Gesetzgeber nicht entledigen, indem er der Finanzverwaltung diese Aufgabe vollständig überträgt. Gerade wenn er die konkrete Ausgestaltung des Steuervollzugs gänzlich aus der Hand gibt, trifft ihn umso mehr die Pflicht, genau zu überwachen, ob tatsächliche Belastungsgleichheit im Ergebnis gewährleistet wird.

3. Zwischenergebnis

Hinsichtlich der Beurteilung geeigneter Kontrollmaßnahmen ist der Gesetzgeber frei. Er war nicht verpflichtet, eine institutionalisierte Kontrolle einzuführen, die den automatisierten Steuervollzug unter Einsatz von Risikomanagementsystemen überwacht. Da die Auswirkungen des Einsatzes von Risikomanagementsystemen auf den Steuervollzug zum Zeitpunkt des Erlasses des Gesetzes ungewiss waren, konnte der Gesetzgeber nur eine Prognose hinsichtlich der Geeignetheit treffen.

442 Winterhoff spricht insoweit von einer zeitlich umfassenden Realisierbarkeitsverantwortung der Legislative, *Winterhoff*, Steuerverfahrensrecht und tatsächliche Belastungsgleichheit, 2004, S. 145.

Diesbezüglich steht ihm hinsichtlich der Geeignetheit der Maßnahmen eine Einschätzungsprärogative zu. Insbesondere kann keine Verpflichtung des Gesetzgebers hergeleitet werden, eine instutionalisierte Kontrolle für den Einsatz von Risikomanagementsystemen im Steuervollzug einzurichten.

Allerdings schützt die Einschätzungsprärogative die gesetzgeberische Entscheidung nicht unbeschränkt. Tritt eine nicht vorgesehene oder abweichende Entwicklung ein, kann der Gesetzgeber sich nicht auf seine Einschätzungsprärogative zurückziehen. Aus dieser Ungewissheit, ob der automatisierte Steuervollzug unter Einsatz von Risikomanagementsystemen geeignet ist, das Ziel tatsächlicher Belastungsgleichheit zu erreichen, wird der Gesetzgeber verpflichtet, die Entwicklung des Steuervollzugs zu beobachten und bei Erkennen einer defizitären Entwicklung korrigierend einzugreifen.

Zur Beurteilung, ob aufgrund einer Fehlprognose oder des Eintretens einer nicht abzusehenden Entwicklung ein korrigierender Eingriff notwendig ist, räumte das Bundesverfassungsgericht dem Gesetzgeber stets eine Frist ein, innerhalb derer er Erfahrungen sammeln und sich Gewissheit über die defizitäre Entwicklung verschaffen kann.[443] Die Erkenntnisse, die er innerhalb dieser Frist gewinnt, sollen ihm als Grundlage dafür dienen, inwieweit eine Nachbesserung der ursprünglich getroffenen Regelung erforderlich geworden ist. Dem Gesetzgeber ist daher im Hinblick auf den Einsatz von Risikomanagementsystemen im Steuervollzug ein angemessener Zeitraum zur Beobachtung der Auswirkungen dieser neuen Regelung zuzugestehen. Stellt der Gesetzgeber fest, dass die tatsächliche Belastungsgleichheit aufgrund einer Einstellung der Risikoparameter nicht oder nicht mehr gewährleistet ist, ist er verpflichtet, einzugreifen und dadurch entstehenden Defiziten entgegenzuwirken.

---

443 Vgl. BVerfG, Urt. v. 08.04.1997 – 1 BvR 48/94, BVerfGE 95, 267, Rn. 181; BVerfG, Urt. v. 26.05.1981 – 1 BvL 56/78, BVerfGE 57, 139, Rn. 84; BVerfG, Urt. v. 08.02.1977 – 1 BvF 1/76, BVerfGE 43, 291, Rn. 74; BVerfG, Urt. v. 21.06.1977 – 1 BvL 14/76, BVerfGE 45, 187, Rn. 209; Vgl. zur Beobachtungsphase beim strukturellen Vollzugsdefizit: BVerfG, Nichtannahmebeschl. v. 10.03.2008 – 2 BvR 2077/05, NJW 2008, 2637 (2637 f.), Rn. 15; BVerfG, Beschl. v. 25.02.2008 – 2 BvL 14/05, BStBl. II 2008, 651, Rn. 30; BVerfG, Nichtannahmebeschl. v. 10.01.2008 – 2 BvR 294/06, BFH/NV 2008, 161, Rn. 19; BVerfG, stattgebender Kammerbeschl. v. 08.11.2006 – 2 BvR 620/03, BFH/NV 2007, Beilage 4, 256, Rn. 16; Nichtannahmebeschl. v. 19.04.2006 – 2 BvR 300/06, BVerfGK 8, 46 = BFH/NV 2006, Beilage 3, 367, Rn. 3; BVerfG, Beschl. v. 18.04.2006 – 2 BvL 12/05, BVerfGK 8, 29, Rn. 15; BVerfG, Beschl. v. 18.04.2006 – 2 BvL 8/05, BFH/NV 2006, 364, Rn. 22.

G. Die Kontrolle von Risikomanagementsystemen im Hinblick auf strukturell prüfungsfreie Räume

Angesichts der verfassungsrechtlichen Anforderungen an die inhaltliche Ausgestaltung mit der Folge einer fortlaufenden Überwachungspflicht des Gesetzgebers für den Steuervollzug stellt sich die Frage, ob der Gesetzgeber hinreichende Vorkehrungen zur Kontrolle der Risikomanagementsysteme getroffen hat.

I. Maßnahmen des Gesetzgebers zur Kontrolle der Risikomanagementsysteme

Mit dem Gesetz zur Modernisierung des Besteuerungsverfahrens hat der Gesetzgeber sich nicht nur für die gesetzliche Normierung des Risikomanagements entschieden, sondern auch Anforderungen an den Einsatz von Risikomanagementsystemen im Besteuerungsverfahren aufgestellt. § 88 Abs. 5 S. 3 Nr. 1 AO sieht zunächst vor, dass durch Zufallsauswahl eine hinreichende Anzahl von Fällen zur umfassenden Prüfung durch Amtsträger ausgewählt wird. Gem. § 88 Abs. 5 S. 3 Nr. 3 AO muss gewährleistet sein, dass Amtsträger Fälle für eine umfassende Bewertung auswählen können. Darüber hinaus sieht § 88 Abs. 5 S. 3 Nr. 4 AO die regelmäßige Überprüfung der Risikomanagementsysteme auf ihre Zielerfüllung vor.

1. Gewährleistung einer Zufallsauswahl

Bei der Zufallsauswahl handelt es sich um eine Stichprobenprüfung nach dem Zufallsprinzip. Die Zufallsauswahl findet bei Steuersachverhalten mit geringer Risikoklassifizierung, also Steuersachverhalten, die nicht ohnehin schon wegen enthaltener Risiken ausgesteuert werden, statt. Die zufällige Auswahl von Fällen zur umfassenden Prüfung dient im Wesentlichen zwei Zielen: Zum einen wird auf diese Weise dem Gedanken der Generalprävention Rechnung getragen[444] und zum anderen wird dadurch eine Systemüberprüfung erreicht.[445]

---

444 Vgl. *Seer* in: Tipke/Lang/Seer (Hrsg.), Steuerrecht, 2018, § 21 Rn. 5; *Thiemann*, StuW 2018, 304 (306); *Seer* in: Lüdicke (Hrsg.), Jahrbuch des BVStb, 2016, 55 (64 f.); *Buchwald/Bernhardt/Welsch*, FR 2015, 1010 (1012); *Münch*, DStR 2013, 212 (215); *Schmidt/Schmitt* in: Mellinghoff/Schön/Viskorf (Hrsg.), FS Spindler, 2011, 529 (539 f.); BT-Drs. 17/77, S. 177, Rn. 40.1.2; *Nagel/Waza*, DStZ 2008, 321 (323).

445 *Thiemann*, StuW 2018, 304 (306); *Martini/Nink*, NVwZ-Extra 2017, 1 (9); *Seer* in: Lüdicke (Hrsg.), Jahrbuch des BVStb, 2016, 55 (65); *Münch*, DStR 2013, 212 (215); *Schmidt/*

Eine solche Zufallsauswahl gewährleistet in erster Linie, dass jeder Steuerpflichtige einer potentiellen Kontrolle unterliegt und das System für ihn nicht vorhersehbar ist.[446] Zudem dient sie der Qualitätssicherung.[447] Die Zufallsauswahl bewirkt eine Überprüfung der Aussteuerungsmechanismen[448] und trägt dadurch dazu bei, Schwachstellen im System aufzudecken. Mittels einer solchen Stichprobenprüfung kann getestet werden, ob die Risikoparameter sorgfältig eingestellt sind, sodass alle fehlerbehafteten bzw. risikoreichen Erklärungen in zuverlässiger Weise herausgefiltert werden. Durch eine entsprechende Anpassung der Risikoparameter bei Unstimmigkeiten können die Fehler für die Zukunft eliminiert werden. Auf diese Weise entsteht eine systemimmanente Kontrollmöglichkeit.[449]

Ziel der Zufallsauswahl ist es, ein repräsentatives Bild über die Funktionsfähigkeit der Risikoparameter zu erzeugen.[450] Der Gesetzgeber lässt bezüglich der Zufallsauswahl jedoch die Frage offen, wann die Zufallsauswahl die gewünschte Genauigkeit und Sicherheit liefert und als ausreichend angesehen wird.[451] Die gesetzliche Regelung sowie die Gesetzesbegründung sprechen lediglich von einer ausreichenden Zufallsauswahl, ohne einen bestimmten Wert festzulegen.

Schmitt in: Mellinghoff/Schön/Viskorf (Hrsg.), FS Spindler, 2011, 529 (540); *Seer* in: StbJb 2004/2005, 53 (68).

446 *Müller-Franken*, StuW 2018, 113 (120), nach Müller-Franken hängt „über dem Steuerpflichtigen das Damokles-Schwert des Jederzeitigen-zufälligen-Entdecktwerdens, was ihn zur Steuerehrlichkeit zwingt"; *Rätke* in: Klein, AO, 14. Aufl. 2018, § 88 Rn. 98; *Seer* in: Lüdicke (Hrsg.), Jahrbuch des BVStb, 2016, 55 (64 f.); *Münch*, DStR 2013, 212 (212 f.); *Schmidt/Schmitt* in: Mellinghoff/Schön/Viskorf (Hrsg.), FS Spindler, 2011, 529 (539); BT-Drs. 17/77, S. 177, Rn. 40.1.2; *Schmidt* in: Widmann (Hrsg.), Steuervollzug im Rechtsstaat, 2008, 37 (48); *Nagel/Waza*, DStZ 2008, 321 (323).

447 BT-Drs. 17/77, S. 177, Rn. 40.1.2; *Nagel/Waza*, DStZ 2008, 321 (323).

448 *Rätke* in: Klein, AO, 14. Aufl. 2018, § 88 Rn. 98; BT-Drs. 18/7457, S. 70; *Münch*, DStR 2013, 212 (215); BMF, RefE zur StErmV v. 05.08.2011, S. 18; *Seer*, StuW 2003, 40 (49).

449 Vgl. *Seer* in: Lüdicke (Hrsg.), Jahrbuch des BVStb, 2016, 55 (65); *Münch*, DStR 2013, 212 (215); *Seer* in: StbJb 2004/2005, 53 (68).

450 Vgl. *Marx*, Ubg 2016, 358 (361).

451 Der BRH stellte fest, dass Stichprobenkontrollen in 1–5 % der Fälle stattfinden. Er bemängelte diese abweichenden Bearbeitungsstandards und empfahl die Festlegung einer einheitlichen Quote für die Zufallsauswahl, BT-Drs. 17/77, S. 177 f., Rn. 40.2.; In der Literatur wird eine Zufallsauswahl, die 2–3 % der Fälle umfasst, als ausreichend angesehen, *Niewerth* in: Lippross/Seibel, Basiskommentar Steuerrecht, Losebl. (August 2017), § 88 AO Rn. 13; *Seer* in: Tipke/Kruse, AO/FGO, Losebl. (Stand: Januar 2017), § 88 AO Rn. 77; *Seer*, DStZ 2016, 605 (609); *Modlinger*, Stbg 2011, 515 (515); *Haunhorst*, DStR 2010, 2105 (2109); der Chaos Computer Club spricht in seiner Stellungnahme zum StModG von einer Stichprobe in Höhe von 25–50 %, Chaos Computer Club, Sachverständigenauskunft v. 13.04.2016, S. 7, https://linus-neumann.de/wp-content/uploads/2016/04/Stellungnahme_Finanzausschuss_CCC.pdf (geprüft am 04.01.2019).

Durch die gesetzliche Festschreibung einer umfassenden Prüfung der Stichprobe hat der Gesetzgeber auf einen Kritikpunkt des Bundesrechnungshofes in der Bewertung der bisher eingesetzten Risikomanagementsysteme reagiert. Der Bundesrechnungshof hatte nämlich bemängelt, dass die Länder unterschiedliche Vorgaben zur Intensität der Bearbeitung gemacht haben.[452] Allerdings wirft dies die Fragen auf, was umfassende Prüfung i.S.d. § 88 Abs. 5 S. 3 Nr. 1 AO bedeutet und wie sie sich von der Prüfung gem. § 88 Abs. 5 S. 3 Nr. 2 AO unterscheidet.

Für die Durchführung der umfassenden Prüfung sind zwei Szenarien denkbar. Zum einen könnte der Sachbearbeiter lediglich prüfen, ob sich aus der Steuererklärung entgegen der Beurteilung des Risikomanagements doch konkrete Anhaltspunkte für fehlerhafte Angaben ergeben. Ergeben sich keine Anhaltspunkte, macht der Sachbearbeiter dies aktenkundig und veranlagt den Steuerpflichtigen erklärungsgemäß. Zum anderen könnte eine umfassende Prüfung erfordern, dass – ggf. auch nach dem Zufallsprinzip – Belege vom Steuerpflichtigen angefordert werden, um die Angaben (stichprobenhaft) zu verifizieren. Prüft der Sachbearbeiter lediglich, ob sich aus der Steuererklärung konkrete Anhaltspunkte für fehlerhafte Angaben ergeben, wird der Großteil der über die Zufallsauswahl ausgesteuerten Fälle höchstwahrscheinlich lediglich mit dem Hinweis versehen, dass es keinen konkreten Anhaltspunkt für fehlerhafte Angaben gibt und der Steuerpflichtige in der Folge erklärungsgemäß veranlagt werden. Einen Mehrwert gegenüber der automatisierten Risikoprüfung durch das Risikomanagementsystem böte die Zufallsauswahl damit nicht. Dadurch besteht die Gefahr, dass eine Verifikation de facto nahezu nicht mehr stattfindet.

Um Sinn und Zweck der Zufallsauswahl gerecht zu werden, muss mittels der Prüfung im Rahmen der Zufallsauswahl sichergestellt werden, dass das System zuverlässig Risiken erkennt und die Funktionsfähigkeit der Aussteuerungsmechanismen effektiv überprüft wird. Anderenfalls kann die Zufallsauswahl ihrem Zweck, ein angemessenes Entdeckungsrisiko für Fehlangaben zu gewährleisten, nicht gerecht werden. Unter Berücksichtigung der verfassungsrechtlichen Anforderungen und insbesondere im Hinblick auf den Umstand, dass weitere effektive Kontrollmöglichkeiten de lege lata nicht existieren[453] ist es angebracht, die umfassende Prüfung so zu verstehen, dass stichprobenhaft Belege vom Steuerpflichtigen angefordert werden, um die Angaben zu verifizieren. Das Erfordernis der umfassenden Prüfung ist dabei keineswegs in dem Sinne zu verstehen,

---

452 BT-Drs. 17/77, S. 177 f., Rn. 40.2.

453 Insoweit wird das Ergebnis der Untersuchung an dieser Stelle vorweggenommen; zu den einzelnen Kontrollmöglichkeiten s. Kap. G.VI Zwischenergebnis; zu den weiteren Kontrollmöglichkeiten s. Kap. G.II Kontrolle durch die Rechnungshöfe des Bundes und der Länder de lege lata; G.III Kontrolle durch den Bundesbeauftragten für Wirtschaftlichkeit in der Verwaltung de lege lata; G.IV Kontrolle durch Einsichts- und Auskunftsrechte; G.V Rechtsschutz von Steuerpflichtigen gegen die fehlerhafte Anwendung von Risikomanagementsystemen.

dass die erforderliche Kontrollintensität insoweit verändert wird. Auch ein über die Zufallsauswahl ausgesteuerter Fall soll nicht bis in letzte Detail auf seine Richtigkeit und Vollständigkeit geprüft. Die personelle Überprüfung im Rahmen der Zufallsauswahl trägt dem Verifikationsprinzip Rechnung, indem sie nach Abschluss der Prüfung eine Aussage hinsichtlich enthaltener steuerlicher Risiken treffen kann.

Daran schließt sich die Frage an, wie sich die umfassende Prüfung gem. § 88 Abs. 5 S. 3 Nr. 1 AO von der Prüfung gem. § 88 Abs. 5 S. 3 Nr. 2 AO unterscheidet. Die sprachliche Unterscheidung zwischen Nr. 1 und Nr. 2 lässt darauf schließen, dass bei der umfassenden Prüfung im Rahmen der Nr. 1 mehr gefordert ist als bei der Prüfung im Rahmen von Nr. 2. Die Unterscheidung betrifft nicht die erforderliche Kontrollintensität. Diese ist in beiden Fällen auf eine Verifikation gerichtet. Der Unterschied bezieht sich auf Art und Umfang der Verifikationsmaßnahmen. Nach dem Willen des Gesetzgebers soll sich die Prüfung im Rahmen von Nr. 2 nach den Umständen des Einzelfalls richten.[454] Es soll keine umfassende Prüfung in dem Sinne gefordert sein, dass der Sachbearbeiter alle Angaben einer ausgesteuerten Erklärung überprüft. Nicht nur die Prüfung der übrigen, vom Risikomanagementsystem nicht als risikorelevant identifizierten Angaben liegt im Ermessen des Sachbearbeiters, sondern auch Art und Umfang der Prüfung der vom Risikomanagementsystem als risikorelevant identifizierten Angaben. Ob der Sachbearbeiter zur Verifizierung der Angaben Belege vom Steuerpflichtigen anfordert, liegt in seinem Ermessen. Er kann daher eine umfassende Überprüfung in dem Sinne vornehmen, dass er Belege vom Steuerpflichtigen anfordert, um seine Angaben zu verifizieren. Er ist dazu aber schon nach dem Wortlaut der Norm nicht verpflichtet.

2. Möglichkeit einer individuellen Aussteuerung

§ 88 Abs. 5 S. 3 Nr. 3 AO sieht vor, dass das Risikomanagement gewährleisten muss, dass Amtsträger Fälle für eine umfassende Prüfung auswählen können. Dem Bearbeiter soll es dadurch möglich sein, jederzeit eine individuelle Prüfung eines Falles vorzunehmen.[455]

Durch die Möglichkeit der individuellen Aussteuerung bleibt den einzelnen Finanzbeamten die Möglichkeit zur selbstbestimmten Arbeit erhalten. Der einzelne Finanzbeamte ist nicht gezwungen, sich ausschließlich auf das Risikomanagement zu verlassen und kann speziellen Gestaltungen flexibel begegnen. Die Möglichkeit zur individuellen Aussteuerung ist die notwendige Ergänzung der objektivierten

---

454 BT-Drs. 18/7457, S. 70.

455 BT-Drs. 18/7457, S. 48; kritisch dazu *Braun Binder*, Auf dem Weg zum vollautomatisierten Besteuerungsverfahren in Deutschland, S. 8, Rn. 14, http://www.foev-speyer.de/files/de/downloads/Jusletter-IT_25.05.2016.pdf (geprüft am 04.01.2019); *Braun Binder*, DStZ 2016, 526 (531).

Regelungen des maschinellen Risikomanagements um subjektive Erkenntnisse. Diese ist notwendig, um das maschinelle System realitätsgerecht und flexibel auszugestalten. Zugleich verdeutlicht sie, dass das Risikomanagement nur ein Hilfsmittel der Finanzverwaltung darstellt.[456] Stellt der Finanzbeamte bei der Prüfung fest, dass risikorelevante Details der Erklärung von den Risikoparametern nicht erkannt worden sind, können diese Erkenntnisse bei einer Anpassung der Risikoparameter berücksichtigt werden und auf diese Weise zu einer Verbesserung des Systems beitragen. Welche Fälle der Sachbearbeiter zur personellen Prüfung auswählt, ist für den Steuerpflichtigen nicht ausrechenbar. Dies erhöht zugleich das Entdeckungsrisiko und vermeidet dadurch ergänzend zur Zufallsauswahl eine Aushöhlung des Systems.[457]

Die Fallauswahl beschränkt sich auf die risikoarmen Fälle, da die risikorelevanten Fälle vom System ohnehin zur personellen Prüfung ausgesteuert werden. Bezüglich der vom Risikomanagement ausgesteuerten Fälle besteht für den Finanzbeamten bereits aufgrund der Aussteuerung die Möglichkeit, eine umfassende Prüfung des Falles vorzunehmen. Relevant wird die Möglichkeit zur persönlichen Fallauswahl insbesondere für Steuerfälle, die vom System zwar als risikoarm angesehen werden, aber dennoch Risikopotential enthalten. Dies können Sachverhalte sein, zu denen maschinell nicht auswertbare Informationen vorhanden sind.[458] Zu denken ist auch an Sachverhalte, die sich über mehrere Veranlagungszeiträume erstrecken und bei denen die Voraussetzungen konsequent vorliegen müssen. Leistet das System keine Vorkehrungen für eine solche turnusmäßige Überprüfung dieser Sachverhalte, kann der Finanzbeamte auf diese Weise selbst in den Prozess eingreifen und eigenständig solche Fälle zur Überprüfung auswählen.

Die mit dem Einsatz von Risikomanagementsystemen im Steuervollzug einhergehende risikoorientierte Prüfung ist vor allem ein Mittel, die Verfahrensmassen zu bewältigen. Misstraut ein Sachbearbeiter dem System und steuert er alle ihm zur Bearbeitung zugeteilten Fälle zur individuellen Überprüfung aus, verzögert bzw. gefährdet er damit sogar die Abarbeitung der Verfahrensmassen. Dies könnte die Verwaltung dazu verleiten, eine interne Weisung zu erteilen, wonach lediglich ausgesteuerte Fälle zu prüfen sind. Damit steht die Rechtmäßigkeit einer solchen Weisung in Frage. Aus den verfassungsrechtlichen Anforderungen an den Steuervollzug folgt, dass ein hinreichendes Entdeckungsrisiko gewährleistet sein muss. Eine Weisung, dass lediglich ausgesteuerte Fälle zu prüfen sind, würde das Entdeckungsrisiko insoweit minimieren. Denn die Möglichkeit, dass Amtsträger Fälle für eine umfassende Prüfung auswählen können, sorgt neben der Zufallsauswahl dafür, dass ein hinreichendes Entdeckungsrisiko gewährleistet wird. Ebenso wie die Zufallsauswahl stellt die Möglichkeit zur individuellen Aussteuerung ein

456 Vgl. *Drüen* in: DFGT 2011/2012, 253 (271 f.); *Nagel/Waza*, DStZ 2008, 321 (323).

457 Vgl. *Schmidt/Schmitt* in: Mellinghoff/Schön/Viskorf (Hrsg.), FS Spindler, 2011, 529 (539 f.).

458 *Nagel/Waza*, DStZ 2008, 321 (323).

Kontrollinstrument dar, das der Generalprävention und zugleich der Überprüfung der Aussteuerungsmechanismen, also der Kontrolle der Risikomanagementsysteme dient. Der einzelne Finanzbeamte wird so zur verwaltungsinternen Kontrollinstanz und übernimmt die Aufsicht über die Funktionsfähigkeit der Risikoparameter. Dadurch wird er zum Wächter über die Gleichmäßigkeit der Besteuerung. Unter Berücksichtigung des Umstands, dass weitere effektive Kontrollmöglichkeiten de lege lata nicht existieren[459] ist eine Weisung, dass lediglich ausgesteuerte Fälle zu prüfen sind, daher als rechtswidrig anzusehen.

3. Gewährleistung einer regelmäßigen Überprüfung und Überarbeitung

§ 88 Abs. 5 S. 3 Nr. 4 AO sieht darüber hinaus vor, dass eine regelmäßige Überprüfung der Risikomanagementsysteme auf ihre Zielerfüllung stattfindet. Eine solche Überprüfung der Risikoparameter auf deren Funktionsfähigkeit und Zweckmäßigkeit ist unabdingbare Voraussetzung für ein funktionierendes Risikomanagementsystem.[460] Eine solche Überprüfung trägt nicht nur zur Weiterentwicklung der Risikomanagementsysteme, sondern auch zur Qualitätssicherung bei.[461] Nur durch eine ständige Evaluation der Ergebnisse, eine Einarbeitung neuer Erkenntnisse sowie einer Anpassung der Risikoparameter können die Risikomanagementsysteme weiterentwickelt und deren Funktionsfähigkeit sichergestellt werden.[462] Eine Evaluation könnte mithilfe von Standardauswertungen erfolgen. Diese können Aufschluss darüber geben, wie häufig Risikohinweise ausgegeben werden und wie umfangreich die vorgenommenen Änderungen sind. Anhand dessen kann der Verbesserungsbedarf festgestellt werden.[463]

Für die regelmäßige Überprüfung sind gem. § 88 Abs. 5 S. 3 Nr. 4 AO i.V.m. § 20 Abs. 1 FVG die obersten Finanzbehörden der Länder oder des Bundes zuständig.[464] Werden Risikomanagementsysteme im Rahmen der bundeseigenen

---

459 Insoweit wird das Ergebnis der Untersuchung an dieser Stelle vorweggenommen, s. Kap. G.VI Zwischenergebnis; zu den weiteren Kontrollmöglichkeiten s. Kap. G.II Kontrolle durch die Rechnungshöfe des Bundes und der Länder de lege lata; Kap. G.III Kontrolle durch den Bundesbeauftragten für Wirtschaftlichkeit in der Verwaltung de lege lata; Kap. G.IV Kontrolle durch Einsichts- und Auskunftsrechte; Kap. G.V Rechtsschutz von Steuerpflichtigen gegen die fehlerhafte Anwendung von Risikomanagementsystemen.

460 Vgl. *Drüen* in: DFGT 2011/2012, 253 (271); *Schmidt/Schmitt* in: Mellinghoff/Schön/Viskorf (Hrsg.), FS Spindler, 2011, 529 (545); *Seer*, DStR 2008, 1553 (1556); *Fiege*, Risikomanagement- und Überwachungssystem nach KonTraG, 2006, S. 206; *Trips*, NVwZ 2003, 804 (807); IDW PS 340, Rn. 4.

461 BMF, RefE zur StErmV v. 05.08.2011, S. 18.

462 *Drüen* in: Schön/Beck (Hrsg.), Zukunftsfragen des deutschen Steuerrechts, 2009, 1 (14); *Seer*, DStR 2008, 1553 (1556); *Nagel/Waza*, DStZ 2008, 321 (323).

463 *Schmidt/Schmitt* in: Mellinghoff/Schön/Viskorf (Hrsg.), FS Spindler, 2011, 529 (545).

464 *Seer* in: Tipke/Kruse, AO/FGO, Losebl. (Stand: Januar 2017), § 88 AO Rn. 81.

Verwaltung eingesetzt, ist das Bundesministerium der Finanzen für die Überprüfung im Sinne des § 88 Abs. 5 S. 3 Nr. 4 AO zuständig. Somit führt eine Evaluation im Rahmen einer regelmäßigen Überprüfung zu einer verwaltungsinternen Kontrolle der selbstvorgenommenen Einstellungen der Risikoparameter.

Eine Vorgabe, wie groß der Abstand zur regelmäßigen Überprüfung in zeitlicher Hinsicht sein soll, gibt es nicht.[465] Darauf hat der Gesetzgeber bewusst verzichtet. Kritik an der fehlenden gesetzlichen Vorgabe wurde insbesondere unter dem Aspekt geübt, dass der regelmäßige Zeitraum zur Überprüfung von den Finanzämtern unterschiedlich ausgelegt werden könnte. Dies hätte zur Folge, dass die Qualität der Risikomanagementsysteme von der personellen Ausstattung der Finanzämter abhänge.[466] Da die obersten Finanzbehörden der Länder oder des Bundes für die regelmäßige Überprüfung zuständig sind,[467] ist dieser Kritikpunkt hinfällig. Insofern besteht keine Gefahr, dass die Zeitspanne der regelmäßigen Überprüfung von der personellen Ausstattung einzelner Finanzämter abhängig gemacht wird. Vorteil einer flexiblen Zeitspanne ist, dass eine kontinuierliche Überprüfung ermöglicht wird.[468] Eine solche Überprüfung ist insoweit sinnvoll, als dass Fehler oder Unstimmigkeiten auch im laufenden Veranlagungszeitraum eliminiert werden können.

4. Bewertung

Hinsichtlich der Ausgestaltung der in § 88 Abs. 5 S. 3 AO vorgesehenen Kontrollmöglichkeiten hat sich der Gesetzgeber an den gängigen Standards beim Einsatz von Risikomanagementsystemen orientiert und für eine hinreichende Überprüfung der Aussteuerungsmechanismen gesorgt. In anderen Bereichen, in denen Risikomanagementsysteme eingesetzt werden, leisten eine wirksame Kontrolle und Überwachung einen entscheidenden Beitrag zu einem erfolgreichen Risikomanagement. Die Überwachung dient vornehmlich der Überprüfung der Funktionsfähigkeit des Risikomanagements.[469] Dabei wird geprüft, ob alle Risikofelder

---

465 Roser hält konkrete und eindeutige Zeitvorgaben für unerlässlich, *Roser* in: Gosch, AO/FGO, Losebl. (Stand: Juni 2018), § 88 AO Rn. 65; der BRH forderte in seiner Stellungnahme zum StModG eine Präzisierung dieser Vorgabe, BRH, Stellungnahme v. 13.04.2016, S. 2, https://www.bundestag.de/blob/417948/ac5bd35a803fa7eca790e9eaf8d1df6c/04-brh-data.pdf (geprüft am 04.01.2019); in seiner Stellungnahme zur StErmVO kritisierte der DStV bereits den unbestimmten Zeitraum der Überprüfung, DStV, Stellungnahme (S 14/11) v. 01.09.2011, S. 2, https://www.dstv.de/download/s-14-11 (geprüft am 04.01.2019).

466 Kritisch dazu DStV, Stellungnahme (S 14/11) v. 01.09.2011, S. 2, https://www.dstv.de/download/s-14-11 (geprüft am 04.01.2019).

467 Dies ergibt sich aus § 88 Abs. 5 S. 3 Nr. 4 AO i.V.m. § 20 Abs. 1 FVG.

468 *Baum* in: eKomm AO, Online-Ausgabe (Stand: April 2018), § 88 Rn. 66.

469 IDW PS 340, Rn. 4; *Fiege*, Risikomanagement- und Überwachungssystem nach KonTraG, 2006, S. 204 ff.; *Trips*, NVwZ 2003, 804 (807).

des Unternehmens vollständig erfasst und die Maßnahmen zur Risikobewältigung in angemessener und kontinuierlicher Weise angewandt werden.[470] Ziel ist es, durch eine kontinuierliche Beobachtung der getroffenen Maßnahmen im Hinblick auf ihre Wirksamkeit eine Verbesserung bei der Risikobewältigung zu erreichen und auf diese Weise sicherzustellen, dass die tatsächliche Risikosituation im Unternehmen auch der anvisierten Risikosituation entspricht.[471]

Eine regelmäßige Überprüfung des Risikomanagements, im Rahmen derer auch eine Anpassung der Aussteuerungsmechanismen vorgenommen werden soll, sieht der Gesetzgeber in § 88 Abs. 5 S. 3 Nr. 5 AO vor. Die Überprüfung dient dazu, Fehler aufzudecken und das Risikomanagementsystem zugleich weiterzuentwickeln. Darüber hinaus sorgen die Zufallsauswahl und die Möglichkeit zur individuellen Aussteuerung für eine systemimmanente Kontrolle, mittels derer die Aussteuerungsmechanismen überprüft und Schwachstellen im System aufgedeckt werden können. Diese internen Kontrollmaßnahmen sorgen dafür, dass die Funktionsfähigkeit der Risikomanagementsysteme auf Dauer gewährleistet werden kann.

II. Kontrolle durch die Rechnungshöfe des Bundes und der Länder de lege lata

1. Stellung und Aufgaben der Rechnungshöfe

Die Stellung sowie die wesentlichen Aufgaben des Bundesrechnungshofs sind in Art. 114 GG verankert. Der Bundesrechnungshof stellt ein unabhängiges Organ der staatlichen Finanzkontrolle dar.[472] Die Kontrolle des Bundesrechnungshofs hat ausschließlich objektiven Charakter. Es besteht kein subjektives Recht des Einzelnen auf Durchführung einer Finanzkontrolle durch den Bundesrechnungshof.[473]

Wesentliche Aufgabe des Bundesrechnungshofes ist es, die Rechnung sowie die Wirtschaftlichkeit und Ordnungsmäßigkeit der Haushalts- und Wirtschaftsführung des Bundes zu prüfen.[474] Dabei prüft der Bundesrechnungshof nicht nur alle Einnahmen und Ausgaben, sondern auch alle Maßnahmen, die sich finanziell auswirken können. Bei der Prüfung durch den Bundesrechnungshof können die Rechnungsprüfung und die rechnungsunabhängige Finanzkontrolle unterschieden werden. Während der Bundesrechnungshof die Rechnungslegung des Bundesministers für Finanzen auf ihre buchhalterische Korrektheit prüft, bietet die rechnungsunabhängige Finanzkontrolle losgelöst davon die Möglichkeit, die

470 Vgl. IDW PS 340, Rn. 16.

471 *Fiege*, Risikomanagement- und Überwachungssystem nach KonTraG, 2006, S. 210.

472 *Kube* in: Maunz/Dürig, GG, Losebl. (Stand: Oktober 2008), Art. 114 Rn. 46; BRH, Stellung, https://www.bundesrechnungshof.de/de/bundesrechnungshof/stellung (geprüft am 04.01.2019).

473 *Kube* in: Maunz/Dürig, GG, Losebl. (Stand: Oktober 2008), Art. 114 Rn. 110.

474 Art. 114 Abs. 2 S. 1 GG.

Haushalts- und Wirtschaftsführung aller Stellen auf ihre Ordnungsmäßigkeit und Wirtschaftlichkeit zu prüfen.[475] Prüfungsmaßstab ist dabei die Ordnungsmäßigkeit und Wirtschaftlichkeit.[476] Die Prüfung auf Ordnungsmäßigkeit bezeichnet eine Kontrolle, die sich auf Richtigkeit und Rechtmäßigkeit beschränkt.[477] Bei der Prüfung der Wirtschaftlichkeit geht es um eine Zweckmäßigkeitsprüfung im Sinne einer Kosten-Nutzen-Relation.[478]

Die Prüfung des Bundesrechnungshofs ist auf abgeschlossene Vorgänge begrenzt.[479] Diese Begrenzung dient der klaren Trennung zwischen der selbstständigen und eigenverantwortlichen Führung eines Ressorts und der unabhängigen Kontrolle durch die Prüfinstanz.[480]

Um eine wirksame Kontrolle zu ermöglichen, sichert das Grundgesetz den Mitgliedern des Bundesrechnungshofs richterliche Unabhängigkeit zu.[481] Grundsätzlich ist eine lückenlose Prüfung durch den Bundesrechnungshof vorgesehen. Der Umfang der Prüfung liegt im Ermessen des Bundesrechnungshofs.[482] Um eine ordnungsgemäße Prüfung vorzunehmen, ist der Bundesrechnungshof berechtigt alle erforderlichen Auskünfte einzuholen und die Vorlage von Unterlagen zu verlangen.[483] Über die Ergebnisse seiner Untersuchung erstellt der Bundesrechnungshof Prüfungsmitteilungen, welche zunächst den geprüften Stellen zur Stellungnahme vorgelegt werden.[484] Nach Abschluss der Finanzkontrolle hat der Bundesrechnungshof einen Bericht anzufertigen und die Bundesregierung, den Bundestag

---

475 *Butzer* in: BeckOK GG, Online-Ausgabe (Stand: August 2018), Art. 114 Rn. 9 f.; *Kube* in: Maunz/Dürig, GG, Losebl. (Stand: Oktober 2008), Art. 114 Rn. 65 f.

476 *Butzer* in: BeckOK GG, Online-Ausgabe (Stand: August 2018), Art. 114 Rn. 13 f.; *Kube* in: Maunz/Dürig, GG, Losebl. (Stand: Oktober 2008), Art. 114 Rn. 97; BRH, Prüfungsverfahren – unabhängig, sachlich und präzise, https://www.bundesrechnungshof.de/de/bundesrechnungshof/pruefungsverfahren (geprüft am 04.01.2019).

477 *Kube* in: Maunz/Dürig, GG, Losebl. (Stand: Oktober 2008), Art. 114 Rn. 97.

478 *Butzer* in: BeckOK GG, Online-Ausgabe (Stand: August 2018), Art. 114 Rn. 14; *Kube* in: Maunz/Dürig, GG, Losebl. (Stand: Oktober 2008), Art. 114 Rn. 100.

479 *Kube* in: Maunz/Dürig, GG, Losebl. (Stand: Oktober 2008), Art. 114 Rn. 64 ff.

480 *Kube* in: Maunz/Dürig, GG, Losebl. (Stand: Oktober 2008), Art. 114 Rn. 66.

481 Art. 114 Abs. 2 S. 1 GG; *Kube* in: Maunz/Dürig, GG, Losebl. (Stand: Oktober 2008), Art. 114 Rn. 51; *Krüger-Spitta/Bronk*, Einführung in das Haushaltsrecht und die Haushaltspolitik, 1973, S. 167 f.

482 *Kube* in: Maunz/Dürig, GG, Losebl. (Stand: Oktober 2008), Art. 114 Rn. 105; BRH, Der BRH entscheidet über die Prüfung, https://www.bundesrechnungshof.de/de/bundesrechnungshof/pruefungsverfahren/der-bundesrechnungshof-entscheidet-ueber-die-pruefung (geprüft am 04.01.2019).

483 *Kube* in: Maunz/Dürig, GG, Losebl. (Stand: Oktober 2008), Art. 114 Rn. 106; BRH, Der BRH ist zu informieren, https://www.bundesrechnungshof.de/de/bundesrechnungshof/pruefungsverfahren/der-bundesrechnungshof-ist-zu-informieren (geprüft am 04.01.2019).

484 Dies ist im Regelfall das BMF, *Schleicher* in: Widmann (Hrsg.), Steuervollzug im Rechtsstaat, 2008, 59 (66).

und den Bundesrat zu informieren. Die Information erfolgt einmal jährlich in Form von Bemerkungen (Jahresberichte), in denen der Bundesrechnungshof über seine wichtigsten Prüfungsergebnisse berichtet.[485] Zweck dieses Berichts ist es, die Verantwortlichen über die Haushalts- und Wirtschaftsführung des Bundes zu informieren und auf Missstände hinzuweisen.[486] Der Bericht wird als Bundestagsdrucksache herausgegeben und so der Öffentlichkeit bekannt gemacht.[487] Beziehen sich die Prüfungen des Rechnungshofs auf Angelegenheiten, die geheim zu halten sind, werden darüber ausschließlich der Präsident des Bundestages, der Präsident des Bundesrates, der Bundeskanzler sowie das Bundesministerium für Finanzen unterrichtet. Eine Bekanntgabe gegenüber der Öffentlichkeit erfolgt insoweit nicht.[488]

Neben der Finanzkontrolle kommt dem Bundesrechnungshof eine Beraterfunktion zu. Danach besteht die Möglichkeit, dass der Bundesrechnungshof den Bundestag, den Bundesrat, die Bundesregierung oder Bundesministerien aufgrund seiner Prüfungserfahrungen berät. Die Beratung kann sich auch auf nicht abgeschlossene Verwaltungsvorgänge beziehen.[489]

Jedes Bundesland unterhält einen eigenen Landesrechnungshof, der auf Landesebene die öffentliche Finanzkontrolle übernimmt. Als oberstes Organ der Finanzkontrolle auf Landesebene prüft der Landesrechnungshof selbstständig und unabhängig die Haushalts- und Wirtschaftsführung des Landes sowie der Gemeinden und Gemeindeverbände. Darüber hinaus berät er aufgrund seiner Erfahrungen aus der Prüfungstätigkeit den Landtag, die Landesregierung sowie einzelne Landesministerien.[490]

Aufgrund der engen Verknüpfung der Finanzsysteme von Bund und Ländern kommt es teilweise zu Überschneidungen von Zuständigkeiten des Bundesrechnungshofs und der Landesrechnungshöfe. Trotz ihrer rechtlichen Unabhängigkeit

---

485 *Butzer* in: BeckOK GG, Online-Ausgabe (Stand: August 2018), Art. 114 Rn. 22; *Kube* in: Maunz/Dürig, GG, Losebl. (Stand: Oktober 2008), Art. 114 Rn. 118 ff.; BRH, Aufgaben, https://www.bundesrechnungshof.de/de/bundesrechnungshof/aufgaben (geprüft am 04.01.2019).

486 *Kube* in: Maunz/Dürig, GG, Losebl. (Stand: Oktober 2008), Art. 114 Rn. 116, 127.

487 *Butzer* in: BeckOK GG, Online-Ausgabe (Stand: August 2018), Art. 114 Rn. 22; *Kube* in: Maunz/Dürig, GG, Losebl. (Stand: Oktober 2008), Art. 114 Rn. 122.

488 § 97 Abs. 4 BHO.

489 *Kube* in: Maunz/Dürig, GG, Losebl. (Stand: Oktober 2008), Art. 114 Rn. 112; BRH, Prüfungsverfahren – unabhängig, sachlich und präzise, https://www.bundesrechnungshof.de/de/bundesrechnungshof/pruefungsverfahren (geprüft am 04.01.2019); zur Beratungsfunktion der Rechnungshöfe vgl. *Krüger-Spitta/Bronk*, Einführung in das Haushaltsrecht und die Haushaltspolitik, 1973, S. 174 f.

490 S. Regelungen in den Landesverfassungen z.B. Art. 120 Abs. 2 Verfassung des Landes Rlp; Art. 144 Verfassung des Landes Hessen; BRH, Landesrechnungshöfe, https://www.bundesrechnungshof.de/de/zusammenarbeit/landesrechnungshoefe (geprüft am 04.01.2019).

arbeiten Bundesrechnungshof und Landesrechnungshöfe daher eng zusammen und stehen untereinander in einem engen Gedanken- und Informationsaustausch.[491] Zwischen den beiden Institutionen besteht jedoch keinerlei Weisungsbefugnis.[492] In Bereichen mit überschneidender Kompetenz kommt eine gemeinsame Prüfung in Betracht. Darüber hinaus können durch Prüfungsvereinbarungen auch Prüfungsaufgaben übertragen werden.[493]

2. Kontrolle der Risikomanagementsysteme

In seinen jährlichen Berichten zur Haushalts- und Wirtschaftsprüfung des Bundes überprüfte der Bundesrechnungshof auch bisher die Arbeitsweise der Finanzverwaltung. Dabei begutachtete der Bundesrechnungshof bereits mehrfach das maschinelle Risikomanagement der Finanzverwaltung. Im Rahmen dessen machte er auf konkrete Mängel aufmerksam und sprach Empfehlungen zur Verbesserung aus.[494] Konkret kritisierte der Bundesrechnungshof zunächst, dass das Risikomanagement den Untersuchungsgrundsatz und die Besteuerungsgrundsätze nur unzureichend beachte. Im Rahmen seiner Untersuchung stellte er fest, dass in Teilbereichen generell darauf verzichtet worden sei, Steuererklärungen auf unklare, unschlüssige oder widersprüchliche Angaben zu prüfen. Für den Bereich der Arbeitnehmerveranlagung kam er zu dem Ergebnis, dass in allen Fällen die Gefahr rechtswidriger Steuerfestsetzungen bestand.[495] Infolgedessen empfahl der Bundesrechnungshof dem Bundesministerium der Finanzen, auf die Beachtung der Besteuerungsgrundsätze durch umfassende maschinelle Plausibilitätskontrollen hinzuwirken. Zudem sprach er die Empfehlung aus, zur Herstellung einheitlicher Prüfungsmaßstäbe bundeseinheitliche Wertgrenzen anzustreben.[496] In nachfolgenden Überprüfungen stellte der Bundesrechnungshof auch für Einkünfte aus Vermietung und Verpachtung Defizite im maschinellen Risikomanagement fest. Das maschinelle Risikomanagement wies nach den Feststellungen des

491 Rechnungshof Rlp, Zusammenarbeit mit anderen Einrichtungen der Finanzkontrolle, https://rechnungshof.rlp.de/de/ueber-uns/aufgaben-und-arbeitsweise/zusammenarbeit-mit-anderen-einrichtungen-der-finanzkontrolle/ (geprüft am 04.01.2019).

492 BRH, LRHe, https://www.bundesrechnungshof.de/de/zusammenarbeit/landesrechnungshoefe (geprüft am 04.01.2019); BT-Drs. 18/3300, S. 345 f., Rn. 4.

493 § 45 HGrG: Sind für die Prüfung mehrere Rechnungshöfe zuständig, so soll gemeinsam geprüft werden. Soweit nicht die Prüfung durch einen bestimmten Rechnungshof verfassungsrechtlich vorgeschrieben ist, können die Rechnungshöfe einander durch Vereinbarung Prüfungsaufgaben übertragen. Zur Zusammenarbeit von BRH und LRHen vgl. *Schleicher* in: Widmann (Hrsg.), Steuervollzug im Rechtsstaat, 2008, 59 (65 f.).

494 Vgl. u.a.: BT-Drs. 18/3300, S. 334 ff., Rn. 74; BT-Drs. 17/11330, S. 344 ff., Rn. 87; BT-Drs. 17/77, S. 176 ff., Rn. 40.0.

495 BT-Drs. 17/77, S. 176 ff., Rn. 40.0, 40.1.

496 BT-Drs. 17/77, S. 177 f., Rn. 40.2.

Bundesrechnungshofs nicht auf widersprüchliche oder unschlüssige Angaben hin.[497] In seiner Untersuchung im Jahr 2014 stellte der Bundesrechnungshof Fortschritte bei der Evaluierung des maschinellen Risikomanagements in der Steuerverwaltung fest.[498]

Eine systematische Überprüfung des Steuervollzugs auf strukturell prüfungsfreie Räume durch den Einsatz von Risikomanagementsystemen findet im Rahmen der jährlichen Prüfung des Bundesrechnungshofs nicht statt. Die jährliche Prüfung durch den Bundesrechnungshof stellt eine reine Rechtmäßigkeitskontrolle dar, die im Hinblick auf die Auswirkungen auf den Haushalt die Arbeitsweise der Finanzverwaltung überprüft. Dabei hat der Bundesrechnungshof in der Vergangenheit zwar die in der Finanzverwaltung eingesetzten Risikomanagementsysteme in Teilbereichen geprüft. Um die Folgen des Einsatzes der Risikomanagementsysteme auf den Steuervollzug, insbesondere im Hinblick auf strukturell prüfungsfreie Räume, zu überwachen, ist eine solche Kontrolle jedoch nicht ausreichend.[499] Die Aufdeckung strukturell prüfungsfreier Räume im Steuervollzug durch den Bundesrechnungshof ist nicht ausgeschlossen, aber jedenfalls nicht (Haupt-)Ziel seiner Untersuchung. Bei der Kontrolle durch den Bundesrechnungshof stehen die finanziellen Auswirkungen der Arbeitsweise der Finanzverwaltung auf den Haushalt im Vordergrund. Ob tatsächliche Belastungsgleichheit im Großen und Ganzen hergestellt wird, kann nur festgestellt werden, wenn die konkreten Einstellungen der Risikoparameter und deren Auswirkungen auf den Steuervollzug einer vollständigen, systematischen Überprüfung unterzogen werden.

III. Kontrolle durch den Bundesbeauftragten für Wirtschaftlichkeit in der Verwaltung de lege lata

Das Amt des Bundesbeauftragten für Wirtschaftlichkeit in der Verwaltung wird traditionell vom Präsidenten des Bundesrechnungshofs ausgeübt. In seiner Aufgabenwahrnehmung ist er jedoch unabhängig vom Bundesrechnungshof und auch an dessen Feststellungen und Auffassungen nicht gebunden.[500] Seine Aufgabe ist es im Wesentlichen, auf eine wirtschaftliche Erfüllung der Aufgaben des Bundes und eine wirtschaftliche Organisation der Verwaltung des Bundes hinzuwirken.[501]

---

497 BT-Drs. 17/11330, S. 344 ff., Rn. 87.1.3.

498 BT-Drs. 18/3300, S. 334 ff., Rn. 74.

499 Drüen hat bereits früh in der Diskussion um den Einsatz von Risikomanagementsystemen die Frage aufgeworfen, ob die Rechtmäßigkeitskontrolle durch die Rechnungshöfe ausreichend ist, *Drüen* in: DFGT 2011/2012, 253 (274).

500 *Kube* in: Maunz/Dürig, GG, Losebl. (Stand: Oktober 2008), Art. 114 Rn. 50; BRH, Stellung des BWV, https://www.bundesrechnungshof.de/de/bundesbeauftragter-bwv/stellung (geprüft am 04.01.2019).

501 Richtlinien für die Tätigkeit des Bundesbeauftragten (BWV) v. 08.06.2016, BAnz AT 15.06.2016 B1; *Kube* in: Maunz/Dürig, GG, Losebl. (Stand: Oktober 2008), Art. 114 Rn. 50; BRH, Stellung des Bundesbeauftragten (BWV), https://

Seine Kompetenzen sind in den Richtlinien der Bundesregierung festgelegt.[502] Die Aufgaben des Bundesbeauftragten für Wirtschaftlichkeit in der Verwaltung kommen einer *„behördeninternen Unternehmensberatung" gleich.*[503] Durch Gutachten und Berichte greift der Bundesbeauftragte für Wirtschaftlichkeit in der Verwaltung verschiedene Themen auf und prüft diese im Hinblick auf eine wirtschaftliche Aufgabenerfüllung und Organisation. Der Bundesbeauftragte für Wirtschaftlichkeit in der Verwaltung nimmt seine Aufgaben nach seinem Ermessen wahr.[504]

Auf Landesebene gibt es eine entsprechende Position. Der Landesbeauftragte für Wirtschaftlichkeit in der Verwaltung soll auf die wirtschaftliche Erfüllung der Landesaufgaben hinwirken.[505]

Bislang hat sich der Bundesbeauftragte für Wirtschaftlichkeit in der Verwaltung einmal der Thematik des Risikomanagements im Steuervollzug gewidmet.[506] Im Jahr 2006 verfasste der Bundesbeauftragte für Wirtschaftlichkeit in der Verwaltung ein Gutachten zu aktuellen Problemen beim Steuervollzug und sprach Empfehlungen zur Verbesserung des Vollzugs der Steuergesetze in Deutschland aus.[507] Dabei kam er zu der Erkenntnis, dass „ein Großteil der Steuererklärungen in den Finanzämtern nicht mehr ordnungsgemäß geprüft werden" könne.[508] Infolgedessen empfahl er die Einführung eines „vollelektronischen Veranlagungsverfahrens auf der Basis bundesweit kompatibler Steuersoftware mit einem umfassenden Risikomanagementsystem".[509]

Eine regelmäßige Kontrolle der Risikomanagementsysteme im Hinblick auf strukturell prüfungsfreie Räume findet durch den Bundesbeauftragten für

---

www.bundesrechnungshof.de/de/bundesbeauftragter-bwv/stellung (geprüft am 04.01.2019); BRH, Aufgaben des Bundesbeauftragten (BWV), https://www.bundesrechnungshof.de/de/bundesbeauftragter-bwv/aufgaben (geprüft am 04.01.2019).

502 Richtlinien für die Tätigkeit des BWV v. 08.06.2016, Banz AT 15.06.2016 B1.

503 *Menzenbach/Kersten/Thomas*, Infobrief v. 07.10.2008, S. 31, https://www.bundestag.de/blob/494258/ceda55b2693bdf42850ad8f9bfcf9a4a/bundesbeauftragte-data.pdf (geprüft am 04.01.2019).

504 Richtlinien für die Tätigkeit des BWV v. 08.06.2016, Banz AT 15.06.2016, Nr. 2.

505 Seine Befugnisse sind in entsprechenden Landesgesetzen und Richtlinien festgelegt; s. dazu u.a. § 6a RHG Rlp; § 6a HRHG; Richtlinien für die Tätigkeit der oder des Landesbeauftragten für Wirtschaftlichkeit in der Verwaltung v. 05.03.2015, MinBl. 2015, 41; Richtlinien für die Tätigkeit des Landesbeauftragten für Wirtschaftlichkeit in der Verwaltung (LW) v. 23.08.2004, StAnz 39/2004, 3086.

506 BWV, Probleme beim Vollzug der Steuergesetze, 2006; Der Bericht des BWV v. 11.04.2017 enthält ein Modell eines Risikomanagements für die Bundesverwaltung. Dieses Modell soll als Grundlage für die Entwicklung und Anpassung an behördenspezifische Verhältnisse dienen. Ein direkter Bezug zum Risikomanagement im Steuervollzug besteht dabei allerdings nicht, vgl. BWV, Modell eines Risikomanagements für die Bundesverwaltung, 2017.

507 BWV, Probleme beim Vollzug der Steuergesetze, 2006.

508 BWV, Probleme beim Vollzug der Steuergesetze, 2006, S. 145.

509 BWV, Probleme beim Vollzug der Steuergesetze, 2006, S. 157 ff.

Wirtschaftlichkeit in der Verwaltung nicht statt und ist durch seine Aufgabenstellung auch nicht vorgesehen. Dadurch dass der Bundesbeauftragte für Wirtschaftlichkeit in der Verwaltung den Prüfungsgegenstand in eigener Verantwortung bestimmt und auswählt, ist nicht planbar, ob es zu einer Kontrolle durch ihn kommt. Sollte er den Steuervollzug unter Einsatz von Risikomanagementsystemen begutachten, prüft er den Steuervollzug seiner Funktion gemäß unter dem Aspekt der wirtschaftlichen Aufgabenerfüllung und Organisation. Eine Überprüfung im Hinblick auf strukturell prüfungsfreie Räume unterfällt nicht seinem Aufgabenspektrum. Eine solche wird er daher auch nicht vornehmen.

IV. Kontrolle durch Einsichts- und Auskunftsrechte

Die Steuerpflichtigen selbst könnten die Risikomanagementsysteme im Wege der Geltendmachung von Einsichts- und Auskunftsrechten kontrollieren. In Betracht kommen dafür neben dem Auskunftsrecht gem. § 32 c AO i.V.m. Art. 15 EU-DSGVO Informationsansprüche nach den Informationsfreiheitsgesetzes des Bundes und der Länder.[510]

1. Einsichts- und Auskunftsrechte für Steuerpflichtige de lege lata

a) Auskunftsrecht gem. § 32c AO i.V.m. Art. 15 EU-DSGVO

Ein Auskunftsrecht des Steuerpflichtigen ergibt sich aus § 32c AO i.V.m. Art. 15 EU-DSGVO. Danach hat die betroffene Person das Recht, von dem Verantwortlichen eine Bestätigung darüber zu verlangen, ob sie betreffende personenbezogene Daten verarbeitet werden. Ist dies der Fall, so hat sie ein Recht auf bestimmte Auskünfte beispielsweise über diese personenbezogenen Daten sowie auf Verarbeitungszwecke, Empfänger und die geplante Dauer, für die diese Daten gespeichert werden (Art. 15 Nr. 1 a) – h) EU-DSGVO).

Besteht eine automatisierte Entscheidungsfindung einschließlich Profiling gem. Art. 22 EU-DSGVO hat die betroffene Person gem. Art. 15 Nr. 1 h) EU-DSGVO zudem das Recht, aussagekräftige Informationen über die involvierte Logik und die angestrebten Auswirkungen einer derartigen Verarbeitung zu erhalten. Der Auskunftsanspruch darf weder die Rechte und Freiheiten anderer Personen noch Rechte des geistigen Eigentums beeinträchtigen. Die Verweigerung der Informationsherausgabe aufgrund entgegenstehender Geschäftsgeheimnisse oder Urheberrechte an der Software dürfen jedoch nicht dazu führen, dass der betroffenen

510 Neben dem IFG des Bundes existieren auf Landesebene mit Ausnahme von Bayern, Niedersachsen und Sachsen Landesinformationsfreiheitsgesetze.

Person jegliche Auskunft verwehrt wird.[511] Zur Geltendmachung des Auskunftsrechts gegenüber der Finanzbehörde kann der Steuerpflichtige einen formlosen Antrag stellen. Eine Begründung ist nicht erforderlich.[512] Gem. § 32c Abs. 2 AO soll die betroffene Person jedoch in dem Antrag gem. Art. 15 EU-DSGVO die Art der personenbezogenen Daten, über die Auskunft erteilt werden soll, näher bezeichnen.[513]

§ 32c AO enthält weitreichende Beschränkungen dieses Auskunftsrechts.[514] Danach besteht das Recht auf Auskunft der betroffenen Person gegenüber einer Finanzbehörde gem. Art. 15 EU-DSGVO nicht, soweit die betroffene Person nach § 32b Abs. 1 oder 2 nicht zu informieren ist und die Auskunftserteilung einen unverhältnismäßigen Aufwand erfordern würde sowie eine Verarbeitung zu anderen Zwecken durch geeignete technische und organisatorische Maßnahmen ausgeschlossen ist (§ 32c Abs. 1 Nr. 1 AO). Ein Fall des § 32b AO liegt vor, soweit die Erteilung der Information die ordnungsgemäße Erfüllung der in der Zuständigkeit der Finanzbehörden oder anderer öffentlicher Stellen liegenden Aufgaben im Sinne des Artikel 23 Absatz 1 Buchstabe d bis h der Verordnung (EU) 2016/679 (§ 32b Abs. 1 S. 1 Nr. 1 a AO) oder die öffentliche Sicherheit oder Ordnung gefährden oder sonst dem Wohl des Bundes oder eines Landes Nachteile bereiten würde (§ 32b Abs. 1 S. 1 Nr. 1 b AO) oder wenn die Daten, ihre Herkunft, ihre Empfänger oder die Tatsache ihrer Verarbeitung nach § 30 oder einer anderen Rechtsvorschrift

---

511 Verodnung (EU) 2016/679 v. 27.04.2016, Abl. 2016 L 119, 1, Erwägungsgrund 63; v. *Lewinski* in: BeckOK Datenschutz, Online-Ausgabe (Stand: November 2018), Art. 22 DSGVO Rn. 57.

512 BMF, Schreiben v. 12.01.2018 – IV A 3-S 0030/16/10004-07, BStBl. I 2018, 185, Rn. 64; *Drüen* in: Tipke/Kruse, AO/FGO, Losebl. (Stand: Oktober 2018), § 32c AO Rn. 9; *Krömker* in: Lippross/Seibel, Basiskommentar Steuerrecht, Losebl. (Stand: Juni 2018), § 32c Rn. 1; *Erkis* in: Schwarz/Pahlke, Erstkomm. DSGVO, 2018, § 32c AO Rn. 4; *Erkis*, DStR 2018, 161 (165).

513 Verordnung (EU) 2016/679 v. 27.04.2016, Abl. 2016 L 119, 1, Erwägungsgrund 63; BMF, Schreiben v. 12.01.2018 – IV A 3-S 0030/16/10004-07, BStBl. I 2018, 185, Rn. 69; *Erkis* in: Schwarz/Pahlke, Erstkomm. DSGVO, 2018, § 32c AO Rn. 4; *Drüen* in: Tipke/Kruse, AO/FGO, Losebl. (Stand: Oktober 2018), § 32c AO Rn. 10; nach Baum ist dies im Besteuerungsverfahren als Massenverfahren erforderlich, da zu jedem Steuerpflichtigen zahlreiche Daten vorliegen, Baum, NWB 2017, 3281 (3285).

514 Die Regelung des § 32c AO entspricht weitestgehend der Regelung des § 34 Abs. 1 BDSG (Gesetz zur Anpassung des Datenschutzrechts an die Verordnung (EU) 2016/679 und zur Umsetzung der Richtlinie (EU) 2016/680 (Datenschutz-Anpassungs- und -Umsetzungsgesetz EU – DSAnpUG-EU), BGBl. 2017 I Nr. 44, 2097, 2112); nach Krömker werden die Einschränkungen des § 32c Abs. 1 Nr. 1 bis Nr. 3 AO „nur geringe Praxisbedeutung“ haben, *Krömker* in: Lippross/Seibel, Basiskommentar Steuerrecht, Losebl. (Stand: Juni 2018), § 78 FGO Fn. 2; Seer vertritt die Auffassung, dass die Finanzverwaltung „die Auskunftsansprüche nicht (mehr) mit einer bloß pauschalen, abstrakten Anwort, der Aufwand sei unverhältnismäßig, ablehnen“ könne, *Seer* in: Tipke/Kruse, AO/FGO, Losebl. (Stand: August 2018), § 91 AO Rn. 32.

oder ihrem Wesen nach, insbesondere wegen überwiegender berechtigter Interessen eines Dritten im Sinne des Artikel 23 Abs. 1 Buchstabe i der Verordnung (EU) 2016/679, geheim gehalten werden müssen (§ 32b Abs. 1 S. 1 Nr. 2 AO) und deswegen das Interesse der betroffenen Person an der Informationserteilung zurücktreten muss.

Das Recht auf Auskunft der betroffenen Person gegenüber einer Finanzbehörde gem. Art. 15 EU-DSGVO besteht auch nicht, soweit die Auskunftserteilung den Rechtsträger der Finanzbehörde in der Geltendmachung, Ausübung oder Verteidigung zivilrechtlicher Ansprüche oder in der Verteidigung gegen ihn geltend gemachter zivilrechtlicher Ansprüche im Sinne des Artikels 23 Abs. 1 Buchstabe j der Verordnung (EU) 2016/679 beeinträchtigen würde (§ 32c Abs. 1 Nr. 2 AO), die personenbezogenen Daten nur deshalb gespeichert sind, weil sie auf Grund gesetzlicher Aufbewahrungsvorschriften nicht gelöscht werden dürfen (§ 32c Abs. 1 Nr. 3 a AO) oder ausschließlich Zwecken der Datensicherung oder der Datenschutzkontrolle dienen (§ 32c Abs. 1 Nr. 3 b AO). Auch bei diesen Ausschlussgründen ist zudem Voraussetzung, dass die Auskunftserteilung einen unverhältnismäßigen Aufwand erfordern würde sowie eine Verarbeitung zu anderen Zwecken durch geeignete technische und organisatorische Maßnahmen ausgeschlossen ist.

b) Weitere Einsichts- und Auskunftsrechte

Das Verhältnis des Auskunftsrechts gem. § 32c AO i.V.m. Art. 15 EU-DSGVO zu anderen Auskunfts- und Informationszugangsansprüchen regelt § 32e AO. § 32e AO bestimmt, dass die Artikel 12 bis 15 der Verordnung (EU) 2016/679 i.V.m. den §§ 32a bis 32d entsprechend gelten, soweit die betroffene Person oder ein Dritter nach dem Informationsfreiheitsgesetz vom 5. September 2005 (BGBl I S. 2722) in der jeweils geltenden Fassung oder nach entsprechenden Gesetzen der Länder gegenüber der Finanzbehörde einen Anspruch auf Informationszugang hat. Weitergehende Informationsansprüche über steuerliche Daten sind insoweit gem. § 32e S. 2 AO ausgeschlossen. Die Regelung will sicherstellen, dass andere Informationsansprüche nicht weiterreichen als die sich aus der EU-DSGVO und der AO ergebenden Rechte bzw. die Regelungen der EU-DSGVO nicht durch andere Informationsansprüche umgangen werden können.[515]

---

515 BT-Drs. 18/12611, S. 89 f; BMF, Schreiben v. 12.01.2018 – IV A 3-S 0030/16/10004-07, BStBl. I 2018, 185, Rn 74; *Krömker* in: Lippross/Seibel, Basiskommentar Steuerrecht, Losebl. (Stand: Juni 2018), § 32e AO Rn. 2; *Erkis* in: Schwarz/Pahlke, Erstkomm. DSGVO, 2018, § 32e AO Rn. 1; *Blesinger* in: Kühn/von Wedelstädt, AO/FGO, 22. Aufl. 2018, § 32e AO Rn. 1; *Drüen* in: Tipke/Kruse, AO/FGO, Losebl. (Stand: Oktober 2018), § 32e AO Rn. 1; *Schober* in: Gosch, AO/FGO, Losebl. (Stand: Juni 2018), § 32e AO Rn. 2; *Erkis*, DStR 2018, 161 (163).

Über § 32c AO hinaus kennt die Abgabenordnung grundsätzlich keinen Rechtsanspruch auf Gewährung von Einsicht in Verfahrens- und Ermittlungsakten.[516] Ein solches Einsichtsrecht ergibt sich weder aus § 91 Abs. 1 AO und aus § 364 AO noch aus den dazu ergangenen Anwendungserlassen.[517] Der Gesetzgeber hat es bewusst unterlassen, eine entsprechende Regelung zu treffen.[518] Davon unberührt bleibt jedoch die Möglichkeit dem Steuerpflichtigen oder seinem Steuerberater in Einzelfällen Akteneinsicht zu gewähren, wenn ein berechtigtes Interesse daran besteht. Diese Entscheidung steht im pflichtgemäßen Ermessen der Finanzbehörde.[519]

Die Informationsfreiheitsgesetze gewähren jeder natürlichen Person gegenüber Behörden des Bundes bzw. des Landes Anspruch auf Zugang zu den dort vorhandenen amtlichen Informationen.[520] Amtliche Informationen im Sinne des IFG sind gem. § 2 Nr. 1 IFG jede amtlichen Zwecken dienende Aufzeichnung, unabhängig von der Art ihrer Speicherung.[521] Ein besonderes Interesse an der Auskunftserteilung ist zur Geltendmachung des Informationszugangsanspruchs nicht

516 BFH, Beschl. v. 05.12.2016 – VI B 37/16, juris Rn. 3; BFH, Urt. v. 19.03.2013 – II R 17/11, BStBl. II, 2013, 639, Rn. 11; BFH, Urt. v. 23.02.2010 – VII R 19/09, BStBl. II, 2010, 729, Rn. 11; BFH, Beschl. v. 04.06.2003 – VII B 138/01, BStBl. II, 2003, 790, Rn. 6; *Fu* in: Schwarz/Pahlke, AO/FGO, Losebl. (Stand: August 2018), § 78 FGO Rn. 3; Seer in: Tipke/Kruse, AO/FGO, Losebl. (Stand: August 2018), § 91 AO Rn. 25; Seer in: DWS (Hrsg.), Auskunfts- und Informationsrechte des Steuerpflichtigen, 2017, 9 (16 f.); die Finanzbehörde kann der Informations- und Auskunftserteilung gem. § 32d AO auch im Wege der Akteneinsicht nachkommen, BMF, Schreiben v. 12.01.2018 – IV A 3-S 0030/16/10004-07, BStBl. I 2018, 185, Rn. 32; dies ist nach Erkis jedoch nicht im Sinne eines allgemeinen Rechts auf Akteneinsicht zu verstehen, *Erkis,* DStR 2018, 161 (163).

517 BFH, Beschl. v. 05.12.2016 – VI B 37/16, juris Rn. 3; BFH, Urt. v. 23.02.2010 – VII R 19/09, BStBl. II, 2010, 729, Rn. 11; BFH, Beschl. v. 04.06.2003 – VII B 138/01, BStBl. II, 2003, 790, Rn. 6.

518 BFH, Urt. v. 23.02.2010 – VII R 19/09, BStBl. II, 2010, 729, Rn. 11; BFH, Beschl. v. 04.06.2003 – VII B 138/01, BStBl. II, 2003, 790, Rn. 11; FG des Saarlandes, Urt. v. 04.11.1994 – 1 K 151/94, EFG 1995, 156 (157); *Grundmann*, Das Recht auf Akteneinsicht im Besteuerungsverfahren, 2009, S. 6 ff.

519 BFH, Beschl. v. 05.12.2016 – VI B 37/16, juris Rn. 3; BFH, Beschl. v. 04.06.2003 – VII B 138/01, BStBl. II, 2003, 790, Rn. 11 m.w.N.; BFH, Urt. v. 07.05.1985 – VII R 25/82, BStBl. II, 1985, 571, Rn. 8; BMF v. 17.12.2008 – IV A 3-S 0030/08/10001, BStBl. I, 2009, 6, Nr. 2, 3; Seer in: Tipke/Kruse, AO/FGO, Losebl. (Stand: August 2018), § 91 AO Rn. 26; Seer in: DWS (Hrsg.), Auskunfts- und Informationsrechte des Steuerpflichtigen, 2017, 9 (16 f.); Seer in: DWS (Hrsg.), Auskunfts- und Informationsrechte des Steuerpflichtigen, 2017, 9 (27), These Nr. 24.

520 S. § 1 Abs. 1 IFG des Bundes; auf Landesebene existieren mit Ausnahme von Bayern, Niedersachsen und Sachsen Landesinformationsfreiheitsgesetze, die ähnliche Regelungen enthalten.

521 Vgl. entsprechende Regelungen auf Landesebene, z.B. § 3 Nr. 1 IFG Rlp, § 82 Nr. 2 c) HDSIG.

erforderlich. Lange Zeit war umstritten, ob die Informationsfreiheitsansprüche im Besteuerungsverfahren Anwendung finden.[522] Der Wortlaut der Regelung des § 32e AO setzt eine grundsätzliche Anwendbarkeit der Informationsfreiheitsgesetze im Besteuerungsverfahren voraus. Das IFG findet allerdings nur subsidiär Anwendung.[523] Gem. § 1 Abs. 3 IFG gehen Regelungen in anderen Rechtsvorschriften über den Zugang zu amtlichen Informationen vor. Der Schutz öffentlicher Belange wird über die Regelung des § 3 IFG bzw. über entsprechende Regelungen in den Landesinformationsfreiheitsgesetzen sichergestellt.[524] Danach besteht der Anspruch auf Informationszugang insbesondere nicht, wenn das Bekanntwerden der Information nachteilige Auswirkungen auf Kontroll- oder Aufsichtsaufgaben der Finanz-, Wettbewerbs- und Regulierungsbehörden haben kann (§ 3 Nr. 1 d IFG).[525]

Im finanzgerichtlichen Verfahren gewährt § 78 FGO ein Einsichtsrecht. Danach können die Beteiligten die Gerichtsakte und die dem Gericht vorgelegten Akten einsehen.

2. Der Geheimhaltungsvorbehalt des § 88 Abs. 5 S. 4 AO als allgemeine Schranke

In § 88 Abs. 5 S. 4 AO sieht der Gesetzgeber eine Geheimhaltung der Einzelheiten der Risikomanagementsysteme vor, soweit die Gleichmäßigkeit und Gesetzmäßigkeit

---

522 Eine Anwendbarkeit der Informationsfreiheitsgesetze im Besteuerungsverfahren vertreten u.a. BFH, Beschl. v. 05.12.2016 – VI B 37/16, juris Rn. 4; BVerwG, Beschl. v. 14.05.2012 – 7 B 53/11, NVwZ 2012, 824 (825) Rn. 9; *Drüen* in: Tipke/Kruse, AO/FGO, Losebl. (Stand: Oktober 2018), § 32e AO Rn. 4; *Seer* in: Tipke/Kruse, AO/FGO, Losebl. (Stand: August 2018); *Schoch* in: Schoch, IFG, 2. Aufl. 2016, § 1 Rn. 392; gem. § 81 Abs. 1 Nr. 5 HDSIG gelten die Vorschriften über den Informationszugang für Finanzbehörden, nur soweit sie nicht in Verfahren nach der Abgabenordnung tätig werden; a.A. BFH, Beschl. v. 04.06.2003 – VII B 138/01, BStBl. II, 2003, 790, Rn. 19; FG Düsseldorf, Urt. v. 16.03.2016 – 7 K 3003/15 AO, juris Rn. 14; FG Münster, Urt. v. 28.03.2012 – 6 K 4441/10 AO, EFG 2012, 1414, Rn. 43 f.; FG Rlp, Urt. v. 15.06.2011 – 1 K 1776/10, EFG 2012, 2, Rn. 16 ff.; FG Münster, Urt. v. 20.11.2003 – 12 K 6405/02 S, EFG 2004, 387, Rn. 30 f.; *Erkis*, DStR 2018, 161 (163).

523 § 1 Abs. 3 IFG sowie entsprechende Regelungen auf Landesebene, z.B. § 80 Abs. 2 HDSIG, § 4 Abs. 2 IFG Rlp; Drüen und Seer sehen das IFG als lex specialis gegenüber der AO an, *Drüen* in: Tipke/Kruse, AO/FGO, Losebl. (Stand: Oktober 2018), § 32e AO Rn. 4; *Seer* in: Tipke/Kruse, AO/FGO, Losebl. (Stand: August 2018), § 91 AO Rn. 33.

524 BVerwG, Beschl. v. 14.05.2012 – 7 B 53/11, NVwZ 2012, 824 (825), Rn. 9; *Schoch* in: Schoch, IFG, 2. Aufl. 2016, § 1 Rn. 392.

525 Nach dem Willen des Gesetzgebers soll ein Zugang zu Informationen bezüglich der Risikomanagementsysteme nach dem IFG gestützt auf die nachteiligen Auswirkungen nicht bestehen, BT-Drs. 18/7457, S. 70; dieselbe Auffassung vertreten: *Thiemann*, StuW 2018, 304 (305); *Müller-Franken*, StuW 2018, 113 (121); *Roser* in: Gosch, AO/FGO, Losebl. (Stand: Juni 2018), § 88 AO Rn. 66; *Marx*, Ubg 2016, 358 (362); *Trossen*, FR 2015, 1021 (1023).

der Besteuerung gefährdet ist.[526] Die Frage, ob und inwieweit die Geheimhaltung der Einzelheiten der Risikomanagementsysteme gerechtfertigt ist, wird kontrovers diskutiert. Während die Geheimhaltung teilweise als unerlässlich erachtet wird,[527] gibt es viele Gegenstimmen, die sich für (mehr) Transparenz stark machen.[528] Dabei reichen die Vorschläge von einer Offenlegung der allgemeinen Strukturen des Risikomanagements[529] bis hin zur gemeinsamen Ausarbeitung der Risikoparameter mit der Steuerberaterschaft.[530] Als Argument für eine transparentere Ausgestaltung wird angeführt, dass die Arbeit der Finanzverwaltung durch eine strikte

---

526 Eine Geheimhaltung sieht der Gesetzgeber auch für gruppenbezogene Weisungen (§ 88 Abs. 3 S. 3 AO) sowie für bundeseinheitliche Weisungen (§ 156 Abs. 2 S. 1 Nr. 2 AO) vor.

527 Vgl. *Thiemann*, StuW 2018, 304 (305); bei Offenlegung aller Suchkriterien des Risikomanagements sieht Müller-Franken das Deklarationsprinzip nicht hinreichend durch das Verifikationsprinzip abgestützt, *Müller-Franken*, StuW 2018, 113 (117); beim 56. Berliner Steuergespräch sprachen sich Buchwald und Drüen für eine Geheimhaltung aus. Drüen sieht im Hinblick auf das Verfassungsrecht ein schützenswertes Geheimhaltungsinteresse des Staates, Diskussionsbeiträge von Buchwald und Drüen, *Richter/Welling*, FR 2015, 1014 (1016 f.); DStG, Stellungnahme v. 23.09.2015, S. 2 f., https://www.bundesfinanzministerium.de/Content/DE/Gesetzestexte/Gesetze_Gesetzesvorhaben/Abteilungen/Abteilung_IV/18_Legislaturperiode/Gesetze_Verordnungen/2016-07-22-Steuermodernisierungsgesetz/Stellungnahme-17-DSTG.pdf;jsessionid=1DB7782D827C7604589E3A41C6880B22?__blob=publicationFile&v=1 (geprüft am 04.01.2019).

528 Vgl. *Marx*, Ubg 2016, 358 (358); BStbK, Stellungnahme v. 05.04.2016, S. 8, https://www.bstbk.de/de/presse/stellungnahmen/archiv/20160405_stellungnahme_bstbk/index.html (geprüft am 04.01.2019); Spitzenverbände der Deutschen Wirtschaft, Stellungnahme v. 23.09.2015, Anlage S. 2 f., https://www.bundesfinanzministerium.de/Content/DE/Gesetzestexte/Gesetze_Gesetzesvorhaben/Abteilungen/Abteilung_IV/18_Legislaturperiode/Gesetze_Verordnungen/2016-07-22-Steuer-modernisierungsgesetz/Stellungnahme-02-8-Spitzenverbaende-der-Deutschen-Wirtschaft.pdf;jsessionid=1DB7782D827C7604589E3A41C6880B22?__blob=publicationFile&v=1 (geprüft am 04.01.2019); DAV, Stellungnahme (SN 04/15) v. 31.01.2015, S. 9 f., https://anwaltverein.de/de/newsroom/sn-04-15 (geprüft am 04.01.2019); *Seer* in: Lüdicke (Hrsg.), Jahrbuch des BVStb, 2016, 55 (65); *Seer*, StuW 2015, 315 (324 f.); Diskussionsbeitrag von Seer, *Richter/Welling*, FR 2013, 406 (410).

529 *Marx*, Ubg 2016, 358 (363); für eine gesetzliche Festlegung der Risikoparameter – zumindest in Grundzügen – sprechen sich aus: *Baldauf*, DStR 2016, 833 (837); DAV, Stellungnahme (SN 04/15) v. 31.01.2015, S. 9, https://anwaltverein.de/de/newsroom/sn-04-15 (geprüft am 04.01.2019); *Mann*, DStR 2009, 506 (508); Roser und Wagner sehen in der Geheimhaltung die „Gefahr eines gerichtlichen Kontrolldefizits", *Roser* in: Gosch, AO/FGO, Losebl. (Stand: Juni 2018), § 88 AO Rn. 67; *Wagner* in: Kühn/von Wedelstädt, AO/FGO, 22. Aufl. 2018, § 88 Rn. 21.

530 *Seer* in: Lüdicke (Hrsg.), Jahrbuch des BVStb, 2016, 55 (65); *Seer*, StuW 2015, 315 (324 f.); *Seer*, DStR 2008, 1553 (1555 f.); *Seer* in: DFGT 2007, 99 (109).

Geheimhaltung zu einer „Geheimwissenschaft" werde,[531] was wiederum die Gefahr berge, dass die Steuerpflichtigen dem Einsatz von Risikomanagementsystemen mit Vorbehalten begegnen.[532]

a) Sinn und Zweck

Die gesetzlich vorgeschriebene Geheimhaltung der Einzelheiten der Risikomanagementsysteme bezweckt, dass das System für die Steuerpflichtigen nicht vorhersehbar wird.[533] Dies dient nach Ansicht des Gesetzgebers dem Interesse einer gleichmäßigen und gesetzmäßigen Besteuerung und damit gleichzeitig der Erhaltung einer funktionsfähigen Verwaltung.[534] Werden die Einzelheiten der Risikomanagementsysteme veröffentlicht, besteht die Gefahr, dass die Systeme umgangen und zu Zwecken der Steuerumgehung ausgenutzt werden.[535] Kennt der Steuerpflichtige konkrete Risikoschwellen, könnte er diese durch entsprechende Angaben in der Erklärung umgehen und so bewirken, dass seine Erklärung einer personellen Überprüfung nicht zugeführt wird. Somit trägt die Geheimhaltung

---

531 *Seer* in: Lüdicke (Hrsg.), Jahrbuch des BVStb, 2016, 55 (65); *Seer*, StuW 2015, 315 (324); *Seer*, DStR 2008, 1553 (1555 f.); *Seer* in: DFGT 2007, 99 (109).

532 *Marx*, Ubg 2016, 358 (362 f.); DStV, Stellungnahme (S 13/15) v. 24.09.2015, S. 11, https://www.dstv.de/download/2015-s-13-refentwurf-modernisierung-besteuerungsverfahren (geprüft am 04.01.2019); DAV, Stellungnahme (SN 04/15) v. 31.01.2015, S. 9 f., https://anwaltverein.de/de/newsroom/sn-04-15 (geprüft am 04.01.2019).

533 *Thiemann*, StuW 2018, 304 (305); *Baum* in: eKomm AO, Online-Ausgabe (Stand: April 2018), § 88 Rn. 67; BT-Drs. 18/7457, S. 70; *Niewerth* in: Lippross/Seibel, Basiskommentar Steuerrecht, Losebl. (August 2017), § 88 AO Rn. 16; *Buchwald/Bernhardt/Welsch*, FR 2015, 1010 (1012); *Trossen*, FR 2015, 1021 (1023); *Baum*, NWB 2015, 2850 (2852); Maier bezweifelt, „ob eine In-or-Out-Prüfung genügend Flexibilität aufweist, um die vollautomatisierte Risikoprüfung unberechenbar zu machen", *Maier*, JZ 2017, 614 (617).

534 BT-Drs. 18/7457, S. 70; vor diesem Hintergrund stellt sich die Gefahr des Ausforschens der Risikoparameter als tatsächliches Problem dar. Neben der Gefahr, dass Risikoparameter durch Steuerpflichtige, Steuerberater oder Lohnsteuerhilfevereine ausgeforscht werden, besteht auch die Gefahr, dass die Risikoparameter durch Hackerangriffe ausgespäht oder durch Finanzbeamte unbefugt weitergegeben werden, s. dazu *Maier*, JZ 2017, 614 (617); *Müller-Franken*, StuW 2018, 113 (119); *Roser* in: Gosch, AO/FGO, Losebl. (Stand: Juni 2018), § 88 AO Rn. 66; nach Kirchhof wird aufgrund des Insiderwissens ein Berufswechsel von der Finanzbehörde zur Steuerberatung attraktiver, *Kirchhof, P.*, DStR 2018, 497 (503).

535 BT-Drs. 18/7457, S. 70, 115; *Trossen*, FR 2015, 1021 (1023); *Buchwald/Bernhardt/Welsch*, FR 2015, 1010 (1012); BMF, RefE zur StErmV v. 05.08.2011, S. 19; BT-Drs. 17/6954, S. 36; *Schmidt/Schmitt* in: Mellinghoff/Schön/Viskorf (Hrsg.), FS Spindler, 2011, 529 (539); *Modlinger*, Stbg 2011, 515 (516); BDFR, Stellungnahme v. 01.09.2011, S. 6, http://www.bdfr.de/index.php/stellungnahmen.html (geprüft am 04.01.2019); *Nagel/Waza*, DStZ 2008, 321 (323).

entscheidend dazu bei, dass das Entdeckungsrisiko nicht durch gezielte Angaben der Steuerpflichtigen ausgehebelt wird.

b) Rechtfertigung und Reichweite

Grundsätzlich ist die Entscheidung des Gesetzgebers, die Einzelheiten der Risikomanagementsysteme zur Erhaltung der Funktionsfähigkeit geheim zu halten, nicht zu beanstanden. Die Funktionsfähigkeit des automatisierten Steuervollzugs unter Einsatz von Risikomanagementsystemen steht und fällt damit, dass die Bürger nicht wissen, nach welchen Kriterien ihre Erklärungen herausgefiltert werden. Nur wenn die konkreten Risikoparameter geheim gehalten werden, kann ein Entdeckungsrisiko geschaffen und gewährleistet werden. Damit wird der Gesetzgeber dem Interesse der Finanzverwaltung gerecht, durch die Geheimhaltung der Einzelheiten eine gezielte Ausnutzung der Risikomanagementsysteme zu verhindern und damit eine funktionsfähige Verwaltung zu erhalten. Unter dem Aspekt der Gleichmäßigkeit der Besteuerung ist eine Geheimhaltung der Einzelheiten der Risikomanagementsysteme daher gerechtfertigt. Stellt die Finanzverwaltung das Interesse der Geheimhaltung jedoch stets und ohne Abwägung über das Kontrollinteresse der Steuerpflichtigen, ist dies mit dem Grundsatz der Transparenz der Verwaltung nicht vereinbar.

Der Grundsatz der Transparenz der Verwaltung wird aus dem Demokratieprinzip abgeleitet. Demokratie verlangt Öffentlichkeit des Staatshandelns, also Öffentlichkeit staatlicher Beratungs- und Entscheidungsprozesse.[536] Die Verpflichtung zur Offenlegung staatlicher Beratungs- und Entscheidungsprozesse schließt dabei eine Geheimhaltung aus berechtigtem Interesse jedoch nicht aus.[537] Dieser Herstellung der Öffentlichkeit in Bezug auf staatliches Handeln kommt in erster Linie eine Kontrollfunktion zu.[538] Der daraus resultierende Grundsatz der Transparenz der Verwaltung besagt, dass den Bürgern ein Einblick in die öffentliche Verwaltung ermöglicht werden soll. Die Bürger sollen auf diese Weise Entscheidungen der öffentlichen Verwaltung nachvollziehen und die Verwaltung dadurch zugleich kontrollieren können. Die Geheimhaltung darf daher nur so weit reichen, wie die Gleichmäßigkeit und die Gesetzmäßigkeit der Besteuerung tatsächlich gefährdet sind. Das Geheimhaltungsinteresse der Finanzverwaltung darf nicht

---

536 BVerfG, Urt. v. 04.07.2007 – 2 BvE 1/06, 2 BvE 2/06, 2 BvE 3/06, 2 BvE 4/06, BVerfGE 118, 277, Rn. 349; BVerfG, Urt. v. 24.01.2001 – 1 BvR 2623/95, 1 BvR 622/99, BVerfGE 103, 44, Rn. 71; BVerfG, Urt. v. 14.01.1986 – 2 BvE 14/83, 2 BvE 4/84, BVerfGE 70, 324, Rn. 135; *Huster/Rux* in: BeckOK GG, Online-Ausgabe (Stand: August 2018), Art. 20 Rn. 99; *Pieroth* in: Jarass/Pieroth, GG, 2018, Art. 20 Rn. 17; *Leisner* in: Sodan/Haratsch, GG, 4. Aufl. 2018, Art. 20 Rn. 11a.

537 BVerfG, Urt. v. 14.01.1986 – 2 BvE 14/83, 2 BvE 4/84, BVerfGE 70, 324, Rn. 135; *Huster/Rux* in: BeckOK GG, Online-Ausgabe (Stand: August 2018), Art. 20 Rn. 99; *Leisner* in: Sodan/Haratsch, GG, 4. Aufl. 2018, Art. 20 Rn. 11.

538 *Pieroth* in: Jarass/Pieroth, GG, 2018, Art. 20 Rn. 17.

uneingeschränkt über das Informations- und Kontrollbedürfnis der Steuerpflichtigen gestellt werden. Eine pauschale Geheimhaltung ist daher nicht gerechtfertigt.[539]

Gefährdet sind die Gleichmäßigkeit und Gesetzmäßigkeit der Besteuerung bei Veröffentlichung konkreter Einstellungen der Risikoparameter. Denn kennt der Steuerpflichtige Prüfparameter oder Aufgriffsgrenzen, kann er sein Erklärungsverhalten danach ausrichten und so bewirken, dass seine Erklärung einer personellen Überprüfung nicht zugeführt wird.[540] Daher sind konkrete Einstellungen der Risikoparameter vom Geheimhaltungsvorbehalt des § 88 Abs. 5 S. 4 AO umfasst. Das Geheimhaltungsinteresse überwiegt ebenfalls bezüglich einzelner Risikoparameter für vergangene Zeiträume.[541] Auch insoweit liegt im Ergebnis eine Gefährdung der Gleichmäßigkeit und Gesetzmäßigkeit der Besteuerung vor. Risikomanagementsysteme unterliegen bzw. sollten zur Wahrung ihrer Funktionsfähigkeit einer ständigen Veränderung unterliegen. Allerdings lassen sich auch über Veränderungen der Risikoparameter Rückschlüsse auf die konkrete Ausgestaltung ziehen. Aus der Veröffentlichung der „alten" Prüfparameter kann der einzelne Beteiligte zwar keinen direkten Vorteil mehr ziehen. Allerdings ist dabei zu bedenken, dass bereits Informationen darüber, ob Prüfparameter noch gültig sind oder bereits überarbeitet wurden, Rückschlüsse auf die Ausgestaltung der Risikomanagementsysteme zulassen.

Dasselbe gilt für die Geheimhaltung der Risikoparameter im finanzgerichtlichen Prozess. Bevor ein Verfahren vor einem Finanzgericht geführt werden kann, ist in der Regel durch das vorgeschaltete Einspruchsverfahren bereits geraume Zeit verstrichen. Die entscheidenden Prüfparameter sind dann mit hoher Wahrscheinlichkeit bereits überarbeitet und angepasst worden. Allerdings lassen sich über die Gültigkeit der Risikoparameter Rückschlüsse auf das System ziehen. Zwar werden die Informationen aus einem einzelnen Steuerfall mutmaßlich nicht ausreichen, um das System ausrechenbar zu machen. Werden allerdings in vielen Verfahren Prüfparameter veröffentlicht, können darüber Rückschlüsse auf die Ausgestaltung

---

539 Seer spricht insoweit von einem konditionierten Geheimhaltungsvorbehalt, *Seer* in: Tipke/Kruse, AO/FGO, Losebl. (Stand: Januar 2017), § 88 AO Rn. 58, 82; *Seer* in: Lüdicke (Hrsg.), Jahrbuch des BVStb, 2016, 55 (65); *Seer*, StuW 2015, 315 (324).

540 BT-Drs. 18/7457, S. 70, 115; *Buchwald/Bernhardt/Welsch*, FR 2015, 1010 (1012); *Trossen*, FR 2015, 1021 (1023); BMF, RefE zur StErmV v. 05.08.2011, S. 19; *Schmidt/Schmitt* in: Mellinghoff/Schön/Viskorf (Hrsg.), FS Spindler, 2011, 529 (539); vgl. BDFR, Stellungnahme v. 01.09.2011, S. 6, http://www.bdfr.de/index.php/stellungnahmen.html (geprüft am 04.01.2019); *Modlinger*, Stbg 2011, 515 (516); *Nagel/Waza*, DStZ 2008, 321 (323).

541 Roser sieht die „Präventivwirkung der Risikomanagementsysteme" durch eine vergangenheitsbezogene Veröffentlichung nur gefährdet, wenn es sich „um Systemvorgaben oder besondere stochastische Konzepte handelt, die fortwirkende Anwendung haben", *Roser* in: Gosch, AO/FGO, Losebl. (Stand: Juni 2018), § 88 AO Rn. 68; a.A. Diskussionsbeitrag von Seer, *Richter/Welling*, FR 2013, 406 (410).

der Risikomanagementsysteme im Ganzen gezogen werden. Werden diese dann veröffentlicht und verbreitet, besteht die Gefahr einer Aushöhlung des gesamten Systems.

Vom Geheimhaltungsvorbehalt des § 88 Abs. 5 S. 4 AO ausgenommen sind Informationen hinsichtlich allgemeiner Strukturen und technischer Abläufe der Risikomanagementsysteme. Insoweit überwiegt das Geheimhaltungsinteresse nicht. Die Offenlegung allgemeiner Strukturen und technischer Abläufe macht das Risikomanagement nicht vorhersehbar und gefährdet damit nicht die Gleichmäßigkeit der Besteuerung.[542]

Die Geheimhaltung der Risikokriterien ist auch dann nicht mehr gerechtfertigt, wenn sie eine Norm betreffen, die bereits außer Kraft getreten ist. Zwar lassen sich durch die Veröffentlichung der Risikoparameter bzgl. dieser Norm auch allgemeine Rückschlüsse auf das Risikomanagementsystem ziehen. Werden allerdings die allgemeinen Strukturen ohnehin veröffentlicht, kann die Bekanntgabe der Information über die konkreten Risikoparameter oder den maschinellen Zeitpunkt der Aussteuerung keinen Schaden mehr anrichten, da die Norm nach dem Zeitpunkt ihres Außerkrafttretens nicht mehr angewandt wird.

3. Tatsächliche Bedeutung der Einsichts- und Auskunftsrechte im Hinblick auf eine Kontrolle der Risikomanagementsysteme

Die ohnehin schon aufgrund der weitreichenden Ausschlussgründe stark eingeschränkten Einsichts- und Auskunftsrechte der Steuerpflichtigen im finanzverwaltungsrechtlichen Verfahren werden durch den Geheimhaltungsvorbehalt des § 88 Abs. 5 S. 4 AO in Bezug auf die Einzelheiten der Risikomanagementsysteme zusätzlich beschränkt. Weder § 32c AO i.V.m. Art. 15 EU-DSGVO noch ein Anspruch nach den Informationsfreiheitsgesetzen gewähren den Steuerpflichtigen Einblicke in die Ausgestaltung der Risikomanagementsysteme.[543] Insofern besteht für die

542 Die Offenlegung zumindest allgemeiner Strukturen fordern auch: *Marx*, Ubg 2016, 358 (358); BStbK, Stellungnahme v. 05.04.2016, S. 7, https://www.bstbk.de/de/presse/stellungnahmen/archiv/20160405_stellungnahme_bstbk/index.html (geprüft am 04.01.2019); Chaos Computer Club, Sachverständigenauskunft v. 13.04.2016, S. 8, https://linus-neumann.de/wp-content/uploads/2016/04/Stellungnahme_Finanzausschuss_CCC.pdf (geprüft am 04.01.2019); DAV, Stellungnahme (SN 04/15) v. 31.01.2015, S. 10, https://anwaltverein.de/de/newsroom/sn-04-15 (geprüft am 04.01.2019); BDFR, Stellungnahme v. 01.09.2011, S. 6 f., http://www.bdfr.de/index.php/stellungnahmen.html (geprüft am 04.01.2019).

543 In der Literatur wird vertreten, dass der Auskunftsanspruch gem. Art. 15 EU-DSGVO zumindest dahingehend besteht, dass die Finanzverwaltung dem Steuerpflichtigen offenlegen muss, inwiefern und welche personenbezogenen Daten sie sammelt und in das Risikomanagement einbezieht, *Müller-Franken*, StuW 2018, 113 (121); *Seer* in: Tipke/Kruse, AO/FGO, Losebl. (Stand: Januar 2017), § 88 AO Rn. 82. Auf diesen

Steuerpflichtigen keine Möglichkeit, die Risikomanagementsysteme im Wege der Einsichts- und Auskunftsrechte zu kontrollieren.

Im Rahmen eines finanzgerichtlichen Verfahrens stellt sich die Situation nicht anders dar. Zwar gewährt § 78 FGO den Beteiligten im Rahmen eines gerichtlichen Verfahrens das Recht, die Gerichtsakte sowie die dem Gericht vorgelegten Akten einzusehen. Der Geheimhaltungsvorbehalt des § 88 Abs. 5 S. 4 AO bezüglich der Einzelheiten der Risikomanagementsysteme steht auch im finanzgerichtlichen Verfahren einer Veröffentlichung entgegen. Zudem erscheint es unwahrscheinlich, dass Informationen über die Einzelheiten der Risikomanagementsysteme in den Akten enthalten sein werden, sodass der Steuerpflichtige auch über das Akteneinsichtsrecht im finanzgerichtlichen Verfahren keinen Einblick in die Ausgestaltung der Risikomanagementsysteme erhalten wird.

V. Rechtsschutz von Steuerpflichtigen gegen die fehlerhafte Anwendung von Risikomanagementsystemen

Im Ergebnis besteht keine persönliche Möglichkeit für den Steuerpflichtigen zur Überprüfung der einzelnen Risikoparameter sowie keine unabhängige und objektive Überprüfung der Ausgestaltung des Risikomanagementsystems. Dies macht eine gerichtliche Kontrolle umso bedeutender und wirft zugleich die Frage auf, ob die gleichheitsgemäße Ausgestaltung des Steuervollzugs unter Einsatz von Risikomanagementsystemen gerichtlich hinreichend kontrolliert werden kann.

1. Subjektive Rechtsverletzung des Steuerpflichtigen

Ein verfassungswidriger Vollzug aufgrund einer fehlerhaften Einstellung der Risikomanagementsysteme beeinträchtigt lediglich Interessen der Allgemeinheit. Klagen, mit denen Rechte der Allgemeinheit wahrgenommen werden (sog. Popularklagen), sind grundsätzlich unzulässig.[544] Erforderlich ist stets eine Selbstbetroffenheit in Form einer subjektiven Rechtsverletzung.[545] Um Rechtsschutz gegen die fehlerhafte Anwendung der Risikomanagementsysteme zu erlangen, muss der Steuerpflichtige geltend machen, in seinen Rechten verletzt worden zu sein.

Aspekt wird aufgrund der Einschränkung des Themas an dieser Stelle nicht eingegangen.

544 *Seer* in: Tipke/Kruse, AO/FGO, Losebl. (Stand: Oktober 2014), § 40 FGO Rn. 48.

545 *Seer* in: Tipke/Kruse, AO/FGO, Losebl. (Stand: Oktober 2014), § 40 FGO Rn. 31.

a) Verletzung von Art. 3 Abs. 1 GG wegen Ungleichbehandlung

Eine subjektive Rechtsverletzung könnte sich aus dem allgemeinen Gleichheitssatz des Art. 3 Abs. 1 GG ergeben, wenn der Steuerpflichtige eine Ungleichbehandlung durch eine fehlerhafte Anwendung der Risikomanagementsysteme geltend macht.

Gem. Art. 3 Abs. 1 GG sind alle Menschen vor dem Gesetz gleich. Art. 3 Abs. 1 GG gebietet insofern wesentlich Gleiches gleich und wesentlich Ungleiches ungleich zu behandeln.[546] Dies verbietet dem Gesetzgeber nicht generell, unterschiedliche Behandlungen vorzunehmen. Verboten ist nach der Rechtsprechung des Bundesverfassungsgerichts jedoch eine Ungleichbehandlung, wenn sich ein vernünftiger, sich aus der Natur der Sache ergebender oder sonst wie sachlich einleuchtender Grund für die gesetzliche Differenzierung oder Gleichbehandlung nicht finden lässt.[547] Der Gleichheitssatz ist verletzt, wenn eine Gruppe von Normadressaten im Vergleich zu einer anderen Gruppe unterschiedlich behandelt wird, obwohl zwischen beiden keine Unterschiede von solcher Art und solchem Gewicht bestehen, die eine unterschiedliche Behandlung beider Gruppen rechtfertigen.[548] Der

---

546 St.Rspr. des BVerfG, BVerfG, Nichtannahmebeschl. v. 11.01.2016 – 1 BvR 1687/14, NZS 2016, 224, (224), Rn. 9; BVerfG, Beschl. 07.05.2013 – 2 BvR 909/06, BVerfGE 133, 377, Rn. 73; BVerfG, Beschl. v. 04.02.2009 – 1 BvL 8/05, BVerfGE 123, 1, Rn. 55; BVerfG, Beschl. v. 25.02.2008 – 2 BvL 14/05, BStBl. II 2008, 651, Rn. 22; BVerfG, Beschl. v. 07.11.2006 – 1 BvL 10/02, BVerfGE 117, 1, Rn. 93; BVerfG, Beschl. v. 18.07.2005 – 2 BvF 2/01, BVerfGE 113, 167, Rn. 126; BVerfG, Nichtannahmebeschl. v. 26.10.2004 – 2 BvR 246/98, BFH/NV 2005, Beilage 3, 259, Rn. 4; BVerfG, Beschl. v. 08.06.2004 – 2 BvL 5/00, BVerfGE 110, 412, Rn. 62; BVerfG, Urt. v. 28.04.1999 – 1 BvL 22/95, BVerfGE 100, 59, Rn. 129; BVerfG, Beschl. v. 15.07.1998 – 1 BvR 1554/89, BVerfGE 98, 365, Rn. 63; BVerfG, Beschl. v. 31.01.1996 2 BvL 39/93, BVerfGE 93, 386, Rn. 36; BVerfG, Beschl. v. 24.03.1976 – 2 BvR 804/75, BVerfGE 42, 64, Rn. 23; BVerfG, Beschl. v. 14.04.1959 – 1 BvL 23/57, BVerfGE 9, 237, Rn. 26; BVerfG, Urt. v. 16.03.1955 – 2 BvK 1/54, BVerfGE 4, 144, Rn. 37; BVerfG, Urt. v. 17.12.1953 – 1 BvR 147/52, BVerfGE 3, 58, Rn. 222; BVerfG, Urt. v. 23.10.1951 – 2 BvG 1/51, BVerfGE 1, 14, Rn. 139.

547 St.Rspr. des BVerfG, BVerfG, Beschl. v. 29.03.2017 – 2 BvL 6/11, BVerfGE 145, 106 = BStBl. II 2017, 1082, Rn. 101; BVerfG, Beschl. v. 04.02.2009 – 1 BvL 8/05, BVerfGE 123, 1, Rn. 55; BVerfG, Beschl. v. 18.07.2005 – 2 BvF 2/01, BVerfGE 113, 167, Rn. 126; BVerfG, Nichtannahmebeschl. v. 26.10.2004 – 2 BvR 246/98, BFH/NV 2005, Beilage 3, 259, Rn. 4; BVerfG, Beschl. v. 08.06.2004 – 2 BvL 5/00, BVerfGE 110, 412, Rn. 63; BVerfG, Beschl. v. 12.02.2003 – 2 BvR 709/99, BVerfGE 107, 257, Rn. 45; BVerfG, Beschl. v. 04.12.2002 – 2 BvR 400/98, BVerfGE 107, 27, Rn. 50; BVerfG, Urt. v. 06.03.2002 – 2 BvL 17/99, BVerfGE 105, 73 = BStBl. II 2002, 618, Rn. 157; BVerfG, Beschl. v. 05.10.1993 – 1 BvL 34/81, BVerfGE 89, 132, Rn. 39; BVerfG, Beschl. v. 07.10.1980 – 1 BvL 50/79, BVerfGE 55, 72, Rn. 50; BVerfG, 16.06.1959 – 2 BvL 10/59, BVerfGE 9, 334, Rn. 11; BVerfG Urt. v. 23.10.1951 – Az. 2 BvG 1/51, BVerfGE 1, 14, Rn. 139.

548 St.Rspr. des BVerfG, BVerfG, Nichtannahmebeschl. v. 11.01.2016 – 1 BvR 1687/14, NZS 2016, 224 (224), Rn. 9; BVerfG, Beschl. 07.05.2013 – 2 BvR 909/06, BVerfGE 133, 377, Rn. 76; BVerfG, Nichtannahmebeschl. v. 09.10.2000 – 1 BvR 1627/95, juris

Kontrollmaßstab im Rahmen einer verfassungsrechtlichen Prüfung richtet sich nach dem Regelungsgegenstand und den Differenzierungsmerkmalen. Während bei sach- bzw. situationsbedingten Differenzierungen das Willkürverbot als Maßstab dient, unterliegen Regelungen, die Personengruppen verschieden behandeln oder sich auf die Wahrnehmung von Grundrechten nachteilig auswirken, einem strengeren Prüfungsmaßstab.[549]

Ein Steuerpflichtiger könnte eine Ungleichbehandlung rügen, wenn er automatisch veranlagt wird, wohingegen ein anderer Steuerpflichtiger vom Risikomanagementsystem ausgesteuert und daraufhin personell geprüft und manuell veranlagt wird. Kommt eine unterschiedliche Prüfweise zur Anwendung, kann dies darauf zurückzuführen sein, dass ein Fall über die Zufallsauswahl ausgesteuert wird oder der Fall durch einen Finanzbeamten zur personellen Prüfung ausgewählt wurde.[550] Für diese Differenzierung lässt sich stets ein sachlicher Grund anführen, der die unterschiedliche Behandlung rechtfertigt.[551] Die zufällige Auswahl von

---

Rn. 52; BVerfG, Beschl. v. 25.02.2008 – 2 BvL 14/05, BStBl. II 2008, 651, Rn. 22; BVerfG, Beschl. v. 18.07.2005 – 2 BvF 2/01, BVerfGE 113, 167, Rn. 126; BVerfG, Nichtannahmebeschl. v. 26.10.2004 – 2 BvR 246/98, BFH/NV 2005, Beilage 3, 259, Rn. 4; BVerfG, Beschl. v. 08.06.2004 – 2 BvL 5/00, BVerfGE 110, 412, Rn. 63; BVerfG, Beschl. v. 04.12.2002 – 2 BvR 400/98, BVerfGE 107, 27, Rn. 50; BVerfG, Urt. v. 06.03.2002 – 2 BvL 17/99, BVerfGE 105, 73 = BStBl. II 2002, 618, Rn. 157; BVerfG, Nichtannahmebeschl. v. 09.10.2000 – 1 BvR 1627/95, juris Rn. 52; BVerfG, Urt. v. 28.04.1999 – 1 BvL 22/95, BVerfGE 100, 59, Rn. 129; BVerfG, Beschl. v. 31.01.1996 – 2 BvL 39/93, BVerfGE 93, 386, Rn. 37; BVerfG, Beschl. v. 02.12.1992 – 1 BvR 296/88, BVerfGE 88, 5, Rn. 28; BVerfG, Beschl. v. 29.05.1990 – 1 BvL 20/84, BVerfGE 82, 60 = BStBl. II 1990, 653, Rn. 103.

549 St.Rspr. des BVerfG, BVerfG, Nichtannahmebeschl. v. 11.01.2016 – 1 BvR 1687/14, NZS 2016, 224 (224), Rn. 10; BVerfG, Beschl. 07.05.2013 – 2 BvR 909/06, BVerfGE 133, 377, Rn. 74; BVerfG, Beschl. v. 12.10.2010 – 1 BvL 12/07, BVerfGE 127, 224, Rn. 50; BVerfG, Beschl. v. 21.07.2010 – 1 BvR 611/07, BVerfGE 126, 400, Rn. 79; BVerfG, Beschl. v. 25.02.2008 – 2 BvL 14/05, BStBl. II 2008, 651, Rn. 22; BVerfG, Beschl. v. 07.11.2006 – 1 BvL 10/02, BVerfGE 117, 1, Rn. 93; BVerfG, Beschl. v. 18.07.2005 – 2 BvF 2/01, BVerfGE 113, 167, Rn. 126; BVerfG, Beschl. v. 08.06.2004 – 2 BvL 5/00, BVerfGE 110, 412, Rn. 63; BVerfG, Beschl. v. 12.02.2003 – 2 BvR 709/99, BVerfGE 107, 257, Rn. 45; BVerfG, Beschl. v. 04.12.2002 – 2 BvR 400/98, BVerfGE 107, 27, Rn. 50; BVerfG, Urt. v. 06.03.2002 – 2 BvL 17/99, BVerfGE 105, 73 = BStBl. II 2002, 618, Rn. 157; BVerfG, Beschl. v. 14.07.1999 – 1 BvR 995/95, BVerfGE 101, 54, Rn. 181; BVerfG, Urt. v. 08.04.1997 – 1 BvR 48/94, BVerfGE 95, 267, Rn. 188; BVerfG Beschl. v. 26.01.1993 – Az. 1 BvL 38/92, BVerfGE 88, 87, Rn. 34 ff.; BVerfG, Beschl. v. 02.12.1992 – 1 BvR 296/88, BVerfGE 88, 5, Rn. 28.

550 Zur Funktionsweise der Zufallsauswahl s. Kap. G.I.1 Gewährleistung einer Zufallsauswahl; zur Funktionsweise der individuellen Aussteuerung s. Kap. G.I.2 Möglichkeit einer individuelen Aussteuerung.

551 Etwas anderes könnte gelten, wenn die Differenzierung auf subjektiven Risikofaktoren beruht. Die Einbeziehung subjektiver Risikofaktoren in die

Steuerfällen zur personellen Überprüfung ist verfassungsrechtlich geboten, um ein hinreichendes Entdeckungsrisiko für Fehlangaben zu gewährleisten. Eine Aussteuerung nach dem Zufallsprinzip stellt damit gerade keinen Verstoß gegen den Gleichheitssatz dar.[552] Dasselbe gilt für die Möglichkeit, dass ein Finanzbeamter einen Steuerfall zur Prüfung auswählt. Auch diese Möglichkeit ist verfassungsrechtlich geboten. Die Fallauswahl schafft ein für den Steuerpflichtigen unkalkulierbares Entdeckungsrisiko und leistet damit einen entscheidenden Beitrag zur Gewährleistung einer gleichmäßigen Besteuerung.

Ein sachlicher, die Ungleichbehandlung rechtfertigender Grund ist auch dann anzunehmen, wenn ein Fall wegen Überschreitens einer Risikoschwelle ausgesteuert wird. Die Aussteuerung risikobehafteter Fälle entspricht der Arbeitsweise des Risikomanagementsystems. Zwar mag sich das Entdeckungsrisiko für Fehlanagaben des Steuerpflichtigen durch eine personelle Kontrolle erhöhen. Dies dient jedoch gerade der Festsetzung einer gleichmäßigen und gesetzmäßigen Steuer. Durch die Konzentration der finanzbehördlichen Ermittlungsmaßnahmen auf ausgesteuerte und damit prüfungsbedürftige Fälle wird die Finanzverwaltung ihrem strukturellen Verifikationsauftrag in der Massenfallverwaltung gerecht. Würde sie eine Prüfung risikobehafteter Fälle gänzlich unterlassen, würde sie ihrer Aufklärungspflicht nur unzureichend nachkommen und damit das Untermaßverbot verletzen. Generell ist daher festzustellen, dass die Aussteuerung eines Steuerfalls zur personellen Prüfung an sich keine relevante, den Steuerpflichtigen benachteiligende Ungleichbehandlung darstellt.[553]

Führt die Ungleichbehandlung zwischen manuell und maschinell bearbeiteten Steuerfällen dazu, dass eine gesetzeswidrige Verwaltungspraxis entsteht, nach der gleichartige Vorgänge nicht besteuert werden, kann der Steuerpflichtige aufgrund dessen keine Gleichbehandlung im Sinne einer Nichtbesteuerung beanspruchen. Aus dem Gebot der Rechtsanwendungsgleichheit ist die Finanzverwaltung zwar verpflichtet, die Steuergesetze auf alle Steuerpflichtigen gleichermaßen anzuwenden und gleichmäßig durchzusetzen.[554] Allerdings gewährt der allgemeine Gleichheitssatz keine Gleichbehandlung im Unrecht.[555]

Risikomanagementsysteme ist nicht Gegenstand der Dissertation. Aus diesem Grund wird auf diese Problematik an dieser Stelle nicht näher eingegangen.

552 Ebenso *Müller-Franken*, StuW 2018, 113 (120); *Heintzen*, DÖV 2015, 780 (786).

553 Ebenso Thiemann, StuW 2018, 304 (311); a.A. *Braun Binder*, DStZ 2016, 526 (530), Braun Binder sieht wegen der „behördlichen Fürsorge- und Unterstützungsfunktion" einen Nachteil gegenüber der Bearbeitung im manuellen Verfahren.

554 BFH, Urt. v. 20.06.1989 – VIII R 82/86, BStBl. II 1989, 836, Rn. 29; *Seer* in: Tipke/Kruse, AO/FGO, Losebl. (Stand: Januar 2017), § 85 AO Rn. 8; *Söhn* in: HHSp, AO/FGO, Losebl. (Stand: August 2016), § 85 AO Rn. 11; *Schmidt/Schmitt* in: Mellinghoff/Schön/Viskorf (Hrsg.), FS Spindler, 2011, 529 (531); *Birk*, StVj 1991, 310 (312);.

555 BVerfG, Nichtannahmebeschl. v. 09.10.2000 – 1 BvR 1627/95, juris Rn. 52; BVerfG, Nichtannahmebeschl. v. 12.09.2007 – 2 BvR 1413/06, BVerfGK 12, 132, Rn. 16; BVerfG, Kammerbeschluss v. 28.06.1993 – 1 BvR 390/89, NVwZ 1994, 475 (476),

b) Verfassungswidrigkeit auch der materiellen Steuernorm

Ein Verstoß gegen den Gleichheitssatz könnte unter dem Gesichtspunkt eines strukturellen Vollzugsdefizits gegeben sein. Beruht die rechtswidrige Besteuerung anderer Steuerpflichtiger auf einem vom Gesetzgeber bewusst hingenommenen strukturellen Vollzugsdefizit, könnte ein Steuerpflichtiger aufgrund dessen die Rechtswidrigkeit seiner eigenen Steuerfestsetzung geltend machen.

(1) Voraussetzungen

Ausgehend davon, dass der Gleichheitssatz für das Steuerrecht verlangt, dass die Steuerpflichtigen durch ein Steuergesetz rechtlich und tatsächlich gleich belastet werden, hat das Bundesverfassungsgericht eine einheitliche Beurteilung von materieller Steuernorm und Steuererhebungsregeln insoweit festgelegt, dass die rechtliche Gestaltung des Erhebungsverfahrens die Verfassungswidrigkeit der materiellen Steuernorm nach sich ziehen kann.[556] Aus dieser Rechtsprechung

---

Rn. 13; BVerfG, Beschl. v. 17.01.1969 – 1 BvL 25/77, BVerfGE 50, 142, Rn. 59; BVerfG, Beschl. v. 12.02.1969 – 1 BvR 687/62, BVerfGE 25, 216 = BStBl. II, 1969, 364, Rn. 48; BFH, Urt. v. 17.05.2017 – V R 52/13, BFHE 258, 124 = BStBl. II 2018, 218, Rn. 37; BFH, Urt. v. 24.01.2013 – V R 34/11, BFHE 239, 552 = BStBl. II 2013, 460, Rn. 35; BFH, Urt. v. 20.10.2010 – I R 177/08, BFHE 232, 15, Rn. 21; BFH, Beschl. v. 01.07.2010 – V B 62/09, BFH/NV 2010, 2136, Rn. 7; BFH, Beschl. v. 15.01.2008 – VIII B 61/07, juris Rn. 7; BFH, Beschl. v. 13.02.2007 – II B 32/06, BFH/NV 2007, 966, Rn. 5; BFH, Beschl. v. 06.03.2006 – IV B 82/04, BFH/NV 2006, 1291, Rn. 18; BFH, Urt. v. 19.10.2005 – I R 76/04, BFHE 211, 90 = BStBl. II 2006, 274, Rn. 35; BFH, Beschl. v. 18.07.2002 – V B 112/01, BFHE 199, 77 = BStBl. II 2003, 675, Rn. 21; BFH, Urt. v. 29.08.2000 – VII R 42/00, BFHE 192, 372 = BStBl. II 2001, 118, Rn. 17; BFH, Urt. 14.06.1991 – VI R 185/87, BFHE 165, 208 = BStBl. II 1991, 926, Rn. 34; BFH, Urt. v. 30.10.1990 – VII R 110/88, BFHE 163, 496, Rn. 8; BFH, Urt. v. 20.06.1989 – VIII R 82/86, BStBl. II 1989, 836, Rn. 29; BFH, Urt. v. 04.06.1987 – V R 9/79, BFHE 150, 192 = BStBl. II, 1987, 653, Rn. 20; BFH, Urt. v. 15.01.1986 – II R 141/83, BFHE 145, 453 = BStBl. II, 1986, 418, Rn. 28; BFH, Urt. v. 24.10.1985 – IV R 75/84, BFHE 145, 302 = BStBl. II, 1986, 233, Rn. 20; BFH, Urt. v. 05.12.1963 – IV 375/60 U, BFHE 78, 379, Rn. 10; BFH, Urt. v. 20.07.1956 – III 195/54 U, BFHE 63, 155, Rn. 5; *Rätke* in: Klein, AO, 14. Aufl. 2018, § 85 AO Rn. 10; *Söhn* in: HHSp, AO/FGO, Losebl. (Stand: August 2016), § 85 AO Rn. 35.

556 BVerfG, Nichtannahmebeschl. v. 17.02.2010 – 1 BvR 2664/09, NVwZ-RR 2010, 457 (457), Rn. 46; BVerfG, Nichtannahmebeschl. v. 07.05.2008 – 2 BvR 2392/07, BVerfGK 13, 544, Rn. 16; BVerfG, Nichtannahmebeschl. v. 10.03.2008 – 2 BvR 2077/05, NJW 2008, 2637 (2637), Rn. 14; BVerfG, Beschl. v. 25.02.2008 – 2 BvL 14/05, BStBl. II 2008, 651, Rn. 29; BVerfG, Nichtannahmebeschl. v. 10.01.2008 – 2 BvR 294/06, BFH/NV 2008, 161, Rn. 18; BVerfG, Nichtannahmebeschl. v. 29.08.2006 – 1 BvR 1673/06, BVerfGK 9, 118 = BFH/NV 2007, Beilage 3, 299 Rn. 10 f.; BVerfG, Urt. v. 09.03.2004 – 2 BvL 17/02, BVerfGE 110, 94 = BStBl. II 2005, 56, Rn. 63; BVerfG, Urt. v. 27.06.1991 – 2 BvR 1493/89, BVerfGE 84, 239 = BStBl. II 1991, 654, Rn. 104; BFH, Urt. v. 29.11.2005 – IX R 49/04, BFHE 211, 330 = BStBl. 2006, 178, Rn. 19; BFH, Urt. v. 07.09.2005 – VIII R 90/04, BFHE 211, 183 = BStBl. II 2006, 61, Rn. 12; BFH, Vorlagebeschluss

ergibt sich, dass die Gleichheit im Belastungserfolg nicht durch die rechtliche Gestaltung des Erhebungsverfahrens verfehlt werden darf. Treten Vollzugsmängel auf, die derart erheblich sind, dass in Folge dessen die Belastungsgleichheit prinzipiell nicht mehr gewährleistet ist, liegt ein strukturelles Vollzugsdefizit vor. Die Gleichheit des Belastungserfolgs wird prinzipiell verfehlt, wenn sich Besteuerungstatbestand und Erhebungsregel strukturell gegenläufig auswirken, sodass die Besteuerungsansprüche nicht mehr durchgesetzt werden können.[557] Ist die prinzipielle Verfehlung des gleichmäßigen Belastungserfolgs dem Gesetzgeber zuzurechnen führt die strukturelle Gegenläufigkeit der Erhebungsregel gleichsam zur Verfassungswidrigkeit des Besteuerungstatbestands. Denn aufgrund der einheitlichen Beurteilung von materieller Steuernorm und Steuererhebungsregel begründet eine in den Verantwortungsbereich des Gesetzgebers fallende strukturell gegenläufige Erhebungsregel im Zusammenwirken mit der zu vollziehenden materiellen Steuernorm deren Verfassungswidrigkeit.[558]

---

v. 16.07.2002 – IX R 62/99, BFHE 199, 451 = BStBl. 2003, 74, Rn. 50; BFH, Urt. v. 15.10.1997 – I R 10/92, BStBl. II, 1998, 63, Rn. 24; BFH Urt. v. 18.02.1997 – VIII R 33/95, BFHE 183, 45 = BStBl. II 1997, 499, Rn. 25.

557 BVerfG, Nichtannahmebeschl. v. 17.02.2010 – 1 BvR 2664/09, NVwZ-RR 2010, 457 (457), Rn. 46; BVerfG, Nichtannahmebeschl. v. 07.05.2008 – 2 BvR 2392/07, BVerfGK 13, 544, Rn. 16; BVerfG, Nichtannahmebeschl. v. 10.03.2008 – 2 BvR 2077/05, NJW 2008, 2637 (2637), Rn. 14; BVerfG, Beschl. v. 25.02.2008 – 2 BvL 14/05, BStBl. II 2008, 651, Rn. 29; BVerfG, Nichtannahmebeschl. v. 10.01.2008 – 2 BvR 294/06, BFH/NV 2008, 161, Rn. 18; Nichtannahmebeschl. v. 29.08.2006 – 1 BvR 1673/06, BVerfGK 9, 118 = BFH/NV 2007, Beilage 3, 299, Rn. 10 f.; BVerfG, Urt. v. 09.03.2004 – 2 BvL 17/02, BVerfGE 110, 94 = BStBl. II 2005, 56, Rn. 63 f.; BVerfG, Urt. v. 27.06.1991 – 2 BvR 1493/89, BVerfGE 84, 239 = BStBl. II 1991, 654, Rn. 111; BFH, Beschl. v. 18.08.2015 – VII R 60/13, BFH/NV, 2016, 10, Rn. 13; BFH, Beschl. v. 18.08.2015 – VII R 61/13, BFH/NV, 2016, 14, Rn. 13; BFH, Beschl. v. 16.06.2011 – XI B 120/10, BFH/NV 2011, 1740, Rn. 7; BFH, Beschl. v. 01.07.2010 – V B 62/09, BFH/NV 2010, 2136, Rn. 6; BFH, Urt. v. 19.10.2005 – I R 76/04, BFHE 211, 90 = BStBl. II 2006, 274, Rn. 36; BFH, Urt. v. 07.09.2005 – VIII R 90/04, BFHE 211, 183 = BStBl. II 2006, 61, Rn. 13; BFH, Vorlagebeschluss v. 16.07.2002 – IX R 62/99, BFHE 199, 451 = BStBl. 2003, 74, Rn. 52.

558 BVerfG, Nichtannahmebeschl. v. 17.02.2010 – 1 BvR 2664/09, NVwZ-RR 2010, 457 (457), Rn. 46; BVerfG, Nichtannahmebeschl. v. 07.05.2008 – 2 BvR 2392/07, BVerfGK 13, 544, Rn. 16; BVerfG, Nichtannahmebeschl. v. 10.03.2008 – 2 BvR 2077/05, NJW 2008, 2637 (2637), Rn. 14; BVerfG, Nichtannahmebeschl. v. 10.01.2008 – 2 BvR 294/06, BFH/NV 2008, 161, Rn. 18; BVerfG, Nichtannahmebeschl. v. 29.08.2006 – 1 BvR 1673/06, BVerfGK 9, 118 = BFH/NV 2007, Beilage 3, 299, Rn. 11; BVerfG, Urt. v. 27.06.1991 – 2 BvR 1493/89, BVerfGE 84, 239 = BStBl. II 1991, 654, Rn. 111; vgl. *Funke*, AöR 132 (2007), 168 (184 f.) mit ausführlicher Begründung, warum die Verfahrensregel selbst nicht verfassungswidrig ist; kritisch wird teilweise gesehen, dass nur Strukturmängel erfasst werden, die in den Bereich der Legislative fallen, *Seer* in: Tipke/Kruse, AO/FGO, Losebl. (Stand: Oktober 2014), § 40 FGO Rn. 48; *Tipke* in: Drenseck/Seer (Hrsg.), FS Kruse, 2001, 215 (228); Hey in: Drenseck/Seer (Hrsg.), FS Kruse, 2001, 269 (271 ff.).

Dem Gesetzgeber ist ein strukturelles Vollzugsdefizit zuzurechnen, wenn sich ihm diese defizitäre Erhebung aufdrängen musste.[559] Dabei ist der Gesetzgeber nicht nur für Defizite verantwortlich, die auf gesetzlichen Regelungen beruhen, welche er selbst geschaffen hat, sondern auch für solche Defizite, die auf Verwaltungsvorschriften beruhen, wenn er diese bei seiner Regelung bewusst und gewollt hingenommen hat.[560]

Im Zinsurteil hat das Bundesverfassungsgericht die Voraussetzungen für die Annahme der Verfassungswidrigkeit auch der materiellen Norm aufgestellt. Obwohl das Bundesverfassungsgericht ein dem Gesetzgeber zurechenbares strukturelles Vollzugsdefizit angenommen hat, sah es jedoch von der Folge der Verfassungswidrigkeit der Norm ab. Aufgrund der Tatsache, dass diese Rechtslage bis dahin nicht von den Gerichten erkannt worden war, hat das Bundesverfassungsgericht sich veranlasst gesehen, dem Gesetzgeber die Gelegenheit zu geben, sich binnen einer angemessenen Frist auf die neue Rechtslage einzustellen.[561] Dagegen hat das Bundesverfassungsgericht im Urteil zur Besteuerung von Spekulationsgewinnen als Folge des dem Gesetzgeber zurechenbaren strukturellen Vollzugsdefizits auch die Verfassungswidrigkeit der materiellen Norm angenommen und infolgedessen die Besteuerung von privaten Spekulationsgeschäften bei Wertpapieren i.S.d. § 23 I 1 Nr. 1 b EStG a.F. für die Veranlagungszeiträume 1997 und 1998 für verfassungswidrig erklärt.[562] Dieses Urteil stellt bislang die einzige Entscheidung dar, in welcher aufgrund eines dem Gesetzgeber zurechenbaren strukturellen Vollzugsdefizits die Verfassungswidrigkeit auch der materiellen Norm angenommen worden ist. In den anderen Verfahren, die bisher ein strukturelles Erhebungsdefizit zum Gegenstand hatten, wurde ein solches nicht angenommen bzw. die Zurechnung zum Gesetzgeber verneint.[563] Dies zeigt nicht nur den

---

559 BVerfG, stattgebender Kammerbeschl. v. 08.11.2006 – 2 BvR 620/03, BFH/NV 2007, Beilage 4, 256, Rn. 15; BVerfG, Urt. v. 27.06.1991 – 2 BvR 1493/89, BVerfGE 84, 239 = BStBl. II 1991, 654, Rn. 111; BFH, Urt. v. 07.09.2005 – VIII R 90/04, BFHE 211, 183 = BStBl. II 2006, 61, Rn. 14

560 BVerfG, Urt. v. 27.06.1991 – 2 BvR 1493/89, BVerfGE 84, 239 = BStBl. II 1991, 654, Rn. 111.

561 BVerfG, Urt. v. 27.06.1991 – 2 BvR 1493/89, BVerfGE 84, 239 = BStBl. II 1991, 654, Rn. 147 f.

562 Tenor des Urteils des BVerfG v. 09.03.2004 – 2 BvL 17/02, BVerfGE 110, 94 = BStBl. II 2005, 56; BFH, Vorlagebeschluss v. 16.07.2002 – IX R 62/99, BFHE 199, 451 = BStBl. 2003, 74, Rn. 46 ff.

563 Vgl. BVerfG, Nichtannahmebeschl. v. 17.02.2011 – 1 BvR 2480/08, NVwZ-RR 2011, 466 (466), Rn. 4; BVerfG, Nichtannahmebeschl. v. 10.03.2008 – 2 BvR 2077/05, DStRE 2008, 1320, Rn. 17 ff.; BVerfG, Beschl. v. 25.02.2008 – 2 BvL 14/05, BStBl. II 2008, 651, Rn. 28 ff.; BVerfG, Nichtannahmebeschl. v. 10.01.2008 – 2 BvR 294/06, BFH/NV 2008, Beilage 2, 161, Rn. 21 ff.; BVerfG, stattgebender Kammerbeschl. v. 08.11.2006 – 2 BvR 620/03, BFH/NV 2007, Beilage 4, 256, Rn. 16 ff.; BVerfG, Nichtannahmebeschl. v. 29.08.2006 – 1 BvR 1673/06, BVerfGK 9, 118 = BFH/NV 2007, Beilage 3, 299, Rn. 15 ff.; BVerfG, Nichtannahmebeschl. v. 19.04.2006 – 2 BvR 300/06, BVerfGK 8,

Ausnahmecharakter[564] dieser Klagemöglichkeit, sondern verdeutlicht zugleich, dass hohe Hürden bestehen, um ein dem Gesetzgeber zurechenbares strukturelles Erhebungsdefizit erfolgreich geltend zu machen.

(2) Abweichung bei Vollzugsdefizit aufgrund des Einsatzes von Risikomanagementsystemen

Inwieweit die Maßstäbe, die das Bundesverfassungsgericht zur Beurteilung eines strukturellen Vollzugsdefizits aufgestellt hat, auf die Problematik eines Vollzugsdefizits durch den Einsatz von Risikomanagementsystemen übertragen werden können, ist fraglich.[565] Denn entstehen strukturell prüfungsfreie Räume durch den Einsatz von Risikomanagementsystemen, liegt eine andere Ausgangslage zugrunde. Zum einen besteht im Gegensatz zu einem strukturellen Vollzugsdefizit keine konkrete Vergleichssituation, bei der sich eine konkrete materiell-rechtliche Norm und eine verfahrensrechtliche Norm gegenüberstehen. Zur Beurteilung

---

46 = BFH/NV 2006, Beilage 3, 367, Rn. 3 f.; BVerfG, Beschl. v. 18.04.2006 – 2 BvL 12/05, BVerfGK 8, 29 Rn. 17 ff.; BVerfG, Beschl. v. 18.04.2006 – 2 BvL 08/05, BFH/NV 2006, Beilage 3, 364, Rn. 22 ff.; BFH, Urt. v. 15.07.2015 – II R 32/14, BFHE 250, 427 = BStBl. II 2015, 1031, Rn. 39 ff.; BFH, Urt. v. 15.07.2015 – II R 33/14, BFHE 240, 449 = BStBl. II 2016, 126, Rn. 38 ff.; BFH, Beschl. v. 16.06.2011 – XI B 120/10, BFH/NV 2011, 1740, Rn. 7; BFH, Urt. v. 20.10.2010 – I R 177/08, BFHE 232, 15, Rn. 21; BFH, Beschl. v. 01.07.2010 – V B 62/09, BFH/NV 2010, 2136, Rn. 7; BFH, Beschl. v. 19.12.2007 – IX B 219/07, BFHE 219, 353 = BStBl. II 2008, 382, Rn. 10; BFH Urt. v. 17.07.2007 – IX R 1/06, BFH/NV 2007, 2263, Rn. 20; BFH, Beschl. v. 06.03.2006 – IV B 82/04, BFH/NV 2006, 1291, Rn. 18; BFH, Beschl. v. 14.02.2006 – VIII B 107/04, BFHE 212, 285 = BStBl. II 2006, 523, Rn. 18 ff.; BFH, Beschl. v. 14.02.2006 – VIII B 107/04, BFHE 212, 285 = BStBl. II 2006, 523, Rn. 19; BFH, Urt. v. 29.11.2005 – IX R 49/04, BFHE 211, 330 = BStBl. 2006, 178, Rn. 19; BFH, Urt. v. 19.10.2005 – I R 76/04, BFHE 211, 90 = BStBl. II 2006, 274, Rn. 34 ff.; BFH, Urt. v. 07.09.2005 – VIII R 90/04, BFHE 211, 183 = BStBl. II 2006, 61, Rn. 10 ff.; BFH, Vorlagebeschl. v. 16.12.2003 – IX R 46/02, BFHE 204, 228 = BStBl. II 2004, 284, Rn. 118; BFH, Urt. v. 18.02.1997 – VIII R 33/95, BFHE 183, 45 = BStBl. II 1997, 499, Rn. 27.

564 Den Ausnahmecharakter betont das BVerfG insbesondere in seinem Beschl. v. 25.02.2008, BVerfG, Beschl. v. 25.02.2008 – 2 BvL 14/05, BStBl. II 2008, 651, Rn. 34. Darin bezeichnet das Gericht ein die Verfassungswidrigkeit der materiellen Steuernorm begründendes strukturelles Vollzugsdefizit „als ganz außergewöhnliche Rechtsfolge mangelnder Effektivität des Rechts".

565 Nach Heintzen passt die Figur des strukturellen Vollzugsdefizits nicht zur Beurteilung der Vollautomatisierung der Einkommensteuerveranlagung, *Heintzen*, DÖV 2015, 780 (785); a.A. *Müller-Franken*, StuW 2018, 113 (117), nach Müller-Franken kann sich ein strukturelles Vollzugsdefizit „auch im Hinblick auf eine Steuerart insgesamt ergeben"; auch Thiemann vertritt die Auffassung, dass die Rechtsprechung des BVerfG zum strukturellen Vollzugsdefizit auf den Steuervollzug unter Einsatz von Risikomanagementsystemen übertragen werden kann, *Thiemann*, StuW 2018, 304 (312 f.).

eines durch den Einsatz von Risikomanagementsystemen bedingten Vollzugsdefizits stehen sich der Tatbestand der Einkommensteuer und die Steuererhebungsregeln der Abgabenordnung insgesamt gegenüber.[566]

Zum anderen unterscheidet sich ein solches Vollzugsdefizit vom strukturellen Vollzugsdefizit in der Ursache der defizitären Erhebung. Während bei einem strukturellen Vollzugsdefizit die mangelnde Durchsetzbarkeit im Erhebungsverfahren im Gesetz angelegt ist, resultiert die mangelnde Durchsetzbarkeit im Rahmen eines Steuervollzugs unter Einsatz von Risikomanagementsystemen aus der Umsetzung der gesetzlichen Rahmenbedingungen durch die Finanzverwaltung. Im Unterschied zur Beurteilung der Verantwortlichkeit eines strukturellen Vollzugsdefizits hat der Gesetzgeber hier keine konkrete Regelung getroffen, die unmittelbar ein solches Defizit nach sich zieht. Es bestehen auch keinerlei Verwaltungsvorschriften, die er bewusst und gewollt hingenommen hat, sodass ihm eine defizitäre Erhebung aufgrund dessen zurechenbar wäre. Der Gesetzgeber hat in § 88 Abs. 5 AO lediglich die Einführung von Risikomanagementsystemen im Steuervollzug ermöglicht. Die Einstellung der Risikoparameter nimmt der Gesetzgeber nicht selbst vor, sondern er hat diese Aufgabe der Finanzverwaltung übertragen. Ergibt sich ein Vollzugsdefizit aus der konkreten Ausgestaltung der Risikomanagementsysteme, resultiert dieser Fehler zunächst nicht unmittelbar aus einem Handeln des Gesetzgebers, sondern aus dem Handeln und dem Verantwortungsbereich der Finanzverwaltung. Defizite, die aus der Tätigkeit der Finanzverwaltung resultieren, sind jedoch nicht automatisch dem Gesetzgeber zuzurechnen.[567] Beruht das Vollzugsdefizit nicht auf der Erhebungsregel an sich, sondern auf der Interpretation, Ausgestaltung und Anwendung derselben durch die Finanzverwaltung, stellt sich die Frage, inwieweit dem Gesetzgeber ein solches strukturelles Erhebungsdefizit zuzurechnen ist.

(3) Anwendbarkeit auf strukturelle Vollzugsdefizite aufgrund des Einsatzes von Risikomanagementsystemen

Die Figur des dem Gesetzgeber zurechenbaren strukturellen Vollzugsdefizits mit der Folge der Verfassungswidrigkeit auch der materiellen Norm ist auch auf Vollzugsdefizite, die bedingt durch den Einsatz von Risikomanagementsystemen entstehen, anwendbar. Der Umstand, dass keine konkrete Vergleichssituation besteht, sondern sich hier der Tatbestand der Einkommensteuer und die Steuererhebungsregeln der Abgabenordnung insgesamt gegenüberstehen, schließt eine Anwendbarkeit nicht aus.[568] Im Gegenteil, dies verdeutlicht umso mehr den Ausnahmecharakter eines

566 *Heintzen*, DÖV 2015, 780 (785); *Maier*, JZ 2017, 614 (616); *Müller-Franken*, StuW 2018, 113 (117).

567 So i.E. auch *Pelka*, StuW 2005, 378 (379).

568 Ebenso *Müller-Franken*, StuW 2018, 113 (117); auch Thiemann vertritt die Auffassung, dass die Rechtsprechung des BVerfG zum strukturellen Vollzugsdefizit auf den Steuervollzug unter Einsatz von Risikomanagementsystemen übertragen werden kann, *Thiemann*, StuW 2018, 304 (312 f.); a.A. *Heintzen*, DÖV 2015, 780 (785).

strukturellen Vollzugsdefizits. Wird die Verfassungswidrigkeit auch der materiellen Norm wegen eines strukturellen Vollzugsdefizits aufgrund des Einsatzes von Risikomanagementsystemen angenommen, hätte dies die Unanwendbarkeit des gesamten Tatbestands der Einkommensteuer zur Folge.[569]

Anknüpfungspunkt für die Zurechnung eines strukturellen Vollzugsdefizits aufgrund des Einsatzes von Risikomanagementsystemen könnte sein, dass der Gesetzgeber seiner Pflicht zur Überwachung des Steuervollzugs nicht derart umfassend nachgekommen ist, dass er sich von seiner Verantwortlichkeit freizeichnen kann.[570] Tatsächliche Belastungsgleichheit kann im Einklang mit der Rechtsprechung des Bundesverfassungsgerichts nur erreicht werden, wenn neben der normativen Gleichheit auch die Gleichheit bei der Durchsetzung in der Steuererhebung gewährleistet ist. Konsequenz dieser Rechtsprechung des Bundesverfassungsgerichts ist die Erweiterung des Gewährleistungsgehalts des allgemeinen Gleichheitssatzes um die tatsächliche Belastungsgleichheit. Daraus folgt zugleich, dass keine strikte Trennung von materieller Steuergesetzgebung und dem Vollzug der Gesetze besteht. Zwar fällt die Steuererhebung in die Sphäre der Exekutive, also der Finanzverwaltung; der Gesetzgeber als Organ der Legislative trägt jedoch insoweit die Verantwortung für die Steuererhebung, als im Ergebnis eine tatsächliche Belastungsgleichheit gewährleistet werden muss. Daraus resultierend trifft den Gesetzgeber die Pflicht, den Steuervollzug dahingehend zu überwachen, ob tatsächliche Belastungsgleichheit im Großen und Ganzen im Ergebnis gewährleistet wird. Kommt er dieser Pflicht nur unzureichend nach und kann die tatsächliche Belastungsgleichheit nicht gewährleistet werden, trägt der Gesetzgeber für daraus resultierende Defizite die Verantwortung.

Der Gesetzgeber hat lediglich Mindestvorgaben für die Ausgestaltung der Risikomanagementsysteme gesetzlich festgeschrieben. Die konkrete Ausgestaltung der Risikomanagementsysteme, die letztendlich für die Herstellung von tatsächlicher Belastungsgleichheit im Großen und Ganzen sorgt, hat er bewusst aus der Hand gegeben und die Entscheidungskompetenz diesbezüglich vollständig auf die Finanzverwaltung verlagert. Diesem weiten Entscheidungsspielraum der Finanzverwaltung hat der Gesetzgeber keine effektive Überwachung des Steuervollzugs gegenübergestellt. Über die verwaltungsinterne Kontrolle hinaus ist eine individuelle Kontrolle durch die Steuerpflichtigen kaum möglich. Für den Steuerpflichtigen besteht weder im finanzverwaltungsrechtlichen noch im finanzgerichtlichen Verfahren eine effektive Möglichkeit zur Einsicht bzw. zur Überprüfung der einzelnen Risikoparameter. Die Einsichtsrechte der Steuerpflichtigen werden durch die gesetzlich vorgesehene Geheimhaltung beschränkt.[571] Auch in einem finanzgerichtlichen

569 Vgl. *Müller-Franken*, StuW 2018, 113 (117), nach Müller-Franken kann sich ein strukturelles Vollzugsdefizit „auch im Hinblick auf eine Steuerart insgesamt ergeben".

570 S. dazu auch Kap. G.VI Zwischenergebnis.

571 S. Kap. G.IV.2 Der Geheimhaltungsvorbehalt des § 88 Abs. 5 S. 4 AO als allgemeine Schranke; in der Literatur wird vertreten, dass der Auskunftsanspruch gem. Art. 15 EU-DSGVO zumindest dahingehend besteht, dass die Finanzverwaltung

Verfahren ist eine Überprüfung der Risikoparameter nur schwerlich möglich.[572] Die aufgrund der Automation des Besteuerungsverfahrens erfolgende risikoorientierte Prüfung hat zunächst keinen Einfluss auf den Prüfungsmaßstab im gerichtlichen Verfahren. Insofern wird grundsätzlich eine vollumfängliche gerichtliche Prüfung ermöglicht. Die Finanzbehörde kann sich in einem finanzgerichtlichen Prozess auch nicht darauf berufen, dass sie nur risikoorientiert geprüft hat.[573] Fehler, die aufgrund der risikoorientierten Bearbeitung erfolgen, wird das Gericht als Ermittlungsfehler feststellen und zu Lasten der Finanzbehörde werten.[574] Trotz der fehlenden Bindung der Finanzgerichte an den eingeschränkten Prüfungsmaßstab und an die Aufgriffsgrenzen der Finanzverwaltung kann die generelle Einstellung der Risikoparameter von den Finanzgerichten nicht überprüft werden. Insbesondere sind die Finanzgerichte nicht imstande, die Frage zu prüfen, ob die Risikoparameter zu grobmaschig eingestellt sind, da die überwiegende Zahl der risikoarmen Fälle die Finanzgerichte gar nicht erreichen wird.[575] Steuerpflichtige, deren Fälle kein relevantes Risikopotential erhalten, werden vollautomatisch und infolgedessen erklärungsgemäß veranlagt. In einem solchen Fall wird ein Steuerpflichtiger in der Regel kein Rechtsbehelfsverfahren gegen den Bescheid anstrengen, sodass risikoarme Fälle nicht von den Finanzgerichten überprüft werden.

Als Ausnahme dieser intransparenten Ausgestaltung ist vom Gesetzgeber lediglich ein In-camera-Verfahren vorgesehen, mittels dessen die Rechtmäßigkeit der Geheimhaltung der Einzelheiten der Risikomanagementsysteme im konkreten Fall gerichtlich überprüft werden kann. Das In-camera-Verfahren ist geeignet, die Geheimhaltungsinteressen des Staates mit einem effektiven Rechtsschutz der Bürger in Einklang zu bringen, indem es eine unabhängige Möglichkeit der Überprüfung bietet.[576] Die Möglichkeit einer unabhängigen Überprüfung durch

---

dem Steuerpflichtigen offenlegen muss, inwiefern und welche personenbezogenen Daten sie sammelt und in das Risikomanagement einbezieht, *Müller-Franken*, StuW 2018, 113 (121); *Seer* in: Tipke/Kruse, AO/FGO, Losebl. (Stand: Januar 2017), § 88 AO Rn. 82.

572 Insoweit wird das Ergebnis an dieser Stelle vorweggenommen, s. zu den gerichtlichen Kontrollmöglichkeiten im Einzelnen Kap. G.V.2 Geltendmachung der subjektiven Rechtsgutverletzung sowie Kap. G.V.3 In-camera-Verfahren als verfahrensrechtliche Besonderheit.

573 *Thiemann*, StuW 2018, 304 (310); *Roser* in: Gosch, AO/FGO, Losebl. (Stand: Juni 2018), § 88 AO Rn. 16; *Trossen*, FR 2015, 1021 (1022); *Drüen* in: DFGT 2011/2012, 253 (272 f.).

574 Vgl. FG Münster, Urt. v. 13.10.2010 – 7 K 4838/08 E, EFG 2011, 760, Rn. 33.

575 *Thiemann*, StuW 2018, 304 (311); *Trossen*, FR 2015, 1021 (1022); *Drüen* in: DFGT 2011/2012, 253 (272 f.); dies wirkt sich unmittelbar auf die Geschäftslast der Finanzgerichte aus. Von 66.399 Neuzugängen an Klagen im Jahr 2003 hat sich die Anzahl der Neuzugänge in 2016 auf 35.169 verringert, Statistisches Bundesamt, Fachserie 10, Reihe 2.5, 2016, S. 12 f.

576 *Fu* in: Schwarz/Pahlke, AO/FGO, Losebl. (Stand: September 2017), § 86 FGO Rn. 32; *Trossen*, FR 2015, 1021 (1024).

den Bundesfinanzhof besteht allerdings lediglich auf dem Papier. Als Rechtskontrolle hinsichtlich der Funktionsweise der Risikomanagementsysteme wird das In-camera-Verfahren keine Rolle spielen.[577] In einem finanzgerichtlichen Prozess wird stets eine Überprüfung der richtigen Anwendung des materiellen Rechts im Vordergrund stehen. Ist die Ausgestaltung der Risikomanagementsysteme für das Verfahren nicht relevant, kann es nicht zu einer Offenlegung der Risikokriterien bzw. zu einer Überprüfung der Rechtmäßigkeit der Geheimhaltung dieser Kriterien kommen. Dies wird in der Praxis regelmäßig der Fall sein. Denn für eine Offenlegung von Einzelheiten des Risikomanagements muss das Finanzgericht von der Entscheidungserheblichkeit für die Urteilsfindung überzeugt sein. Daran fehlt es, wenn der finanzgerichtliche Prozess letztlich auf die richtige Anwendung des materiellen Rechts hinausläuft.

Durch andere Behörden des Bundes oder der Länder findet ebenfalls keine Überwachung des Steuervollzugs im Hinblick darauf statt, ob tatsächliche Belastungsgleichheit im Großen und Ganzen gewährleistet wird und strukturell prüfungsfreie Räume im Steuervollzug vermieden werden. Die Überprüfung der Arbeitsweise der Finanzverwaltung im Rahmen der jährlichen Haushalts- und Wirtschaftsprüfung durch den Bundesrechnungshof bzw. die Landesrechnungshöfe stellt allenfalls eine rudimentäre und auch nur punktuelle Kontrolle des Steuervollzugs im Hinblick auf strukturell prüfungsfreie Räume dar. Eine unabhängige und objektive Überprüfung der Ausgestaltung des Risikomanagementsystems existiert daher im Ergebnis nicht.

Der Gesetzgeber ist damit seiner verfassungsrechtlichen Pflicht, für einen gleichmäßigen und gesetzmäßigen Vollzug der Steuergesetze systematisch zu sorgen, nicht derart umfassend nachgekommen, dass er sich von seiner Verantwortung für den Steuervollzug freizeichnen kann. Aufgrund dessen können ihm etwaige strukturell prüfungsfreie Räume in dem Sinne zugerechnet werden, dass eine Nichtigkeit von den Steuerpflichtigen unter Berufung auf Art. 3 Abs. 1 GG erfolgreich gerügt werden könnte.

2. Geltendmachung der subjektiven Rechtsgutverletzung

Möchte der Steuerpflichtige einen verfassungswidrigen Vollzug der Steuergesetze aufgrund des Einsatzes bzw. der fehlerhaften Anwendung von

577 Die vorliegende Arbeit beurteilt das In-camera-Verfahren als zusätzliche Beschränkung der potentiellen Rechtsschutzmöglichkeiten der Steuerpflichtigen. Daher erfolgt die Darstellung des In-camera-Verfahrens im Anschluss an die Erörterung der allgemeinen Rechtsschutzmöglichkeiten. Insoweit wird das Ergebnis der nachfolgenden Beurteilung an dieser Stelle vorweggenommen; für eine ausführliche Darstellung und Begründung s.u. Kap. G.V.3 In-camera-Verfahren als verfahrensrechtliche Besonderheit.

Risikomanagementsystemen geltend machen, stellt sich die Frage, mit welcher Klage er dieses Ziel am besten erreichen kann.

a) Anfechtung der eigenen Steuerfestsetzung (Anfechtungsklage)

Zunächst ist eine Anfechtung der eigenen Steuerfestsetzung wegen eines verfassungswidrigen Vollzugs der Steuergesetze aufgrund des Einsatzes von Risikomanagementsystemen denkbar. Mit der Anfechtungsklage wird die Aufhebung bzw. Änderung eines Verwaltungsaktes begehrt (§ 40 FGO). Soweit die Steuerfestsetzung rechtswidrig ist und der Kläger dadurch in seinen Rechten verletzt ist, hebt das Gericht den der Steuerfestsetzung zugrunde liegenden Verwaltungsakt auf (§ 100 Abs. 1 FGO).

Ein Steuerpflichtiger, der die Aufhebung oder Änderung seines Steuerbescheids wegen einer rechtswidrigen Steuerfestsetzung begehrt, die aufgrund fehlerhafter Einstellungen der Risikoparameter erfolgt ist, wird im Rahmen eines finanzgerichtlichen Prozesses keine generelle Überprüfung der Funktionsweise der Risikomanagementsysteme erreichen. Der Geheimhaltungsvorbehalt besteht auch gegenüber den Finanzgerichten. Daher ist den Finanzgerichten eine Überprüfung der konkreten Einzelheiten nicht möglich.[578] Zudem wird in einem finanzgerichtlichen Prozess stets eine Überprüfung der richtigen Anwendung des materiellen Rechts im Vordergrund stehen. Führt der finanzgerichtliche Prozess letztlich zu einer Aufhebung des Steuerbescheids, wird dies in der Regel nicht auf eine konkrete Einstellung der Risikoparameter, sondern auf eine fehlerhafte Anwendung des materiellen Rechts zurückzuführen sein.

Im Hinblick auf die Geltendmachung eines verfassungswidrigen Vollzugs ist eine Anfechtungsklage daher nicht zielführend. Der Steuerpflichtige würde nur punktuell Abhilfe schaffen, indem seine rechtswidrige Steuerfestsetzung beseitigt wird. Eine Veränderung der Vollzugspraxis durch Anpassung der Risikoparameter würde er auf diese Weise nicht bewirken. Insofern ist eine Anfechtungsklage nicht geeignet, dem Rechtsschutzbedürfnis, das auf Geltendmachung eines verfassungswidrigen Vollzugs der Steuergesetze gerichtet ist, hinreichend Rechnung zu tragen.

b) Anfechtung der Steuerfestsetzung Dritter (Konkurrentenklage)

Zur Geltendmachung eines verfassungswidrigen Vollzugs der Steuergesetze aufgrund des Einsatzes von Risikomanagementsystemen ist auch die Anfechtung der Steuerfestsetzung eines Dritten im Wege der Konkurrentenklage denkbar. Macht der Steuerpflichtige geltend, die Steuer sei rechtswidrig nicht oder zu niedrig

---

578 Kommt es in entscheidungserheblicher Weise auf die Offenlegung der Einzelheiten der Risikomanagementsysteme an und verweigert die Finanzbehörde die Offenlegung, kann der Steuerpflichtige auf Antrag ein In-camera-Verfahren vor dem BFH durchführen, § 86 Abs. 3 i.V.m. Abs. 2 S. 2 FGO. Zum In-camera-Verfahren s. Kap. G.V.3 In-camera-Verfahren als verfahrensrechtliche Besonderheit.

festgesetzt worden und der Steuerausfall führe dazu, dass andere Steuerpflichtige eine höhere Steuerbelastung zu tragen haben, kann ein solches Begehren prozessual mittels der Konkurrentenklage verfolgt werden.[579] Die Konkurrentenklage stellt keine eigene Klageart dar, sondern beschreibt eine prozessuale Situation, mit der die Neutralität des Wettbewerbs durchgesetzt werden soll.[580] Gestützt wird die Möglichkeit zur Erhebung einer Konkurrentenklage auf die Wettbewerbsgleichheit, die von Art. 3 Abs. 1 GG geschützt wird. Wettbewerbsgleichheit bedeutet dabei, dass alle am Wettbewerb Teilnehmenden sich wirtschaftlich gleich entfalten können.[581] Für das Steuerrecht bedeutet dies vor allem, dass kein Steuerpflichtiger gegenüber einem anderen steuerlich bevorzugt werden darf.[582]

Bei der Konkurrentenklage sind mehrere[583] mögliche Varianten zu unterscheiden. Mit der sog. positiven bzw. offensiven Konkurrentenklage macht der Kläger geltend, dass die dem Konkurrenten gewährte steuerliche Privilegierung auch ihm zu gewähren sei. Mit der negativen bzw. defensiven Konkurrentenklage begehrt der Kläger, eine Verschlechterung der Rechtsposition des Konkurrenten, indem er geltend macht, dass die dem Konkurrenten gewährte steuerliche Privilegierung rechtswidrig sei und daher beseitigt werden müsse.[584] Der negativen Konkurrentenklage kommt größere Bedeutung zu. Die Erhebung einer negativen steuerrechtlichen Konkurrentenklage hat sich im Laufe der Jahre durch die Rechtsprechung entwickelt[585] und ist mittlerweile grundsätzlich anerkannt.[586]

---

579 Vgl. BFH, Beschl. v. 21.03.2018 – XI B 113/17, BFH/NV 2018, 739, Rn. 13; BFH, Urt. v. 07.02.2018 – XI K 1/17, BFHE 260, 410, Rn. 33; BFH, Urt. v. 28.06.2017 – XI R 23/14, BFHE 258, 517, Rn. 51; BFH, Urt. v. 24.01.2013 – V R 34/11, BFHE 239, 552 = BStBl. II 2013, 460, Rn. 35.

580 *Sinewe/Frase*, BB 2011, 1567; *Steinhauff*, AO-StB 2011, 270; *Wernsmann*, Die Verwaltung 36 (2003), 67; vgl. BGH, Urt. v. 10.06.2010 – I ZR 96/08, BFH/NV 2010, 2397, Rn. 10; *Knobbe-Keuk*, BB 1982, 385 (387).

581 *Erhardt-Rauch*, DStZ 2004, 641 (641).

582 *Grimm*, Die negative Konkurrentenklage im Steuerrecht, 2011, S. 5.

583 Vgl. ausführlich dazu *Wernsmann*, Die Verwaltung 36 (2003), 67 (68 ff.).

584 *Grimm*, Die negative Konkurrentenklage im Steuerrecht, 2011, S. 13; *Englisch*, StuW 2008, 43 (43); *Lishaut*, Die Konkurrentenklage im Steuerrecht, 1993, S. 5.

585 Der BFH nahm erstmals in seinem Beschluss v. 18.09.1984 zur Konkurrentenklage im Steuerrecht Stellung, BFH, Beschl. v. 18.09.1984 – VII R 50/82, BStBl. II, 1985, 12; ausführlich ging er dann auf die Möglichkeit der steuerrechtlichen Konkurrentenklage wegen der Nichtbesteuerung eines als gemeinnützig anerkannten Wettbewerbers in seinem Urteil v. 15.10.1997 ein, BFH, Urt. v. 15.10.1997 – I R 10/92, BStBl. II, 1998, 63.

586 Vgl. BFH, Beschl. v. 21.03.2018 – XI B 113/17, BFH/NV 2018, 739, Rn. 13; BFH, Urt. v. 07.02.2018 – XI K 1/17, BFHE 260, 410, Rn. 33; BFH, Urt. v. 28.06.2017 – XI R 23/14, BFHE 258, 517, Rn. 51; BFH, Urt. v. 24.01.2013 – V R 34/11, BFHE 239, 552 = BStBl. II 2013, 460, Rn. 35; *Steinhauff*, AO-StB 2011, 270; *Grimm*, Die negative Konkurrentenklage im Steuerrecht, 2011, S. 14; *Sinewe/Frase*, BB 2011, 1567; *Englisch*, StuW 2008, 43; *Goutier/Holdorf-Habetha*, NWB 1998, 887 (888); kritisch zur Konkurrentenklage

Begehrt der Kläger die wettbewerbsneutrale Besteuerung seines Konkurrenten für einen bereits abgeschlossenen und beschiedenen Veranlagungszeitraum, ist nach nunmehr herrschender Meinung die Verpflichtungsklage einschlägig.[587] Begehrt der Kläger die wettbewerbsneutrale Besteuerung seines Konkurrenten für einen bereits abgeschlossenen, aber noch nicht veranlagten Zeitraum ist die statthafte Klageart umstritten. Während insbesondere die Rechtsprechung die Feststellungsklage für einschlägig hält,[588] ist nach der herrschenden Meinung in der Literatur auch in dieser Konstellation die Verpflichtungsklage einschlägig.[589] Einhellig wird eine Klage, mit welcher der Kläger die wettbewerbsneutrale Besteuerung seines Konkurrenten für zukünftige Besteuerungszeiträume begehrt, für unzulässig gehalten.[590] Da über die Besteuerung erst nach Verwirklichung des Steuertatbestands entschieden werden kann, kann die Finanzverwaltung nicht verpflichtet werden, Steuerpflichtige zukünftig in einer bestimmten Weise zu besteuern.[591]

Besondere Schwierigkeiten in Bezug auf die Konkurrentenklage ergeben sich bei der Geltendmachung der Klagebefugnis. Gem. § 40 Abs. 2 FGO ist eine Klage zulässig, wenn der Kläger geltend macht, in seinen eigenen Rechten verletzt zu

---

im Steuerrecht *Trzaskalik* in: Tipke (Hrsg.), Grenzen der Rechtsfortbildung durch Rechtsprechung und Verwaltungsvorschriften im Steuerrecht, 1982, 315 (335).

587 BFH, Beschl. v. 18.09.2007 – I R 30/06, BFHE 219, 184 = BStBl. II 2009, 126, Rn. 17; *Märtens* in: Gosch, KStG, 3. Aufl. 2015, § 4 Rn. 13; *Grimm*, Die negative Konkurrentenklage im Steuerrecht, 2011, S. 22; *Sinewe/Frase*, BB 2011, 1567 (1568); *Wernsmann*, Die Verwaltung 36 (2003), 67 (78 f.); *Braun*, DStZ 1986, 46 (48); a.A. BFH, Urt. v. 15.10.1997 – I R 10/92, BStBl. II, 1998, 63, Rn. 13; *Kohlhepp*, DStR 2011, 145 (148); *Knobbe-Keuk*, BB 1982, 385 (390); *Englisch*, StuW 2008, 43 (44 f.), Englisch hält die Anfechtungsklage in Form der Abänderungsklage für einschlägig, weil eine Verpflichtungsklage den Besonderheiten der auf Geldleistungsbescheide zugeschnittenen §§ 40 Abs. 1, 100 FGO nicht gerecht wird.

588 BFH, Urt. v. 15.10.1997 – I R 10/92, BStBl. II, 1998, 63, Rn. 16: gegen eine Verpflichtungsklage führt der BFH die mangelnde Konkretisierung des Klageantrags an. Denn in der Regel könne der Kläger nicht die exakte Höhe der Steuerfestsetzung seines Konkurrenten beziffern; *Erhardt-Rauch*, DStZ 2004, 641 (642);.

589 *Kohlhepp*, DStR 2011, 145 (148); *Grimm*, Die negative Konkurrentenklage im Steuerrecht, 2011, S. 23; *Sinewe/Frase*, BB 2011, 1567 (1569); *Knobbe-Keuk*, BB 1982, 385 (390); *Wernsmann*, Die Verwaltung 36 (2003), 67 (80 f.); das Argument der mangelnden Konkretisierung des Klageantrags entkräftet die h.M. in der Literatur damit, dass die Finanzverwaltung zum einen in der Regel keine Feststellungen bezüglich der Höhe des Steueranspruchs getroffen habe und zum anderen die Möglichkeit bestehe, anstelle eines Verpflichtungsantrags einen Bescheidungsantrag zu stellen.

590 BFH, Urt. v. 15.10.1997 – I R 10/92, BStBl. II, 1998, 63, Rn. 13.

591 BFH, Urt. v. 15.10.1997 – I R 10/92, BStBl. II, 1998, 63, Rn. 13; *Erhardt-Rauch*, DStZ 2004, 641 (642); für zukünftige Veranlagungszeiträume ist die Finanzverwaltung aufgrund des Legalitätsprinzips ohnehin verpflichtet, eine gesetzmäßige Besteuerung sicherzustellen, *Grimm*, Die negative Konkurrentenklage im Steuerrecht, 2011, S. 24.

sein. Grundsätzlich dient das Erfordernis der Klagebefugnis des Adressaten dazu, Popularklagen zu vermeiden.[592] Im Wege der Konkurrentenklage muss der Kläger daher geltend machen, dass in einer konkreten Wettbewerbssituation eine relevante steuerliche Ungleichbehandlung vorliegt und diese Ungleichbehandlung auf der Verletzung einer drittschützenden Norm beruht.[593] Dies stellt insofern eine Schwierigkeit dar, als drittschützende Normen im Steuerrecht selten vorkommen. Als drittschützend wird im Steuerrecht eine Norm angesehen, die zumindest auch den Schutz von Individualinteressen bezweckt (Schutznormtheorie).[594] Die gleichmäßige Besteuerung stellt ein Interesse der Allgemeinheit dar. Verletzt werden durch eine ungleichmäßige Besteuerung in erster Linie nur die Steuergläubiger. Verstößt jedoch eine zu niedrige Besteuerung oder eine rechtswidrige Nichtbesteuerung gegen eine Norm, die zumindest auch dem Interesse Einzelner an dem betreffenden Steuersachverhalt nicht beteiligter Dritter dient, steht dem Dritten insoweit eine Klagebefugnis zu.[595] Der Kläger muss dann substantiiert darlegen, dass die derzeitige Wettbewerbslage sich nachteilig auf ihn auswirkt und der wirtschaftliche Vorteil wettbewerbsrelevant ist.[596] Eine rechtswidrige Nichtbesteuerung eines Konkurrenten führt alleine noch nicht dazu, dass der Vorteil sich als wettbewerbsrelevant darstellt.[597]

---

592 BFH, Urt. v. 15.10.1997 – I R 10/92, BStBl. II, 1998, 63, Rn. 20; BFH, Beschl. v. 18.09.1984 – VII R 50/82, BStBl. II, 1985, 12, Rn. 14; BFH, Urt. v. 27.07.1983 – II R 21/83, BStBl. II, 1983, 645, Rn. 10; *Seer* in: Tipke/Kruse, AO/FGO, Losebl. (Stand: Oktober 2014), § 40 FGO Rn. 31; *Seibel* in: Lippross/Seibel, Basiskommentar Steuerrecht, Losebl. (Stand: Dezember 2016), § 40 FGO Rn. 27; *Grimm*, Die negative Konkurrentenklage im Steuerrecht, 2011, S. 31; *Erhardt-Rauch*, DStZ 2004, 641 (642); *Knobbe-Keuk*, BB 1982, 385 (386).

593 *Sinewe/Frase*, BB 2011, 1567 (1569).

594 BFH, Beschl. v. 18.09.2007 – I R 30/06, BStBl. II, 2009, 129, Rn. 15; BFH, Urt. v. 15.10.1997 – I R 10/92, BStBl. II, 1998, 63, Rn. 21; BFH, Beschl. v. 18.09.1984 – VII R 50/82, BStBl. II, 1985, 12, Rn. 15; BVerwG, Beschl. v. 25.02.1954 – I B 196.53, BVerwGE 1, 83, Rn. 12; *Seer* in: Tipke/Kruse, AO/FGO, Losebl. (Stand: Oktober 2014), § 40 FGO Rn. 43; *Sinewe/Frase*, BB 2011, 1567 (1569); *Grimm*, Die negative Konkurrentenklage im Steuerrecht, 2011, S. 33; *Erhardt-Rauch*, DStZ 2004, 641 (642); *Lishaut*, Die Konkurrentenklage im Steuerrecht, 1993, S. 10 f.

595 BFH, Beschl. v. 18.09.2007 – I R 30/06, BStBl. II, 2009, 129, Rn. 15; BFH, EuGH-Vorlage v. 08.07.2004 – VII R 24/03, BStBl. II 2004, 1034, Rn. 8; BFH, Urt. v. 15.10.1997 – I R 10/92, BStBl. II, 1998, 63, Rn. 21; *Seibel* in: Lippross/Seibel, Basiskommentar Steuerrecht, Losebl. (Stand: Dezember 2016), § 40 FGO Rn. 25; *Grimm*, Die negative Konkurrentenklage im Steuerrecht, 2011, S. 36; *Goutier/Holdorf-Habetha*, NWB 1998, 887 (888).

596 BFH, Urt. v. 15.10.1997 – I R 10/92, BStBl. II, 1998, 63, Rn. 33; *Sinewe/Frase*, BB 2011, 1567 (1569).

597 BFH, Urt. v. 15.10.1997 – I R 10/92, BStBl. II, 1998, 63, Rn. 22 f.

Das Erfordernis der substantiierten Darlegung der Wettbewerbssituation führt zu einem weiteren Problem im Hinblick auf die praktische Durchsetzbarkeit.[598] In der Regel hat der Steuerpflichtige keine Kenntnis darüber, ob bzw. wie der Konkurrent besteuert wird. Die Finanzverwaltung darf diesbezügliche Informationen aufgrund des Steuergeheimnisses nicht herausgeben. Dieses Wissen ist jedoch grundlegende Voraussetzung, um bezüglich der Klagebefugnis substantiiert vortragen zu können.[599] Um dem entgegenzuwirken hat der Bundesfinanzhof dem Steuerpflichtigen einen Auskunftsanspruch hinsichtlich der Besteuerung seines Konkurrenten zugebilligt. Diesen Auskunftsanspruch stützt er unmittelbar auf die Verfassung.[600] Das Steuergeheimnis steht nach Auffassung des Bundesfinanzhofs einem solchen Auskunftsanspruch nicht entgegen. Denn mithilfe der Informationen kann ein Verfahren in Steuersachen durchgeführt werden, § 30 Abs. 4 N r. 4 i.V.m. Abs. 2 Nr. 1 a) AO.[601] Voraussetzung ist allerdings, dass eine darauf gestützte Konkurrentenklage nicht offensichtlich unzulässig ist. Dafür muss der Steuerpflichtige substantiiert und glaubhaft darlegen, dass eine unzutreffende Besteuerung eines Konkurrenten nicht mit hinreichender Wahrscheinlichkeit ausgeschlossen ist und er selbst dadurch Wettbewerbsnachteile erleidet. Dies muss der Steuerpflichtige anhand von Tatsachen belegen.[602] Bei der Auskunftserteilung muss die Finanzverwaltung nicht untersuchen, ob dem Steuerpflichtigen die geltend gemachten Rechte tatsächlich zustehen, sondern lediglich prüfen, ob ein solcher Anspruch offensichtlich ausscheidet. Die abschließende Prüfung bleibt dem Gericht vorbehalten.[603]

Auch mittels der Konkurrentenklage kann das Rechtsschutzziel der Geltendmachung eines verfassungswidrigen Vollzugs der Steuergesetze nicht erreicht

---

598 Vgl. *Sinewe/Frase*, BB 2011, 1567 (1568); *Englisch*, StuW 2008, 43 (61).

599 *Sinewe/Frase*, BB 2011, 1567 (1568); *Steinhauff*, AO-StB 2011, 270 (270).

600 BFH, Urt. v. 26.01.2012 – VII R 4/11, BStBl. II II, 2012, 541, Rn. 15; BFH, Beschl. v. 14.04.2011 – VII B 201/10, BFH/NV 2011, 1296, Rn. 15; BFH, Urt. v. 05.10.2006 – VII R 24/03, BStBl. II, 2007, 243, Rn. 9; FG Münster, Urt. v. 07.12.2010 – 15 K 3614/07 U, EFG 2011, 1383, Rn. 13; *Kohlhepp*, DStR 2011, 145 (146); *Englisch*, StuW 2008, 43 (59).

601 BFH, Urt. v. 26.01.2012 – VII R 4/11, BStBl. II, 2012, 541, Rn. 13, 16; BFH, Urt. v. 05.10.2006 – VII R 24/03, BStBl. II, 2007, 243, Rn. 11; BFH, Urt. v. 15.10.1997 – I R 10/92, BStBl. II, 1998, 63, Rn. 34; FG Münster, Urt. v. 07.12.2010 – 15 K 3614/07 U, EFG 2011, 1383, Rn. 13; *Sinewe/Frase*, BB 2011, 1567 (1568); *Kohlhepp*, DStR 2011, 145 (146); *Englisch*, StuW 2008, 43 (60 f.); *Bauhaus*, AO-StB 2007, 37 (37 f.); *Braun*, DStZ 1986, 46 (48); *Knobbe-Keuk*, BB 1982, 385 (388 f.).

602 BFH, Beschl. v. 03.09.2015 – VII B 4/15, BFH/NV 2016, 62, Rn. 7; BFH, Urt. v. 26.01.2012 – VII R 4/11, BStBl. II, 2012, 541, Rn. 16; BFH, Urt. v. 05.10.2006 – VII R 24/03, BStBl. II, 2007, 243, Rn. 11; BFH, EuGH-Vorlage v. 08.07.2004 – VII R 24/03, BStBl. II 2004, 1034, Rn. 6; FG Münster, Urt. v. 07.12.2010 – 15 K 3614/07 U, EFG 2011, 1383, Rn. 13; *Kohlhepp*, DStR 2011, 145 (147); *Steinhauff*, AO-StB 2011, 270 (270); *Englisch*, StuW 2008, 43 (60 f.).

603 BFH, Urt. v. 05.10.2006 – VII R 24/03, BStBl. II, 2007, 243, Rn. 11.

werden. Die Konkurrentenklage bietet keine allgemeine Möglichkeit zur Kontrolle der Finanzverwaltung. Ebenso wenig kann die Finanzverwaltung mit der Konkurrentenklage gezwungen werden, die Steuern tatsächlich gleichmäßig zu erheben. Führt die Konkurrentenklage zur Aufhebung der rechtswidrigen Besteuerung eines Dritten, wird dies regelmäßig nicht auf einer fehlerhaften Anwendung der Risikomanagementsysteme, sondern vielmehr auf einer fehlerhaften Anwendung des materiellen Rechts beruhen.

c) Feststellung eines verfassungswidrigen Vollzugs (Feststellungsklage)

Mit der Feststellungsklage kann die Feststellung über das Bestehen oder Nichtbestehen eines Rechtsverhältnisses erreicht oder die Nichtigkeit eines Verwaltungsaktes festgestellt werden. Erforderlich ist, dass der Kläger ein berechtigtes Interesse an der baldigen Feststellung hat, § 41 Abs. 1 FGO.

Unter Rechtsverhältnis versteht man eine rechtliche Beziehung zwischen Personen oder zwischen einer Person und einer Sache, welche sich aus einem konkreten Sachverhalt und aufgrund einer diesen Sachverhalt betreffenden öffentlich-rechtlichen Norm ergibt.[604] Das Erfordernis des berechtigten Interesses entspricht nicht dem des rechtlichen Interesses. Ein berechtigtes Interesse kann ein durch die Sachlage vernünftigerweise gerechtfertigtes Interesse sein. Dieses kann rechtlicher, wirtschaftlicher oder ideeller Natur sein.[605] Als Rechtsverhältnis kommt die Feststellung eines verfassungswidrigen Vollzugs aufgrund fehlerhafter Anwendung der Risikomanagementsysteme in Betracht. An der Feststellung könnte der Steuerpflichtige zumindest ein ideelles Interesse haben.

Allerdings findet die Feststellungsklage nur subsidiär Anwendung. Gem. § 41 Abs. 2 S. 1 FGO kann die Feststellung nicht begehrt werden, soweit der Kläger seine Rechte durch Gestaltungs- oder Leistungsklage verfolgen kann oder hätte verfolgen können. Die Subsidiaritätsklausel greift nur dann, wenn der Kläger im Wege der Gestaltungs- oder Leistungsklage gleichwertigen Rechtsschutz erreichen kann.[606] Hinsichtlich der Geltendmachung eines verfassungswidrigen Vollzugs

---

604 BFH, Urt. v. 30.03.2011 – XI R 12/08, BStBl. II 2011, 819, Rn. 18; BFH, Urt. v. 29.07.2003 – VII R 39/02, BStBl. II 2003, 828, Rn. 31; *Seibel* in: Lippross/Seibel, Basiskommentar Steuerrecht, Losebl. (Stand: Dezember 2016), § 41 FGO Rn. 4; *Seer* in: Tipke/Kruse, AO/FGO, Losebl. (Stand: Oktober 2014), § 41 FGO Rn. 2.

605 BFH, Urt. v. 05.02.2013 – VII R 23/12, BFH/NV 2013, 949, Rn. 10; BFH, Urt. v. 19.03.2009 – IV R 26/08, BFH/NV 2009, 1405, Rn. 76; BFH, Urt. v. 22.07.2008 – VIII R 8/07, BFHE 222, 46 = BStBl. II 2008, 941, Rn. 15; BFH, Urt. v. 19.10.2001 – VI R 131/00, BFHE 197, 98 = BStBl. II 2002, 300, Rn. 18; BFH, Urt. v. 02.06.1992 – VII R 35/90, BFH/NV 1993, 46, Rn. 20; BFH, Urt. v. 10.02.1987 – VII R 77/84, BFHE 149, 387 = BStBl. II 1987, 545, Rn. 10; BFH, Urt. v. 27.05.1975 – VII R 80/74, BStBl. II 1975, 860 Rn. 13; *Seibel* in: Lippross/Seibel, Basiskommentar Steuerrecht, Losebl. (Stand: Dezember 2016), § 41 FGO Rn. 15; *Seer* in: Tipke/Kruse, AO/FGO, Losebl. (Stand: Oktober 2014), § 41 FGO Rn. 8.

606 *Seer* in: Tipke/Kruse, AO/FGO, Losebl. (Stand:Oktober 2014), § 41 FGO Rn. 15.

aufgrund fehlerhafter Anwendung der Risikomanagementsysteme im Wege der Feststellungsklage steht diese Subsidiaritätsklausel entgegen. Denn sein Ziel kann der Steuerpflichtige leichter durch Erhebung einer Gestaltungsklage verfolgen. Führt der verfassungswidrige Vollzug aufgrund einer fehlerhaften Anwendung der Risikomanagementsysteme zu einer rechtswidrigen Steuerfestsetzung des klagenden Steuerpflichtigen, kann der Steuerpflichtige die Aufhebung seiner eigenen rechtswidrigen Steuerfestsetzung im Wege der Anfechtungsklage geltend machen. Führt der verfassungswidrige Vollzug aufgrund einer fehlerhaften Anwendung der Risikomanagementsysteme zu einer rechtswidrigen Steuerfestsetzung eines Dritten und möchte der Steuerpflichtige gegen diese rechtswidrige Steuerfestsetzung des Dritten vorgehen, kommt dafür die Erhebung einer Konkurrentenklage in Form der Verpflichtungsklage in Betracht.[607] Eine Gestaltungsklage hätte in dieser Konstellation sogar eine weitergehende Wirkung. Während eine Feststellungsklage sich nur auf die Feststellung eines verfassungswidrigen Vollzugs beschränken würde, würden durch eine Gestaltungsklage dagegen auch unmittelbar die Auswirkungen des verfassungswidrigen Vollzugs auf die Steuerfestsetzung beseitigt werden.

d) Geltendmachung eines dem Gesetzgeber zurechenbaren Vollzugsdefizits

Zur Geltendmachung eines verfassungswidrigen Vollzugs der Steuergesetze aufgrund des Einsatzes von Risikomanagementsystemen könnte der Steuerpflichtige darlegen, dass andere Steuerpflichtige aufgrund eines vom Gesetzgeber zu vertretenden strukturellen Erhebungsdefizits rechtswidrig nicht oder zu niedrig besteuert würden und sich daraus auch die Rechtswidrigkeit der eigenen Steuerfestsetzung ergebe.

Macht ein Steuerpflichtiger ein strukturelles Vollzugsdefizit geltend, prüft das Gericht im Rahmen dessen den Steuervollzug im Hinblick darauf, ob eine strukturelle Verifikation sowie ein hinreichendes Entdeckungsrisiko besteht, sodass die tatsächliche Gleichheit im Belastungserfolg im Großen und Ganzen gewährleistet ist. Dazu muss der Steuerpflichtige substantiiert geltend machen, dass ein in den Verantwortungsbereich des Gesetzgebers fallendes strukturelles Vollzugsdefizit aufgrund des Einsatzes von Risikomanagementsystemen besteht.

Eine gerichtliche Überprüfung des Steuervollzugs unter Einsatz von Risikomanagementsystemen ist im Wege der Geltendmachung eines strukturellen Vollzugsdefizits gut denkbar, allerdings auch mit gewissen Unwägbarkeiten verbunden. Zur substantiierten Geltendmachung eines solchen Vollzugsdefizits müsste der Steuerpflichtige Kenntnis über die Einzelheiten der Risikomanagementsysteme erlangen. Nur so könnte er substantiiert darlegen, dass der Vollzug der Steuergesetze aufgrund des Einsatzes von Risikomanagementsystemen in verfassungswidriger

607 S. Kap. G.V.2.b) Anfechtung der Steuerfestsetzung Dritter (Konkurrentenklage).

Weise erfolgt. Da die Einzelheiten der Risikomanagementsysteme der Geheimhaltung unterliegen und dem Steuerpflichtigen diesbezüglich auch kein Auskunftsanspruch zusteht,[608] liegt darin bereits eine sehr hohe Hürde.[609]

Zudem existiert kein fixer Zeitpunkt, zu dem eine Zurechnung eines strukturellen Vollzugsdefizits angenommen wird. Vielmehr handelt es sich um eine Einzelfallentscheidung.[610] Dem Gesetzgeber steht es jedenfalls zu, die Entwicklungen neuer Regelungen hinsichtlich der Auswirkungen auf den Steuervollzug zu beobachten. Dabei darf er die in Fachkreisen geführte öffentliche Diskussion berücksichtigen sowie Ergebnisse von Gutachten anerkannter Institutionen oder verwaltungsinterner Untersuchungen abwarten und in seine Beurteilung einbeziehen.[611] Darüber hinaus sind auch alle faktischen und normativen Veränderungen zu berücksichtigen, die darauf gerichtet sind, zeitnah, also zumindest innerhalb der vierjährigen Festsetzungsfrist, einen ordnungsgemäßen Vollzug herzustellen.[612] Die Zurechnung eines strukturellen Vollzugsdefizits findet daher nur statt, wenn sich dem Gesetzgeber innerhalb einer ausreichenden Beobachtungsphase die Erkenntnis eines strukturellen Vollzugsdefizits aufdrängen muss und er im Anschluss an die Erkenntnis eines strukturellen Vollzugsdefizits eine angemessene Frist zur Beseitigung des defizitären Zustands untätig hat verstreichen lassen. Dies verdeutlicht den Ausnahmecharakter, welcher der Annahme eines strukturellen Vollzugsdefizits zukommt.[613]

---

608 S. Kap. G.IV.1 Einsichts- und Auskunftsrechte für Steuerpflichtige de lege lata.

609 So i.E. auch Thiemann, der es nicht für möglich hält, dass ein einzelner Steuerpflichtiger ein strukturelles Vollzugsdefizit „substantiell" begründen kann, *Thiemann*, StuW 2018, 304 (313).

610 Vgl. BVerfG, Nichtannahmebeschl. v. 10.03.2008 – 2 BvR 2077/05, DStRE 2008, 1320, Rn. 15; BVerfG, Beschl. v. 25.02.2008 – 2 BvL 14/05, BStBl. II 2008, 651, Rn. 30; BVerfG, Nichtannahmebeschl. v. 10.01.2008 – 2 BvR 294/06, BFH/NV 2008, 161, Rn. 19; BVerfG, stattgebender Kammerbeschl. v. 08.11.2006 – 2 BvR 620/03, BFH/NV 2007, Beilage 4, 256, Rn. 17; Nichtannahmebeschl. v. 19.04.2006 – 2 BvR 300/06, BVerfGK 8, 46, Rn. 3; BVerfG, Beschl. v. 18.04.2006 – 2 BvL 12/05, BVerfGK 8, 29, Rn. 15.

611 BVerfG, stattgebender Kammerbeschl. v. 08.11.2006 – 2 BvR 620/03, BFH/NV 2007, Beilage 4, 256, Rn. 17; Nichtannahmebeschl. v. 19.04.2006 – 2 BvR 300/06, BVerfGK 8, 46 = BFH/NV 2006, Beilage 3, 367, Rn. 3; BVerfG, Beschl. v. 18.04.2006 – 2 BvL 12/05, BVerfGK 8, 29, Rn. 15.

612 BVerfG, Nichtannahmebeschl. v. 10.03.2008 – 2 BvR 2077/05, DStRE 2008, 1320, Rn. 16; BVerfG, Beschl. v. 25.02.2008 – 2 BvL 14/05, BStBl. II 2008, 651, Rn. 31; BVerfG, Nichtannahmebeschl. v. 10.01.2008 – 2 BvR 294/06, BFH/NV 2008, 161, Rn. 20; BVerfG, Urt. v. 09.03.2004 – 2 BvL 17/02, BVerfGE 110, 94, Rn. 133.

613 Den Ausnahmecharakter betont das BVerfG insbesondere in seinem Beschl. v. 25.02.2008, BVErfG, Beschl. v. 25.02.2008 – 2 BvL 14/05, BStBl. II 2008, 651, Rn. 34: darin bezeichnet das Gericht ein die Verfassungswidrigkeit der materiellen Steuernorm begründendes strukturelles Vollzugsdefizit „als ganz außergewöhnliche

Dieser Ausnahmecharakter wird durch die gravierende Folge, die ein Vollzugsdefizit aufgrund des Einsatzes von Risikomanagementsystemen nach sich zieht, nochmals verstärkt. Hier stehen sich keine konkrete materiell-rechtliche Norm und eine verfahrensrechtliche Norm gegenüber, sondern der Tatbestand der Einkommensteuer und die Steuererhebungsregeln der Abgabenordnung insgesamt.[614] Ein dem Gesetzgeber zurechenbares strukturelles Vollzugsdefizit aufgrund des Einsatzes von Risikomanagementsystemen hätte damit die Unanwendbarkeit des gesamten Tatbestands der Einkommensteuer zur Folge.[615]

3. In-camera-Verfahren als verfahrensrechtliche Besonderheit

Um eine gerichtliche Kontrolle der Einzelheiten der Risikomanagementsysteme zu ermöglichen, ist als verfahrensrechtliche Besonderheit ein dem materiellen Geheimschutz unterliegendes In-camera-Verfahren vor dem Bundesfinanzhof gem. § 86 Abs. 3 i.V.m. Abs. 2 S. 2 FGO vorgesehen, in dem über die Rechtmäßigkeit einer verweigerten Informationsherausgabe entschieden wird.[616]

Gem. § 86 Abs. 2 S. 1 FGO kann die zuständige oberste Aufsichtsbehörde die Vorlage von Urkunden oder Akten, die Übermittlung elektronischer Dokumente und die Erteilung von Auskünften verweigern, wenn das Bekanntwerden von Urkunden, elektronischen Dokumenten oder Akten von Auskünften dem Wohle des Bundes oder eines deutschen Landes Nachteile bereiten würde oder wenn die Vorgänge aus anderen Gründen als nach Abs. 1 nach einem Gesetz oder ihrem Wesen nach geheim gehalten werden. Gem. § 86 Abs. 2 S. 2 FGO findet S. 1 in den Fällen des § 88 Abs. 3 S. 3 AO und des § 88 Abs. 5 S. 4 AO sowie des § 156 Abs. 2 S. 3 AO entsprechende Anwendung. Bezüglich gruppenbezogener Weisungen (§ 88 Abs. 3 S. 3 AO), der Einzelheiten der Risikomanagementsysteme (§ 88 Abs. 5 S. 4 AO) sowie bundeseinheitlicher Weisungen (§ 156 Abs. 2 S. 3 AO) kann die Vorlage von Urkunden oder Akten, die Übermittlung elektronischer Dokumente und die Erteilung von Auskünften durch die zuständige oberste Aufsichtsbehörde verweigert werden.

Auf Antrag eines Beteiligten stellt der Bundesfinanzhof gem. § 86 Abs. 3 S. 1 FGO ohne mündliche Verhandlung durch Beschluss fest, ob die Verweigerung der

---

Rechtsfolge mangelnder Effektivität des Rechts"; *Hey* in: Tipke/Lang/Seer (Hrsg.), Steuerrecht, 2018, § 3 Rn. 114.

614 *Heintzen*, DÖV 2015, 780 (785); *Maier*, JZ 2017, 614 (616); *Müller-Franken*, StuW 2018, 113 (117).

615 Vgl. *Müller-Franken*, StuW 2018, 113 (117), nach Müller-Franken kann sich ein strukturelles Vollzugsdefizit „auch im Hinblick auf eine Steuerart insgesamt ergeben kann".

616 BFH, Beschl. v. 16.01.2013 – III S 38/11, BFH/NV 2013, 701, Rn. 10; *Herbert* in: Gräber, FGO, 8. Aufl. 2015, § 86 Rn. 23; *Bartone* in: Kühn/von Wedelstädt, AO/FGO, 22. Aufl. 2018, § 86 FGO Rn. 5; BT-Drs. 18/7457, S. 115.

Vorlage der Urkunden oder Akten, der Übermittlung elektronischer Dokumente oder die Verweigerung der Erteilung von Auskünften rechtmäßig ist.

a) Anwendungsbereich des In-camera-Verfahrens

Der Anwendungsbereich des In-camera-Verfahrens ist nur dann eröffnet, wenn es in einem Verfahren vor dem Finanzgericht in entscheidungserheblicher Weise auf Einzelheiten der Risikomanagementsysteme ankommt und die Finanzverwaltung entsprechende Informationen nicht herausgibt. Dann hat der Betroffene die Möglichkeit, durch den Bundesfinanzhof überprüfen zu lassen, ob die Geheimhaltung der Informationen gerechtfertigt ist. Hinsichtlich der Anwendung des In-camera-Verfahrens auf die Risikomanagementsysteme drängt sich daher die Frage auf, ob es in einem Rechtsstreit überhaupt entscheidungserheblich auf die Ausgestaltung dieser Systeme ankommen kann und der Anwendungsbereich des In-camera-Verfahrens infolgedessen eröffnet wird.

In den Fällen, in denen eine vollautomatische Veranlagung stattgefunden hat, wird es nicht in entscheidungserheblicher Weise auf die konkrete Ausgestaltung der Risikomanagementsysteme ankommen. Wird der Steuerpflichtige automatisch veranlagt, wird er seiner Erklärung gemäß veranlagt. In einem solchen Fall wird er in der Regel kein Rechtsbehelfsverfahren gegen den Bescheid anstrengen.[617] Risikoarme Fälle, in denen der Steuerpflichtige vollautomatisch veranlagt wird, werden die Finanzgerichte daher kaum erreichen.[618]

In den Fällen, in denen eine abweichende Festsetzung durch die Finanzverwaltung vorgenommen wurde, wird es ebenfalls nicht in entscheidungserheblicher Weise auf die konkrete Ausgestaltung der Risikomanagementsysteme ankommen. Klagt ein Steuerpflichtiger nach erfolglosem Einspruchsverfahren vor dem Finanzgericht, weil seine Angaben nicht übernommen worden sind, geht es in der Regel – unabhängig davon, ob der Steuerfall maschinell oder personell bearbeitet worden ist – nicht um die Ausgestaltung der Risikomanagementsysteme, sondern darum, ob eine etwaige abweichende Beurteilung durch die Finanzverwaltung gerechtfertigt ist.

Auf die Ausgestaltung der Risikomanagementsysteme könnte es dann ankommen, wenn rechtlich falsche Angaben in das Risikomanagement eingespeist würden und sich dieser Fehler im Bescheid des Steuerpflichtigen manifestiert. Sollte ein Fehler zugunsten des Steuerpflichtigen falsch eingespeist werden, könnte es zu einer gerichtlichen Überprüfung kommen, wenn das Finanzamt den ursprünglichen Bescheid aufgrund dessen korrigiert und der Steuerpflichtige dagegen vorgeht. Jedoch würde auch in einem solchen Fall nicht das Risikomanagement selbst

---

617 *Thiemann*, Stuw 2018, 304 (310); *Trossen*, FR 2015, 1021 (1023).

618 Zur Veränderung der Fallstruktur vor den FG, *Thiemann*, StuW 2018, 304 (311); *Trossen*, FR 2015, 1021 (1022); *Drüen* in: DFGT 2011/2012, 253 (272 f.); zur rückläufigen Geschäftslast der FG, Statistisches Bundesamt, Fachserie 10, Reihe 2.5, 2016, S. 12 f.

bzw. einzelne Risikoparameter streitgegenständlich werden, sondern wiederum die materielle Rechtmäßigkeit des Bescheids. Selbst wenn rechtlich falsche Angaben in das Risikomanagement eingepflegt werden oder die Risikoparameter zu grobmaschig eingestellt werden und dies im Nachhinein korrigiert werden würde, würde es in einem Prozess letztendlich ebenfalls nur darum gehen, ob die Tatbestandsvoraussetzungen des Steuertatbestands erfüllt sind oder nicht.

Nach alledem wird es auf die konkrete Ausgestaltung der Risikomanagementsysteme in entscheidungserheblicher Weise in einem Rechtsstreit kaum ankommen. Bezüglich der risikoarmen Steuerfälle, die vollautomatisch veranlagt werden, wird es daher mangels Prozess vor dem Finanzgericht nicht zu einem In-camera-Verfahren kommen können. Ansonsten wird in einem finanzgerichtlichen Prozess stets eine Überprüfung der richtigen Anwendung des materiellen Rechts im Vordergrund stehen. Ist die Ausgestaltung der Risikomanagementsysteme für das Verfahren nicht relevant, kann es auch nicht zu einer Offenlegung der Risikokriterien bzw. zu einer Überprüfung der Rechtmäßigkeit der Geheimhaltung dieser Kriterien kommen. Zwar könnte der Steuerpflichtige die Offenlegung der Risikokriterien fordern. Um eine Offenlegung zu erreichen, müsste das Finanzgericht jedoch von der Entscheidungserheblichkeit für die Urteilsfindung überzeugt sein. Daran fehlt es, wenn der finanzgerichtliche Prozess letztlich auf die richtige Anwendung des materiellen Rechts hinausläuft. Damit ist kaum eine Konstellation denkbar, in welcher der Anwendungsbereich des In-camera-Verfahrens eröffnet ist. Die Möglichkeit zur Durchführung eines In-camera-Verfahrens schafft daher lediglich eine faktische Möglichkeit einer unabhängigen Überprüfung durch den Bundesfinanzhof. In der Realität wird das In-camera-Verfahren jedoch hinsichtlich der Kontrolle der Einzelheiten der Risikomanagementsysteme kaum eine Rolle spielen.

b) Allgemeine Funktionsweise des In-camera-Verfahrens in Bezug auf Einzelheiten der Risikomanagementsysteme

Die Überprüfung, ob die Geheimhaltung berechtigt ist, wird nur auf Antrag eines Beteiligten eingeleitet. Der Beteiligte, der eine Überprüfung erreichen möchte, hat den Antrag beim Gericht der Hauptsache, also beim Finanzgericht zu stellen. Das Finanzgericht leitet den Antrag sodann an den Bundesfinanzhof weiter. Das Finanzgericht hat keine Möglichkeit, die Berechtigung der Geheimhaltung selbst zu überprüfen. Eine Einleitung des Verfahrens vor dem Bundesfinanzhof von Amts wegen ist ebenfalls nicht vorgesehen.[619] Der Antrag unterliegt keiner

---

619 BFH, Beschl. v. 07.12.2006 – V B 163/05, BStBl. II 2007, 275, Rn. 8; *Seer* in: Tipke/Kruse, AO/FGO, Losebl. (Stand: Juli 2017), § 86 FGO Rn. 17; *Fu* in: Schwarz/Pahlke, AO/FGO, Losebl. (Stand: September 2017), § 86 FGO Rn. 33; *Stiepel* in: Gosch, AO/FGO, Losebl. (Stand: März 2017), § 86 FGO Rn. 47; *Bartone* in: Kühn/von Wedelstädt, AO/FGO, 22. Aufl. 2018, § 86 FGO Rn. 5; *Herbert* in: Gräber, FGO, 8. Aufl. 2015, § 86 Rn. 16; *Schallmoser* in: HHSp, AO/FGO, Losebl. (Stand: März 2013), § 86 FGO Rn. 51.

Frist. Allerdings kann er nur bis zum Schluss der (letzten) mündlichen Verhandlung vor dem Finanzgericht gestellt werden.[620] Bei der Antragstellung muss sich der Antragsgegner anwaltlich vertreten lassen[621] und ein Rechtsschutzbedürfnis nachweisen. Dieses ist gegeben, wenn er sich durch die Preisgabe der Informationen Rechtsvorteile verspricht.[622] Ist das Finanzgericht zum Zeitpunkt der Antragstellung davon überzeugt, dass eine Vorlage der Unterlagen beispielsweise wegen mangelnder Entscheidungserheblichkeit nicht (mehr) notwendig ist, kann das Finanzgericht dem Antrag dadurch die Grundlage entziehen.[623] Verletzt das Gericht durch die fehlende Beiziehung von Informationen allerdings seine Sachaufklärungspflicht, ist darin ein Verfahrensmangel zu sehen, der mit der Revision gerügt werden kann.[624]

Solange der Bundesfinanzhof mit der Sache befasst ist, ist das Finanzgericht daran gehindert, das Hauptsacheverfahren fortzusetzen.[625] Bei dem Verfahren vor dem Bundesfinanzhof handelt es sich um ein Zwischenverfahren.[626] In diesem

---

620 BFH, Beschl. v. 07.02.2013 – IV S 23/12, BFH/NV 2013, 761, Rn. 8; *Seer* in: Tipke/Kruse, AO/FGO, Losebl. (Stand: Juli 2017), § 86 FGO Rn. 17; *Fu* in: Schwarz/Pahlke, AO/FGO, Losebl. (Stand: September 2017), § 86 FGO Rn. 33; *Stiepel* in: Gosch, AO/FGO, Losebl. (Stand: März 2017), § 86 FGO Rn. 48, 74; *Bartone* in: Kühn/von Wedelstädt, AO/FGO, 22. Aufl. 2018, § 86 FGO Rn. 5; *Herbert* in: Gräber, FGO, 8. Aufl. 2015, § 86 Rn. 17; *Schallmoser* in: HHSp, AO/FGO, Losebl. (Stand: März 2013), § 86 FGO Rn. 53.

621 BFH, Beschl. v. 07.02.2013 – IV S 23/12, BFH/NV 2013, 761, Rn. 9; BFH, Beschl. v. 06.04.2011 – IX S 15/10, BFH/NV 2011, 1177, Rn. 6; *Fu* in: Schwarz/Pahlke, AO/FGO, Losebl. (Stand: September 2017), § 86 FGO Rn. 33; *Herbert* in: Gräber, FGO, 8. Aufl. 2015, § 86 Rn. 17.

622 *Herbert* in: Gräber, FGO, 8. Aufl. 2015, § 86 Rn. 17.

623 BFH, Beschl. v. 18.09.2007 – III S 31/07, BFH/NV 2008, 83, Rn. 11; *Seer* in: Tipke/Kruse, AO/FGO, Losebl. (Stand: Juli 2017), § 86 FGO Rn. 19; *Fu* in: Schwarz/Pahlke, AO/FGO, Losebl. (Stand: September 2017), § 86 FGO Rn. 34; *Stiepel* in: Gosch, AO/FGO, Losebl. (Stand: März 2017), § 86 FGO Rn. 50; *Schallmoser* in: HHSp, AO/FGO, Losebl. (Stand: März 2013), § 86 FGO Rn. 54; *Nöcker*, AO-StB 2009, 214 (215).

624 BFH, Beschl. v. 12.11.2003 – VII B 347/02, BFH/NV 2004, 511, Rn. 7; BFH, Beschl. v. 18.09.2007 – III S 31/07, BFH/NV 2008, 83, Rn. 11; *Nöcker*, AO-StB 2009, 214 (214).

625 Verfahrensstillstand kraft Gesetzes: *Stiepel* in: Gosch, AO/FGO, Losebl. (Stand: März 2017), § 86 FGO Rn. 52; *Schallmoser* in: HHSp, AO/FGO, Losebl. (Stand: März 2013), § 86 FGO Rn. 54; *Nöcker*, AO-StB 2009, 214 (215); a.A. *Fu* in: Schwarz/Pahlke, AO/FGO, Losebl. (Stand: September 2017), § 86 FGO Rn. 35, der einen gesonderten Beschluss über die Aussetzung oder das Ruhen des Verfahrens für erforderlich hält.

626 Umstritten ist, ob es sich um ein selbstständiges oder unselbstständiges Zwischenverfahren handelt. Der Streit wirkt sich letztendlich lediglich darauf aus, ob der Beschluss des BFH eine Kostenentscheidung enthalten muss oder nicht, *Herbert* in: Gräber, FGO, 8. Aufl. 2015, § 86 Rn. 20; für ein selbständiges Zwischenverfahren: BFH, Beschl. v. 07.02.2013 – IV S 23/12, BFH/NV 2013, 761, Rn. 8; BFH, Beschl. v. 15.10.2009 – X S 9/09, BFH/NV 2010, 54, Rn. 5; BFH, Beschl. v. 17.09.2007 – I B 93/07, BFH/NV 2008, 387, Rn. 6; *Rosenke* in: Henningfeld/Rosenke, FGO, Online-Ausgabe

entscheidet der Bundesfinanzhof nur über die Rechtmäßigkeit der Geheimhaltung. Dabei beurteilt er nicht, ob der Inhalt der Akten für den Prozess vor dem Finanzgericht tatsächlich entscheidungserheblich ist. Insoweit ist der Bundesfinanzhof an die Auffassung des Finanzgerichts gebunden.[627] Etwas anderes gilt nur, wenn die Entscheidung des Finanzgericht offensichtlich fehlerhaft ist.[628]

Das Zwischenverfahren vor dem Bundesfinanzhof unterliegt den Vorschriften des materiellen Geheimschutzes.[629] Die geheimhaltungsbedürftigen Informationen müssen vor der Kenntnisnahme durch Unbefugte geschützt werden.[630] Um eine Geheimhaltung der Informationen bis zur endgültigen Entscheidung des Bundesfinanzhofs zu gewährleisten, findet das Verfahren „in camera“ statt. Das bedeutet insbesondere, dass die Mitglieder des Gerichts zur Geheimhaltung verpflichtet sind. Für die Beteiligten besteht kein Akteneinsichtsrecht. Es findet auch keine mündliche Verhandlung statt.[631] Der Bundesfinanzhof entscheidet nach umfassender Prüfung der Voraussetzungen über die Rechtmäßigkeit der Geheimhaltung durch Beschluss.[632] Beim Abfassen des Beschlusses ist die Pflicht zur Geheimhaltung ebenfalls einzuhalten. Die Entscheidungsgründe dürfen daher Art und Inhalt

---

(Stand: Juni 2017), § 86 Rn. 24; *Stiepel* in: Gosch, AO/FGO, Losebl. (Stand: März 2017), § 86 FGO Rn. 80; *Trossen*, FR 2015, 1021 (1024); *Schallmoser* in: HHSp, AO/FGO, Losebl. (Stand: März 2013), § 86 FGO Rn. 66; für ein unselbständiges Zwischenverfahren: BFH, Beschl. v. 25.02.2014 – V B 60/12, BStBl. II, 2014, 478, Rn. 9; BFH, Beschl. v. 16.01.2013 – III S 38/11, BFH/NV 2013, 701, Rn. 27; BFH, Beschl. v. 14.11.2006 – IX B 156/06, BFH/NV 2007, 473, Rn. 10; *Seer* in: Tipke/Kruse, AO/FGO, Losebl. (Stand: Juli 2017), § 86 FGO Rn. 19; *Fu* in: Schwarz/Pahlke, AO/FGO, Losebl. (Stand: September 2017), § 86 FGO Rn. 42.

627 BFH, Beschl. v. 16.01.2013 – III S 38/11, BFH/NV 2013, 701, Rn. 18; *Fu* in: Schwarz/Pahlke, AO/FGO, Losebl. (Stand: September 2017), § 86 FGO Rn. 37; *Herbert* in: Gräber, FGO, 8. Aufl. 2015, § 86 Rn. 17; *Schallmoser* in: HHSp, AO/FGO, Losebl. (Stand: März 2013), § 86 FGO Rn. 56 f.

628 BFH, Beschl. v. 16.01.2013 – III S 38/11, BFH/NV 2013, 701, Rn. 18; *Fu* in: Schwarz/Pahlke, AO/FGO, Losebl. (Stand: September 2017), § 86 FGO Rn. 37; *Herbert* in: Gräber, FGO, 8. Aufl. 2015, § 86 Rn. 17.

629 S. § 86 Abs. 3 S. 5 FGO; BT-Drs. 18/7457, S. 115; *Fu* in: Schwarz/Pahlke, AO/FGO, Losebl. (Stand: September 2017), § 86 FGO Rn. 38; *Herbert* in: Gräber, FGO, 8. Aufl. 2015, § 86 Rn. 19; *Schallmoser* in: HHSp, AO/FGO, Losebl. (Stand: März 2013), § 86 FGO Rn. 59.

630 *Fu* in: Schwarz/Pahlke, AO/FGO, Losebl. (Stand: September 2017), § 86 FGO Rn. 38.

631 *Seer* in: Tipke/Kruse, AO/FGO, Losebl. (Stand: Juli 2017), § 86 FGO Rn. 23 ff.; *Stiepel* in: Gosch, AO/FGO, Losebl. (Stand: März 2017), § 86 FGO Rn. 77; *Herbert* in: Gräber, FGO, 8. Aufl. 2015, § 86 Rn. 16, 19; *Schallmoser* in: HHSp, AO/FGO, Losebl. (Stand: März 2013), § 86 FGO Rn. 60, 64.

632 *Fu* in: Schwarz/Pahlke, AO/FGO, Losebl. (Stand: September 2017), § 86 FGO Rn. 37; *Seer* in: Tipke/Kruse, AO/FGO, Losebl. (Stand: Juli 2017), § 86 FGO Rn. 37; *Rosenke* in: Henningfeld/Rosenke, FGO, Online-Ausgabe (Stand: Juni 2017), § 86 Rn. 24; *Nöcker*, AO-StB 2009, 214 (215).

der geheim gehaltenen Dokumente nicht erkennen lassen.[633] Der Beschluss des Bundesfinanzhofs ist unanfechtbar und das Gericht der Hauptsache ist an die Entscheidung des Bundesfinanzhofs gebunden.[634] Befindet der Bundesfinanzhof, dass die Geheimhaltung der Informationen berechtigt ist, darf das Finanzgericht daraus keine nachteiligen Schlüsse für die Beteiligten ziehen.[635] Die Richter des Finanzgerichts dürfen ihr Urteil gem. § 96 Abs. 2 FGO nur auf Tatsachen und Beweisergebnisse stützen, zu denen die Beteiligten sich äußern konnten. Kommt der Bundesfinanzhof zu dem Ergebnis, dass die Geheimhaltung der Informationen unberechtigt war, kann die Behörde aufgrund dessen nicht zur Herausgabe der streitgegenständlichen Informationen verpflichtet werden. Es fehlt insoweit an einer Regelung. Wird die Herausgabe der Informationen dauerhaft verweigert, hat das Finanzgericht jedoch die Möglichkeit, dieses Verhalten im Rahmen der richterlichen Überzeugungsbildung zu würdigen.[636]

c) Rechtfertigung des In-camera-Verfahrens

Sinn und Zweck des In-camera-Verfahrens ist es, die Geheimhaltungsinteressen des Staates mit einem effektiven Rechtsschutz der Bürger in Einklang zu bringen.[637] Das staatliche Interesse an der Geheimhaltung bestimmter Vorgänge ist grundsätzlich ein legitimes Anliegen des Gemeinwohls.[638] Würde die Geheimhaltung von Gerichten nicht beachtet werden, würde der Geheimnisschutz leerlaufen.[639] Dem Geheimnisschutz steht jedoch die Gewährleistung effektiven Rechtsschutzes gem. Art. 19 Abs. 4, 103 Abs. 1 GG entgegen. Art. 19 Abs. 4 GG gewährleistet, dass jedem Bürger der Rechtsweg zu den Gerichten offensteht. Dies umfasst grundsätzlich

---

633 *Seer* in: Tipke/Kruse, AO/FGO, Losebl. (Stand: Juli 2017), § 86 FGO Rn. 27; *Stiepel* in: Gosch, AO/FGO, Losebl. (Stand: März 2017), § 86 FGO Rn. 77; *Herbert* in: Gräber, FGO, 8. Aufl. 2015, § 86 Rn. 19.; BT-Drs. 18/7457, S. 115; *Schallmoser* in: HHSp, AO/FGO, Losebl. (Stand: März 2013), § 86 FGO Rn. 65.

634 Vgl. *Fu* in: Schwarz/Pahlke, AO/FGO, Losebl. (Stand: September 2017), § 86 FGO Rn. 43; *Herbert* in: Gräber, FGO, 8. Aufl. 2015, § 86 Rn. 21 ff.; *Schallmoser* in: HHSp, AO/FGO, Losebl. (Stand: März 2013), § 86 FGO Rn. 67.

635 *Seer* in: Tipke/Kruse, AO/FGO, Losebl. (Stand: Juli 2017), § 86 FGO Rn. 28; *Fu* in: Schwarz/Pahlke, AO/FGO, Losebl. (Stand: September 2017), § 86 FGO Rn. 40; *Herbert* in: Gräber, *FGO*, 8. Aufl. 2015, § 86 Rn. 23; *Schallmoser* in: HHSp, AO/FGO, Losebl. (Stand: März 2013), § 86 FGO Rn. 62.

636 *Seer* in: Tipke/Kruse, AO/FGO, Losebl. (Stand: Juli 2017), § 86 FGO Rn. 26 ff.; *Herbert* in: Gräber, FGO, 8. Aufl. 2015, § 86 Rn. 23.; *Schallmoser* in: HHSp, AO/FGO, Losebl. (Stand: März 2013), § 86 FGO Rn. 62 f.

637 *Seer* in: Tipke/Kruse, AO/FGO, Losebl. (Stand: Juli 2017), § 86 FGO Rn. 16; *Fu* in: Schwarz/Pahlke, AO/FGO, Losebl. (Stand: September 2017), § 86 FGO Rn. 32; *Schallmoser* in: HHSp, AO/FGO, Losebl. (Stand: März 2013), § 86 FGO Rn. 50; *Trossen*, FR 2015, 1021 (1024); *Nöcker*, AO-StB 2009, 214 (215).

638 BVerfG, Beschl. v. 27.10.1999 – 1 BvR 385/90, BVerfGE 101, 106, Rn. 87.

639 *Mayen*, NVwZ 2003, 537 (541).

sowohl in tatsächlicher als auch in rechtlicher Hinsicht eine vollständige richterliche Überprüfung.[640]

Das Bundesverfassungsgericht hat in seinem Urteil vom 27.10.1999 die Idee des (verwaltungsgerichtlichen) In-camera-Verfahrens als grundsätzlich mit dem Grundgesetz vereinbar angesehen.[641] Um effektiven Rechtsschutz im Sinne des Art. 19 Abs. 4 GG zu gewährleisten, muss das Gericht das Rechtsschutzbegehren in tatsächlicher und rechtlicher Hinsicht prüfen. Dazu muss es die tatsächlichen Grundlagen selbst ermitteln und darauf aufbauend eine rechtliche Auffassung gründen.[642] Ist es für die Beurteilung erforderlich, dass Verwaltungsvorgänge offengelegt werden, ist dies ebenfalls von Art. 19 Abs. 4 GG umfasst.[643] Allerdings kann die Rechtsschutzgarantie des Art. 19 Abs. 4 GG eingeschränkt werden, soweit ihr gewichtige Belange entgegenstehen.[644] Dabei darf der Rechtsschutz nicht in unzumutbarer Weise erschwert werden. Werden die geheimhaltungsbedürftigen Informationen einem Gericht unter Verpflichtung zur Geheimhaltung zur Prüfung vorgelegt, wird den Geheimhaltungsinteressen durch die Beschränkung auf dieses Gericht hinreichend Genüge getan. Damit geht zwar eine Einschränkung des rechtlichen Gehörs des Antragstellers (Art. 103 Abs. 1 GG) einher. Diese ist jedoch gerechtfertigt, wenn dadurch letztlich effektiver Rechtsschutz erreicht wird.[645] Durch die Möglichkeit der Durchführung eines In-camera-Verfahrens wird der Rechtsschutz letztendlich verbessert. Denn nur durch die Beschränkung des rechtlichen Gehörs ist es möglich, unter Wahrung der Geheimhaltung eine gerichtliche Überprüfung zu erreichen. Die Durchführung eines In-camera-Verfahrens stellt damit ein milderes Mittel gegenüber einem vollständigen Verzicht auf eine richterliche Überprüfung der geheimhaltungsbedürftigen Angelegenheiten dar und wahrt dabei das berechtigte Geheimhaltungsinteresse.[646]

Auch wenn das In-camera-Verfahren grundsätzlich mit den verfassungsrechtlichen Vorgaben vereinbar ist, stellt sich die Frage, ob ein In-camera-Verfahren in Bezug auf die Ausgestaltung der Risikomanagementsysteme angezeigt ist. Bisher beschränkte sich diese eingeschränkte Rechtskontrolle auf erhebliche Interessen des Staates und deshalb nur auf seltene Einzelfälle. Durch die Ermöglichung eines

---

640 BVerfG, Beschl. v. 11.06.1980 – 1 PBvU 1/79, BVerfGE 54, 277, Rn. 47; BVerfG, Beschl. v. 29.11.1989 – 1 BvR 1011/88, BVerfGE 81, 123, Rn. 19; *Schüly*, Das "in Camera" – Verfahren der VwGO, 2006, S. 21 f.

641 BVerfG, Beschl. v. 27.10.1999 – 1 BvR 385/90, BVerfGE 101, 106, Rn. 65 ff.

642 BVerfG, Beschl. v. 27.10.1999 – 1 BvR 385/90, BVerfGE 101, 106, Rn. 67; vgl. BVerfG, Beschl. v. 17.04.1991 – 1 BvR 419/81, BVerfGE 84, 34, Rn. 46; BVerfG, Beschl. v. 08.07.1982 – 2 BvR 1187/80, BVerfGE 61, 82, Rn. 76.

643 BVerfG, Beschl. v. 27.10.1999 – 1 BvR 385/90, BVerfGE 101, 106, Rn. 68.

644 BVerfG, Beschl. v. 27.10.1999 – 1 BvR 385/90, BVerfGE 101, 106, Rn. 91; BVerfG, Beschl. v. 29.11.1989 – 1 BvR 1011/88, BVerfGE 81, 123, Rn. 20.

645 BVerfG, Beschl. v. 27.10.1999 – 1 BvR 385/90, BVerfGE 101, 106, Rn. 94.

646 *Schüly*, Das "in Camera" – Verfahren der VwGO, 2006, S. 164; *Mayen*, NVwZ 2003, 537(541).

In-camera-Verfahrens hinsichtlich des Risikomanagementsystems im Steuervollzug erfährt der Anwendungsbereich eine deutliche Erweiterung.[647]

Das In-camera-Verfahren stellt auch in Bezug auf die Einzelheiten der Risikomanagementsysteme einen Kompromiss zwischen einem effektiven Rechtsschutz und dem Umgang mit sensiblen Daten dar.[648] Wird an der strikten Geheimhaltung bezüglich der Einzelheiten der Risikomanagementsysteme festgehalten, ist das In-camera-Verfahren notwendig, um für den Steuerpflichtigen zumindest ein Mindestmaß an Rechtsschutz zu gewährleisten. Auf andere Weise ist Rechtsschutz gegen die fehlerhafte Anwendung der Risikomanagementsysteme kaum zu erreichen.[649] Sowohl eine Anfechtungsklage als auch eine Konkurrentenklage sind hinsichtlich einer Überprüfung der Einstellungen der Risikomanagementsysteme nicht zielführend. Denkbar ist die Überprüfung der Einzelheiten der Risikomanagementsysteme lediglich durch die Geltendmachung eines in den Verantwortungsbereich des Gesetzgebers fallenden strukturellen Vollzugsdefizits. Dafür bestehen jedoch hohe Hürden, sodass eine Überprüfung auf diesem Wege die Ausnahme bleiben wird. Werden die Einzelheiten über die Ausgestaltung der Risikomanagementsysteme zumindest im Rahmen eines In-camera-Verfahrens vor dem entscheidenden Senat des Bundesfinanzhofs offengelegt, eröffnet dies dem Steuerpflichtigen die Möglichkeit, auch hinsichtlich der Einstellung der Risikoparameter Rechtsschutz zu erlangen. Auch wenn der Anwendungsbereich des In-camera-Verfahrens sehr klein sein wird,[650] würde dem Steuerpflichtigen ohne die Möglichkeit einer Überprüfung durch den Bundesfinanzhof Rechtsschutz bezüglich der Risikoparameter fast gänzlich verwehrt werden. Dadurch bestünde die Gefahr, dass die Risikomanagementsysteme schnell dem Vorwurf der Willkür ausgesetzt wären. Insofern besteht bezüglich der Einzelheiten der Risikomanagementsysteme eine vergleichbare Interessenlage, welche die Anwendung des In-camera-Verfahrens rechtfertigt.

Um wirklich effektiven Rechtsschutz zu gewährleisten, dürfen die formalen Anforderungen an den Antrag nicht zu hoch sein. Verlangt ein Beteiligter die Beziehung von Akten, deren Herausgabe verweigert wird, kann darin schon ein

---

647 BStbK, Stellungnahme v. 05.04.2016, S. 8, https://www.bstbk.de/de/presse/stellungnahmen/archiv/20160405_stellungnahme_bstbk/index.html (geprüft am 04.01.2019).

648 Im Rahmen des 56. Berliner Steuergesprächs hielt Trossen das In-camera-Verfahren für einen „gangbaren Kompromiss“, Diskussionsbeitrag von Trossen, *Richter/Welling*, FR 2015, 1014 (1017); nach Buchwald wird duch das In-camera-Verfahren „ein ausgewogenes Verhältnis zwischen Darlegung und Geheimhaltung erreicht“, Diskussionsbeitrag von Buchwald, *Richter/Welling*, FR 2015, 1014 (1016); a.A. *Thiemann*, StuW 2018, 304 (312), nach Thiemann ist zweifelhaft, ob das In-camera-Verfahren eine „praktisch wirksame Lösung“ darstellt.

649 S. dazu Kap. G.V.2 Geltendmachung der subjektiven Rechtsgutverletzung und G.VI Zwischenergebnis.

650 S. Kap. G.V.3.a) Anwendungsbereich des In-camera-Verfahrens.

konkludenter Antrag zu sehen sein.[651] Das Gericht sollte – gerade bei einer anwaltlich nicht vertretenen Partei – auf die Möglichkeit der Überprüfung durch den Bundesfinanzhof hinweisen.[652]

VI. Zwischenergebnis

Ausgehend von den verfassungsrechtlichen Anforderungen und unter Berücksichtigung der dem Gesetzgeber zustehenden Einschätzungsprärogative sind die vom Gesetzgeber vorgesehenen Kontrollmöglichkeiten als verfassungsgemäß anzusehen. Seine Einschätzungsprärogative bezüglich der Geeignetheit der Regelungen hat der Gesetzgeber in vertretbarer Weise genutzt. Hinsichtlich der Ausgestaltung der Kontrollmöglichkeiten hat sich der Gesetzgeber an den gängigen Standards zur Kontrolle von Risikomanagementsystemen orientiert und für eine hinreichende Überprüfung der Aussteuerungsmechanismen gesorgt. Die Zufallsauswahl schafft ebenso wie die Möglichkeit zur individuellen Aussteuerung eine systemimmanente Kontrolle, mittels derer die Aussteuerungsmechanismen überprüft und Schwachstellen im System aufgedeckt werden können. Darüber hinaus hat der Gesetzgeber eine regelmäßige Überprüfung der Risikomanagementsysteme vorgesehen, im Rahmen derer auch eine Anpassung der Aussteuerungsmechanismen vorgenommen werden soll. Eine regelmäßige Überprüfung und Anpassung ist notwendig, um die Funktionsfähigkeit auf Dauer sicherzustellen. Die Überprüfung dient dazu, Fehler aufzudecken und das Risikomanagementsystem zugleich weiterzuentwickeln.

Die Einrichtung einer weitergehenden Kontrolle liegt in der Disposition des Gesetzgebers. Der Gesetzgeber hat die Einrichtung einer institutionalisierten Kontrolle nicht für erforderlich gehalten. Daher verbietet sich im Einklang mit der Rechtsprechung des Bundesverfassungsgerichts insbesondere eine weitergehende Prüfung dahingehend, ob alternative Kontrollmöglichkeiten besser geeignet wären. Dieser Aspekt ist aufgrund der gut vertretbaren Einschätzungsprärogative des Gesetzgebers von einer gerichtlichen Überprüfung ausgenommen.

Gemessen an der unmittelbar aus Art. 3 Abs. 1 GG resultierenden Verantwortung des Gesetzgebers für den Steuervollzug sind die Kontrollmöglichkeiten allerdings nicht so elaboriert, dass der Gesetzgeber sich von seiner Verantwortung freizeichnen kann. Der Gesetzgeber hat lediglich Mindestvorgaben für die Ausgestaltung der Risikomanagementsysteme gesetzlich festgeschrieben. Die konkrete Ausgestaltung hat er bewusst aus der Hand gegeben und die Entscheidungskompetenz diesbezüglich vollständig auf die Finanzverwaltung verlagert. Diesem weiten

651 *Schallmoser* in: HHSp, AO/FGO, Losebl. (Stand: März 2013), § 86 FGO Rn. 52; *Nöcker*, AO-StB 2009, 214 (215).

652 *Seer* in: Tipke/Kruse, AO/FGO, Losebl. (Stand: Juli 2017), § 86 FGO Rn. 18; *Nöcker*, AO-StB 2009, 214 (215).

Entscheidungsspielraum der Finanzverwaltung stellt der Gesetzgeber jedoch keine effektive Überwachung des Steuervollzugs gegenüber.

Als Kontrollmöglichkeiten sieht der Gesetzgeber lediglich eine verwaltungsinterne Kontrolle vor, die eine regelmäßige Überprüfung der Risikomanagementsysteme auf ihre Funktionsfähigkeit zur Aufgabe hat. Eine individuelle Kontrolle durch die Steuerpflichtigen ist weder im finanzverwaltungsrechtlichen noch im finanzgerichtlichen Verfahren möglich. Als Rechtskontrolle hat der Gesetzgeber das In-camera-Verfahren vorgesehen, in dem darüber entschieden wird, ob die Geheimhaltung der Einzelheiten der Risikomanagementsysteme gerechtfertigt ist.[653] Dessen tatsächlicher Anwendungsbereich ist jedoch sehr klein.[654] Darüber hinaus ist das In-camera-Verfahren nicht geeignet, die Risikomanagementsysteme hinsichtlich strukturell prüfungsfreier Räume zu überprüfen. Auf andere Weise ist Rechtsschutz gegen die fehlerhafte Anwendung von Risikomanagementsystemen kaum erreichbar. Auch wenn die Finanzgerichte nicht an den risikoorientierten Prüfungsmaßstab der Finanzverwaltung gebunden sind, werden die Finanzgerichte nicht in der Lage sein, die Funktionsweise der Risikomanagementsysteme insbesondere im Hinblick auf strukturell prüfungsfreie Räume zu überprüfen. Zum einen wird die überwiegende Zahl der risikoarmen Fälle die Finanzgerichte gar nicht erreichen, da die Steuerpflichtigen in diesen Fällen erklärungsgemäß veranlagt worden sind.[655] Zum anderen wird ein finanzgerichtlicher Prozess stets auf die richtige Anwendung des materiellen Rechts hinauslaufen, sodass es auf die konkrete Ausgestaltung der Risikomanagementsysteme nicht ankommen wird.

Eine unabhängige und objektive Überprüfung der Ausgestaltung des Risikomanagementsystems existiert damit faktisch nicht. Die vorgesehenen Kontrollmöglichkeiten bieten keine hinreichende Kontrolle des Steuervollzugs im Hinblick auf strukturell prüfungsfreie Räume. Damit ist der Gesetzgeber seiner Pflicht zur Überwachung des Steuervollzugs nicht derart umfassend nachgekommen, dass er sich von seiner Verantwortung für den Steuervollzug freizeichnen kann. Aufgrund dessen können ihm etwaige strukturell prüfungsfreie Räume in dem Sinne zugerechnet werden, dass eine Nichtigkeit von den Steuerpflichtigen unter Berufung auf Art. 3 Abs. 1 GG erfolgreich gerügt werden könnte. Angesichts des Ausnahmecharakters dieser Rechtsschutzmöglichkeit bestehen jedoch zur Geltendmachung eines strukturellen Vollzugsdefizits hohe Hürden.

---

653 *Thiemann*, StuW 2018, 304 (312).

654 S. Kap. G.V.3.a) Anwendungsbereich des In-camera-Verfahrens.

655 *Thiemann*, StuW 2018, 304 (311); *Trossen*, FR 2015, 1021 (1022); *Drüen* in: DFGT 2011/2012, 253 (272 f.); dies wirkt sich unmittelbar auf die Geschäftslast der Finanzgericht aus. Von 66.399 Neuzugängen an Klagen im Jahr 2003 hat sich die Anzahl der Neuzugänge in 2016 auf 35.169 verringert, Statistisches Bundesamt, Fachserie 10, Reihe 2.5, 2016, S. 12 f.

Der Umstand, dass der Gesetzgeber die Kontrollmöglichkeiten nicht so elaboriert, dass er sich von seiner Verantwortung hinsichtlich des Steuervollzugs freizeichnen kann, führt nicht zur Annahme der Verfassungswidrigkeit der Regelungen. Er lässt vor diesem Hintergrund jedoch Raum für eine weitere rechtspolitische Würdigung.

H. Rechtspolitische Vorschläge zur Verbesserung der derzeitigen Rechtslage und Praxis im Hinblick auf Risikomanagementsysteme

Der Gesetzgeber hat verfassungskonforme Regelungen zur Kontrolle der Risikomanagementsysteme geschaffen. Er ist seiner verfassungsrechtlichen Pflicht, systematisch für einen gleichmäßigen und gesetzmäßigen Vollzug der Steuergesetze zu sorgen, aber dennoch nicht umfassend nachgekommen. Daher ist die Zurechnung eines strukturellen Vollzugsdefizits aufgrund des Einsatzes von Risikomanagementsystemen grundsätzlich denkbar. Aus diesem Grund liegt es nahe, rechtspolitische Vorschläge zu unterbreiten, wie die derzeitige Rechtslage und Praxis im Hinblick auf Risikomanagementsysteme verbessert werden könnte.

Neben dem Ausbau der Kontrollmöglichkeiten sind Maßnahmen naheliegend, welche die Transparenz erhöhen. Konkret kommen die Einrichtung einer externen Kontrollmöglichkeit und die Festlegung einer einheitlichen Quote für die Zufallsauswahl in Betracht. Zudem sind eine ausführliche Risikodokumentation sowie die Einrichtung eines Risikokommunikationssystems sinnvoll. Darüber hinaus bieten sich Maßnahmen zur Schaffung von Transparenz und Förderung der Akzeptanz von Risikomanagementsystemen an.

I. Zugrundegelegte Beurteilungsmaßstäbe

Unter verfassungsrechtlichen Gesichtspunkten sind die vom Gesetzgeber getroffenen Regelungen zur Ausgestaltung und Kontrolle der Risikomanagementsysteme nicht zu beanstanden. Dennoch bestehen Bedenken gegen die Ausgestaltung der im Steuervollzug eingesetzten Risikomanagementsysteme. Diese resultieren nicht nur daraus, dass neuen Entwicklungen ohnehin häufig mit Skepsis begegnet wird, sondern sie werden auch in Fachkreisen geteilt. Insbesondere unter dem Aspekt der Akzeptanz des Besteuerungsverfahrens durch die Steuerpflichtigen werden eine intransparente Ausgestaltung sowie eine mangelnde Kontrolle beklagt.[656]

---

656 Vgl. *Thiemann*, StuW 2018, 304 (310, 313), Thiemann bemängelt „die noch defizitäre gesetzliche Implementierung in Verbindung mit einem praktisch weitgehenden Leerlaufen von Rechtsschutz" und sieht „eine regelmäßige Evaluation durch eine unabhängige Instanz mit entsprechender Publizität" alsnotwendig an; DFGT, Stellungnahme v. 08.04.2016, S. 9, https://www.bundestag.de/blob/418156/f6400d96e0eb5edad3f8f57435fdc3f2/01-j---brandt-data.pdf (geprüft am 04.01.2019), worin gefordert wird, dass die Prüfparameter auf sachlich nachvollziehbaren und kontrollierbaren Auswahlkriterien beruhen sollen; nach Auffassung der BStBK ist

die „grundsätzliche Nicht-Offenlegung" der Risikoparameter insbesondere „vor dem Hintergrund der Akzeptanz der neuen Verfahren durch den Steuerpflichtigen problematisch", BStbK, Stellungnahme v. 05.04.2016, S. 8, https://www.bstbk.de/de/presse/stellungnahmen/archiv/20160405_stellungnahme_bstbk/index.html (geprüft am 04.01.2019); Marx befürchtet, dass mangelnde Transparenz Misstrauen bei den Steuerpflichtigen schürt und dies dazu führt, dass die Risikomanagementsysteme leerlaufen und eine Verfahrensvereinfachung nicht erreicht wird, *Marx*, Ubg 2016, 358 (362); Braun Binder hält die Kontrolle der Risikomanagementsysteme unter rechtsstaatlichen Gesichtspunkten für unzureichend, *Braun Binder*, Auf dem Weg zum vollautomatisierten Besteuerungsverfahren in Deutschland, S. 7, Rn. 12, http://www.foev-speyer.de/files/de/downloads/Jusletter-IT_25.05.2016.pdf (geprüft am 04.01.2019); *Braun Binder*, DStZ 2016, 526 (531); der Chaos Computer Club fordert öffentliche, einsehbare und nachvollziehbare Prüfkriterien sowie die Einrichtung einer unabhängigen Kontrollinstanz, Chaos Computer Club, Sachverständigenauskunft v. 13.04.2016, S. 9, https://linus-neumann.de/wp-content/uploads/2016/04/Stellungnahme_Finanzausschuss_CCC.pdf (geprüft am 04.01.2019); nach Seer sollte der Finanzverwaltung bewusst sein, dass „eine Geheimwissenschaft weder dem rechtsstaatlichen Gebot der transparenten Verwaltung" entspreche „noch auf die Akzeptanz seitens der betroffenen Steuerpflichtigen und steuerlichen Berater treffen" werde, *Seer* in: Lüdicke (Hrsg.), Jahrbuch des BVStb, 2016, 55 (65); *Seer*, StuW 2015, 315 (324 f.); der DStV beklagt, dass die Geheimhaltung die Durchsetzung von Rechtspositionen des Steuerpflichtigen in Einspruchs- sowie gerichtlichen Verfahren erschwere und zu Intransparenz führe, DStV, Stellungnahme (S 13/15) v. 24.09.2015, S. 11, https://www.dstv.de/download/2015-s-13-refentwurf-modernisierung-besteuerungsverfahren (geprüft am 04.01.2019); der DRB sowie der BDFR sahen die Grundprinzipien des steuerlichen Verfahrensrechts durch die Regelungen beeinträchtigt und damit die grundlegenden rechtsstaatlichen Anforderungen an einen ordnungsgemäßen Vollzug der Steuergesetze nicht immer gewahrt, DRB/BDFR, gemeinsame Stellungnahme (Nr. 20/15), S. https://www.bundesfinanzministerium.de/Content/DE/Gesetzestexte/Gesetze_Gesetzesvorhaben/Abteilungen/Abteilung_IV/18_Legislaturperiode/Gesetze_Verordnungen/2016-07-22-Steuermodernisierungsgesetz/Stellungnahme-14-Deutscher-Richterbund.pdf;jsessionid=1DB7782D827C7604589E3A41C6880B22?__blob=publicationFile&v=2 (geprüft am 04.01.2019); die Spitzenverbände der Deutschen Wirtschaft erheben rechtsstaatliche Bedenken gegenüber der „Nichtveröffentlichung der Einzelheiten der Risikomanagementsysteme", Spitzenverbände der Deutschen Wirtschaft, Stellungnahme v. 23.09.2015, Anlage S. 2 f., https://www.bundesfinanzministerium.de/Content/DE/Gesetzestexte/Gesetze_Gesetzesvorhaben/Abteilungen/Abteilung_IV/18_Legislaturperiode/Gesetze_Verordnungen/2016-07-22-Steuermodernisierungs-gesetz/Stellungnahme-02-8-Spitzenverbaende-der-Deutschen-Wirtschaft.pdf;jsessionid=1DB7782D827C7604589E3A41C6880B22?__blob=publicationFile&v=1 (geprüft am 04.01.2019); der DAV fordert, dass „die Kriterien einer solchen Risikoprüfung in überprüfbarer Weise gesetzlich festgelegt werden", damit „ein solches System einer verfassungsrechtlichen Prüfung unter dem Gesichtspunkt der Gleichmäßigkeit und der gesetzmäßigen Besteuerung" standhalte und ein strukturelles Vollzugsdefizit vermieden werde, DAV, Stellungnahme (SN 04/15) v. 31.01.2015, S. 9 f., https://anwaltverein.de/de/newsroom/sn-04-15 (geprüft am 04.01.2019).

Im Besteuerungsverfahren kommt Transparenz eine besondere Bedeutung zu. Da die Steuerpflichtigen zu einer Zwangsabgabe verpflichtet werden, muss für sie nachvollziehbar sein, woraus sich diese ergibt und wie sich diese zusammensetzt.[657] Ein intransparenter Steuervollzug kann dagegen das Gefühl von Ungerechtigkeit vermitteln sowie zu Unzufriedenheit führen. Infolgedessen kann die Steuermoral sinken und sich der Widerstand gegen die Steuererhebung verstärken.[658] Die Bedeutung einer transparenten Ausgestaltung des Besteuerungsverfahrens steigt in einem automatisierten Steuervollzug, der mit einer Quasi-Selbstveranlagung einhergeht. Denn ein solches Konzept der Quasi-Selbstveranlagung ist in besonderem Maße auf die Kooperation und Akzeptanz der Steuerpflichtigen angewiesen. Das automatisierte Besteuerungsverfahren unter Einsatz von Risikomanagementsystemen läuft aufgrund der vollständig automatisiert erlassenen Bescheide in einer Vielzahl von Fällen auf eine Quasi-Selbstveranlagung hinaus. Die Finanzverwaltung profitiert daher in erheblichem Maße von der Kooperation des Steuerpflichtigen, da ihr auf diese Weise umfängliche eigene Ermittlungsarbeit erspart bleibt. Kooperationsbereitschaft setzt wiederum Akzeptanz und Vertrauen seitens der Steuerpflichtigen in das Besteuerungsverfahren voraus. Würde der Großteil der Steuerpflichtigen wegen Bedenken gegen das automatisierte Verfahren auf eine Aussteuerung bestehen und diese durch eine entsprechende Eintragung im Freitextfeld herbeiführen, würde die mit dem automatisierten Verfahren bezweckte Verfahrensvereinfachung und -beschleunigung verfehlt werden. Die Akzeptanz der Steuerpflichtigen für das gesamte Steuersystem ist daher essentiell. Denn dies führt letztendlich zu mehr Steuerehrlichkeit und weniger steuerstrafrechtlichen Fällen, was wiederum das Verifikationsbedürfnis verringert. Somit leistet eine transparente Ausgestaltung der Risikomanagementsysteme einen entscheidenden Beitrag zur Funktionsfähigkeit des automatisierten Steuervollzugs.[659]

Bezüglich der Gewährleistung von Transparenz hat der Gesetzgeber mit dem Geheimhaltungsvorbehalt des § 88 Abs. 5 S. 4 AO einen angemessenen Ausgleich zwischen dem Interesse des Staates an einer funktionsfähigen Finanzverwaltung und den Interessen der Steuerpflichtigen an einer transparenten Ausgestaltung geschaffen. Der Geheimhaltungsvorbehalt, der nur gilt, soweit eine Veröffentlichung der Einzelheiten der Risikomanagementsysteme die Gleichmäßigkeit und Gesetzmäßigkeit der Besteuerung gefährden könnte, stellt das Interesse des Staates an einer Geheimhaltung der Risikomanagementsysteme nicht ohne Abwägung über das Kontrollinteresse der Steuerpflichtigen. Die Geheimhaltung

---

657 *Rixen/Seipp*, Mit mehr Transparenz zu einem gerechten Steuersystem, 2009, S. 8.

658 Vgl. Pelka, StuW 2005, 378; *Schmarbeck*, Monatsbericht des BMF, 12/2002, S. 57 (58); zu den rechtlichen Folgen des Steuerakzeptanzdefizits, vgl. Alencar Araripe Carneiro, Fehlen der Steuerakzeptanz in Deutschland, 2017, S. 13 ff.

659 Vgl. *Marx*, Ubg 2016, 358 (358), wonach eine transparentere Ausgestaltung in Form der Bekanntgabe allgemeiner Strukturen und Abläufe „akzeptanzfördernd wirken und die Steuermentalität positiv beeinflussen“ könne.

der Einzelheiten der Risikomanagementsysteme schränkt jedoch die Möglichkeit der Steuerpflichtigen, die Entscheidungen des Risikomanagements nachzuvollziehen, stark ein. Die derzeitige Ausgestaltung der Risikomanagementsysteme sowie der Umstand, dass bisher keine Informationen hinsichtlich der Einzelheiten der Risikomanagementsysteme veröffentlicht worden sind und zudem keine effektive Kontrollmöglichkeit hinsichtlich der gleichmäßigen Ausgestaltung der Risikomanagementsysteme vorhanden ist, führen zu einer Gefahr der Intransparenz.

Dieselben Maßstäbe liegen der rechtspolitischen Erwägung zugrunde, die Kontrollmöglichkeiten hinsichtlich der Risikomanagementsysteme auszubauen. Das Wissen um die Gefahr der Entstehung strukturell prüfungsfreier Räume sowie die Diskriminierungs- und Manipulationsanfälligkeit automatisierter Entscheidungen machen eine beständige Kontrolle der Risikoparameter unverzichtbar. Ausgehend von den verfassungsrechtlichen Anforderungen und unter Berücksichtigung der dem Gesetzgeber zustehenden Einschätzungsprärogative sind die vom Gesetzgeber vorgesehenen Kontrollmöglichkeiten verfassungsgemäß ausgestaltet. Der Gesetzgeber hat eine systemimmanente Kontrolle eingerichtet und auch Rechtsschutzmaßnahmen gegen die fehlerhafte Anwendung von Risikomanagementsystemen vorgesehen. Zur Einrichtung einer darüberhinausgehenden Kontrolle war er angesichts der verfassungsrechtlichen Anforderungen nicht verpflichtet. Letzten Endes sind die Kontrollmöglichkeiten jedoch dem Vorwurf der Ineffektivität ausgesetzt. Aufgrund der Geheimhaltung der Einzelheiten sowie dem fehlenden Informationszugang besteht für den Steuerpflichtigen keine effektive Möglichkeit zur Überprüfung der einzelnen Risikoparameter. Insbesondere fehlt es an Maßnahmen, die eine gleichmäßige Ausgestaltung des Steuervollzugs über alle Steuerpflichtigen hinweg sicherstellen können. Mangelhafte bzw. ineffektive Kontrollmöglichkeiten können Bedenken gegen den Einsatz von Risikomanagementsystemen fördern. Bedenken führen zu weniger Vertrauen in den automatisierten Steuervollzug unter Einsatz von Risikomanagementsystemen. Dies führt wiederum zu weniger Akzeptanz und zu einem höheren Steuerwiderstand. Damit können sich ineffektive Kontrollmöglichkeiten letztendlich nachteilig auf die Funktionsfähigkeit des automatisierten Steuervollzugs unter Einsatz von Risikomanagementsystemen auswirken. Der Einsatz einer zusätzlichen – objektiven und unabhängigen – Kontrollinstanz neben der verwaltungsinternen Kontrolle könnte daher entscheidend dazu beitragen, Bedenken gegenüber dem Einsatz von Risikomanagementsystemen im Besteuerungsverfahren zu verringern.

II. Der Wunsch nach Transparenz und Kontrolle im Hinblick auf Algorithmen und automatisierte Entscheidungsfindung

Dass Intransparenz und mangelnde Kontrolle ganz allgemein als Gefahr für automatisierte Entscheidungen angesehen werden, belegen die Ergebnisse einer repräsentativen Bevölkerungsumfrage zum Thema Algorithmen.[660] Die Studie vermittelt wertvolle Erkenntnisse über die Wahrnehmung von algorithmischen Entscheidungen in der breiten Bevölkerung. Unkenntnis, Unentschlossenheit und Unbehagen sind danach die Empfindungen, welche die deutsche Bevölkerung algorithmischen Entscheidungen entgegenbringt. Die Studie zeigt, dass die Mehrheit der Bevölkerung wenig über Algorithmen weiß und ihnen unsicher gegenübersteht.[661]

Die Umfrage umfasste auch automatisierte Entscheidungen im Steuervollzug. Diesbezüglich ergab die Studie, dass nur 32 % der Befragten wussten, dass Algorithmen zum Auffinden von Unregelmäßigkeiten in Steuererklärungen eingesetzt werden.[662] 15 % der deutschen Bevölkerung lehnen den Einsatz von Computern in der Entscheidungsfindung im Steuervollzug gänzlich ab und fordern, dass dem Menschen hier die alleinige Entscheidungsbefugnis zustehen soll. 56 % sind der Auffassung, dass der Computer beim Auffinden von Unregelmäßigkeiten in Steuererklärungen nicht alleine entscheiden, sondern lediglich Vorschläge unterbreiten darf.[663]

Der Großteil der Bevölkerung ist unentschieden, ob der Einsatz von Algorithmen zur Entscheidungsfindung mehr Chancen oder mehr Risiken mit sich bringt. Während der pragmatische Nutzen in Form von effizienteren und zeitsparenderen Entscheidungen teilweise erkannt wird, überwiegen in der Wahrnehmung der Bevölkerung jedoch die Risiken des Einsatzes von Algorithmen. Als Gefahr, die mit dem Einsatz von Algorithmen verbunden ist, wird vor allem betont, dass Algorithmen den Menschen, welche sie Algorithmen programmieren, viel Macht über andere geben. Dabei besteht eine große Manipulationsgefahr. Zudem kann der Einsatz von Algorithmen leicht dazu führen, dass der einzelne Mensch nur noch als Nummer wahrgenommen wird.[664] Den pragmatischen Nutzen von Algorithmen sehen vor allem diejenigen, die zumindest eine ungefähre Vorstellung davon haben, wie Algorithmen funktionieren. Menschen, die Vorwissen über

---

660 *Fischer/Petersen*, Was Deutschland über Algorithmen weiß und denkt, https://algorithmenethik.de/wp-content/uploads/sites/10/2018/05/Was-die-Deutschen-%C3%BCber-Algorithmen-denken_ohneCover.pdf (geprüft am 04.01.2019).

661 *Fischer/Petersen*, Was Deutschland über Algorithmen weiß und denkt, S. 6 f., https://algorithmenethik.de/wp-content/uploads/sites/10/2018/05/Was-die-Deutschen-%C3%BCber-Algorithmen-denken_ohneCover.pdf (geprüft am 04.01.2019).

662 *Fischer/Petersen*, Was Deutschland über Algorithmen weiß und denkt, S. 15, https://algorithmenethik.de/wp-content/uploads/sites/10/2018/05/Was-die-Deutschen-%C3%BCber-Algorithmen-denken_ohneCover.pdf (geprüft am 04.01.2019).

663 *Fischer/Petersen*, Was Deutschland über Algorithmen weiß und denkt, S. 26, https://algorithmenethik.de/wp-content/uploads/sites/10/2018/05/Was-die-Deutschen-%C3%BCber-Algorithmen-denken_ohneCover.pdf (geprüft am 04.01.2019).

664 *Fischer/Petersen*, Was Deutschland über Algorithmen weiß und denkt, S. 17 ff., https://algorithmenethik.de/wp-content/uploads/sites/10/2018/05/Was-die-Deutschen-%C3%BCber-Algorithmen-denken_ohneCover.pdf (geprüft am 04.01.2019).

Algorithmen besitzen, entfalten eine geringere Ablehnung gegen autonome Computer-Entscheidungen.[665] Dies zeigt, dass Wissen über Algorithmen zu einer höheren Chancenwahrnehmung und zugleich zu einem geschärften Risikobewusstsein führt.[666]

Ein vollständiges Verbot von algorithmischen Entscheidungen fordern nur 10 % der Befragten. Die Studie zeigt jedoch auch, dass aufgrund des Unbehagens gegenüber Algorithmen ein starker Wunsch nach Kontrolle besteht. Dabei war auffällig, dass dieser auch bei zunehmendem Wissen über Algorithmen bestehen bleibt. Als Maßnahmen zur Kontrolle von Algorithmen befürworten 75 %, dass die Algorithmen für unabhängige Experten zugänglich gemacht werden sollen. 74 % sprechen sich für einen Algorithmen-TÜV aus. Eine Kennzeichnungspflicht bei algorithmischen Entscheidungen wird ebenso wie ein Recht auf zweite Beurteilung und ein Auskunftsrecht als notwendig erachtet. 62 % der Befragten befürworten eine Auswahlmöglichkeit zwischen der Beurteilung durch einen Menschen und der Beurteilung durch einen Algorithmus.[667]

Die Ergebnisse der Umfrage zeigen, dass das Bewusstsein für den Einsatz von Algorithmen in der Bevölkerung geschärft und zugleich ein allgemeines Wissen über Algorithmen sowie ein grundlegendes Verständnis, wie und wozu Algorithmen eingesetzt werden, erst noch geschaffen werden muss. Nur ein solches Verständnis bewirkt die Entwicklung von Vertrauen in algorithmische Entscheidungen und eine positive bzw. eine positivere Grundhaltung zu algorithmischen Entscheidungen.[668]

Die Studie gibt letztlich den allgemeinen Tenor der Diskussion um Algorithmen wider. In der Diskussion um Algorithmen und die automatisierte Entscheidungsfindung tritt überall der Wunsch nach (mehr) Transparenz und (mehr) Kontrolle zu Tage.[669] Der Gesetzgeber und vor allem die Finanzverwaltung als Verantwortliche

---

665 *Fischer/Petersen*, Was Deutschland über Algorithmen weiß und denkt, S. 27, https://algorithmenethik.de/wp-content/uploads/sites/10/2018/05/Was-die-Deutschen-%C3%BCber-Algorithmen-denken_ohneCover.pdf (geprüft am 04.01.2019).

666 *Fischer/Petersen*, Was Deutschland über Algorithmen weiß und denkt, S. 6, https://algorithmenethik.de/wp-content/uploads/sites/10/2018/05/Was-die-Deutschen-%C3%BCber-Algorithmen-denken_ohneCover.pdf (geprüft am 04.01.2019).

667 *Fischer/Petersen*, Was Deutschland über Algorithmen weiß und denkt, S. 29, https://algorithmenethik.de/wp-content/uploads/sites/10/2018/05/Was-die-Deutschen-%C3%BCber-Algorithmen-denken_ohneCover.pdf (geprüft am 04.01.2019).

668 *Fischer/Petersen*, Was Deutschland über Algorithmen weiß und denkt, S. 30, https://algorithmenethik.de/wp-content/uploads/sites/10/2018/05/Was-die-Deutschen-%C3%BCber-Algorithmen-denken_ohneCover.pdf (geprüft am 04.01.2019).

669 Vgl. u.a. *O'Neil*, Angriff der Algorithmen, 2. Aufl. 2018, S. 296; *Fischer/Petersen*, Was Deutschland über Algorithmen weiß und denkt, S. 28, https://algorithmenethik.de/wp-content/uploads/sites/10/2018/05/Was-die-Deutschen-%C3%BCber-Algorithmen-denken_ohneCover.pdf (geprüft am 04.01.2019); Verbraucherzentrale Bundesverband e.V., Verbrauchereinstellungen und Erwartungen zu algorithmenbasierten Entscheidungsprozessen, https://www.vzbv.de/sites/default/files/

für den automatisierten Steuervollzug und den Einsatz von Risikomanagementsystemen könnten sich diese Erkenntnisse zu Nutze machen. Der Unkenntnis über Algorithmen könnten sie mit umfangreichen Informationen über die automatisierte Entscheidungsfindung begegnen, die Unentschlossenheit durch Kenntlichmachung der Chancen und Risiken zu einer positiven Grundhaltung wandeln und das Unbehagen durch Gewährleistung hinreichender Kontrollen bekämpfen.

III. Ausbau der Kontrolle

1. Schaffung eines effektiven, individuellen (gerichtlichen) Rechtsschutzes

Rechtsschutz gegen die fehlerhafte Anwendung von Risikomanagementsystemen ist kaum erreichbar.[670] Eine Anfechtungsklage hinsichtlich der eigenen Steuerfestsetzung ist nicht zielführend, da sie keine umfassende Überprüfung des Steuervollzugs im Hinblick auf strukturell prüfungsfreie Räume bewirkt. Auch eine Konkurrentenklage bringt nicht den gewünschten Erfolg. Zum einen bereitet bereits die Darlegung eines relevanten Nachteils ohne Kenntnis der Risikoparameter Schwierigkeiten. Zum anderen wird es auch im Wege der Konkurrentenklage nicht auf die Ausgestaltung der Risikomanagementsysteme ankommen, sondern vielmehr darauf, ob das materielle Recht richtig angewandt wurde oder

---

downloads/2017/12/06/civey_vzbv_umfrageergebnisse_algorithmen.pdf (geprüft am 04.01.2019); *Martini*, DÖV 2017, 443 (453); in Bezug auf Risikomanagementsysteme vgl. *Marx*, Ubg 2016, 358 (358, 363); BStbK, Stellungnahme v. 05.04.2016, S. 8, https://www.bstbk.de/de/presse/stellungnahmen/archiv/20160405_stellungnahme_bstbk/index.html (geprüft am 04.01.2019); Spitzenverbände der Deutschen Wirtschaft, Stellungnahme v. 23.09.2015, Anlage S. 2 f., https://www.bundesfinanzministerium.de/Content/DE/Gesetzestexte/Gesetze_Gesetzesvorhaben/Abteilungen/Abteilung_IV/18_Legislaturperiode/Gesetze_Verordnungen/2016-07-22-Steuermodernisierungsgesetz/Stellungnahme-02-8-Spitzenverbaende-der-Deutschen-Wirtschaft.pdf;jsessionid=1DB7782D827C7604589E3A41C6880B22?__blob=publicationFile&v=1 (geprüft am 04.01.2019); DAV, Stellungnahme (SN 04/15) v. 31.01.2015, S. 9 f., https://anwaltverein.de/de/newsroom/sn-04-15 (geprüft am 04.01.2019); *Seer* in: Lüdicke (Hrsg.), Jahrbuch des BVStb, 2016, 55 (65); *Seer*, StuW 2015, 315 (324 f.); Chaos Computer Club, Sachverständigenauskunft v. 13.04.2016, S. 9, https://linus-neumann.de/wp-content/uploads/2016/04/Stellungnahme_Finanzausschuss_CCC.pdf (geprüft am 04.01.2019); *Braun Binder*, Auf dem Weg zum vollautomatisierten Besteuerungsverfahren in Deutschland, S. 7, Rn. 12, http://www.foev-speyer.de/files/de/downloads/Jusletter-IT_25.05.2016.pdf (geprüft am 04.01.2019); nach Braun Binder kann eine Kontrolle der Risikomanagementsysteme nur durch eine unabhängige Kontrollinstanzen gewährleistet werden, *Braun Binder*, DStZ 2016, 526 (531); Diskussionsbeitrag von Seer, *Richter/Welling*, FR 2013, 406 (410).

670 S. Kap. G.V Rechtsschutz von Steuerpflichtigen gegen die fehlerhafte Anwendung von Risikomanagementsystemen.

ob die Finanzverwaltung ein ihr zustehendes Ermessen fehlerfrei ausgeübt hat. Im Rahmen des In-camera-Verfahrens wird lediglich über die Berechtigung der Geheimhaltung der Einzelheiten der Risikomanagementsysteme entschieden. Rechtsschutz gegen die fehlerhafte Anwendung von Risikomanagementsystemen ist im Grunde lediglich über die Geltendmachung eines in den Verantwortungsbereich des Gesetzgebers fallenden strukturellen Vollzugsdefizits möglich. Allerdings bestehen aufgrund des Ausnahmecharakters hohe Hürden zur Geltendmachung.

Denkbar ist daher zunächst, den individuellen Rechtsschutz der Steuerpflichtigen auszubauen. Da die vorhandenen prozessualen Möglichkeiten keinen effektiven Rechtsschutz hinsichtlich der fehlerhaften Anwendung von Risikomanagementsystemen gewährleisten, müssten zur Schaffung eines effektiven, individuellen Rechtsschutzes die subjektiven Klagemöglichkeiten erweitert werden. Dafür ist eine Änderung der prozessualen Vorschriften insofern erforderlich, als es für den Steuerpflichtigen möglich wird, eine fehlerhafte Anwendung der Risikomanagementsysteme überprüfen zu lassen.

Möglich wäre, die Erhebung einer Feststellungsklage insoweit zu erleichtern.[671] Dazu könnte ein besonderes Interesse an der Feststellung eines verfassungswidrigen Vollzugs der Steuergesetze durch eine fehlerhafte Anwendung der Risikomanagementsysteme normiert werden.

Vorteil einer Erweiterung der subjektiven Klagemöglichkeiten wäre, dass die Fachgerichte – also die Finanzgerichte und der Bundesfinanzhof – mit der Beurteilung des Steuervollzugs betraut wären. Nachteil eines solchen individuellen Rechtsschutzes wäre das Erfordernis, dass stets ein Steuerpflichtiger eine Überprüfung des Steuervollzugs anstrengen muss, mit der Folge, dass er im Falle eines Unterliegens auch die Kosten zu tragen hätte. Bei der Überprüfung des Steuervollzugs hinsichtlich strukturell prüfungsfreier Räume durch die Finanzgerichte ergibt sich zudem insbesondere die Schwierigkeit, dass der Geheimhaltungsvorbehalt bezüglich der Einzelheiten der Risikomanagementsysteme auch den Gerichten gegenüber fortbesteht. Den Finanzgerichten wird es mangels Kenntnis der Einzelheiten nicht möglich sein, die Auswirkungen der Anwendung von Risikomanagementsystemen auf den Steuervollzug umfassend zu beurteilen. Um eine generelle Überprüfung des Steuervollzugs im Hinblick auf strukturell prüfungsfreie Räume zu erreichen, ist individueller Rechtsschutz daher nicht zielführend. Ob tatsächliche Belastungsgleichheit im Großen und Ganzen durch einen Vollzug mittels Risikomanagementsystemen erreicht werden kann, kann letztlich nur in einer beständigen und umfassenden Prüfung festgestellt werden. Um eine gleichmäßige Ausgestaltung

---

671 Thiemann sieht in der Möglichkeit, „eine generelle, nicht weiter zu begründende Rüge eines defizitären Steuervollzugs zuzulassen", im Ergebnis eine „dem Prozessrecht fremde Popularklage". Dabei warnt er vor einer „strukturellen Überforderung der Finanzgerichte, wenn von dieser Möglichkeit massenhaft Gebrauch gemacht wird", *Thiemann*, StuW 2018, 304 (312).

des Steuervollzugs über alle Steuerpflichtigen hinweg sicherzustellen, ist eine systemische Kontrolle durch eine objektive Kontrollinstanz daher besser geeignet.

2. Einrichtung einer externen Kontrollinstanz

Zur Gewährleistung einer systemischen Kontrolle kommt die Schaffung einer externen Kontrollinstanz in Betracht, welche die Einstellungen der Risikoparameter in einer objektiven und unabhängigen Untersuchung überwacht.[672]

Die derzeit bestehenden Kontrollmöglichkeiten sehen keine unabhängige und objektive Überprüfung der Ausgestaltung des Risikomanagementsystems vor. Der Umstand, dass der Bundesrechnungshof bisher jedes Mal punktuelle Defizite im Steuervollzug bedingt durch den Einsatz von Risikomanagementsystemen aufgedeckt hat,[673] verdeutlicht, wie wichtig eine unabhängige, objektive Überprüfung in tatsächlicher Hinsicht ist. Außerhalb der verwaltungsinternen Überprüfung besteht bislang keine effektive Möglichkeit, die Einstellungen der Risikoparameter zu kontrollieren. Eine verwaltungsinterne Überprüfung hat zwar den Vorteil, dass die Prüfungsabläufe sowie dazu erforderliche Hintergrundinformationen bekannt sind. Jedoch birgt sie das Risiko, dass aufgrund einer betriebsblinden, eingeschränkten Wahrnehmung keine Veränderungsmöglichkeiten gesehen werden. Der Vorteil einer externen Überprüfung ist, dass diese von außen objektiv und unabhängig erfolgt. Mit der Schaffung einer externen Kontrollinstanz würde der Gesetzgeber nicht nur eine objektive, unabhängige Überprüfung der Risikoparameter ermöglichen, sondern zugleich die Kontrolle des Steuervollzugs im Hinblick auf die Gewährleistung tatsächlicher Belastungsgleichheit im Großen und Ganzen stärken.

a) Anforderungen an eine externe Kontrollinstanz

Die Kontrollinstanz muss demokratisch legitimiert sein und sowohl die Unabhängigkeit der Kontrollinstanz als auch der eingesetzten Prüfer muss gewährleistet sein. Denn nur so kann eine objektive Überwachung vorgenommen werden.[674]

---

672 Eine unabhängige Kontrollinstanz fordern auch: *Thiemann*, StuW 2018, 304 (310); *Marx*, Ubg 2016, 358 (363); Chaos Computer Club, Sachverständigenauskunft v. 13.04.2016, S. 9, https://linus-neumann.de/wp-content/uploads/2016/04/Stellungnahme_Finanzausschuss_CCC.pdf (geprüft am 04.01.2019); *Braun Binder*, Auf dem Weg zum vollautomatisierten Besteuerungsverfahren in Deutschland, S. 7, Rn. 12, http://www.foev-speyer.de/files/de/downloads/Jusletter-IT_25.05.2016.pdf (geprüft am 04.01.2019); *Braun Binder*, DStZ 2016, 526 (531).

673 Vgl. BT-Drs. 18/3300, S. 334 ff., Rn. 74; BT-Drs. 17/11330, S. 344 ff., Rn. 87; BT-Drs. 17/77, S. 176 ff., Rn. 40.0.; für eine ausführliche Darstellung s. Kap. G.II.2 Kontrolle der Risikomanagementsysteme.

674 Vgl. *Niebler*, NZS 2017, 933 (934); INTOSAI, ISSAI 1 – Die Deklaration von Lima über die Leitlinien der Finanzkontrolle, 1998, § 5 Nr. 1, § 6 Nr. 1, https://www.efk.admin.ch/images/stories/efk_dokumente/unabh%C3%A4ngigkeit/ISSAI_1_G.pdf

Die Kontrollinstanz darf daher nicht der Sphäre der Finanzverwaltung zugeordnet sein.[675]

Um eine effektive Überwachung des Steuervollzugs hinsichtlich der Gewährleistung tatsächlicher Belastungsgleichheit sicherzustellen, ist eine umfassende Kontrolle für alle eingesetzten Risikoparameter vorzunehmen. Der Geheimhaltungsvorbehalt muss daher gegenüber der Kontrollinstanz aufgehoben werden, damit dieser volle Einsicht in die tatsächliche Ausgestaltung der Risikoparameter gewährt wird.[676] Die Kontrolle sollte kontinuierlich stattfinden, um Fehlentwicklungen aufzudecken und auf diese Weise ein Vollzugsdefizit durch strukturell prüfungsfreie Räume zu vermeiden. Eine bundeseinheitliche Einstellung der Risikoparameter bzw. eine länderübergreifende Abstimmung erleichtert eine Kontrolle deutlich.

Die Prüfung durch eine externe Kontrollinstanz darf nicht dazu führen, dass der Geheimnisschutz leerläuft. Die Geheimhaltung muss während einer externen Kontrolle ebenfalls gewährleistet werden. Informationen über die Einstellung der Risikoparameter dürfen nicht nach außen gelangen und verbreitet werden. Denn dies würde der gesetzlichen Regelung der Geheimhaltung der Risikomanagementsysteme zuwiderlaufen. Daher darf die Kontrollinstanz nur solche Informationen veröffentlichen, die keine Auswirkungen auf die Gleichmäßigkeit und Gesetzmäßigkeit der Besteuerung haben. Zur konkreten Einstellung der Risikoparameter dürfte die Kontrollinstanz daher nur unter Einhaltung des Geheimnisschutzes an die Verantwortlichen berichten. Informationen darüber, ob der automatisierte Steuervollzug unter Einsatz von Risikomanagementsystemen den verfassungsrechtlichen Vorgaben genügt, indem tatsächliche Belastungsgleichheit gewährleistet wird, sollten der breiten Öffentlichkeit zugänglich gemacht werden. Nur so kann die Kontrollinstanz ihrer Funktion vollumfänglich gerecht werden.

Prüft eine Instanz die eingesetzten Risikoparameter objektiv und unabhängig, werden in dieser Prüfung wertvolle Erkenntnisse gewonnen, die für zukünftige Einstellungen der Risikoparameter genutzt werden können. Die Kontrollinstanz

(geprüft am: 04.01.2019); *Stern* in: Zavelberg, Die Kontrolle der Staatsfinanzen, 1989, S. 34; BT-Drs. 11/2493, S. 42; *Buchbinder*, Die Kontrolle der Finanzverwaltung durch den Bundesrechnungshof, 1985, S. 42; *Wittrock*, DVBl. 1984, 823 (826); *v. Arnim*, DVBl. 1983, 664 (669), v. Arnim bezeichnet Unabhängigkeit als „Lebenselexier für Kontrolle".

675 Vgl. BT-Drs. 11/2493, S. 42; Buchbinder, Die Kontrolle der Finanzverwaltung durch den Bundesrechnungshof, 1985, S. 42; Dies fordert auch der Chaos Computer Club, der in seiner Stellungnahme zum StModG Anforderungen bzgl. einer externen Kontrolle formuliert, Chaos Computer Club, Sachverständigenauskunft v. 13.04.2016, S. 9, https://linus-neumann.de/wp-content/uploads/2016/04/Stellungnahme_Finanzausschuss_CCC.pdf (geprüft am 04.01.2019).

676 Ebenso Chaos Computer Club, Sachverständigenauskunft v. 13.04.2016, S. 9, https://linus-neumann.de/wp-content/uploads/2016/04/Stellungnahme_Finanzausschuss_CCC.pdf (geprüft am 04.01.2019).

sollte daher in einem engen Austausch mit dem für die Einstellung der Risikoparameter zuständigen Bundesministerium der Finanzen und den Landesministerien für Finanzen stehen und diese fortlaufend über die Ergebnisse der Prüfung in Kenntnis setzen, sodass diese etwaigen Handlungsbedarf zeitnah erkennen und gegebenenfalls steuernd eingreifen können. Die Kontrolle sollte sich auch nicht in einer reinen Überprüfung der Rechtmäßigkeit der eingesetzten Risikoparameter erschöpfen, sondern sie sollte in einen Evaluationsbericht münden. Der Kontrollinstanz sollte zumindest über eine Rechtmäßigkeitskontrolle hinaus auch die Möglichkeit gegeben werden, Änderungsvorschläge zu unterbreiten und Empfehlungen für zukünftige Einstellungen auszusprechen. Eine weitergehende Befugnis der Kontrollinstanz dahingehend, dass sie konkrete Einstellungen der Risikoparameter vornehmen würde, würde dazu führen, dass die verfassungsrechtliche Funktionenordnung missachtet würde. Durch die Regelung des § 88 Abs. 5 AO, in welcher der Gesetzgeber implizit die konkrete Ausgestaltung der Risikomanagementsysteme der Finanzverwaltung überträgt, betont er noch einmal die Verantwortlichkeit der Exekutive für den Steuervollzug. Steht die Kontrollinstanz nicht in der Sphäre der Finanzverwaltung, steht es ihr auch nicht zu, in deren Verantwortungsbereich einzugreifen.

b) Mögliche Kontrollinstanzen

Die Schaffung einer gänzlich neuen Instanz, die mit der Kontrolle der Risikomanagementsysteme beauftragt ist, würde den Aufbau einer Behörde erfordern, die mit den technischen und personellen Mitteln ausgestattet wird, um eine solche Überprüfung durchzuführen. Unkomplizierter und auch kostengünstiger wäre es, eine bereits bestehende Behörde als Kontrollinstanz einzusetzen und deren Aufgabenspektrum entsprechend zu erweitern. Die Kontrollinstanz müsste also unbefangen und unabhängig eine Überprüfung der Risikoparameter und der Folgen ihres Einsatzes auf den Steuervollzug vornehmen. Zugleich müsste sie Gewähr dafür bieten, dass die sensiblen Daten geheim gehalten werden. Zur Erfüllung dieser Aufgabe kommen die Rechnungshöfe, die Beauftragten für Wirtschaftlichkeit in der Verwaltung sowie die Beauftragten für Datenschutz und Informationsfreiheit in Frage. Das Bundesministerium der Finanzen eignet sich nicht als Kontrollinstanz, um die Auswirkungen der Risikoparameter auf den Steuervollzug zu prüfen. Da die Risikoparameter zumindest im Einvernehmen mit dem Bundesministerium für Finanzen festgelegt werden, würde es sich insoweit selbst kontrollieren.

Wesentliche Aufgabe der Rechnungshöfe ist es, die Rechnung sowie die Wirtschaftlichkeit und Ordnungsmäßigkeit der Haushalts- und Wirtschaftsführung des Bundes bzw. der Länder zu prüfen.[677] Die Prüfung der Rechnungshöfe ist auf abgeschlossene Vorgänge begrenzt.[678] Die Begrenzung auf abgeschlossene

---

677 Art. 114 Abs. 2 S. 1 GG; zu Stellung und Aufgaben der Rechnungshöfe s. Kap. G.II.1 Stellung und Aufgaben der Rechnungshöfe.

678 *Kube* in: Maunz/Dürig, GG, Losebl. (Stand: Oktober 2008), Art. 114 Rn. 64 ff.

Vorgänge dient der klaren Trennung zwischen der selbstständigen und eigenverantwortlichen Führung eines Ressorts und der unabhängigen Kontrolle durch die Prüfinstanz.[679] Neben der Finanzkontrolle kommt den Rechnungshöfen eine Beraterfunktion zu.[680]

Aufgabe des Beauftragten für Wirtschaftlichkeit in der Verwaltung ist es im Wesentlichen, auf eine wirtschaftliche Erfüllung der Aufgaben des Bundes bzw. der Länder und eine wirtschaftliche Organisation der Verwaltung des Bundes bzw. der Länder hinzuwirken.[681]

Der Bundesbeauftragte für Datenschutz und Informationsfreiheit soll zur Verbesserung des Datenschutzes und der Informationsfreiheit auf nationaler und internationaler Ebene beitragen.[682] Seine Stellung und seine Kompetenzen ergeben sich aus §§ 5 - 7 BDSG. Er überprüft die Einhaltung des Bundesdatenschutzgesetzes und sonstiger datenschutzrechtlicher Vorschriften, erstattet Gutachten und unterrichtet den Bundestag sowie die Öffentlichkeit über wesentliche datenschutzrelevante Entwicklungen. Zudem ist er Ansprechpartner für jede Person, die ihre Datenschutzrechte bzw. ihr Recht auf Informationszugang nicht hinreichend beachtet sieht.[683] Dem Bundesbeauftragten stehen Auskunfts- und Einsichtsrechte zu, er hat jedoch keine Weisungs- und Eingriffsbefugnisse.[684] Der Landesbeauftragte für Datenschutz (und Informationsfreiheit) nimmt eine entsprechende Position auf Landesebene wahr und überwacht die Einhaltung der Vorschriften der

---

679 *Kube* in: Maunz/Dürig, GG, Losebl. (Stand: Oktober 2008), Art. 114 Rn. 66.

680 *Kube* in: Maunz/Dürig, GG, Losebl. (Stand: Oktober 2008), Art. 114 Rn. 112; BRH, Prüfungsverfahren – unabhängig, sachlich und präzise, https://www.bundesrechnungshof.de/de/bundesrechnungshof/pruefungsverfahren (geprüft am 04.01.2019); zur Beratungsfunktion der Rechnungshöfe vgl. *Krüger-Spitta/Bronk*, Einführung in das Haushaltsrecht und die Haushaltspolitik, 1973, S. 174 f.

681 Richtlinien für die Tätigkeit des Bundesbeauftragten (BWV) v. 08.06.2016, Banz AT 15.06.2016 B1; *Kube* in: Maunz/Dürig, GG, Losebl. (Stand: Oktober 2008), Art. 114 Rn. 50; BRH, Stellung BWV, https://www.bundesrechnungshof.de/de/bundesbeauftragter-bwv/stellung (geprüft am 04.01.2019); BRH, Aufgaben BWV, https://www.bundesrechnungshof.de/de/bundesbeauftragter-bwv/aufgaben (geprüft am 04.01.2019); s. Kap. G.III Kontrolle durch den Bundesbeauftragten für Wirtschaftlichkeit in der Verwaltung de lege lata.

682 BfDI, Aufgaben, https://www.bfdi.bund.de/DE/BfDI/Artikel_BFDI/AufgabenBFDI.html (geprüft am 04.01.2019).

683 *Menzenbach/Kersten/Thomas*, Infobrief v. 07.10.2008, S. 26, https://www.bundestag.de/blob/494258/ceda55b2693bdf42850ad8f9bfcf9a4a/bundesbeauftragte-data.pdf (geprüft am 04.01.2019); BfDI, Aufgaben, https://www.bfdi.bund.de/DE/BfDI/Artikel_BFDI/AufgabenBFDI.html (geprüft am 04.01.2019).

684 *Menzenbach/Kersten/Thomas*, Infobrief v. 07.10.2008, S. 26 f., https://www.bundestag.de/blob/494258/ceda55b2693bdf42850ad8f9bfcf9a4a/bundesbeauftragte-data.pdf (geprüft am 04.01.2019).

Landesdatenschutzgesetze sowie anderer datenschutzrechtlicher Regelungen des Landes.[685]

c) *Stellungnahme*

Die Überprüfung der Risikoparameter und die Auswirkungen ihres Einsatzes auf den Steuervollzug sollte von einer Bundesbehörde vorgenommen werden, da nur im Gesamtbild wirklich beurteilt werden kann, ob die Gleichmäßigkeit strukturell gewährleistet ist. Eine Instanz auf Bundesebene bietet sich auch deshalb an, weil die Risikoparameter im Einverständnis mit dem Bundesministerium der Finanzen festgelegt werden. Bundeseinheitliche Einstellungen für die Risikoparameter sollten einheitlich überprüft werden, damit ein gesamtheitliches Prüfungsergebnis festgestellt wird.

Der Bundesrechnungshof würde sich als unabhängige Instanz zur Überprüfung der Risikoparameter und der Folgen ihres Einsatzes auf den Steuervollzug am ehesten anbieten. Er kommt von seiner Kompetenz und seinem Aufgabenspektrum den Anforderungen an eine Kontrollinstanz für den Einsatz von Risikomanagementsystemen im Besteuerungsverfahren am nächsten. Darüber hinaus ist die Unabhängigkeit der Prüfinstanz beim Bundesrechnungshof ebenfalls gegeben, da den Mitgliedern des Bundesrechnungshofs richterliche Unabhängigkeit grundgesetzlich garantiert ist (Art. 114 Abs. 2 GG). Soweit die Überprüfung der Risikoparameter in die Kompetenz der Landesrechnungshöfe fällt, sollte nicht nur eine enge Zusammenarbeit zwischen den Rechnungshöfen stattfinden, sondern eine Übertragung der Prüftätigkeit auf den Bundesrechnungshof erfolgen. Eine solche Möglichkeit zur Übertragung der Prüftätigkeit ist gesetzlich sogar bereits vorgesehen.[686]

Der Beauftragte für Wirtschaftlichkeit in der Verwaltung richtet seinen Fokus auf die wirtschaftliche Aufgabenerfüllung und Organisation.[687] Aufgabe einer Kontrollinstanz über die eingesetzten Risikoparameter sollte jedoch nicht die Überprüfung auf eine wirtschaftliche Aufgabenerfüllung sein, sondern eine Kontrolle der Risikoparameter und der Auswirkungen auf den Steuervollzug insgesamt unter dem Aspekt der Gleichmäßigkeit der Besteuerung. Der Beauftragte für Datenschutz und Informationsfreiheit ist einer Kontrolle durch den Bundesrechnungshof

---

685 S. dazu z.B. §§ 8, 13 HDSIG.

686 § 93 Abs. 1 S. 3 BHO: Der Bundesrechnungshof kann durch Vereinbarung auch Prüfungsaufgaben von den Landesrechnungshöfen übernehmen.

687 Vgl. Richtlinien für die Tätigkeit des Bundesbeauftragten (BWV) v. 08.06.2016, BAnz AT 15.06.2016 B1; *Kube* in: Maunz/Dürig, GG, Losebl. (Stand: Oktober 2008), Art. 114 Rn. 50; BRH, Stellung des BWV, https://www.bundesrechnungshof.de/de/bundesbeauftragter-bwv/stellung (geprüft am 04.01.2019); BRH, Aufgaben des BWV, https://www.bundesrechnungshof.de/de/bundesbeauftragter-bwv/aufgaben (geprüft am 04.01.2019).

nicht vorzuziehen.[688] Sein Fokus liegt auf der Kontrolle von Datenschutz und Informationsfreiheit. Datenschutzrechtliche Belange werden im Rahmen des Einsatzes von Risikomanagementsystemen im Besteuerungsverfahren relevant werden. Thematisch besteht daher eine enge Verbundenheit zu den Aufgaben des Beauftragten für Datenschutz und Informationsfreiheit. Allerdings ist eine Überwachung der datenschutzrechtlichen Bestimmungen unabhängig von einer Überprüfung der Risikoparameter und deren Auswirkungen auf den Steuervollzug vorzunehmen.

In seinen jährlichen Berichten zur Haushalts- und Wirtschaftsprüfung des Bundes überprüfte der Bundesrechnungshof auch bisher die Arbeitsweise der Finanzverwaltung. Eine solche Überprüfung durch den Bundesrechnungshof umfasst jedoch keine laufende Überprüfung der konkreten Einstellungen der Risikoparameter und ist daher nicht geeignet, die Auswirkungen des Einsatzes von Risikomanagementsystemen auf den Steuervollzug im Hinblick auf die Entstehung strukturell prüfungsfreier Räume zu beurteilen.[689] Erforderlich ist daher eine Ausweitung der Aufgaben des Bundesrechnungshofes, sodass dieser unabhängig von der Überprüfung der Haushalts- und Wirtschaftsführung des Bundes eine Überprüfung der Risikoparameter und eine Bewertung der Auswirkungen des Einsatzes der Risikomanagementsysteme auf den Steuervollzug durchführen kann. Die Kontrolle durch den Bundesrechnungshof könnte derart ausgestaltet sein, dass er die Einstellungen der Risikoparameter insbesondere im Hinblick auf strukturell prüfungsfreie Räume überprüft sowie notwendige und sinnvolle Anpassungen vorschlägt.

Der Bundesrechnungshof nimmt aufgrund seiner Funktion stets nur eine objektive, vergangenheitsbezogene Kontrolle vor. Eine zukunftsorientierte Bewertung hinsichtlich der sinnvollen und notwendigen Einstellung der Risikoparameter obliegt dem Bundesrechnungshof nicht. Er hat keinerlei Handhabe, den gesetzgebenden Organen bestimmte Maßnahmen vorzuschreiben. Er kann nur im Wege seiner Beratungsfunktion bestimmte Maßnahmen empfehlen. Verbindliche Vorgaben hinsichtlich der konkreten Einstellung der Risikoparameter würden einen massiven Eingriff in den Kompetenzbereich der Finanzverwaltung bedeuten, da diese mit dem Vollzug der Steuern betraut ist. Für solche konkreten Vorgaben besteht jedoch auch kein Bedürfnis. Stellt der Bundesrechnungshof als externe Kontrollinstanz Mängel oder Verbesserungsbedarf hinsichtlich der Einstellungen der Risikoparameter fest, kann er die zuständigen Gremien – hier vorrangig das Bundesministerium der Finanzen und das Parlament – darüber unterrichten und in seiner Eigenschaft als Berater durch Empfehlungen auf Veränderungen hinwirken.

---

688 Der Chaos Computer Club hält eine Erweiterung des Auftrags des BfDI für denkbar. Erforderlich sei dazu eine entsprechende Personal- und Ressourcenaufstockung, Chaos Computer Club, Sachverständigenauskunft v. 13.04.2016, S. 10, https://linus-neumann.de/wp-content/uploads/2016/04/Stellungnahme_Finanzausschuss_CCC.pdf (geprüft am 04.01.2019).

689 S. Kap. G.II.2 Kontrolle der Risikomanagementsysteme.

Infolgedessen ist davon auszugehen, dass der Gesetzgeber Kenntnis von einer unzureichenden Vollzugspraxis hat bzw. sich ihm diese aufdrängen muss. Bleibt er dennoch untätig und ergreift keine Maßnahmen, um die Defizite zu beheben, verletzt er seine verfassungsrechtliche Pflicht zur Nachbesserung und nimmt dadurch in Kauf, dass die verfassungsgemäßen Regelungen zur Ausgestaltung der Risikomanagementsysteme verfassungswidrig werden. Daher liegt es im Interesse des Gesetzgebers, hinsichtlich der festgestellten Mängel für Abhilfe zu sorgen, um die Entstehung von Vollzugsdefiziten und letztlich die Entstehung bzw. die Annahme verfassungswidriger Zustände zu verhindern.

Einer Kontrolle der Risikoparameter und deren Auswirkungen auf den Steuervollzug durch den Bundesrechnungshof steht auch nicht die gesetzlich normierte Geheimhaltung der Einzelheiten der Risikomanagementsysteme entgegen. Eine Geheimhaltung der Einzelheiten der Risikomanagementsysteme würde der Bundesrechnungshof mittels der Regelungen zur Prüfung von geheim zu haltenden Angelegenheiten gewährleisten Diese Regelungen sehen vor, dass der Bundesrechnungshof ausschließlich den Präsidenten des Bundestages und des Bundesrates sowie dem Bundeskanzler und dem Bundesministerium der Finanzen berichtet (§ 97 Abs. 4 BHO). Eine Veröffentlichung der Informationen zu geheim zu haltenden Angelegenheiten erfolgt nicht. Werden Einzelheiten der Risikomanagementsysteme an Rechnungsprüfungsbehörden weitergeleitet, wird mit diesen Informationen ebenso verfahren wie mit Informationen, die dem Steuergeheimnis unterliegen.[690] Die Rechnungshöfe sind daher nicht dazu befugt, diese Informationen zu veröffentlichen.

Günstig wäre es, die Ausweitung des Aufgabenspektrums auf die Überprüfung der Risikoparameter und deren Auswirkungen auf den Steuervollzug gesetzlich festzuschreiben. Dies ist insbesondere sinnvoll, um die externe Kontrolle ins Bewusstsein der Steuerpflichtigen zu rücken. Eine gesetzliche Normierung würde entscheidend dazu beitragen, dem Wunsch nach Kontrolle nachzukommen und damit Bedenken gegenüber dem Einsatz von Risikomanagementsystemen im Besteuerungsverfahren zu verringern. So könnten die Steuerpflichtigen nämlich fest darauf vertrauen, dass tatsächlich eine objektive Kontrolle bezüglich der Einstellungen der Risikoparameter stattfindet und deren Umfang einschätzen. Dadurch könnte zugleich die Akzeptanz für das automatisierte Besteuerungsverfahren gewonnen bzw. gesteigert werden.

3. Festlegung einer einheitlichen Zufallsauswahl

Zu einer effektiven Kontrolle der Risikomanagementsysteme bietet sich die Festlegung einer einheitlichen Quote für die Zufallsauswahl an. Die Zufallsauswahl trägt durch die Gewährleistung eines Entdeckungsrisikos dem Gedanken der Generalprävention Rechnung und stellt zugleich eine systemimmanente

690 BT-Drs. 18/7457, S. 70.

Kontrollmöglichkeit dar, die der Qualitätssicherung dient.[691] Auf beide Funktionen hätte die Festlegung einer einheitlichen Quote für die Zufallsauswahl positive Effekte.

Durch ihren generalpräventiven Ansatzpunkt leistet die Zufallsauswahl einen entscheidenden Beitrag zur Gleichmäßigkeit der Besteuerung. Mit der gesetzlichen Festlegung einer einheitlichen Quote für die Zufallsauswahl würde der Gesetzgeber nicht nur ein tatsächlich gleichmäßiges Entdeckungsrisiko gewährleisten, sondern zugleich den weiten Entscheidungsspielraum der Finanzverwaltung bezüglich der Ausgestaltung der Risikomanagementsysteme ein wenig einschränken. Auf diese Weise würde er dafür sorgen, dass die grundlegende Ausgestaltung der Risikomanagementsysteme bundesweit homogen ist.

Sollen mittels der Stichproben Erkenntnisse gewonnen werden, die zur Weiterentwicklung des Risikomanagements dienen, ist eine vergleichbare Kontrolle notwendig. Ziel der Zufallsauswahl ist es, ein repräsentatives Bild über die Funktionsfähigkeit der Risikoparameter zu erhalten.[692] Werden Stichproben in unterschiedlicher Höhe gezogen, sind belastbare Rückschlüsse daraus nur schwer zu ziehen.[693] Um ihrer Funktion als systemimmanente Kontrollmöglichkeit hinreichend gerecht zu werden, ist daher die Festlegung einer einheitlichen Quote für die Zufallsauswahl sinnvoll. Dabei sollte eine möglichst hohe Stichprobenquote durchgeführt werden. Denn je höher die Zufallsquote ausfällt, desto höher sind das Entdeckungsrisiko und das Kontrollmaterial zur Qualitätssicherung. Die Stichprobe darf dabei selbstredend nicht so hoch gewählt werden, dass sie ihren Charakter als Stichprobe verliert.

4. Risikokommunikation und Risikodokumentation

In anderen Bereichen, in denen Risikomanagementsysteme eingesetzt werden, haben sich eine offene Risikokommunikation und eine ausführliche Risikodokumentation als sinnvoll erwiesen.

Risikomanagementsysteme sind kein statisches System, sondern stellen sich als laufender Prozess dar. Eine kontinuierliche Weiterentwicklung kann nur aufgrund einer fundierten Informationsbasis erfolgen, sodass deutlich wird, wo Änderungs- bzw. Verbesserungsbedarf besteht und welche Fehler zwingend eliminiert werden müssen. Im Rahmen des Einsatzes von Risikomanagementsystemen hat sich daher ein offener Informationsaustausch über die Risikosituation als zentral für die Funktionsfähigkeit und für eine kontinuierliche Weiterentwicklung der

691 *Thiemann*, StuW 2018, 304 (306); *Seer* in: Lüdicke (Hrsg.), Jahrbuch des Bundesverbands der Steuerberater, 2016, 55 (64 f.); *Schmidt/Schmitt* in: Mellinghoff/Schön/Viskorf (Hrsg.), FS Spindler, 2011, 529 (539 f.); zu Sinn und Zweck der Zufallsauswahl s. Kap. G.I.1 Gewährleistung einer Zufallsauswahl m.w.N.

692 *Marx*, Ubg 2016, 358 (361).

693 BT-Drs. 17/77, S. 177 f., Rn. 40.2.

Risikomanagementsysteme herausgestellt. Dabei sollte sichergestellt sein, dass die bestehenden, die verminderten, die neu identifizierten, aber vor allem auch die nicht bewältigen Risiken offen kommuniziert werden.[694] Bezüglich nicht bewältigter Risiken sollte sichergestellt werden, dass diesbezüglich Informationen an die Verantwortlichen weitergeleitet werden.[695] Die Einrichtung einer zentralen Stelle, über die gezielt hierzu Informationen ausgetauscht werden, hat sich dabei als hilfreich herausgestellt. Auf diese Weise können neue Risiken oder Schwachstellen im System frühzeitig aufgedeckt und kommuniziert werden.[696]

Damit die Funktionsfähigkeit der in der Finanzverwaltung eingesetzten Risikomanagementsysteme für die Zukunft sichergestellt werden kann und die Einheitlichkeit des Steuervollzugs gewahrt bleibt, sollte auch in der Finanzverwaltung eine umfassende Risikokommunikation einschließlich eines Berichtssystems etabliert werden. Dazu bietet sich die Einrichtung einer Sammelstelle an, bei der das Risikomanagement betreffende Informationen gemeldet und zusammengeführt werden. Wichtig ist vor allem, dass Risiken, die von den Risikoparametern nicht erkannt werden, jedoch im Rahmen der Zufallsauswahl oder der individuellen Aussteuerung auffallen, an die Sammelstelle berichtet werden. Ein Austausch über die individuellen Ergebnisse der Aussteuerung ist notwendig, damit auch andere von den daraus gewonnenen Erkenntnissen profitieren können. Die Sammelstelle sollte die Informationen auswerten, zusammenführen und anschließend an die verantwortliche Stelle – also das Bundesministerium der Finanzen bzw. die obersten Finanzbehörden, die im Einvernehmen mit dem Bundesministerium der Finanzen die Einstellung der Risikoparameter vornehmen – weiterleiten, um eine Anpassung der Risikoparameter zu bewirken und flächendeckend eine Verbesserung herbeizuführen. So kann verhindert werden, dass sich Fehler andernorts zu einem Vollzugsdefizit ausweiten.

Darüber hinaus hat sich im Rahmen der in anderen Bereichen eingesetzten Risikomanagementsysteme eine ausführliche Dokumentation über die Risikosituation als unerlässlich herausgestellt.[697] Eine Risikodokumentation erfüllt mehrere wichtige Funktionen. Durch eine ordnungsgemäße Dokumentation aller Maßnahmen im Zusammenhang mit dem Risikomanagement kann ein Nachweis über die Funktionsfähigkeit der Maßnahmen sowie über die Erfüllung aller Pflichten des Vorstands nach § 91 Abs. 2 AktG geführt werden. Zum anderen kommt der

694 IDW PS 340, Rn. 11; *Schmola* in: Schmola/Rapp, Compliance (Hrsg.), Governance und Risikomanagement im Krankenhaus, 2016, 289 (310); *Fiege*, Risikomanagement- und Überwachungssystem nach KonTraG, 2006, S. 214.

695 IDW PS 340, Rn. 11.

696 *Möbius/Pallenberg*, Risikomanagement in Versicherungsunternehmen, 3. Aufl. 2016, S. 41.

697 IDW PS 340, Rn. 17; *Schmola* in: Schmola/Rapp (Hrsg.), Compliance, Governance und Risikomanagement im Krankenhaus, 2016, 289 (310 f); *Fiege*, Risikomanagement- und Überwachungssystem nach KonTraG, 2006, S. 213.

Risikodokumentation im Hinblick auf die Abschlussprüfung eine entscheidende Rolle zu. Sie bildet nämlich die Grundlage für die Überprüfung des unternehmerischen Risikomanagements. Eine fehlende oder unvollständige Risikodokumentation stellt ein Indiz für die mangelnde Funktionsfähigkeit des Risikomanagements dar.[698] Zur Dokumentation bietet sich die Erstellung eines Risikohandbuches an, das sämtliche Regelungen und Maßnahmen, die im Zusammenhang mit dem Risikomanagement stehen, enthält.[699]

Im finanzbehördlichen Risikomanagement kann eine ausführliche Dokumentation aller im Zusammenhang mit dem Risikomanagement stehenden Maßnahmen ebenfalls wichtige Funktionen erfüllen. Zum einen könnte eine fehlende oder unvollständige Risikodokumentation für die unabhängige Kontrollinstanz ein Indiz für die mangelnde Funktionsfähigkeit der Risikoparameter darstellen und einen Ansatzpunkt für eine intensive objektive Kontrolle bieten. Zum anderen könnte eine ordnungsgemäße Risikodokumentation der Entlastung des Gesetzgebers dienen, dass er seiner Beobachtungs- und Nachbesserungspflicht in hinreichender Weise nachgekommen ist. Über die Risikodokumentation könnte er nachweisen, welche konkreten Maßnahmen er getroffen hat, um die Entstehung strukturell prüfungsfreier Räume zu vermeiden bzw. diesen entgegenzuwirken.

IV. Erhöhung der Transparenz

Durch einen offenen Umgang und eine gezielte Information der Steuerpflichtigen in Bezug auf Risikomanagementsysteme könnten die Finanzbehörden verhindern, dass die Risikomanagementsysteme als geheimer, intransparenter Bereich der Finanzverwaltung angesehen werden und auf diese Weise die Akzeptanz der Steuerpflichtigen für den automatisierten Steuervollzug unter Einsatz von Risikomanagementsystemen fördern. Anderenfalls lässt die Finanzverwaltung die Möglichkeit ungenutzt, auf das Erklärungsverhalten der Steuerpflichtigen und ihre Bereitschaft zur Erfüllung steuerlicher Pflichten in positiver Weise Einfluss zu nehmen.[700] Zugleich könnte sie auf diese Weise Bedenken gegen das automatisierte Besteuerungsverfahren unter Einsatz von Risikomanagementsystemen begegnen. Die Finanzverwaltung sollte daher allgemeine Strukturen und Prüfungsabläufe des Risikomanagements im Rahmen eines umfassenden Tax Compliance Konzeptes veröffentlichen. Dies würde nicht nur für Transparenz sorgen, sondern könnte zugleich möglichen Vorbehalten des Steuerpflichtigen gegen das moderne Besteuerungsverfahren entgegenwirken.

---

698 IDW PS 340, Rn. 17 f.; *Fiege*, Risikomanagement- und Überwachungssystem nach KonTraG, 2006, S. 213 f.

699 IDW PS 340, Rn. 17; *Schmola* in: Schmola/Rapp (Hrsg.), Compliance, Governance und Risikomanagement im Krankenhaus, 2016, 289 (310 f.); *Fiege*, Risikomanagement- und Überwachungssystem nach KonTraG, 2006, S. 213.

700 *Volquardsen* in: Schwarz et al., Erstkomm. StModG, 2017, § 88 AO Rn. 22.

1. Veröffentlichung allgemeiner Prüfungsabläufe

Einen wichtigen Beitrag zur Gewährleistung von Transparenz würde die Darlegung allgemeiner Prüfungsabläufe leisten. Die Offenlegung allgemeiner Abläufe und Strukturen gefährdet keineswegs den Einsatz und die Wirkung der Risikomanagementsysteme. Die Finanzverwaltung erfährt dadurch keine Nachteile, kann aber in erheblichem Maße von einem positiven Effekt der Offenlegung profitieren. Denn Transparenz führt zu mehr Akzeptanz und dadurch letztendlich zu einer höheren Kooperationsbereitschaft der Steuerpflichtigen.

Das Geheimhaltungsinteresse überwiegt nur, soweit die gesetzliche und gleichmäßige Besteuerung gefährdet sind. Die Offenlegung allgemeiner Strukturen und Abläufe macht das Risikomanagement nicht vorhersehbar und gefährdet damit nicht die Gleichmäßigkeit der Besteuerung. Werden Aufgriffsgrenzen und konkrete Einstellungen der Risikoparameter geheim gehalten, bleibt das System als solches trotz der Offenlegung allgemeiner Kriterien nicht ausrechenbar. Bislang sind keine Informationen von der Finanzverwaltung hinsichtlich der Ausgestaltung der Risikomanagementsysteme veröffentlicht worden. Über die tatsächliche Ausgestaltung existieren nur rudimentäre Informationen und Vermutungen. Um ein Mindestmaß an Transparenz zu gewährleisten und den Geheimhaltungsvorbehalt nicht zu überspannen, sollten daher zumindest die allgemeinen Strukturen und Abläufe der Risikomanagementsysteme offengelegt werden.[701]

Sinnvoll erscheint es darüber hinaus, dass die Finanzverwaltung neben den allgemeinen Strukturen und Abläufen auch Prüfungsschwerpunkte veröffentlicht, wie dies bereits von der Finanzverwaltung in Nordrhein-Westfalen praktiziert

---

701 Bislang sind keine Details zu den Risikomanagementsystemen veröffentlicht worden; die Offenlegung zumindest allgemeiner Strukturen fordern auch: *Marx*, Ubg 2016, 358 (358); BStbK, Stellungnahme v. 05.04.2016, S. 7, https://www.bstbk.de/de/presse/stellungnahmen/archiv/20160405_stellungnahme_bstbk/index.html (geprüft am 04.01.2019); DAV, Stellungnahme (SN 04/15) v. 31.01.2015, S. 10, https://anwaltverein.de/de/newsroom/sn-04-15 (geprüft am 04.01.2019); BDFR, Stellungnahme v. 01.09.2011, S. 6 f., http://www.bdfr.de/index.php/stellungnahmen.html (geprüft am 04.01.2019); BStbK, Stellungnahme v. 05.04.2016, S. 7, https://www.bstbk.de/de/presse/stellungnahmen/archiv/20160405_stellungnahme_bstbk/index.html (geprüft am 04.01.2019); in der Diskussion im Rahmen des Gesetzgebungsverfahrens führten die Koalitionsfraktionen aus, dass die Grundzüge des Risikomanagements der Öffentlichkeit soweit wie möglich bekannt gemacht werden könnten und sollten, ohne jedoch Details zu publizieren, *Fischer*, jurisPR-SteuerR 40/2016, Anm. 1; nach Aussagen einzelner Mitarbeiter des BMF ist die gesetzliche Regelung auch genauso zu verstehen, dass sich die Geheimhaltung nicht auf die allgemeinen Grundsätze bezieht, sondern lediglich auf die Kriterien, die offenlegen, wann Fälle konkret zur Bearbeitung ausgesteuert werden, Diskussionsbeitrag von Buchwald, *Richter/Welling*, FR 2015, 1014 (1016) sowie *Buchwald/Bernhardt/Welsch*, FR 2015, 1010 (1012); mit Blick auf die Begrenzung des Themas unterbleibt eine Beurteilung, inwiefern sich eine Offenlegung subjektiver Risikoparameter positiv auswirken könnte.

wird.[702] Nachteilige Auswirkungen dieser Praxis sind bisher nicht bekannt.[703] Vielmehr ist zu erwarten, dass damit eine präventive Wirkung verbunden ist und sich dies positiv auf die Steuerehrlichkeit auswirkt.[704] Auf diese Weise würde sich die Finanzverwaltung gegenüber den Steuerpflichtigen öffnen und Intransparenz vermeiden.

Neben einem Akzeptanzgewinn auf Seiten der Steuerpflichtigen kann die Finanzverwaltung vor allem im unternehmerischen Bereich von der Offenlegung allgemeiner Abläufe und Strukturen profitieren.[705] Kennen die Steuerpflichtigen den Aufbau der Risikomanagementsysteme, könnten sie daran orientiert ein eigenes, unternehmensinternes Tax Compliance Managementsystem einrichten, das die Einhaltung steuerlicher Vorschriften überwacht. Davon würde die Finanzverwaltung wiederum profitieren, da sich das Kontrollbedürfnis auf diese Weise merklich reduzieren könnte.

2. Maßnahmen zur Förderung von Tax Compliance

Die Veröffentlichung allgemeiner Prüfungsabläufe könnte als Teil eines allgemeinen (Tax Compliance) Konzeptes erfolgen, in dem sich die Finanzverwaltung als offen, informativ und kooperativ präsentiert und dadurch zugleich die Mitwirkung von Steuerpflichtigen im Besteuerungsverfahren fördert. Maßnahmen, mit denen Anreize zur konstruktiven Mitwirkung der Steuerpflichtigen bei der Erfüllung ihrer steuerlichen Pflichten geschaffen werden, werden von Steuerverwaltungen in anderen Ländern bereits im Rahmen eines Tax Compliance Konzeptes praktiziert.[706] Tax Compliance bezeichnet in diesem Kontext die freiwillige Erfüllung steuerlicher Pflichten.[707] Die Finanzverwaltung setzt dabei gezielt Anreize für die

702 OFD NRW, Prüffelder für das Kalenderjahr 2018, https://www.finanzverwaltung.nrw.de/de/prueffelder-fuer-das-kalenderjahr-2018 (geprüft am 04.01.2019).

703 BStbK, Stellungnahme v. 05.04.2016, S. 7, https://www.bstbk.de/de/presse/stellungnahmen/archiv/20160405_stellungnahme_bstbk/index.html (geprüft am 04.01.2019).

704 *Marx*, Ubg 2016, 358 (358, 363).

705 Vgl. *Modlinger*, Stbg 2011, 515 (516).

706 BWV, Probleme beim Vollzug der Steuergesetze, 2006, S. 139 ff.; *Schmarbeck*, Monatsbericht des BMF, 12/2002, S. 57; vgl. zum Umgang mit Tax Compliance Risiken, OECD, Compliance Risk Management, 2004, https://www.oecd.org/tax/administration/33818656.pdf (geprüft am 04.01.2019); zu Tax Compliance Ansätzen und Konzepten innerhalb der Steuerverwaltung, vgl. Risse, Steuercontrolling und Reporting, 2. Aufl. 2015, S. 92 ff. Rn. 4.3.

707 *Streck* in: Streck/Mack/Schwedhelm (Hrsg.), Tax Compliance, 2. Aufl. 2016, S. 7, Rn. 1.13; *Kromer/Pumpler/Henschel*, CB 2013, 156 (157); *Seer* in: Lang/Eilfort (Hrsg.), Strukturreform der deutschen Ertragsteuern, 2013, 181 (184); *Seer*, SteuerStud 2010, 369 (372); *Mann*, DStR 2009, 506 (506); *Nagel/Waza*, DStZ 2008, 321 (323); *Riedlinger* in DWS (Hrsg.), Risikomanagement in der Finanzverwaltung, 2009, 17 (20); *Huber/Seer*, StuW 2007, 355 (358); *Seer* in: DFGT 2007, 99 (102 f.); BWV, Probleme beim Vollzug der Steuergesetze, 2006, S. 140; *Seer*, StuW 2003, 40 (52); *Schmarbeck*, Monatsbericht des BMF, 12/2002, S. 57; vgl. OECD, Compliance Risk Management,

Steuerpflichtigen, damit diese ihren Mitwirkungspflichten eigenverantwortlich nachkommen. Erforderlich ist daneben, dass eine Ablehnung der Mitwirkung zu Sanktionen führt.[708] Diese Maßnahmen dienen dazu, den Steuerwiderstand nachhaltig zu senken, dadurch das Kontrollbedürfnis insgesamt zu reduzieren und den Gesetzesvollzug deutlich effektiver zu gestalten.[709] Kritische Stimmen in der Literatur sehen Tax Compliance Maßnahmen dagegen lediglich als Versuch der Finanzverwaltung, mit wenig Personal eine Kontrolle der Steuerpflichtigen überhaupt zu ermöglichen.[710]

Eine Verknüpfung des eingesetzten Risikomanagements mit Maßnahmen der Finanzverwaltung zur Förderung von Tax Compliance, insbesondere die Kooperation mit Steuerpflichtigen, ist überaus sinnvoll, da sich Tax Compliance und Risikomanagement gegenseitig ergänzen. Während die Compliance-Maßnahmen darauf gerichtet sind, die Mitwirkung der Steuerpflichtigen zu fördern, dient ein Risikomanagement dazu, Fehlverhalten aufzudecken und zu sanktionieren.[711] Die Finanzverwaltung wird von der Etablierung eines Tax Compliance Konzeptes erheblich profitieren. Wirkt die Mehrheit der Steuerpflichtigen bei der Erfüllung ihrer steuerlichen Pflichten bereitwillig mit, verringert sich dadurch in erheblichem Maße das Verifikationsbedürfnis. Ein verringertes Verifikationsbedürfnis bewirkt eine gezielte Auswahl der risikobehafteten Fälle und ermöglicht eine Fokussierung der Prüfungstätigkeit auf risikorelevante Sachverhalte.[712] Alle Maßnahmen, die die Förderung der freiwilligen Mitwirkung der Steuerpflichtigen zum Ziel haben, dienen damit zugleich der Verminderung bzw. Vermeidung steuerlicher Risiken.[713]

2004, S. 7, https://www.oecd.org/tax/administration/33818656.pdf (geprüft am 04.01.2019).

708 *Seer* in: Lang/Eilfort (Hrsg.), Strukturreform der deutschen Ertragsteuern, 2013, 181 (184 f.); *Seer* in: Tipke/Kruse, AO/FGO, Losebl. (Stand: Januar 2017), § 85 AO Rn. 38; *Seer*, SteuerStud 2010, 369 (372); *Huber/Seer*, StuW 2007, 355 (358); *Seer* in: DFGT 2007, 99 (102); BWV, Probleme beim Vollzug der Steuergesetze, 2006, S. 140; *Seer* in: StbJb 2004/2005, 53 (57 f.); *Seer*, StuW 2003, 40 (52).

709 *Streck* in: Streck/Mack/Schwedhelm (Hrsg.), Tax Compliance, 2. Aufl. 2016, S. 7, Rn. 1.13; *Nagel/Waza*, DStZ 2008, 321 (323); *Seer* in: DFGT 2007, 99 (103); BWV, Probleme beim Vollzug der Steuergesetze, 2006, S. 140; *Ahrens*, Der Vollzug von Steuergesetzen durch den niederländischen Belastingdienst im Vergleich zur deutschen Finanzverwaltung, 2005, S. 368; *Seer* in: StbJb 2004/2005, 53 (57 f.); *Seer*, StuW 2003, 40 (52); vgl. *O'Neill* in OECD, Tax Administration 2017, 163 (168), https://read.oecd-ilibrary.org/taxation/tax-administration-2017_tax_admin-2017-en#page1 (geprüft am 04.01.2019).

710 *Tipke*, StRO III, 2. Aufl. 2012, S. 1474 f.; kritisch auch: *Rätke* in: Klein, AO, 14. Aufl. 2018, § 85 Rn. 21.

711 *Seer* in: Lang/Eilfort (Hrsg.), Strukturreform der deutschen Ertragsteuern, 2013, 181 (184 f.); *Nagel/Waza*, DStZ 2008, 321 (323); *Seer* in: DFGT 2007, 99 (103); *Schmarbeck*, Monatsbericht des BMF, 12/2002, S. 58 f.

712 *Huber/Seer*, StuW 2007, 355 (370 f.).

713 *Huber/Seer*, StuW 2007, 355 (367); *Schmarbeck*, Monatsbericht des BMF, 12/2002, S. 62.

Eine erhöhte Kooperationsbereitschaft und Akzeptanz der Steuerpflichtigen trägt damit entscheidend zur Funktionsfähigkeit des automatisierten Besteuerungsverfahrens unter Einsatz von Risikomanagementsystemen bei. Ein effektives Tax Compliance Konzept bringt dabei nicht nur Vorteile für die Finanzverwaltung in Form eines verringerten Verifikationsbedürfnisses. Auch die Steuerpflichtigen profitieren von einer serviceorientierteren Finanzverwaltung. Letztlich entsteht auf diese Weise eine „Win-Win-Situation", die für alle Beteiligten einen Nutzen bringt.[714]

Durch die Etablierung und Umsetzung eines Tax Compliance Konzeptes könnte die Finanzverwaltung nicht nur zu mehr Offenheit beitragen, sondern auch das Vertrauen in sie stärken.[715] Essentiell ist dabei, dass dieses Konzept den Steuerpflichtigen glaubhaft vermittelt wird. Die Etablierung eines Tax Compliance Konzeptes stellt sich als Prozess dar, der zunächst im Bewusstsein von Finanzverwaltung und Steuerpflichtigen verankert werden muss. Möchte die Finanzverwaltung ein offenes Auftreten der Steuerpflichtigen, das sich durch bereitwillige Mitwirkung auszeichnet, muss sie ihnen auch dementsprechend entgegentreten und sich selbst als Kooperationspartner zur Verfügung stellen. Neben dem Auftreten der Finanzverwaltung als Kooperationspartner muss dazu insbesondere ein Bewusstsein dafür geschaffen werden, dass die Nicht-Erfüllung steuerlicher Pflichten von der Gesellschaft als verwerflich anzusehen ist.[716]

Die Etablierung von Tax Compliance in der deutschen Steuerverwaltung setzt nicht nur bei der Verwaltung selbst eine Änderung des Verhaltens voraus, sondern erfordert auch eine Umstellung im Bewusstsein von Steuerpflichtigen und Finanzverwaltung. Als konkrete Maßnahmen zur Förderung von Tax Compliance kommt neben einem verbesserten Service-Angebot und der Bereitschaft der Finanzverwaltung zum Dialog mit den Steuerpflichtigen insbesondere die Honorierung der Mitwirkungsbereitschaft der Steuerpflichtigen in Betracht. Darüber hinaus könnten Tax Compliance Reports, in denen die Finanzverwaltung darüber berichtet, welche Maßnahmen sie konkret zur Verbesserung der Risikomanagementsysteme und zur Förderung von Tax Compliance einsetzt, sinnvoll sein.

a) Honorierung der Mitwirkungsbereitschaft der Steuerpflichtigen

Im Rahmen eines Tax Compliance Konzeptes müssten gezielt Anreize und Sanktionen gesetzt werden, um eine bereitwillige Mitwirkung der Steuerpflichtigen zu fördern. Die Belohnung für eine bereitwille Erfüllung steuerlicher Pflichten könnte in einer zeitnahen Veranlagung bestehen.[717] Im unternehmerischen Bereich

---

714 *Seer*, FR 2012, 1000 (1002); *Schmarbeck*, Monatsbericht des BMF, 12/2002, S. 63.

715 Vgl. *Anzinger* in: DWS (Hrsg.), Selbstveranlagung, 2015, 35 (37), der es für eine „Binsenweisheit" hält, dass „die beste Maßnahme zur Stärkung der Tax Compliance die Akzeptanz der Steuer und des Besteuerungsverfahrens ist".

716 *Tipke*, StRO III, 2. Aufl. 2012, S. 1478; *Huber/Seer*, StuW 2007, 355 (358).

717 *Schmarbeck*, Monatsbericht des BMF, 12/2002, S. 63; *Seer* in: StbJb 2004/2005, 53 (74).

käme eine zeitnahe bzw. sogar eine veranlagungsbegleitende Betriebsprüfung in Betracht.[718] Auf diese Weise würde der Steuerpflichtige aufgrund seiner bereitwilligen Mitwirkung zügig Klarheit über seine Besteuerungsgrundlagen erhalten. Unkooperatives Verhalten der Steuerpflichtigen könnte durch eine umfassende Überprüfung sanktioniert werden.[719]

Zur Verzahnung von Tax Compliance Maßnahmen und Risikomanagement könnte sich die freiwillige Mitwirkung bzw. die bereitwillige Erfüllung steuerlicher Pflichten in einer positiven Risikoklassifizierung niederschlagen.[720] Um eine Berücksichtigung im Rahmen der Risikoklassifizierung zu ermöglichen, könnte für jeden Steuerpflichtigen ein Compliance-Faktor gebildet werden. Dazu müsste zunächst das Verhalten eines jeden Steuerpflichtigen erfasst werden. Nach dem Maß ihrer Mitwirkungsbereitschaft könnten die Steuerpflichtigen in verschiedene Risikoklassen eingestuft werden. Sinnvoll erscheint die Bildung von drei Risikoklassen, wie sie Seer bereits mehrfach vorgeschlagen hat.[721] Die erste Gruppe umfasst dabei die Steuerpflichtigen, die ihre steuerlichen Pflichten bereitwillig erfüllen. In der zweiten Gruppe finden sich die Steuerpflichtigen wieder, die ihren steuerlichen Pflichten nicht direkt freiwillig, aber auf Aufforderung nachkommen. Die dritte Gruppe erfasst die Steuerpflichtigen, die ihren steuerlichen Verpflichtungen nicht nachkommen.[722] Der Vertrauensvorschuss gegenüber der ersten Gruppe ist besonders hoch und schlägt sich in einem geringen Verifikationsbedürfnis wider. Der bereitwillig mitwirkende Steuerpflichtige würde so möglichst wenig durch weitergehende Prüfungshandlungen belastet. Dagegen genießen die Steuerpflichtigen der dritten Gruppe keinen Vertrauensvorschuss, sondern müssen mit intensiven Nachprüfungen rechnen.[723] Ziel der Tax Compliance Maßnahmen der Finanzverwaltung muss es sein, dass möglichst viele Steuerpflichtige ihren steuerlichen Pflichten bereitwillig nachkommen und so möglichst in die erste Gruppe eingeordnet werden.[724] Dadurch wird das Verifikationsbedürfnis insgesamt gesenkt, sodass die Finanzverwaltung ihre begrenzten Personalressourcen auf die problematischen Fälle fokussieren könnte.

---

718 Risse, Steuercontrolling und Reporting, 2. Aufl. 2015, S. 106 ff., Rn. 4.4.3.1; *Huber/Seer*, StuW 2007, 355 (367 f.).

719 *Schmarbeck*, Monatsbericht des BMF, 12/2002, S. 61; *Seer* in: StbJb 2004/2005, 53 (74); kritisch dazu *Rätke* in: Klein, AO, 14. Aufl. 2018, § 85 Rn. 21.

720 *Nagel/Waza*, DStZ 2008, 321 (323); vgl. *Seer*, StuW 2003, 40 (52); *Seer* in: StbJb 2004/2005, 53 (58).

721 Vgl. *Seer*, StuW 2003, 40 (52); *Seer* in: StbJb 2004/2005, 53 (58).

722 *Seer*, StuW 2003, 40 (52); *Seer* in: StbJb 2004/2005, 53 (58); BWV, Probleme beim Vollzug der Steuergesetze, 2006, S. 140 f.

723 *Huber/Seer*, StuW 2007, 355 (371); BWV, Probleme beim Vollzug der Steuergesetze, 2006, S. 140 f.; *Seer* in: StbJb 2004/2005, 53 (57); *Seer*, StuW 2003, 40 (52); *Schmarbeck*, Monatsbericht des BMF, 12/2002, S. 61.

724 *Seer* in: StbJb 2004/2005, 53 (58); *Seer*, StuW 2003, 40 (52).

Gerade im unternehmerischen Bereich würde die Finanzverwaltung enorm von einer freiwilligen Mitwirkung der Steuerpflichtigen profitieren. Die Etablierung von Tax Compliance Management Systemen wird in Unternehmen immer populärer.[725] Unterhält ein Unternehmen ein Tax Compliance Management System, könnte sich der Prüfungsaufwand für die Finanzbehörde dadurch enorm verringern. Sie könnte dieses Kontrollsystem zunächst – ähnlich wie bei einer vorgeschalteten Prüfung des internen Kontrollsystems im Bereich der Wirtschaftsprüfung – auf seine Funktionsfähigkeit testen und nur bei Auffälligkeiten in eine vertiefende Prüfung einsteigen.[726] Deshalb wäre es nur folgerichtig, den Aufwand, den die Unternehmen zur Etablierung eines solchen Systems betreiben, zu honorieren.

Besonders hoch sollte der Vertrauensvorschuss auch sein, wenn ein Steuerberater bei der Erklärung mitgewirkt hat. Steuerberater verfügen nicht nur über den notwendigen Sachverstand, sondern verbürgen sich nach ihrem Berufsethos auch für die Richtigkeit der Erklärung. Die professionelle Aufarbeitung des Steuersachverhaltes bewirkt daher ein Weniger an Prüfungsaufwand für die Finanzverwaltung.[727] Dieser Vorteil sollte daher als positiver Compliance-Faktor berücksichtigt werden.[728]

b) Verbessertes Service-Angebot sowie Bereitschaft zum Dialog

Darüber hinaus stellt der Ausbau des Service-Angebots der Finanzverwaltung eine wichtige Maßnahme im Rahmen eines Tax Compliance Konzeptes dar.[729] Dazu

---

725 Es ist zu erwarten, dass die Bedeutung von Tax Compliance Management Systemen bedingt durch den geänderten Anwendungserlass zu § 153 AO steigen wird.

726 Zur Durchführung von Funktionsprüfungen des internen Kontrollsystems und zu den Auswirkungen auf die weiteren Prüfungshandlungen vgl. IDW PS 300, Rn. 17 ff.; *Ruhnke*, DB 2002, 437 (438).

727 *Baldauf*, DStR 2016, 833 (836); *Seer* in: Lang/Eilfort (Hrsg.), Strukturreform der deutschen Ertragsteuern, 2013, 181 (186); *Seer*, DStR 2008, 1553 (1555); *Seer* in: DFGT 2007, 99 (114 f.).

728 Diese Forderung stellte der DStV bereits in seiner Stellungnahme zur StErmVO, DStV, Stellungnahme (S 14/11) v. 01.09.2011, S. 3, https://www.dstv.de/download/s-14-11 (geprüft am 04.01.2019); vgl. auch Seer, der fordert, die Konsultation eines Steuerberaters als risikomindernden Faktor zu berücksichtigen, *Seer* in: DFGT 2007, 99 (114 f.); kritisch dazu: DFGT, Stellungnahme v. 08.04.2016, S. 8, https://www.bundestag.de/blob/418156/f6400d96e0eb5edad3f8f57435fdc3f2/01-j---brandt-data.pdf (geprüft am 04.01.2019); *Riedlinger* in DWS (Hrsg.), Risikomanagement in der Finanzverwaltung, 2009, 17 (21); Thiemann fordert eine klarstellende Regelung, „ob und inwieweit sich die Heranziehung eines Steuerberaters auf den Risikostatus auswirkt", *Thiemann*, StuW 2018, 304 (309); kritisch unter dem Aspekt der Berufsfreiheit des Steuerberaters: *Baldauf*, DStR 2016, 833 (836 f.); *Mann*, DStR 2009, 506 (508).

729 *Seer* in: StbJb 2004/2005, 53 (59); *Seer*, StuW 2003, 40 (52); *Schmarbeck*, Monatsbericht des BMF, 12/2002, S. 63.

gehört neben einem großen Informationsangebot insbesondere ein erleichterter Datenaustausch.[730] Mit der Einführung von ELSTER hat die Finanzverwaltung die elektronische Kommunikation zu den Steuerpflichtigen deutlich erleichtert. Hier wäre es sinnvoll, diesen Service auszubauen und noch mehr Steuerpflichtige als bisher auf den elektronischen Kommunikationsweg zu verweisen.

Das erweiterte Informationsangebot könnte zudem in einer zumindest informellen Unterstützung bei der Erfüllung steuerlicher Pflichten bestehen.[731] Beratung und Anleitung für die Steuerpflichtigen seitens der Finanzverwaltung würden die Finanzverwaltung nicht nur offen erscheinen lassen, sondern auch eine echte Hilfe bei unverständlichen Gesetzen bieten. Das Projekt der vorausgefüllten Steuererklärung führt insoweit zu einer spürbaren Vereinfachung für die Steuerpflichtigen. Unter Tax Compliance Gesichtspunkten wäre es wünschenswert, dieses Angebot beständig auszubauen und zu erweitern.

Vertrauensbildend stellt sich darüber hinaus eine Finanzverwaltung dar, die Dialogbereitschaft zeigt und einen persönlichen Austausch mit den Steuerpflichtigen anstrebt. Um das Vertrauen der Steuerpflichtigen in das automatisierte Besteuerungsverfahren und dessen Akzeptanz insgesamt zu fördern, erscheint es sinnvoll, dass die Steuerpflichtigen über den Einsatz von Risikomanagementsystemen und die risikoorientierte Arbeitsweise innerhalb des Steuervollzugs gezielt informiert werden. Informations- und Diskussionsveranstaltungen führen dazu, dass die Finanzverwaltung sich als transparent und offen präsentiert. Ein Austausch mit allen Beteiligten schafft nicht nur eine offene Kommunikation, sondern trägt vor allem auch dazu bei, Schwachstellen des Systems aufzudecken und so die Funktionsfähigkeit auf Dauer sicherzustellen.[732]

c) Tax Compliance Reports der Finanzverwaltung

Im Rahmen eines umfassenden Tax Compliance Konzeptes könnte es zudem sinnvoll sein, dass die Finanzverwaltung über die von ihr getroffenen Maßnahmen umfassend berichtet. Dies würde nicht nur der Information der Steuerpflichtigen dienen, welche Maßnahmen zur Förderung von Tax Compliance getroffen wurden, sondern auch eine Selbstreflektion seitens der Finanzverwaltung bewirken.

Der Report sollte zunächst darstellen, welche Maßnahmen von Seiten der Finanzverwaltung ergriffen worden sind, um Tax Compliance gezielt zu fördern. Daneben sollte dargelegt werden, welche Maßnahmen gegebenenfalls noch angedacht sind und zukünftig ausgebaut werden sollen. Es sollte dabei auch herausgestellt werden, welche positiven Folgen an die bereitwillige Erfüllung der steuerlichen Pflichten geknüpft werden und wie die Missachtung steuerlicher

---

730 *Huber/Seer*, StuW 2007, 355 (367).

731 *Huber/Seer*, StuW 2007, 355 (367); vgl. *Hey*, DB 2014, M 5, die insofern auch eine Reformation des Rechtsinstituts der verbindlichen Auskunft fordert.

732 Vgl. *Drüen* in: DFGT 2011/2012, 253 (274).

Pflichten sanktioniert wird. Darüber hinaus sollte der Report die Steuerpflichtigen informieren, wie die Tax Compliance Maßnahmen ihrerseits angenommen wurden und wie vielen Steuerpflichtigen eine positive Risikoklassifizierung zukommt. Dabei ist zu erwarten, dass eine gezielte Information die Bereitschaft der Steuerpflichtigen, ihre steuerlichen Pflichten zu erfüllen, steigern wird.

Zudem könnte die Finanzverwaltung die Resultate, die sich im Rahmen ihrer regelmäßigen Überarbeitung und Anpassung der Risikomanagementsysteme ergeben, in einem jährlichen Report zusammenfassen und ohne Benennung von Details veröffentlichen.[733] So würde die Finanzverwaltung nicht nur mehr Transparenz bezüglich der generellen Funktionsfähigkeit der Risikoparameter herstellen. Geht aus dem Bericht hervor, dass die Risikomanagementsysteme zuverlässig funktionieren, könnte ein solcher Bericht grundsätzlich die Akzeptanz für das automatisierte Besteuerungsverfahren unter Einsatz von Risikomanagementsystemen erheblich fördern.

733 Der Chaos Computer Club fordert die Veröffentlichung der Ergebnisse der regelmäßigen Überprüfung, Chaos Computer Club, Sachverständigenauskunft v. 13.04.2016, S. 7, https://linus-neumann.de/wp-content/uploads/2016/04/Stellungnahme_Finanzausschuss_CCC.pdf (geprüft am 04.01.2019); Schwenker fordert, dass sich der Finanzausschuss des Bundestages alle ein bis zwei Jahre von allen Beteiligten (Finanzverwaltung, StB, Unternehmen) den aktuellen Stand berichten lässt, *Schwenker*, DB 2016, 375 (381 f.).

I. Zusammenfassung

1. Das automatisierte Besteuerungsverfahren unter Einsatz von Risikomanagementsystemen stellt keine grundlegende Veränderung der bisherigen Veranlagungspraxis dar, sondern schafft eine gesetzliche Grundlage für eine längst praktizierte Verfahrensweise der Finanzverwaltung. Der Einsatz von Risikomanagementsystemen im Steuervollzug bedeutet nichts anderes als die technische Ausgestaltung einer risikoorientierten Prüfung.[734]
2. Die Forderungen nach einem Totalvollzug sowie nach einer weitestgehend unkontrollierten Selbstveranlagung sind mit den verfassungsrechtlichen Vorgaben und der einfachgesetzlichen Konkretisierung des § 88 AO nicht vereinbar. Die Finanzverwaltung wird ihrer Aufgabe in der Massenfallverwaltung durch eine Verifikation im Wege eines risikoorientierten Gesetzesvollzuges gerecht.[735]
3. Angesichts der verfassungsrechtlichen Anforderungen an den Steuervollzug stellt der Einsatz von Risikomanagementsystemen nicht nur eine geeignete und notwendige Maßnahme dar, um einem Vollzugsdefizit entgegenzuwirken, sondern ist hinsichtlich der Massenfallverwaltung sogar verfassungsrechtlich geboten.[736]
4. Der Einsatz von Risikomanagementsystemen im Steuervollzug birgt die Gefahr der Entstehung strukturell prüfungsfreier Räume. Insbesondere aufgrund der Vereinheitlichung der Bearbeitungsstandards steigt die Gefahr, dass flächendeckend Defizite auftreten, die sich auch auf zukünftige Veranlagungszeiträume erstrecken können.[737]
5. Die dem Gesetzgeber bezüglich der Ausgestaltung der Risikomanagementsysteme im Hinblick auf ihre Effizienz und Kontrolle zustehende Einschätzungsprärogative hat der Gesetzgeber in vertretbarer Weise genutzt. Eine Verpflichtung zur Einrichtung einer weitergehenden, insbesondere einer institutionellen Kontrolle der Risikomanagementsysteme besteht nicht. Den Gesetzgeber trifft insoweit allerdings eine fortlaufende Beobachtungs- und Nachbesserungspflicht.[738]
6. Die vom Gesetzgeber vorgesehenen Kontrollmöglichkeiten für den Steuervollzug unter Einsatz von Risikomanagementsystemen sind verfassungskonform ausgestaltet. Sie sind jedoch nicht so elaboriert, dass der Gesetzgeber

---

734 S. Kap. D.II Tatsächliche Auswirkungen auf den Steuervollzug.

735 S. Kap. E.I.3.d) Daraus abgeleitete konkrete Anforderungen an den Steuervollzug in der Massenfallverwaltung.

736 S. Kap. E.II.2.a) Vereinbarkeit mit verfassungsrechtlichen Anforderungen an den Steuervollzug.

737 S. Kap. B.II.2.a) Entstehung strukturell prüfungsfreier Räume.

738 S. Kap. F.II Verpflichtung des Gesetzgebers zur Einführung einer institutionalisierten Kontrolle von Risikomanagementsystemen.

sich von seiner Verantwortung hinsichtlich des Steuervollzugs freizeichnen kann. Aufgrund dessen können ihm etwaige strukturell prüfungsfreie Räume in dem Sinne zugerechnet werden, dass eine Nichtigkeit von den Steuerpflichtigen unter Berufung auf Art. 3 Abs. 1 GG erfolgreich gerügt werden könnte.[739]

6.1. Der Gesetzgeber sorgt mit den in § 88 Abs. 5 S. 3 Nr. 1–4 AO vorgesehenen Regelungen für hinreichende Kontrollmöglichkeiten, welche die Funktionsfähigkeit der Risikomanagementsysteme sicherstellen. Bislang fehlt es jedoch an einer effektiven subjektiven Kontrollmöglichkeit durch die Steuerpflichtigen und an Maßnahmen, die eine gleichmäßige Ausgestaltung des Steuervollzugs über alle Steuerpflichtigen hinweg sicherstellen können.[740]

6.2. Rechtsschutz gegen die fehlerhafte Anwendung der Risikomanagementsysteme kann lediglich über die Geltendmachung eines verfassungswidrigen Steuervollzugs aufgrund eines in den Verantwortungsbereich des Gesetzgebers fallenden strukturellen Vollzugsdefizits erreicht werden. Aufgrund des Ausnahmecharakters eines strukturellen Vollzugsdefizits bestehen für die gerichtliche Geltendmachung eines solchen Vollzugsdefizits jedoch hohe Hürden.[741]

6.3. Das In-camera-Verfahren ist unter verfassungsrechtlichen Gesichtspunkten geboten, um den Steuerpflichtigen Rechtsschutz bezüglich der Risikoparameter zu gewähren. Die Frage der konkreten Ausgestaltung der Risikoparameter wird jedoch kaum entscheidungserheblich werden, da ein finanzgerichtlicher Prozess letztlich stets auf die richtige Anwendung des materiellen Rechts hinauslaufen wird.[742]

7. Rechtspolitisch bieten sich Maßnahmen zur Verbesserung der derzeitigen Rechtslage und Praxis im Hinblick auf Risikomanagementsysteme an.[743]

7.1. Der Gefahr der mangelnden Kontrolle könnte durch die Einrichtung einer externen Kontrollinstanz begegnet werden. Der Bundesrechnungshof könnte insofern als übergeordnete unabhängige Kontrollinstanz fungieren. Dazu müsste sein Aufgabenspektrum entsprechend erweitert werden.[744]

7.2. Zu einer effektiven Kontrolle könnte auch die Festlegung einer bundeseinheitlichen Quote für die Zufallsauswahl beitragen. Denn nur eine gleichmäßige

739 S. Kap. G.V.2.d) Geltendmachung eines dem Gesetzgeber zurechenbaren Vollzugsdefizits.

740 S. Kap. G Die Kontrolle von Risikomanagementsystemen im Hinblick auf strukturell prüfungsfreie Räume, insbesondere G.I.4 Bewertung und G.VI Zwischenergebnis.

741 S. Kap. G.V.2 Geltendmachung der subjektiven Rechtsgutverletzung, insbesondere G.V.2.d) Geltendmachung eines dem Gesetzgeber zurechenbaren Vollzugsdefizits.

742 S. Kap. G.V.3 In-camera-Verfahren als verfahrensrechtliche Besonderheit.

743 S. Kap. H Rechtspolitische Vorschläge zur Verbesserung der derzeitigen Rechtslage und Praxis im Hinblick auf Risikomanagementsysteme.

744 S. Kap. H.III.2 Einrichtung einer externen Kontrollinstanz.

Stichprobe liefert belastbare Rückschlüsse auf die Zuverlässigkeit der Risikomanagementsysteme.[745]

7.3. Zur Weiterentwicklung der Risikomanagementsysteme ist ein Austausch über die individuellen Ergebnisse der Aussteuerung sinnvoll. Dazu bietet sich die Einrichtung einer Sammelstelle an, welche die Informationen zusammenführt, auswertet und auf eine Anpassung der Risikoparameter hinwirkt. Eine von der Sammelstelle geführte Dokumentation über die vorgenommenen Anpassungen könnte dem Gesetzgeber als Nachweis und zugleich als Entlastung dienen, dass er seiner Beobachtungspflicht in hinreichender Weise nachgekommen ist.[746]

7.4. Durch die Veröffentlichung allgemeiner Prüfungsabläufe im Rahmen eines umfassenden Tax Compliance Konzeptes könnte schließlich der Gefahr der Intransparenz entgegengewirkt und zugleich die Akzeptanz des automatisierten Besteuerungsverfahrens seitens der Steuerpflichtigen gefördert werden.[747]

745 S. Kap. H.III.3 Festlegung einer einheitlichen Zufallsauswahl.
746 S. Kap. H.III.4 Risikokommunikation und Risikodokumentation.
747 S. Kap. H.IV Erhöhung der Transparenz.

Anhang

I. Auszug aus dem Referentenentwurf des BMF zur Zweiten Verordnung zur Änderung steuerlicher Verordnungen v. 05.08.2011 (RefE zur StErmVO)

Der vollständige Referentenentwurf des BMF zur Zweiten Verordnung zur Änderung steuerlicher Verordnungen v. 05.08.2011 ist abrufbar unter: https://betriebs-berater.ruw.de/news/media/1/Zweit-Verordnun-zu-nderun-steuerliche-Verordnunge-4202.pdf (geprüft am 20.12.2018).

[...]

– 4 –

Artikel 1 Verordnung über Art und Umfang der steuerlichen Ermittlungen der Landesfinanzbehörden bei Einsatz automationsgestützter Risikomanagementsysteme (Steuer-Ermittlungs-Verordnung – StErmV)

§ 1 Einsatz von Risikomanagementsystemen im Besteuerungsverfahren

(1) Die Finanzbehörden der Länder können bei der Festsetzung und Erhebung von Steuern automationsgestützte Verfahren zur Erkennung von steuerlichen Risikopotenzialen und zur Bewältigung des Kontrollbedürfnisses (Risikomanagementsysteme) einsetzen.

(2) Wurde ein Fall vom Risikomanagementsystem zur personellen Bearbeitung ausgewählt, sind die nach Lage des Einzelfalls gebotenen Ermittlungen und Prüfungen personell vorzunehmen und zu dokumentieren.

(3) Fälle, die durch das Risikomanagementsystem nicht zur personellen Bearbeitung ausgewählt werden, können vollmaschinell bearbeitet werden.

§ 2 Ziel der Risikomanagementsysteme

(1) Die Risikomanagementsysteme sind darauf auszurichten, die Steuern nach Maßgabe der Gesetze gleichmäßig und unter Berücksichtigung des Grundsatzes der Verhältnismäßigkeit sowie des Grundsatzes der Wirtschaftlichkeit der Verwaltung festzusetzen und zu erheben.

– 5 –

(2) Maßstab für die Ausgestaltung der Risikomanagementsysteme ist es, unzutreffende Steuerfestsetzungen und unzutreffende Anrechnungen von Steuerabzugsbeträgen zu Gunsten wie auch zu Ungunsten des Steuerpflichtigen weitgehend zu vermeiden.

§ 3 Ausgestaltung der Risikomanagementsysteme

(1) Im Rahmen der Risikomanagementsysteme werden Risikofilter oder andere Methoden eingesetzt, die insbesondere auf Grund steuerrechtlicher oder verhaltensorientierter Umstände auf personell zu prüfende Sachverhalte hinweisen. Verhaltensorientierte Umstände bestimmen sich nach dem bisherigen Verhalten des betroffenen Steuerpflichtigen im Besteuerungsverfahren. Bestandteile der Risikofilter sind auch Zufalls- und Turnusauswahl sowie personelle Fallauswahl. Elektronisch auswertbare Kontrolldaten sind in den Risikomanagementsystemen zu berücksichtigen.
(2) Wird für die Auswahl der von den Außenprüfungsdiensten zu überprüfenden Steuerfälle ein Risikomanagementsystem eingesetzt, können in einer allgemeinen Verwaltungsvorschrift nach Artikel 108 Absatz 7 des Grundgesetzes mit Zustimmung des Bundesrates Abweichungen von Absatz 1 vorgesehen werden.
(3) Zur Qualitätssicherung der Risikomanagementsysteme sind die eingesetzten Risikofilter und Methoden im Sinne von Absatz 1 und 2 regelmäßig auf ihre Zweckmäßigkeit zu überprüfen und soweit notwendig anzupassen.
(4) Die Ausgestaltung der Risikomanagementsysteme wird nach § 21a Absatz 1 des Finanzverwaltungsgesetzes bundeseinheitlich festgelegt. Länderspezifisch erforderliche Abweichungen sind nur bei Einhaltung bundeseinheitlicher Mindestanforderungen und mit Zustimmung des Bundesministeriums der Finanzen zulässig. Die Gründe für solche Abweichungen sind in bundeseinheitlich festgelegter Weise zu dokumentieren.
(5) Einzelheiten der Ausgestaltung der Risikomanagementsysteme werden nicht veröffentlicht.

[…]

–16 –

B. Besonderer Teil

Zu Artikel 1 (Verordnung über Art und Umfang der steuerlichen Ermittlungen der Landesfinanzbehörden bei Einsatz automationsgestützter Risikomanagementsysteme):

Der Gleichheitssatz (Artikel 3 Absatz 1 des Grundgesetzes) verlangt für das Steuerrecht, dass die Steuerpflichtigen durch die Steuergesetze rechtlich und tatsächlich gleich belastet werden. Eine Steuer, die mangels hinreichender Kontrollmechanismen nahezu allein auf der Erklärungsbereitschaft und Steuerehrlichkeit des Steuerpflichtigen beruht, birgt das Risiko strukturell ungleicher, da unvollständiger Steuererhebung und verfehlt das Gebot steuerlicher Lastengleichheit. Der Gesetzgeber muss daher die Steuerehrlichkeit durch hinreichende maschinelle und personelle Kontrollinstrumentarien abstützen. Das Deklarationsprinzip bedarf folglich der Ergänzung durch das Verifikationsprinzip (vgl. dazu grundlegend BVerfG, Urteil vom 27. Juni 1991, 2 BvR 1493/89, BStBl II 1991 S. 654).

Verifikation besteht darin, die vom Steuerpflichtigen oder einem Dritten im Besteuerungsverfahren gemachten Angaben auf Vollständigkeit und Richtigkeit zu untersuchen. Eine Verifikation ist nicht nur wirksam und erfolgreich, wenn sich durch maschinelle oder personelle Überprüfungen höhere Steuern ergeben. Eine Verifikation ist auch dann erfolgreich, wenn sich die Angaben als vollständig und zutreffend erweisen oder wenn sich nach der Überprüfung eine niedrigere Steuer ergibt. Letztlich hat Verifikation aber auch zum Ziel, den Steuerpflichtigen durch ein nicht kalkulierbares Entdeckungsrisiko zu mehr Steuerehrlichkeit zu bewegen.

Die Finanzbehörden müssen bei der Entscheidung über Art und Umfang der Ermittlung steuerrelevanter Sachverhalte dem Verifikationsgebot Rechnung tragen. Bei der Besteuerung handelt es sich allerdings um ein Massenverfahren, das immer im Zielkonflikt zwischen sorgfältiger Sachaufklärung im Einzelfall und der Sicherstellung des zeitnahen Gesamtvollzugs steht. Eine flächendeckende, detaillierte, am jeweils individuellen Sachverhalt orientierte Verifikation jedes einzelnen Steuerfalles würde die Finanzverwaltung angesichts begrenzter Ressourcen überfordern. Zudem sind bei Bestimmung von Art und Umfang der Ermittlungen der Finanzbehörden auch Verhältnismäßigkeitsaspekte zu beachten, das heißt Ermittlungen müssen nicht nur geeignet, sondern auch erforderlich und angemessen sein. Wirkt der Steuerpflichtige umfassend mit und liegen aus Sicht der Finanzbehörde keine Anhaltspunkte für eine Unrichtigkeit oder Unvollständigkeit seiner Angaben vor, besteht daher grundsätzlich kein Anlass für weitere Ermittlungen. Der so begründete Vertrauensvorschuss muss jedoch um die Komponente einer effektiven Kontrolle ergänzt werden. Diese Kontrolle muss nicht zwingend ausschließlich in einer umfassenden personellen Überprüfung bestehen, sie kann auch durch ein automationsgestütztes Risikomanagementsystem ergänzt und in Abhängigkeit von den steuerrelevanten Sachverhalten auch ersetzt werden.

Die Finanzbehörden der Länder richten ihre Vollzugsstrategie zudem an dem Ziel aus, dass die Steuerpflichtigen ihre steuerlichen Pflichten freiwillig, korrekt und pünktlich erfüllen. Zu diesem Zweck ist die Kommunikation mit den Steuerpflichtigen stetig zu verbessern, durch elektronische Steuerverwaltung (eGovernment) sind bürokratische Belastungen auf ein unverzichtbares Mindestmaß zu reduzieren und für die Steuerpflichtigen passende Informations- und Serviceangebote bereit zu stellen (Servicemanagement). Gleichzeitig sollen Risiken im Vollzug der Steuergesetze frühzeitig erkannt, überwacht und durch gezielte Nachfragen bei den Steuerpflichtigen sowie den Einsatz IT-gestützter Verfahren zur risikoorientierten Ressourcensteuerung angemessen bewältigt werden (Risikomanagement).

Risikomanagement besteht aus der systematischen Erfassung und Bewertung von Risikopotenzialen sowie der Steuerung von Reaktionen in Abhängigkeit von den festgestellten Risikopotentialen. Ziel des Risikomanagements kann es allerdings nicht sein, jedes abstrakt denkbare Risiko auszuschalten. Risikomanagement hat vielmehr zum Ziel,

- Steuerverkürzungen zu verhindern und damit präventiv zu wirken,
- gezielt Betrugsfälle aufzudecken, zumindest aber die Chancen ihrer Aufdeckung deutlich zu erhöhen,
- die personelle Fallbearbeitung durch eine risikoorientierte Steuerung der Bearbeitung zu optimieren,
- die Bearbeitungsqualität durch Standardisierung der Arbeitsabläufe bei umfassender IT-Unterstützung nachhaltig zu verbessern und
- qualitativ hochwertige Rechtsanwendung durch bundeseinheitlich abgestimmte Vorgaben gleichmäßig zu gestalten.

Risikomanagement hilft dabei, mit den vorhandenen Ressourcen das bestmögliche Ergebnis im Spannungsverhältnis zwischen gesetz- und gleichmäßiger Besteuerung einerseits und zeitnahem und wirtschaftlichem Verwaltungshandeln andererseits zu erreichen. Durch bewusstes Eingehen auf definierte Risikopotentiale soll ein besseres Gesamtniveau der Besteuerungsergebnisse und damit ein Mehr an Steuergerechtigkeit realisiert werden.

Zu § 1 (Einsatz von Risikomanagementsystemen im Besteuerungsverfahren):

Zu Absatz 1:

Absatz 1 stellt klar, dass die Landesfinanzbehörden im Besteuerungsverfahren automationsgestützte Risikomanagementsysteme einsetzen können.

Zu Absatz 2:

Wurde ein Fall im Rahmen des Risikomanagementsystems zur personellen Bearbeitung ausgesteuert, sind die nach den konkreten Umständen des Einzelfalls gebotenen Ermittlungen und Prüfungen durchzuführen (vgl. § 88 Absatz 1 Abgabenordnung -AO -). Dies kann je nach Sachlage eine punktuelle oder auch eine umfassende Ermittlung und Überprüfung sein. Die durchgeführten Ermittlungen und Prüfungen sind für Zwecke der Evaluation zu dokumentieren. Im Fall einer Zufallsauswahl dient die Überprüfung unter anderem dazu, die Wirkung der eingesetzten Risikofilter zu überprüfen; im günstigsten Fall bestätigt die personelle Überprüfung des zufällig ausgewählten Falls die Zuverlässigkeit und Zweckmäßigkeit der eingesetzten Risikofilter.

Sofern im Rahmen der Außenprüfung ein Risikomanagementsystem zur Fallausfall eingesetzt wird, hat die Aussteuerung eines Falls nicht zwingend zur Folge, dass eine Außenprüfung durchgeführt werden muss; es muss lediglich personell überprüft und entschieden werden, ob im ausgesteuerten Fall eine Außenprüfung geboten ist.

Zu Absatz 3:

Absatz 3 stellt klar, dass Steuerfälle unter bestimmten Voraussetzungen vollmaschinell bearbeitet werden können.

Zu § 2 (Ziel der Risikomanagementsysteme):

Zu Absatz 1:

Absatz 1 beschreibt das Ziel des Einsatzes von Risikomanagementsystemen.

–18 –

Zu Absatz 2:

Absatz 2 macht deutlich, dass Risikomanagementsysteme nicht vorrangig auf die Erzielung steuerlicher Mehrergebnisse ausgerichtet sind. Auch zu hohe Steuerfestsetzungen sind zu vermeiden.

Zu § 3 (Ausgestaltung der Risikomanagementsysteme):

Zu Absatz 1:

Die Finanzverwaltung kann den Einsatz ihres Verifikationsinstrumentariums am steuerlichen Risikopotential ausrichten und Risikofilter oder andere geeignete Methoden zur Erkennung von steuerlichen Risikopotenzialen und zur Bewältigung des Kontrollbedürfnisses einsetzen (vgl. BVerfG, Beschluss vom 9. März 2004, 2 BvL 17/02, BStBl II 2005

S. 56, zur Zulässigkeit so genannter Prüffelder). Die standardisierte, automationsgestützte Prüfung eines jeden Steuerfalls nach bundeseinheitlich abgestimmten Vorgaben, denen letztlich das gesamte Expertenwissen der Steuerverwaltung zu Grunde liegt, kann nicht adäquat durch eine individuelle personelle Fallbearbeitung ersetzt werden.

Bei Ausgestaltung und Weiterentwicklung der Risikomanagementsysteme im Besteuerungsverfahren müssen hinreichende Vorkehrungen für eine möglichst umfassende automationsgestützte Kontrolle getroffen werden, um die Zahl objektiv fehlerhafter Steuerfestsetzungen (d. h. sowohl zu hohe als auch zu niedrige Steuerfestsetzungen) so gering wie möglich zu halten. Zu diesem Zweck muss das Risikomanagementsystem unter anderem hinreichende personelle Stichprobenkontrollen vorsehen, um ein für die Steuerpflichtigen unkalkulierbares Entdeckungsrisiko zu begründen und eine zeitnahe Evaluation der Systemparameter zu ermöglichen. Zudem müssen personelle Einzelfallprüfungen auch weiterhin für solche Fälle vorgesehen werden, die mangels genügender Datenbasis noch nicht hinreichend automationsgestützt analysiert werden können oder bei denen der zuständige Bearbeiter ein Kontrollbedürfnis sieht.

Elektronisch auswertbare Kontrolldaten werden in den Risikomanagementsystemen berücksichtigt. Andere Kontrolldaten (z. B. Kontrollmitteilungen in Papierform) werden weiterhin durch personelle Maßnahmen ausgewertet.

Zu Absatz 2:

Absatz 2 ermöglicht es, in einer allgemeinen Verwaltungsvorschrift der Bundesregierung nach Artikel 108 Absatz 7 des Grundgesetzes mit Zustimmung des Bundesrates Abweichungen von Absatz 1 vorzusehen, sofern Risikomanagementsysteme von den Außenprüfungsdiensten der Landesfinanzbehörden zur Auswahl der zu prüfenden Fälle eingesetzt werden. Sachgerechter Regelungsort für derartige Bestimmungen wäre die Allgemeine Verwaltungsvorschrift für die Betriebsprüfung (Betriebsprüfungsordnung).

Unabhängig von der maschinellen Unterstützung bei der Fallauswahl durch ein Risikomanagementsystem richten sich die Prüfungsmaßstäbe bei den zur Prüfung ausgewählten Fällen nach den allgemeinen Grundsätzen (§ 1 Absatz 2 der Verordnung i. V. mit §§ 193 ff. Abgabenordnung).

Zu Absatz 3:

Jedes Risikomanagementsystem bedarf der Qualitätssicherung und Weiterentwicklung. Deshalb sind die eingesetzten Risikofilter und Methoden im Sinne von Absatz 1 und 2 regelmäßig auf ihre Zweckmäßigkeit zu überprüfen und soweit notwendig anzupassen.

– 19 –

Zu Absatz 4:

Satz 1 regelt das Verfahren zur Ausgestaltung der Risikomanagementsysteme. Da die Ausgestaltung eines Risikomanagementsystems auf dem Gebiet der Verwaltung der Gemeinschaftssteuern immer auch eine Frage der Rechtsanwendung (§ 88 Absatz 1 AO) und damit eine Frage der Bundesauftragsverwaltung nach Artikel 108 Absatz 3 GG ist, sollen konkrete Festlegungen zur Ausgestaltung der Risikomanagementsysteme hinsichtlich der von den Ländern im Auftrag des Bundes verwalteten Steuern nach § 21a Absatz 1 des Finanzverwaltungsgesetzes getroffen werden.

Risikomanagementsysteme sollen auch länderspezifisch erforderliche Abweichungen vorsehen können. Derartige Abweichungen sollen nach Satz 2 allerdings nur bei Einhaltung bundeseinheitlicher Mindeststandards und mit Zustimmung des Bundesministeriums der Finanzen zulässig sein. Die Gründe für derartige Abweichungen sollen im Interesse der Transparenz und Nachvollziehbarkeit nach Satz 3 in bundeseinheitlich festgelegter Weise dokumentiert werden.

Zu Absatz 5:

Eine Veröffentlichung der Einzelheiten der Ausgestaltung der Risikomanagementsysteme würde die mit dem Einsatz dieser Systeme verfolgten Zwecke gefährden. Könnten zum Beispiel die Steuerpflichtigen ihre Steuererklärungen an den ihnen bekannten Risikofiltern ausrichten, würde die mit dem Risikomanagement beabsichtigte Verifikation vereitelt.

[...]

II. Materialien

1. Auszug aus IDW PS 250 n.F.

1. Vorbemerkungen

1 Das Institut der Wirtschaftsprüfer in Deutschland e.V. (IDW) legt in diesem *IDW Prüfungsstandard* die Berufsauffassung dar, nach der Wirtschaftsprüfer als Abschlussprüfer unbeschadet ihrer Eigenverantwortlichkeit das Konzept der Wesentlichkeit bei der Planung und Durchführung einer Abschlussprüfung zu berücksichtigen haben. Der *IDW Prüfungsstandard* verdeutlicht zudem die Auswirkungen der Wesentlichkeit auf das Prüfungsrisiko und macht gegenüber der Öffentlichkeit deutlich, dass die Wesentlichkeit nicht nur unter quantitativen, sondern auch unter qualitativen Gesichtspunkten zu beurteilen ist. Ferner behandelt der *IDW Prüfungsstandard* die Pflicht des Abschlussprüfers zur Beurteilung der Auswirkungen von festgestellten falschen Angaben auf die Prüfungsdurchführung und von etwaigen nicht korrigierten falschen Angaben auf die Rechnungslegung (Abschluss, Lagebericht und Buchführung) und das Prüfungsurteil.

2 Dieser *IDW Prüfungsstandard* betrifft Abschlussprüfungen, d.h. Prüfungen von Jahres-, Konzern- und Zwischenabschlüssen i.S.d. *IDW PS 200*[2], Tz. 5. Zur Prüfung von Konzernabschlüssen sind weitergehende Ausführungen zur Wesentlichkeit in *IDW PS 320 n.F.*[3] enthalten.

3 Dieser *IDW Prüfungsstandard* entspricht dem International Standard on Auditing (ISA) 320 „Materiality in Planning and Performing an Audit" und dem International Standard on Auditing (ISA) 450 „Evaluation of Misstatements Identified during the Audit".

4 Der *IDW Prüfungsstandard* ersetzt den *IDW Prüfungsstandard: Wesentlichkeit im Rahmen der Abschlussprüfung (IDW PS 250)* i.d.F. vom 09.09.2010. Er ist anzuwenden bei Prüfungen von Abschlüssen für Berichtszeiträume, die am oder nach dem 15.12.2012 beginnen.[4]

[2] *IDW Prüfungsstandard: Ziele und allgemeine Grundsätze der Durchführung von Abschlussprüfungen (IDW PS 200)* (Stand: 28.06.2000).

[3] *IDW Prüfungsstandard: Besondere Grundsätze für die Durchführung von Konzernabschlussprüfungen (einschließlich der Tätigkeit von Teilbereichsprüfern) (IDW PS 320 n.F.)* (Stand: 01.03.2012), Tz. 18–20.

[4] Für frühere Berichtszeiträume gilt *IDW PS 250* i.d.F. vom 09.09.2010, sofern keine freiwillige frühere Anwendung des *IDW PS 250 n.F.* erfolgt.

2. Das Konzept der Wesentlichkeit

5 Das Konzept der Wesentlichkeit ist adressatenorientiert. Rechnungslegungsinformationen sind als wesentlich anzusehen, wenn vernünftigerweise zu erwarten ist, dass ihre falsche Darstellung (einschließlich ihres Weglassens) im Einzelnen oder insgesamt die auf Basis der Rechnungslegung getroffenen wirtschaftlichen Entscheidungen der Rechnungslegungsadressaten beeinflusst. Bei der Wesentlichkeit handelt es sich um einen allgemeinen Grundsatz, der sowohl in der Rechnungslegung als auch in der Abschlussprüfung zu beachten ist. Unabhängig von der Anwendung des Wesentlichkeitskonzepts sind die gesetzlichen Vertreter dafür verantwortlich, dass alle buchungs- und angabepflichtigen Sachverhalte vollständig und richtig erfasst werden[5] und dass sie ihren weiteren Pflichten[6] nachkommen.

6 In der Abschlussprüfung besagt das Konzept der Wesentlichkeit, dass die Prüfung des Jahresabschlusses und des Lageberichts bzw. des Konzernabschlusses und des Konzernlageberichts darauf auszurichten ist, mit hinreichender Sicherheit falsche Angaben aufzudecken, die wegen ihrer Größenordnung oder Bedeutung einen Einfluss auf den Aussagewert der Rechnungslegung für die Rechnungslegungsadressaten haben. Die Festlegung der Wesentlichkeit durch den Abschlussprüfer liegt in dessen pflichtgemäßen Ermessen und wird von dessen Wahrnehmung der Informationsbedürfnisse der Rechnungslegungsadressaten beeinflusst.

7 Das Konzept der Wesentlichkeit ist bei der Planung und Durchführung von Abschlussprüfungen zu beachten, damit dem Abschlussprüfer mit hinreichender Sicherheit die Beurteilung ermöglicht wird, ob die Rechnungslegung in allen wesentlichen Belangen in Übereinstimmung mit den anzuwendenden Rechnungslegungsgrundsätzen aufgestellt wurde.[7] Durch die Berücksichtigung des Konzepts der Wesentlichkeit in der Abschlussprüfung erfolgt eine Konzentration auf entscheidungserhebliche Sachverhalte.[8]

8 Die Wesentlichkeit kann sich sowohl quantitativ in einem Grenzwert als auch qualitativ in einer Eigenschaft ausdrücken, der/die geeignet ist, das Entscheidungsverhalten der Rechnungslegungsadressaten zu beeinflussen.

9 Die Wesentlichkeit von falschen Angaben kann sich auch daraus ergeben, dass mehrere unzutreffende bzw. unterlassene Angaben, die für sich allein betrachtet unwesentlich sind, zusammen mit anderen wesentlich werden.

[5] Auch § 239 Abs. 2 HGB fordert u.a., dass Eintragungen in Büchern vollständig vorgenommen werden müssen.

[6] Vgl. *IDW Prüfungsstandard: Feststellung und Beurteilung von Fehlerrisiken und Reaktionen des Abschlussprüfers auf die beurteilten Fehlerrisiken (IDW PS 261 n.F.)* (Stand: 01.03.2012), Tz. 34.

[7] Vgl. *IDW Prüfungsstandard: Rechnungslegungs- und Prüfungsgrundsätze für die Abschlussprüfung (IDW PS 201)* (Stand: 09.09.2009), Tz. 4 ff.

[8] Vgl. *IDW PS 200*, Tz. 9.

3. Anwendung des Konzepts der Wesentlichkeit

10 Das Konzept der Wesentlichkeit ist sowohl bei der Prüfung des Abschlusses und ggf. des Lageberichts als auch bei der Prüfung einzelner Prüffelder (wie z.B. Kontensalden, Arten von Geschäftsvorfällen und Angaben in Anhang und Lagebericht) zu beachten. Es wird angewendet

- für die Prüfungshandlungen zur Risikobeurteilung sowie die Festlegung von Art, Zeitpunkt und Umfang der Prüfungshandlungen[9],
- für die Beurteilung der Auswirkungen von festgestellten falschen Angaben auf die Prüfungsdurchführung und von nicht korrigierten falschen Angaben auf die Rechnungslegung sowie
- bei der Bildung des Prüfungsurteils.

11 Die Wesentlichkeit der Auswirkungen von falschen Angaben ergibt sich aus der Entscheidungserheblichkeit für die Rechnungslegungsadressaten (vgl. Tz. 5). Die Entscheidungserheblichkeit wird im Rahmen der Abschlussprüfung berücksichtigt durch die Wesentlichkeit für den Abschluss als Ganzes und, soweit erforderlich, durch die Wesentlichkeit für einzelne Arten von Geschäftsvorfällen, Kontensalden oder Abschluss- bzw. Lageberichtsangaben (im Folgenden „spezifische Wesentlichkeit“, vgl. Tz. 16).

Im Unterschied dazu dient die Toleranzwesentlichkeit der Beurteilung der Risiken wesentlicher falscher Angaben sowie der Festlegung von Art, Zeitpunkt und Umfang der Prüfungshandlungen als Reaktion auf diese Risiken. Bei der Toleranzwesentlichkeit handelt es sich um den Betrag oder die Beträge, die vom Abschlussprüfer unterhalb der Wesentlichkeit für den Abschluss als Ganzes festgelegt werden, um die Wahrscheinlichkeit auf ein angemessen niedriges Maß zu reduzieren, dass die Summe aus den nicht korrigierten und den nicht aufgedeckten falschen Angaben die Wesentlichkeit für den Abschluss als Ganzes überschreitet. Legt der Abschlussprüfer spezifische Wesentlichkeiten fest, bezieht sich der Begriff „Toleranzwesentlichkeit“ auch auf den Betrag oder die Beträge, die vom Abschlussprüfer für Prüfungshandlungen zur Risikobeurteilung sowie der Festlegung von Art, Zeitpunkt und Umfang der Prüfungshandlungen unterhalb dieser Wesentlichkeiten festgelegt werden.

12 Die Wesentlichkeit ist nach den Umständen des Einzelfalls durch den Abschlussprüfer im Rahmen des pflichtgemäßen Ermessens festzulegen. Im Allgemeinen wird als Ausgangspunkt für die Festlegung der Wesentlichkeit für den Abschluss als Ganzes ein Prozentsatz auf eine geeignete Bezugsgröße, z.B. Ergebnis vor Steuern, Umsatzerlöse, Eigenkapital oder Bilanzsumme, angewendet. Die Festlegung einer geeigneten Bezugsgröße und eines geeigneten Prozentsatzes liegen im pflichtgemäßen Ermessen des Abschlussprüfers. Allgemeingültige Bezugsgrößen und Prozentsätze können nicht vorgegeben werden.

13 Die Festlegung der Toleranzwesentlichkeit erfolgt nach dem pflichtgemäßen Ermessen des Abschlussprüfers und wird beeinflusst von seinem Verständnis

von dem Unternehmen, das während der Durchführung der Prüfungshandlungen zur Risikobeurteilung aktualisiert wird, sowie von Art und Umfang der bei vorhergehenden Abschlussprüfungen festgestellten falschen Angaben und somit von den Erwartungen des Abschlussprüfers über falsche Angaben im zu prüfenden Abschluss und Lagebericht.

[9] Vgl. *IDW Prüfungsstandard: Grundsätze der Planung von Abschlussprüfungen (IDW PS 240)* (Stand: 09.09.2010), Tz. 20.

3.1. Wesentlichkeit und Prüfungsrisiko

14 Wesentlichkeit und Prüfungsrisiko stehen in einem wechselseitigen Zusammenhang: Je höher die Wesentlichkeit festgelegt wird, umso geringer ist das Prüfungsrisiko und umgekehrt.[10] Bei der Planung von Art, Zeitpunkt und Umfang von Prüfungshandlungen ist dieser wechselseitige Zusammenhang zwischen Wesentlichkeit und Prüfungsrisiko vom Abschlussprüfer zu berücksichtigen. Wenn der Abschlussprüfer zu dem Schluss kommt, dass die Wesentlichkeit niedriger ist als ursprünglich festgelegt, steigt das Prüfungsrisiko. Der Abschlussprüfer kompensiert dies durch eine Verringerung der Höhe des Entdeckungsrisikos, indem Art oder Zeitpunkt der geplanten aussagebezogenen Prüfungshandlungen angepasst werden bzw. deren Umfang erweitert wird. Dies ist nicht erforderlich, wenn nach Durchführung erweiterter oder zusätzlicher Aufbau- und Funktionsprüfungen des internen Kontrollsystems von einer ausreichenden Verringerung der ursprünglich angenommenen Höhe des Kontrollrisikos ausgegangen werden kann.

[10] Vgl. *IDW PS 261 n.F.*, Tz. 9.

3.2. Wesentlichkeit und Prüfungsplanung

15 Bei der Erarbeitung der Prüfungsstrategie und des Prüfungsplans hat der Abschlussprüfer für die Aufdeckung der falschen Angaben im Rahmen der Abschlussprüfung eine angemessene Wesentlichkeit für den Abschluss als Ganzes und die Toleranzwesentlichkeit festzulegen.

16 Der Abschlussprüfer hat bei der Planung der Prüfung zu berücksichtigen, ab welcher Grenze das Ausmaß von falschen Angaben im Abschluss und im Lagebericht wesentlich ist.[11] Dabei hat der Abschlussprüfer spezifische Wesentlichkeiten festzulegen, wenn zu erwarten ist, dass in einzelnen Arten von Geschäftsvorfällen, Kontensalden oder Abschluss- bzw. Lageberichtsangaben enthaltene Fehler, die unterhalb der Wesentlichkeit für den Abschluss als Ganzes liegen, die wirtschaftlichen Entscheidungen der Rechnungslegungsadressaten beeinflussen. Werden hiernach spezifische Wesentlichkeiten festgelegt, sind für diese auch Toleranzwesentlichkeiten festzulegen.

17 Die Einschätzung der Wesentlichkeit und des Prüfungsrisikos zum Zeitpunkt der Auswertung der Ergebnisse der Prüfungshandlungen kann sich gegenüber der ursprünglichen Einschätzung bei der Prüfungsplanung infolge veränderter

Umstände oder aufgrund neuer Erkenntnisse des Abschlussprüfers ändern. Wird die Planung der Prüfung vor dem Ende des Berichtszeitraums durchgeführt, muss der Abschlussprüfer im Prüfungsplan z.B. die Vermögens-, Finanz- und Ertragslage des Unternehmens schätzen sowie Annahmen über berichtspflichtige Sachverhalte im Lagebericht treffen. Falls sich später die tatsächlichen Werte und Sachverhalte von den geplanten unterscheiden, kann dies die Beurteilung des Abschlussprüfers über die Wesentlichkeit und das Prüfungsrisiko ebenfalls verändern.

18 Die Wesentlichkeit ist im Verlauf der Prüfung anzupassen, wenn sich erweist, dass der Abschlussprüfer diese bei Kenntnis der neuen Informationen abweichend festgelegt hätte. Wenn der Abschlussprüfer die Wesentlichkeit nachträglich herabsetzt, ist zu entscheiden, ob die Toleranzwesentlichkeit angepasst werden muss und ob die ursprünglich geplanten Prüfungshandlungen weiterhin angemessen sind.
Auch vor der abschließenden Beurteilung der Auswirkungen der festgestellten nicht korrigierten falschen Angaben ist zu beurteilen, ob die bislang verwendete Wesentlichkeit weiterhin angemessen ist.

[11] Vgl. *IDW PS 240*, Tz. 14 f.

[...]

2. Auszug aus IDW PS 300

[...]

3.2. Funktionsprüfungen

17 Durch Funktionsprüfungen hat der Abschlussprüfer Prüfungsnachweise über die Wirksamkeit des auf die Rechnungslegung bezogenen internen Kontrollsystems einzuholen.[10] Die Durchführung der Funktionsprüfungen hat sich insb. darauf zu erstrecken, ob das interne Kontrollsystem während des zu prüfenden Geschäftsjahres kontinuierlich bestanden hat und wirksam war.

18 Bei der Durchführung von Funktionsprüfungen hat der Abschlussprüfer zu beurteilen, ob die dadurch erlangten Prüfungsnachweise ausreichend und angemessen sind, die im Rahmen der Prüfungsplanung bzw. der Risikobeurteilung vorgenommene oder eine im späteren Verlauf der Prüfung angepasste Einschätzung des Kontrollrisikos zu stützen.

19 Funktionsprüfungen sind insb.in folgenden Fällen erforderlich:

- Basiert die Risikobeurteilung des Abschlussprüfers auf der Annahme, dass bestimmte Kontrollmaßnahmen wirksam sind, muss der Abschlussprüfer diese Kontrollmaßnahmen entsprechend prüfen, sofern er daraus einen Teil der erforderlichen Prüfungssicherheit erzielen will.
- Weiterhin ist der Abschlussprüfer verpflichtet, als angemessen beurteilte Kontrollmaßnahmen zu prüfen, wenn die Durchführung von

aussagebezogenen Prüfungshandlungen alleine nicht zu ausreichenden und angemessenen Prüfungsnachweisen führt.[11]

20 Durch die Prüfung und Beurteilung des internen Kontrollsystems, welches das zu prüfende Unternehmen u.a. zur Sicherung einer ordnungsgemäßen Rechnungslegung eingerichtet hat, nutzt der Abschlussprüfer Bestandteile dieses Systems für Zwecke der Abschlussprüfung. Funktionsprüfungen ermöglichen eine wirtschaftliche Durchführung der Prüfung und eine Vorverlagerung von Prüfungshandlungen. Sie wirken sich auf den Umfang der aussagebezogenen Prüfungshandlungen aus.

[10] Vgl. *IDW PS 261 n.F.* sowie *IDW Prüfungsstandard: Abschlussprüfung bei Einsatz von Informationstechnologie (IDW PS 330)* (Stand: 24.09.2002).

[11] Vgl. *IDW PS 261 n.F.*

[...]

3. Auszug aus IDW PS 340

[...]

2. Die Abgrenzung der Maßnahmen nach § 91 Abs. 2 AktG vom gesamten Risikomanagementsystem

(3) Jede unternehmerische Betätigung ist aufgrund der Unsicherheit künftiger Entwicklungen mit Chancen und Risiken verbunden. Unter Risiko ist allgemein die Möglichkeit ungünstiger künftiger Entwicklungen zu verstehen.

(4) Die Gesamtheit aller organisatorischen Regelungen und Maßnahmen zur Risikoerkennung und zum Umgang mit den Risiken unternehmerischer Betätigung kann als Risikomanagement bezeichnet werden. Diese Regelungen und Maßnahmen können grundsätzlich auf eine Risikobewältigung (z.B. Verminderung oder Ausschaltung eines Risikos oder Risikotransfer auf Dritte, etwa durch Versicherung) oder eine Risikoakzeptanz (Inkaufnahme eines Risikos) abzielen. Das Risikomanagement eines Unternehmens hat auch sicherzustellen, daß bestehende Risiken erfaßt, analysiert und bewertet sowie risikobezogene Informationen in systematisch geordneter Weise an die zuständigen Entscheidungsträger weitergeleitet werden. Informationen über Risiken mit bestandsgefährdendem Charakter müssen bis zum Vorstand weitergeleitet werden, wenn die Risiken nicht im Rahmen des Risikomanagementprozesses bereits von nachgeordneten Stellen bewältigt wurden. Zum Risikomanagement gehört auch ein Überwachungssystem, das die Einhaltung der getroffenen Maßnahmen sicherstellt. Das Risikomanagement umfaßt neben den organisatorischen Regelungen auch die Reaktionen des Vorstands auf die vom Risikofrüherkennungssystem erfaßten, analysierten und kommunizierten Risiken.

(5) Das Risikofrüherkennungssystem i.S.v. § 91 Abs. 2 AktG ist auf die Früherkennung bestandsgefährdender Entwicklungen und damit auf einen wichtigen Teilaspekt des Risikomanagements ausgerichtet. Es hat sicherzustellen, daß diejenigen Risiken und deren Veränderungen erfaßt werden, die in der jeweiligen Situation des Unternehmens dessen Fortbestand gefährden können. Da derartige Risiken früh erkannt werden sollen, muß das Risikofrüherkennungssystem geeignet sein, die Risiken so rechtzeitig zu erfassen und die Information darüber an die zuständigen Entscheidungsträger weiterzuleiten, daß diese in geeigneter Weise reagieren können und der Vorstand über Risiken, die allein oder im Zusammenwirken mit anderen Risiken bestandsgefährdend werden können, informiert wird.

(6) Die Reaktionen des Vorstands auf erfaßte und kommunizierte Risiken selbst sind nicht Gegenstand der Maßnahmen i.S.d. § 91 Abs. 2 AktG und damit auch nicht Gegenstand der Prüfung nach § 317 Abs. 4 HGB. Ebenso gehört die Beurteilung, ob die von den nachgeordneten Entscheidungsträgern eingeleiteten oder durchgeführten Handlungen zur Risikobewältigung bzw. der Verzicht auf solche sachgerecht oder wirtschaftlich sinnvoll sind, nicht zur Prüfung des Risikofrüherkennungssystems.

[...]

3.5. Einrichtung eines Überwachungssystems

(15) Die Einhaltung der nach § 91 Abs. 2 AktG eingerichteten Maßnahmen zur Erfassung und Kommunikation bestandsgefährdender Risiken und deren Veränderung ist durch ein geeignetes Überwachungssystem sicherzustellen. Ein Teil dieser Maßnahmen sind in die Abläufe fest eingebaute Kontrollen, z.B. die Überwachung der Einhaltung von Meldegrenzen, die EDV-gestützte Überwachung der Einhaltung von Terminen, die Genehmigung und Kontrolle der Risikoberichterstattung und der Vergleich interner Daten mit externen Quellen.

(16) Die Maßnahmen nach § 91 Abs. 2 AktG sind darüber hinaus Gegenstand der Prüfungen durch die interne Revision.[2] Gegenstand der Prüfungstätigkeit der internen Revision können u.a. folgende Aspekte sein:

- Vollständige Erfassung aller Risikofelder des Unternehmens
- Angemessenheit der eingerichteten Maßnahmen zur Risikoerfassung und Risiko-kommunikation
- Kontinuierliche Anwendung der Maßnahmen
- Einhaltung der integrierten Kontrollen.

[2] Zur Organisation der internen Revision und zu deren Stellung im Unternehmen vgl. z.B. die vom Bundesaufsichtsamt für das Kreditwesen herausgegebenen Grundsätze vom 28. Mai 1976, in: Reischauer/Kleinhans: Kreditwesengesetz, Loseblattsammlung.

3.6. Dokumentation der getroffenen Maßnahmen

(17) Zur Sicherstellung der dauerhaften, personenunabhängigen Funktionsfähigkeit der getroffenen Maßnahmen und zum Nachweis der Erfüllung der Pflichten des Vorstands nach § 91 Abs. 2 AktG ist es erforderlich, daß die Maßnahmen einschließlich des Überwachungssystems angemessen dokumentiertwerden. Hierfür bietet sich die Erstellung eines Risikohandbuches an, in das die organisatorischen Regelungen und Maßnahmen zur Einrichtung des Systems aufgenommen werden, z.B. • Aussagen zur Bedeutung der frühzeitigen Erkennung von Risiken für das Unternehmen

- Definition von Risikofeldern, die zu bestandsgefährdenden Entwicklungen führenkönnen
- Grundsätze für die Risikoerkennung und Risikoanalyse sowie Risikokommunikation, insbesondere auch über die Feststellung und die Reaktion auf Veränderungen im Zeitablauf
- Festlegung von Verantwortlichkeiten und Aufgaben für Risikoerkennung, -analyse und –kommunikation
- Regelungen zur Berichterstattung über erkannte und nicht bewältigte Risiken an die zuständige Stelle (z.B. nächsthöhere Hierarchiestufe) sowie zur Risikoverfolgung
- Zusammenstellung der wesentlichen integrierten Kontrollen und der Aufgaben der internen Revision. Art und Umfang der Dokumentation sind abhängig von Größe und Komplexität des Unternehmens.

(18) Eine fehlende oder unvollständige Dokumentation führt zu Zweifeln an der dauerhaften Funktionsfähigkeit der getroffenen Maßnahmen. Zum Nachweis der kontinuierlichen Anwendung der getroffenen Maßnahmen sollten auch die laufenden Unterlagen über Risikoerkennung, -analyse und -kommunikation – unbeschadet anderer Aufbewahrungspflichten – über einen ausreichend langen Zeitraum archiviert werden.

[...]

4.3.3. Prüfung der Einhaltung der vorgesehenen Maßnahmen

(31) Soweit die Unternehmensleitung geeignete Maßnahmen nach § 91 Abs. 2 AktG getroffen hat, sind diese nach den allgemeinen Grundsätzen einer Systemprüfung in Stichproben auf ihre Wirksamkeit und kontinuierliche Anwendung im zu prüfenden Geschäftsjahr zu prüfen. Hierbei wird der Abschlußprüfer auch seine Prüfungsergebnisse verwenden, die er bei der Gewinnung eines Verständnisses von den getroffenen Maßnahmen und zur Prüfung von deren Eignung erlangt hat. Die Einhaltung der getroffenen Maßnahmen läßt sich durch die Prüfung von erfolgten Vorgängen (z.B. Kontrollvorgängen) sowie durch Befragungen und Beobachtungen feststellen. Im einzelnen kommen u.a. folgende Funktionsprüfungen in Betracht:

- Durchsicht von Unterlagen zur Risikoerfassung, um beurteilen zu können, ob die zuständigen Stellen die ihnen zugewiesenen Aufgaben verstanden und wie vorgesehen wahrgenommen haben
- Durchsicht der Unterlagen zur Risikokommunikation auf den verschiedenen hierarchischen Stufen und in unterschiedlichen Funktionsbereichen, um beurteilen zu können, ob die erkannten Risiken ordnungsgemäß analysiert und die Informationen an die zuständige Stelle weitergeleitet wurden • Befragungen und Beobachtungen zur Einhaltung der eingerichteten Kontrollmaßnahmen (z.B. Einhaltung von Meldegrenzen)
- Durchsicht von Prüfungsprogrammen und Arbeitspapieren der internen Revision.

[...]

4. OECD, personal income tax returns: Use of electronic filing and pre-filling

Country	Use of electronic filing (e-filing)					Use of pre-filling for 2011	
	Year begun	% of all returns e-filed			Mandatory for some/all in 2011	% returns pre-filled to some degree	% returns fully completed
		2004	2009	2011			
OECD countries							
Australia	1990	80	92	92	x	82	0
Austria	2003	10	79	79	+/1	/2	0
Belgium	2002	3	40	54	x	12	0
Canada	1993	49	58	62	x	0	0
Chile	1999	83	98	99	+	79	53
Czech Rep.	2004	< 1	1	1	x	0	0
Denmark	1994	68	96	98	x	100	78
Estonia	2000	59	92	94	x	100	0
Finland	2006	0	23	33	x	100	95
France	2001	4	27	33	x	95	13
Germany	1999	7	30	32	+	0	0
Greece	2001	4	13	49	+	0	0
Hungary	2003	3	30	17	x	6	0
Iceland	1999	86	92	92	x	100	21
Ireland	2001	62	67	81	+	100	0
Israel	2009	0	0	92	+	0	0
Italy	1998	100	100	100	+	100	0
Japan	2004	0	31	44	x	0	0
Korea	2004	43	80	87	x	n.a.	n.a.
Luxembourg	2009	0	< 1	1	x	0	0

Country	Use of electronic filing (e-filing)					Use of pre-filling for 2011	
	Year begun	% of all returns e-filed			Mandatory for some/all in 2011	% returns pre-filled to some degree	% returns fully completed
		2004	2009	2011			
OECD countries							
Mexico	1998	48	96	99	+	20	0
Netherlands	1996	69	95	95	+	35	0
New Zealand	1991	56	63	71	x	100	51
Norway	1999	37	82	86	x	100	65
Poland	2008	0	1,4	11	x	0	0
Portugal	2000	24	80	83	+	83	0
Slovak Rep.	2005	0	n.a.	< 1	x	0	0
Slovenia	2004	0	77	n.a.	x	100	n.a.
Spain/1	1999	23	36	74	x	100	42/2
Sweden	2002	15	55	63	x	100	61
Switzerland	Administered at sub-national level by cantons, some with their own e-filing systems						
Turkey	2005	30	99	99	+	78	34
United Kingdom	2000	17	73	77	x	0	0
United States	1986	47	65	76	x	0	0
OECD ave. (unw.)		31	59	65		51	17
Non-OECD countries							
Argentina	1999	18	100	100	+	0	0
Brazil	n.a.	n.a.	n.a.	100	+	0	0
Bulgaria	2005	< 1	3	5	x	0	0
China	2005	0	n.a.	n.a.	n.a.	n.a.	n.a.
Colombia	n.a.	n.a.	n.a.	6	+		0
Cyprus	2004	< 1	6	22	+	0	0
Hong Kong, China	n.a.	n.a.	n.a.	14	x	100	0
India	n.a.	n.a.	17	(13.1 m)	x	0	0
Indonesia	n.a.						
Latvia	2008	0	10	15	x	0	0
Lithuania	2004	14	71	87	x	68	32
Malaysia	2004	33	56	69	x	< 1	< 1
Malta	2006	1	2	1	+	28	72
Romania	2007	0	< 1	n.a.	n.a.	n.a.	n.a.
Russia	2006	0	9	3		0	0
Saudi Arabia	n.appl.						
Singapore/1	1998	67	91	96	x	98	42
South Africa	2001	4	46	99	x	100	30